KB130283

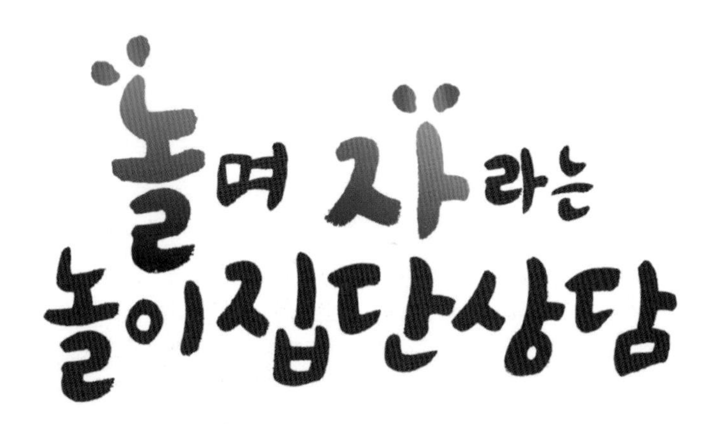

|초등상담나무 지음|

학지사

유튜브에 '초등상담나무'로 검색하시면 책에 수록된 모든 놀이 영상을 월별로 볼 수 있습니다. 놀이에 필요한 활동지는 초등상담나무 다음카페(http://cafe.daum.net/counseling-tree) '자체제작자료소개' 게시판에서 무료로 내려받아 쓰시면 됩니다.

놀며 자라는 놀이집단상담

머리말

처음 발령을 받고 아이들과 여러 가지 활동을 해 보았습니다. 아이들은 그중에서 놀이하는 시간을 가장 좋아했습니다. 놀이를 할 때면 아이들의 눈빛이 달라졌습니다. 놀이하면서 깔깔거리는 아이들의 웃음소리가 좋아 많은 시간을 놀이 그 자체로 재미있게 적용했습니다. 그러던 중에 대학원에서 집단상담을 배우게 되면서 놀이가 다시 보였습니다. 집단상담이 상호 간의 역동을 통해 자신을 돌아보고 마음을 성장시키는 좋은 방법이라는 것을 알게 되었습니다. 이렇게 좋은 것을 아이들에게도 적용해 보고 싶었는데 제 머릿속에 떠오른 것이 놀이였습니다. 놀이야말로 아이들 간에 가장 활발한 상호작용을 일으킵니다. 그때부터 아이들에게 집단상담의 관점에서 놀이를 적용해 보았습니다. 신나게 놀고 나서 마무리 단계에서 어떤 것을 알게 되었는지, 친구와는 어떤 점이 좋았는지 묻기 시작했습니다. 이런 질문에 아이들은 자연스럽게 자기를 표현하고 공감도 하였으며, 놀이를 통해 자신을 보게 되고 다른 아이들의 마음도 보게 되었습니다. 놀이를 집단상담의 관점에서 조금 더 구조화하여 적용하면 할수록 놀이야말로 아이들의 몸과 마음을 성장시킬 수 있는 가장 좋은 방법이라는 것을 알게 되었습니다.

2011년 『마음을 여는 초등학급상담』을 내면서 21가지의 놀이를 집단상담과 접목하여 소개하였습니다. 그것이 첫 출발이었습니다. 21가지 놀이를 중심으로 학교현장에 적용하고 교사연수에서도 소개하면서 놀이들이 점점 집단상담에 최적화되기 시작했습니다. 그러한 과정을 거치면서 단순한 놀이가 아닌 아이들의 마음을 살피는 놀이집단상담으로 진화하게 되었습니다. 2016년, 그동안 집단상담의 관점에서 재구성하여 적용하고 개발한 놀이들을 초등상담나무 연구회에서 한데 모았습니다. 그리고 놀이 하나하나를 함께 연수하고 이를 통해 배운 놀이집단상담을 교실현장에 그대로 적용해 보고 피드백하는 과정을 수없이 반복하면서 교실현장에서 바로 쓸 수 있게 최적화하였습니다.

놀이집단상담은 단순한 놀이를 통해 아이들을 마음성장으로 이끌어 가는 새로운 방법입니다. 이를 위해 수년간 함께 고민하고 학교현장에 맞게 최적화하기 위해 아낌없는 수고와 헌신을 하며 책을 만든 스물아홉 분의 초등상담나무 연구회 선생님들께 깊이 감사합니다. 또한 글보다 더 재밌게 전달해 주기 위해 애쓴 김보미 팀장을 비롯한 그림팀 선생님들 한 분 한 분께도 감사의 마음을 전합니다. 스물아홉 분이 이 책을 집필하였지만 초등상담나무 초기에 놀이집단상담의 틀을 만들어 준 최유리, 신순정 선생님의 노고가 있었기에 가능한 일이었습니다. 감사합니다.

이 책을 시작으로 아이들의 마음을 살피고 성장시킬 수 있는 놀이들이 더 많이 개발되어 아이들이 행복한 세상이 되길 바랍니다.

초등상담나무 공동대표 김명신

『놀며 자라는 놀이집단상담』에 대하여

"선생님! 요즘 아이들 가르치기가 너무 힘들어요." 경력이 꽤 있으신 옆 반 선생님이 한숨을 쉬시면서 내뱉은 말이다. 그 말에 모두 공감을 하며 잠시 동안 '요즘 아이들'이라는 주제로 성토대회가 시작되었다. 화가 난다고 욕을 하고 우유를 던진 아이, 선생님 앞에서는 착한 행동을 하지만 뒤에서는 온라인 안티 카페를 만들고 친구들을 따돌린 아이, 학교에서 한마디도 하지 않는 아이에 대한 이야기 등……. 친구관계, 학교폭력 등 생활지도 영역들이 다양해져서 교사가 학생들이 가진 다양한 문제를 해결하기가 쉽지 않다. 최근에는 학교폭력 문제가 심각해지면서 아이들에 대한 사회적 관심이 커지게 되었다. 또한 학교폭력뿐 아니라 자살, 정서 및 행동 불안, 아동학대 등 아이들이 겪고 있는 많은 정신적 · 심리적 문제 또한 다양해지고 있으며, 학교현장에서는 이에 대해 심각하게 받아들이고 있다.

이런 문제들을 해결해 보려고 대화법과 상담을 공부하였고, 다양한 인성 프로그램을 적용해 보기도 하였다. 여러 가지 인성 프로그램들을 적용해 보면서 교육 내용은 좋으나 재미가 없는 경우, 단기적 적용에만 그치는 경우, 내용이 너무 어렵거나 전문적 자질이 필요한 경우 등 아이들이 신나고 재미있어 하면서 자연스럽게 학습되고 교사도 적용하기 쉬운 교육적 프로그램은 찾기가 어려웠다.

아이들이 정말 좋아하는 '놀이'!

어느 날 점심시간, 공부에는 별로 관심이 없던 진이가 달려와서 해맑은 얼굴로 나에게 물었다. "선생님, 오늘은 무슨 놀이해요?" 아이들은 놀이를 참 좋아한다. 간단한 손동작만 가르쳐 줘도 쉬는 시간에 여기저기 모여 짝을 지어 열심히 해 본다. 여기저기서 깔깔거리며 웃는 소리가 들리기도 하고, 평소 말이 없던 희원이가 가위바위보에 져서 한숨을 푹 쉬면서 아쉬워하는 말을 내뱉는 소리가 들리기도 한다. 놀이를 할 때는 아이들의 얼굴이 바뀌고 눈빛이 달라진다.

놀이를 아이들에게 적용하다 보니 반응이 너무 좋아서 계속 놀이활동을 하게 되었다. 아이들의 깔깔거리는 웃음소리가 스트레스 해소로 보이고, 게임에 져서 안타까워하는 말이 자기표현으로 보였다. 한 아이가 의자 놀이를 하면서 자신이 겪었던 경험을 이야기하자, "나도 그런 적이 있는데……." 하고 말하며 자연스럽게 상대방에게 공감하는 아이들의 모습을 발견할 수 있었다. 아이들이 놀이를 하면서 쏟아내는 말, 화, 분노, 기쁨, 웃음, 움직임 등이 솔직하게 자기를 드러내고 표현하는 자기 표출이라는 것을 알게 되었다. 아이들은 놀면서 자연스럽게 자신을 표출하게 된다. 숨기고 억제했던 자기의 모습이 드러나기 시작한다. 진정한 자신과 만날 수 있는 좋은 기회가 만들어지는 것이다. 노는 것만으로도 많은 긍정적인 효과가 일어나지만, 교사가 놀이를 통해 아이들의 속마음을 알아주고 마음성장으로 나아갈 수 있는 교육적 기회로 만들어 줄 수만 있다면 놀이만큼 좋은 교육적 방법은 없다고 생각한다.

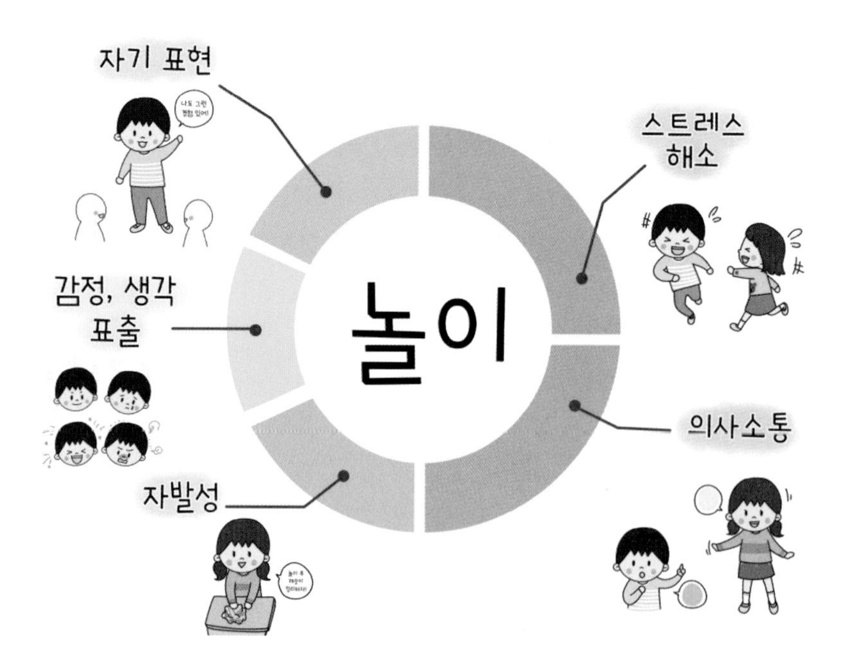

새로운 해결법, '놀이를 마음성장으로 바꾸기'

놀이를 즐거워하는 아이들의 모습을 보는 재미에, 놀이에 관한 책들을 찾아보면서 여러 가지 놀이를 아이들과 함께 해 왔다. 그러다 놀이가 다르게 보이기 시작한 것은 대학원에서 상담을 공부하면서였다. 대학원생끼리 집단상담을 하면서 서로의 고민과 자신의 이야기를 나누고 지지해 주는 활동을 했었다. 나와 참 다르다고 생각했던 사람도 나와 비슷한 경험을 한다는 것이 놀라웠고, 다른 사람들이 나의 이야기를 들어주고 나를 지지해 주는 그 시간들이 참 뜻깊고 의미 있었다. 실습을 마치고 이장호 교수님이 집단상담에 대해 설명해 주셨다. 그 설명을 들으면서 내 머릿속에서는 놀이집단상담에 대한 개념이 자리 잡았다.

> 생활과정상의 문제를 해결하고 보다 바람직한 성장발달을 위하여 전문적으로 훈련된 상담자의 지도와 동료들과의 역동적인 상호 교류를 통해 각자의 감정, 태도, 생각 및 행동양식 등을 탐색·이해하고 이를 보다 성숙된 수준으로 향상시키는 과정이다(이장호, 1992).

이장호 교수님이 정리한 집단상담의 정의이다. 교수님은 집단상담의 중요한 핵심을 상호작용적·상호역동적 과정으로 보았다. '상호작용' '상호역동'이라는 말을 듣는 순간 내 머릿속에는 자연스럽게 놀이가 떠오르면서 집단상담의 정의와 원리들이 자연스럽게 놀이와 연결되었다. 그러면서 이장호 교수님의 집단상담의 정의에 이렇게 대입이 되었다.

> 생활과정상의 문제를 해결하고 보다 바람직한 인간 성장발달을 위하여 친구들과의 역동적인 상호 교류가 가장 활발하게 이루어지는 놀이를 통해 각자의 감정, 태도, 생각 및 행동양식 등을 탐색·이해함으로써 마음성장으로 향상시키는 과정이다.

간단히 정리하면, 놀이를 통해 아이들을 마음성장으로 이끄는 것! 그것이 놀이집단상담이다.

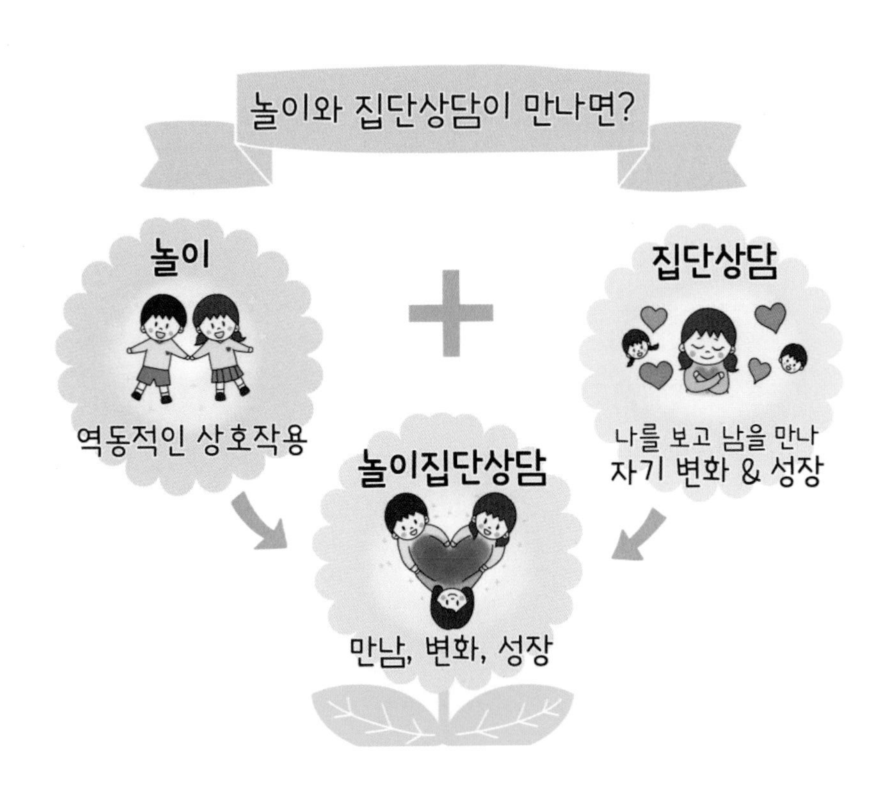

대학원에서 집단상담을 배운 후 놀이가 조금 달라지게 되었다. 예전에는 놀이 순서에만 신경 쓰고 규칙을 강조하면서 놀이를 진행하는 데에만 초점을 두었다. 그러나 놀이를 집단상담의 과정으로 이해하고 적용하고자 하니 놀이 순서보다 아이들이 상호 교류할 수 있는 시간을 충분하게 주고 함께 문제를 풀어 가도록 지켜봐 주게 되었다. 무엇보다 활동 중간이나 활동이 끝난 후에 "지금 기분이 어때?" "활동을 하고 나서 어떤 생각이 드니?"라고 물어보았다. 서로의 생각과 감정을 나누면서 아이들이 달라지는 것을 느낄 수 있었다. 아이들이 자기 마음대로 안 되어 답답해하며 화를 표출하는 모습, 깔깔거리며 즐겁게 웃는 모습, 아무 말도 하지 않고 있는 모습 등 모든 행동과 표정 하나하나가 그 자체로 의미 있게 받아들여졌고, 성장과 변화의 과정으로 보였다.

교육현장에서의 놀이집단상담

처음에 놀이집단상담을 학급에 적용할 때에는 많은 어려움이 있었다. 단순히 놀이에만 그치면 안 되고 마음성장이 일어날 수 있게 해야 한다는 생각에 놀이 중간에 피드백도 하고 질문도 하다 보니 매번 시간이 모자랐고, 개인에 대한 피드백 시간도 부족했다. 아이들은 차라리 놀이만 할 때가 더 재미있다고 아우성이었다.

어느 순간, 내가 너무 이상적인 놀이집단상담에 매달렸다는 생각을 하게 되었다. 보통 집단상담은 10명 내외로 진행이 되기 때문에 개인이 표출하는 행동 · 생각 · 감정에 대해 지도자가 피드백도 하고 질문도 던지면서 상호작용을 할 수 있다. 그런데 나는 학급의 20명이 넘는 아이들 모두와 상호작용을 하려고 했었다. 한 시간의 수업 시간 동안 20명이 넘는 아이들을 데리고 배움과 성장이 있는 집단상담으로 이끈다는 것은 집단상담 전문가도 하기 어려운 일이다. 학교현장과 실정에 맞는 놀이집단상담이 필요했다.

제한된 시간과 많은 인원, 지도자의 자질 문제를 해결하면서 놀이가 가지고 있는 장점을 극대화하여 마음성장으로 이끌 수 있는 방법을 우리 초등상담나무 연구회에서 고민하고 연구하면서 일반 선생님들도 학급에서 놀이집단상담을 할 수 있도록 다음과 같은 해결점을 찾아보았다.

첫째, 아이들의 마음성장이 일어나도록 기존의 놀이를 재구성한다. 놀이를 하면서 더 많은 경험과 사고의 변화, 심리적 · 정서적 성숙이 이루어지도록 자극하고 자신을 돌아보는 경험의 장을 열어 줄 수 있도록 놀이를 만드는 것이다. 이렇게 놀이를 마음성장에 맞게 재구성하게 되면 많은 인원, 제한된 시간, 전문적 자질 문제를 해결할 수 있다.

예를 들면, 기존의 '당신의 이웃을 사랑하십니까?' 놀이는 공통점을 찾아 자리를 바꾸는 과정에서 자리에 빨리 앉지 못하는 아이가 술래가 되는 방식이다. 이것을 놀이의 방법은 같게 하되, 아이들이 자리를 이동하는 조건을 네 가지로 바꾸어 아이들의 경험을 나누게 하는 것으로 재구성하였다. 술래가 된 아이는 자신의 경험을 나누고, 그 경험을 들은 후 자리를 이동한 아이들 중에서도 자신의 경험을 나누는 과정으로 바꾼 것이다. 놀이 자체를 아이들이 서로 이야기를 나눌 수 있도록 바꾸어 놓았기 때문에 아이들은 서로의 경험을 자연스럽게 주고받으며 공감과 소통을 배울 수 있다.

기존의 놀이	**당신의 이웃을 사랑하십니까?** 1. 아이들이 모두 동그랗게 앉되, 아이들 수보다 의자 하나를 적게 한다. 2. 술래가 된 아이가 "청바지 입은 사람 움직여." 하면 청바지 입은 사람들이 움직인다. 3. 자리에 앉지 못하는 아이가 술래가 되어 또 다른 조건을 말하면 자리를 이동한다.
놀이 재구성	**니 이거 해 봤나?** 1. 학습지를 나누어 주고 네 가지 질문(자랑스러웠을 때, 힘들었을 때, 슬펐을 때, 부끄러웠을 때)에 간단히 답하도록 한다. 2. 적은 쪽지를 바구니에 넣고, 술래가 바구니에서 쪽지 하나를 꺼내 네 가지 질문에 대한 답 중에 하나를 읽으면 해당되는 사람은 자리를 옮긴다. 예를 들면, "기뻤을 때가 부모님과 놀이공원 갔을 때인 사람 움직여. 하나, 둘, 셋."이라고 했을 때 자리에 앉지 못한 아이는 술래가 되어 자신의 경험을 이야기한다. 3. 진행자는 방금 움직인 사람들 중에서 더 발표하고 싶은 사람과 경험 인터뷰를 한다. 4. 이야기를 나누고, 다시 술래가 바구니에서 쪽지를 뽑아 놀이를 진행한다.

아이들과 '당신의 이웃을 사랑하십니까?' 놀이를 하고 소감을 나누었을 때에는 "재밌어요." "신났어요."라는 소감이 많았는데, '니 이거 해 봤나?'로 재구성하여 놀이를 하였을 때에는 "나만 그런 경험이 있는 줄 알았는데 친구들도 그런 경험이 있는지 처음 알았다." "○○는 공부를 잘해서 엄마에게 혼나고 그런 일이 없는 줄 알았는데 나랑도 똑같이 혼난다고 하니 ○○가 친

근하게 느껴졌다."와 같은 소감을 남겼다. 기존의 놀이가 단순히 공통점을 찾아 움직이는 것이라면, 집단상담으로 재구성된 놀이는 아이들에게 개인적인 경험과 이야기를 통해 서로에 대하여 알고 공감할 수 있는 경험의 장을 제공하여 마음성장을 꾀할 수 있게 한 것이다. 또한 놀이 자체가 집단상담에 맞게 잘 재구성되어 있어 진행자의 자질이 크게 영향을 미치지 않기 때문에 일반 교사도 부담 없이 진행할 수 있다.

둘째, 놀이과정에서는 재구성된 놀이에 몰입하고, 소감나누기(피드백)는 마지막 정리 단계에서 실시하여 놀이 속에서 보인 내 모습과 친구들의 모습을 보게 한다. 놀이집단상담은 아이들에게 마음성장을 할 수 있는 경험의 장을 마련해 주는 데 일차적인 목표를 둔다. 놀이가 마음성장에 맞게 재구성이 잘 되었다면 일차적인 목표는 달성한 셈이다. 그다음 소감나누기(피드백)를 할 때, 교사는 놀이과정에서 발견하는 아이들의 행동, 생각, 감정을 적절한 발문이나 질문을 해 줌으로써 개인적·집단적 성장이 이루어지게 한다. 소감나누기를 통해 아이들 스스로 자신이나 친구들의 행동·생각·감정을 살펴봄으로써 마음의 변화가 많이 일어나도록 한다. 신나게 놀고, 그런 다음 놀이 속에서 나의 행동·생각·감정을 탐색하도록 하는 것이다. 물론 놀이과정 중에 작전 타임 시간 혹은 중간중간 의미 있게 던지는 질문과 발문도 있지만, 놀이를 하는 중에는 놀이에 몰입할 수 있도록 하는 것이 더 좋다.

재구성된 놀이를 진행하다 보면 소감나누기 시간이 줄어들기도 한다. 그럴 때에는 소감나누기 학습지를 활용하여 쉽고 빠르게 진행할 수 있다. '함께한 우리들의 시간' 소감나누기 학습지도 우리 연구회에서 2011년에 개발한 자료이다.

<table>
<tr><th colspan="5">함께한 우리들의 시간</th></tr>
<tr><td colspan="2">오늘의 활동은?</td><td colspan="2"></td><td>함께했던 친구들은 누구?</td></tr>
<tr><td colspan="2">기억에 남는 활동장면</td><td colspan="2"></td><td></td></tr>
<tr><td colspan="4">오늘 활동하고 난 후의 느낌을 아래에서 골라 보세요(여러 개를 선택해도 좋아요).</td><td>느낌을 고른 까닭은?(내가 표현하려는 느낌 단어가 없으면 직접 자유롭게 써도 좋아요.)</td></tr>
<tr><td>감격하다
감동하다
기쁘다
들뜨다
만족스럽다
반갑다
생기가 나다
상쾌하다
쾌활하다
영광스럽다
유쾌하다
환희롭다
활기차다
감사하다</td><td>고맙다
따뜻하다
마음이 놓이다
마음이 열리다
멋지다
사랑스럽다
행복하다
평화롭다
열광적이다
안도하다
안정되다
충족되다
친근하다
편안하다</td><td>흥분되다
희망차다
기분이 언짢다
불편하다
성가시다
지치다
짜증 난다
힘들다
답답하다
못마땅하다
섭섭하다
실망하다
외롭다
울적하다</td><td>자유롭다
미안하다
부끄럽다
부담스럽다
쑥스럽다
의아하다
외롭다
쓸쓸하다
졸리다
친절하다
피곤하다</td><td></td></tr>
<tr><td colspan="2">오늘의 활동 목표</td><td colspan="2"></td><td>목표에 대한 스스로의 점수
1 2 3 4 5 6 7 8 9 10</td></tr>
<tr><td colspan="2">오늘 활동에서 배운 점</td><td colspan="3"></td></tr>
<tr><td colspan="2">덧붙여 자기나 친구에게 발견된 좋은 점이 있다면?</td><td colspan="3"></td></tr>
</table>

〈소감나누기 학습지〉

셋째, 놀이집단상담은 치료가 아닌 아이들의 성장에 초점을 맞춘다. 간혹 선생님들 중에 놀이집단상담을 상담이라는 말 때문에 치료로 받아들이는 분도 있다. 물론 놀이집단상담 자체에 치료적인 요소가 분명히 있다. 그러나 놀이집단상담은 아이들의 정신적 · 심리적 치료가 목표가 아니라 아이들의 마음성장에 초점과 목표를 두고 있다. 만약 놀이집단상담을 하다가 아이들의 개인적인 문제가 발견되거나 더 많은 보살핌이 필요한 경우에는 추후에 교사가 별도로 개별 상담을 진행하면 된다.

『놀며 자라는 놀이집단상담』은 이것이 다르다

아이들과 신나게 놀이로 시작하고 마지막에는 가슴 뭉클하게 끝나는 놀이집단상담! 그러나 아무리 좋은 프로그램이라 하더라도 어려워서 적용하기가 어렵다면 아무 소용이 없다고 생각한다. 『놀며 자라는 놀이집단상담』은 2009년에 처음 놀이집단상담 개념을 도입한 이래 꾸준히 연구했던 내용들을 29명의 선생님들이 협력하여 만들어 낸 책이다. 그만큼 선생님들이 좀 더 쉽게 이해하고 적용할 수 있도록 구성하였다.

첫째, 마음성장에 맞는 36가지 놀이를 선별하여 일주일에 한 가지씩 적용하도록 하였다. 1년 동안 월별로 주제를 정해서 관련된 주제에 맞게 체계적인 접근이 이루어지도록 하였다. 그러나 놀이는 다양한 관점에서 접근하고 활용할 수 있으므로 놀이별로 상황에 맞게 적용 가능하다.

월별	주	놀이명
3 만남과 관계	1	안녕? 나 누구!
	2	서로 돕는 우리
	3	줄을 서시오
	4	나를 찾아줘
4 감정 해소, 공감	1	막대와 춤을
	2	'통'했다
	3	니 이거 해 봤나?
	4	스트레스 팡팡!
5 더불어, 협력	1	X맨을 찾아라
	2	믿음의 자동차
	3	엉망진창 판타스틱 요리왕
	4	생명의 징검다리
6 소통	1	네모의 꿈
	2	갈등의 사슬을 풀어라
	3	내가 누구게?
	4	너에게 관심 있어
7 진로, 자기 발견	1	나 이런 사람이야!
	2	장점 쇼핑몰
	3	Dream 드림
	4	내 꿈아 날아라!
9 도전	1	러닝맨! 꼬리를 잡아라
	2	바람 나르기
	3	도전! 다리 만들기
	4	Power up!
10 성장	1	알에서 봉황까지
	2	Change! Change!
	3	바람경매
	4	손에 손잡고
11 나눔, 배려	1	의좋은 형제
	2	행복하세~호
	3	배려의 숫자놀이
	4	당연하지
12 감사	1	대장을 보호하라
	2	이곳이 천국!
	3	마법의 선물
	4	선물 낳는 박씨

둘째, 해시태그(hash tag, #)를 사용하여 놀이를 통해 떠오르는 핵심 내용을 단어로 제시하였다. 놀이집단상담에서 목표를 제시하기보다는 핵심단어를 제시하여 진행하는 사람이 상황이나 목적에 따라 적절한 놀이를 선택하여 다양하게 접근하도록 하였다.

셋째, '한눈에 보는 활동과정'을 통해 글과 그림을 함께 나타내어 놀이의 과정을 쉽게 이해하고 익힐 수 있도록 하였다. 이것은 이 책의 가장 큰 특징이라고 할 수 있다. 전체적인 놀이의 순서, 중요한 포인트, 작지만 유용한 tip 등을 그림과 글로 정리하였다. 특히 실험현장에 있는 교사가 직접 구성하고 그림으로 그려 쉽게 이해하고 바로 적용할 수 있게 하였다.

넷째, '놀이진행하기'에 진행자 발문만을 모아 두어 쉽게 놀이진행이 가능하도록 하였다. 놀이를 진행할 때 놀이 순서는 알지만 어떤 말을 하면서 다음 단계로 넘어가야 할지 등 놀이 중간에 발문 방법이 고민이 될 때가 있다. 그래서 발문 중심으로 놀이진행 방법을 안내하였다. 이 발문대로만 하면 누구든지 놀이를 진행할 수 있도록 발문 내용을 정선하여 적어 두었다.

놀이진행하기

들어가기

- (둥글게 앉아) 함께 둥글게 앉아 보니 느낌이 어떤가요?
- 친구들과 인형을 주고받으며 인사하고, 이름을 불러 보는 활동을 해 봅시다.

놀이하기

놀이 1. 친구 이름 부르며 인형 주고받기

● 친구 이름 확인하기

- 의자를 둥글게 놓고 앉습니다.
- 선생님을 시작으로 오른쪽부터 차례대로 인형을 전달하며 자기 이름을 크게 말합니다. 그러면 나머지 친구들은 "○○야, 안녕?"이라고 다 함께 환영의 마음으로 인사합니다.
- 인형이 한 바퀴 돌아 선생님께 다시 돌아왔네요.

다섯째, '놀이를 배움으로 up!'에서는 놀이에서 중요하게 재구성된 부분이나 마음성장으로 이끌 수 있는 부분을 제시하였다.

놀이를 배움으로 up!

코칭 하나 인형 던지기 장난이 되지 않도록 시범을 보이고 규칙을 알려 주세요.

'이름 부르기 활동'이 '인형 던지기 장난'처럼 되지 않도록 활동 전 교사의 시범과 규칙 당부로 분위기를 조성해 주세요. 인형 한 개로 자유로이 주고받을 때, "○○야."라고 이름을 부르며 눈을 마주친 뒤 "안녕."이라고 다정하게 말하고 던지게 합니다. 포물선을 그리듯이 던지라고 이야기하고 교사가 직접 시범을 보이며 시작해 봅니다. 인형을 던지기 전에 받을 친구의 이름을 부르고 서로 눈을 마주치는 것과 포물선으로 던지는 것을 지켜서 하면 진지한 분위기를 형성하는 데 도움이 됩니다.

고학년이라면 인형 대신에 털실 꾸러미를 사용하여 실을 잡고 거미줄처럼 계속 연결하게 하고, 모두가 실을 잡게 되면 반대 순서로 다시 던지면서 이름을 불러 보고 인사를 나누게 하는 방법도 있습니다. 이때 주의할 점은 털실을 던질 때 반드시 앞에 만들어진 털실선들보다 위쪽으로 던져야 합니다.

코칭 둘 골고루 참여할 수 있도록 3가지 활동을 차례대로 하세요.

아이들이 자신에게 인형을 안 준다고 불평하는 경우를 예방하기 위해 활동을 순서대로 진행하는 것이 좋습니다. 인형이 한 개일 때 한 번씩 빠짐없이 돌아가게 하는 활동을 먼저 연습하여 아이들이 골고루 인형을 여섯째, '현장적용 Q&A'는 교사 질문 코너로, 놀이를 교육현장에 직접 적용하면서 어려웠던 점, 알아 두면 유용한 정보들을 정리해 두었다. 적용하면서 의문이 생길 때 펼쳐 보면 큰 도움이 될 것이다.

현장적용 Q&A

Q : 이름 부르기 활동에 그렇게 큰 재미나 의미가 있나요?

A : 학기 초 서먹한 분위기이거나 또는 이미 친밀한 또래 집단이 형성되어 있는 경우, 이처럼 크게 서로의 이름을 불러 보는 경험만으로도 벽이 허물어지고 더 가까워지는 느낌을 가지게 됩니다. 공이나 인형을 던지며 여러 친구들과 눈 맞추고 인사하는 반복적인 활동과정은 놀이 이후에도 이어져 친구들과 자연스럽게 인사하는 행동 결과를 가져오기도 합니다. 놀이로 즐거웠던 경험, 서로를 친숙하게 여기게 한 관심과 느낌이 이어져 자연스럽게 생활에서 실천되고 체득됩니다.

일곱째, 아이들의 변화를 '우리들의 성장스토리'에 담았다. 놀이 하나를 한다고 해서 아이들이 단번에 변화하는 것은 아니다. 놀이를 하면서 생긴 작은 변화들이 쌓이면서 아이들의 인성이나 성격에 긍정적인 영향을 미친다고 생각한다. 그래서 놀이를 통해 아이들에게 있었던 변화들, 그리고 놀이를 아이들에게 적용하면서 느꼈던 이야기를 마지막에 담았다.

우리들의 성장스토리

이때까지 반 친구들과 아주 많은 시간을 보냈지만 함께 이야기하기는커녕 이름조차 몇 번 불러 보지 못한 친구가 있다는 걸 깨달았다. 남은 학기 시간이 적지만 지금부터라도 친구들 이름을 많이 부르고 알아 가야겠다.

평소 친한 ○○, □□와는 "안녕?" 하고 이름을 부르며 잘 지냈지만, 안 친한 친구와는 인사하거나 말을 거는 것이 좀 어색했었다. 오늘 그 친구들이 내 이름을 잘 알고 "○○야."라고 정답게 불러 주니 왠지 참 고마웠다. 친하지 않았던 여러 친구들에게도 더욱 가까이 다가가야겠다고 생각했다.

친구들이 내 이름을 불러 주니 새로운 시작을 하는 것만 같아 친구들에게 고마웠다. 앞으로 친구들에게 한 발짝 더 나아가게 될 거 같다.

이름 부르기! 학급이 하나가 되는군요!

"우리 팀이 졌지만 즐거웠다." "너무 열심히 해서 힘들다. 친구들도 힘들었겠다." "우리반 친구들이 같이 하니 즐겁다. 나는 '안녕? 나 누구!'가 제일 재밌다." "친구들과 함께 게임을 해서 기쁘다."

1학년 아이들의 소감입니다.

교사인 제가 처음 이 놀이를 봤을 때 '이름 부르는 게 도대체 뭐가 재미있을까? 괜히 시간 낭비하는 거 아니야?'라는 생각을 하였습니다. 그런데 아이들의 폭발적인 반응을 보고 깜짝 놀랐습니다. 아이들은 정말 놀이에 흠뻑 빠져서 힘들다는 소감이 나올 정도로 땀을 흘리며 인형을 주고받고, 쉬는 시간 종이 울려도 아랑곳하지 않고 가림막을 올렸다 내렸다, 목이 터져라 친구 이름을 부르면서 정말 신이 나게 활동을 했습니다.

놀이집단상담에서 놓쳐서는 안 되는 것들이 있다

놀이집단상담! 지나치게 규칙을 강요하지 말고 긍정적이고 허용적인 분위기를 형성하는 것이 중요하다

다수의 인원을 데리고 진행을 할 때 시간적으로나 안전상의 이유로 규칙을 지키는 것은 매우 중요하다. 그러나 놀이 방법이나 순서보다 더 중요한 것은 놀이를 통해 아이들이 자유롭게 자신을 표현하는 것이다. 긍정적이고 허용적인 분위기를 조성해야 아이들은 마음껏 자신을 표현하고 다른 사람과 소통할 수 있다. 규칙을 너무 강조하다 보면 단순히 놀이만 하다 마치는 경우가 생길 수 있다. 아이들이 상호작용을 통해 많은 것을 경험하기 위해서는 어느 정도 자율성을 부여하고 유연하게 놀이방법을 변경해 가면서 진행한다는 생각을 가지는 것이 중요하다.

놀이집단상담! 교사가 놀이의 목표를 달성하는 것도 중요하지만, 다른 배움과 성장이 일어날 수도 있다는 것을 기억해야 한다

놀이집단상담을 구조화하고 목표를 세우는 것은 좋지만 그 목표에만 너무 집중할 필요는 없다. 아이들의 각자 상황이나 경험이 모두 달라서 놀이를 통해 이루어지는 배움과 성장 또한 다양할 수 있기 때문이다. 놀이활동을 통해 아이들 한 명 한 명에게 더 의미 있게 다가오는 배움과 성장이 있다면 그것 또한 존중해 주어야 한다.

'신문지 찢기' 놀이를 했다. 이 놀이의 목표는 신문지를 마구 찢고 던지고 소리치며 스트레스를 풀어 보는 것인데, 몇몇 아이들은 소리를 지르며 신문지를 마구 찢었다. 그런데 한 아이가 그 시끄러운 가운데 신문지 더미에서 잠을 푹 자고 있는 것을 발견하였다. 놀이가 마무리될 때까지 그냥 두었다. 놀이가 끝난 후 그 아이에게 "다른 아이들은 신나서 신문지를 찢으며 소리도 지르고 스트레스를 풀었는데 ○○는 잠을 자더구나. 피곤했니?"라고 물어 보았다. ○○는 바로 "너무 편했어요. 이렇게 포근한 느낌은 처음이에요. 그냥 그런 포근한 곳에 푹 묻혀 보고 싶었어요."라고 대답했다. 교사가 목표로 한 것은 신문지를 찢으며 스트레스 풀기였지만, 아이는 신문지 속에 푹 파묻혀서 피곤을 풀었고 학교 교실에서의 편안함도 처음 느꼈던 것이다.

이렇듯, 교사가 놀이집단상담의 목표를 정하는 것도 좋지만 그것에 얽매일 필요는 없다. 놀이를 하다 보면, 때로는 교사가 의도하지 않더라도 아이들은 스스로 자기에게 현재 중요한 문제에 대한 답을 찾아 가기도 한다.

놀이집단상담! 아이들과의 소통과정이 중요하다. 소통을 통해 아이들은 변화하고 성장한다

다른 놀이활동과 가장 다른 부분이 바로 이 부분이다. 친구들과 즐겁고 신나게 노는 것으로 끝나는 것이 아니라, 그 놀이를 하면서 나타나는 자신의 감정 · 행동 · 태도 등에 대해 선생님이나 친구들과 소통하는 과정을 통해 자신을 보게 하는 것이 중요하다. 피드백 시간에 듣게 되는 다른 친구의 소감에서, 선생님의 발문이나 피드백에서, 친구의 배려 있는 행동 등 놀이 과정의 전 활동 속에서 자신을 돌아봄으로써 한 걸음 성장하게 되는 것이다. 교사는 아이들이 신나게 놀게 하는 것에만 초점을 맞추기보다는 아이들의 조그마한 행동, 감정표현, 생각 하나 하나를 수용해 주고 공감해 주는 것이 좋다. 놀이를 통해 평소에 해 보지 못했던 행동이나 감정표현, 생각을 자유롭게 표현해 봄으로써 진솔한 자신을 만나게 해 줄 수 있다.

손을 서로 얽히게 한 후 함께 푸는 '갈등사슬 풀기' 놀이를 하였다. 처음에는 서로 소통하며 잘 풀어 가다가 시간이 지체되니 성윤이가 화가 났는지 급하게 아이들에게 명령을 하며 꼬인 손을 풀기 위해 이리저리 움직이며 애를 썼다. 다른 조원들은 갑자기 말이 없어지고 분위기가 조용해졌다. 결국 그 조는 다 풀지 못하고 놀이를 마쳤다. 놀이가 끝난 후 피드백 시간에 이 부분에 대해 솔직히 이야기해 보았다.

교사: 성윤이가 많이 답답했던 것 같은데 놀이하면서 어떤 생각이 들었니?

성윤: 시간 안에 풀어야 하는데 안 되니깐 답답하고 화가 나서 저도 모르게 소리가 커지더라고요. 그런데 그러니까 더 손이 꼬였어요.

교사: 성윤이의 이야기를 들으니 너희들은 어떠니?

친구1: 솔직히 성윤이가 화를 내니까 하기가 싫었어요.

친구2: 성윤이 마음은 알겠는데 강요하니깐 무시당하는 것 같았어요.

교사: 성윤이는 친구들 이야기를 들으니 어떤 생각이 드니?

성윤: 그랬겠다는 생각이 들어요. 후회가 돼요.

교사: 성윤이가 후회가 되었구나. 그럼 다음에는 어떻게 하고 싶니?

성윤: 그런 상황에서 화를 내서 성공해도 아이들이 저를 싫어할 것 같아요. 다음에는 화를 내는 대신에 안 돼도 아이들과 끝까지 이야기하면서 해 볼래요.

교사: (성윤이와 함께 했던 아이들에게) 성윤이 이야기 들으니 어땠니?

친구1: 성윤이가 후회된다고 이야기하니깐 조금 미안해요.

친구2: 저는 성윤이처럼 화를 내진 않았지만 잘 안 되는 것이 답답해서 일부러 아무것도 안 하려고 했어요. 미안해요.

교사: 성윤이는 친구들 이야기를 들으니 어떠니?

성윤: 친구들이 제 마음을 잘 이해한 것 같아 마음이 편해졌어요.

서로 소통하면서 손을 푸는 것은 결국 실패했지만 그보다 더 많은 배움이 있었다.

놀이집단상담! 교사는 놀이를 통해 표출되는 아이들의 생각과 감정을 수용해 주어야 한다

한 선생님이 놀이를 하고 나서 어려움을 이야기했다. "재미있게 놀이를 시작하고 활동도 즐거웠는데, 마지막 승부를 발표할 때 이기는 팀 아이들은 너무 신나 하지만 진 팀 아이들은 풀이 죽어요……. 그래서 '이 게임 이제 하지 마요.' '저 팀은 반칙했어요.' '재미없어요.' 등 불만을 토로하는 바람에 괜히 이 놀이를 했다는 생각이 들 때가 많았어요."라고 하였다. 학급에서 놀이를 진행하다 보면 많이 겪는 일이다.

그럼 경쟁하는 놀이는 해서는 안 되는 것인가? 많은 분들이 경쟁하지 않고 협동하면서 함께 만들어 가는 놀이가 교육적으로 좋다고 생각한다. 사실 이 책에서도 함께 협력하고 스스로 목표를 정해서 하는 놀이들이 많지만, 놀이집단상담에서는 경쟁이든 협동을 하는 놀이든, 놀이 자체보다 놀이에서 표출되는 아이들의 생각 · 감정 · 행동을 다룬다. "이 게임 이제 하지 마요." "재미없어요." "저 팀은 반칙했어요."라는 아이들의 불만에는 공정하게 경쟁하고 싶은 마음이 들어 있다. 그럴 때에는 "이 게임이 그렇게 재미없었어?" "져서 속상하니?"라고 이야기해 준다. 그러면 아이들은 자신의 솔직한 생각이나 마음을 드러내게 된다. 놀이집단상담은 놀이를 통해 표출되는 아이들의 생각 · 감정 · 행동을 수용하고 다루어 줌으로써 아이들의 마음이 성장할 수 있도록 하는 것에 초점을 맞추는 것이 중요하다.

놀이집단상담! 처음부터 아이들이 자신의 생각이나 감정을 잘 표현하지는 않는다

놀이집단상담을 진행할 때 놀이를 마치고 아이들에게 소감을 이야기해 보도록 하면 처음에는 제대로 자신의 마음을 표현하지 못한다. 침묵이 흐르거나 간단한 몇 마디만을 이야기할 때가 더 많다. 친구들이나 선생님 앞에서 자신의 마음이나 생각을 자유롭게 이야기하는 것이 쉬운 일이 아니다. 그러나 놀이가 하나둘씩 적용되면서 자신의 생각이나 감정을 표현하는 것이 자연스러워진다. 진행하는 선생님들은 이런 점에 유의하면서 놀이집단상담을 처음 적용할 때 아이들이 자신의 생각이나 감정을 표현할 수 있는 분위기를 만들어 주는 것이 중요하다. 초등상담나무 연구회 선생님들의 공통적인 이야기는 "처음에는 말도 하지 않던 아이들이 점점 마음을 열고 자기 생각을 이야기하고 표현하게 되면서 소감나누기에서 더 많은 깨달음과 배움을 얻는다."라는 것이다. 마찬가지로 선생님들도 아이들에게 놀이를 통해 배운 점이나 새로 알게 된 점을 이야기해 보라는 질문을 하는 것이 처음에는 어색할 수 있다. 그러나 이 책에 제시된 질문이나 소통하는 말들을 사용하면서 선생님 또한 성장해 갈 것이다. 선생님과 아이들 모두 놀이집단상담을 적용하자마자 확 변하지는 않는다. 물이 스며들듯이 조금씩 변하고 성장한다는 생각을 가지고 꾸준히 적용하는 것이 중요하다.

놀이를 마음성장에 활용하려는 작은 시작!

놀이에 관한 책이 많고, 많은 선생님들이 이를 활용하고 있다. 우리 초등상담나무 연구회 선생님들도 아이들이 좋아하는 놀이를 수년간 적용하였다. 놀이에 집단상담적 요소와 의미를 담아 아이들에게 적용해 보았더니, 아이들이 변화하고 마음이 쑥쑥 자라는 것을 보게 되었다. 이 경험을 우리 연구팀과 함께 나누고서 선생님들이 보다 쉽게 활용할 수 있는 자료를 만들자고 제안하면서 이 연구가 시작되었다.

이 책은 놀이를 마음성장을 위한 도구로 삼으려는 작은 노력의 시작이다. 이 책에 담은 36가지 놀이를 시작으로 앞으로 더 많은 놀이를 마음성장의 관점에서 재구성하여 일선의 선생님들이 쉽게 적용할 수 있도록 하는 작업을 계속해 나갈 것이다.

놀며 자라는 놀이집단상담

차례

7월

진로, 자기 발견 • 169

9월

도전 • 209

10월

성장 • 245

11월

나눔, 배려 • 279

12월

감사 • 315

교육현장에 활용할 목적으로 만들어진 책이기에 교육과정상 1, 2, 8월은 방학이라 제외하였습니다. 월별로 놀이를 정하긴 하였으나 주제별로도 분류하여 필요한 주제에 맞게 재구성하여 사용하셔도 됩니다.

주제	내용	집필자
	놀며 자라는 놀이집단상담이란?	김명신
3월 만남과 관계	3-1 안녕? 나 누구!	최명혜
	3-2 서로 돕는 우리	윤형주
	3-3 줄을 서시오	우현주
	3-4 나를 찾아줘	이지은
4월 감정 해소, 공감	4-1 막대와 춤을	곽주희
	4-2 '통'했다!	이지은
	4-3 니 이거 해 봤나?	최다은
	4-4 스트레스 팡팡!	성지연
5월 더불어, 협력	5-1 X맨을 찾아라	김보행
	5-2 믿음의 자동차	이동훈
	5-3 엉망진창 판타스틱 요리왕	정선진
	5-4 생명의 징검다리	이재희
6월 소통	6-1 네모의 꿈	최정원
	6-2 갈등의 사슬을 풀어라	강훈진
	6-3 내가 누구게?	우화선
	6-4 너에게 관심 있어	이석경
7월 진로, 자기 발견	7-1 나 이런 사람이야!	고현정
	7-2 장점 쇼핑몰	김보미
	7-3 Dream 드림	김은희
	7-4 내 꿈아 날아라!	김주은
9월 도전	9-1 러닝맨! 꼬리를 잡아라	강훈진
	9-2 바람 나르기	고현정
	9-3 도전! 다리 만들기	김여울
	9-4 Power up!	김은경
10월 성장	10-1 알에서 봉황까지	김은희
	10-2 Change! Change!	하희은
	10-3 바람경매	권현숙
	10-4 손에 손잡고	손미영
11월 나눔, 배려	11-1 의좋은 형제	정선진
	11-2 행복하세~호	최다은
	11-3 배려의 숫자놀이	김인경
	11-4 당연하지	김인경
12월 감사	12-1 대장을 보호하라	김명숙
	12-2 이곳이 천국!	김현주
	12-3 마법의 선물	손미영
	12-4 선물 낳는 박씨	김남희

3월

만남과 관계

첫째 주

안녕? 나 누구!

#인사 #까꿍 #인형 #친밀감

한눈에 보는 활동과정

놀이 1 친구 이름 부르며 인형 주고받기

① 의자에 둥글게 앉아 인형을 전달하며 차례대로 자신의 이름을 소개한다.

② 순서 없이 상대방의 이름을 부르고 인형을 주고받는다.

③ 연습 후, 여러 개의 인형을 자유롭게 주고받는다.

놀이 2 **친구 데려오기**

① 두 팀으로 나누어 천 뒤로 숨는다.

② 각 팀에서 한 명씩 대표가 되어 천 가까이에 앉는다.

③ "하나 둘 셋!" 신호와 함께 가림막을 내린다.

④ 가림막이 내려가면 보이는 상대팀의 대표 이름을 먼저 외친다.

⑤ 먼저 이름을 부른 팀에서 상대팀 대표를 자신의 팀으로 데려간다.

⑥ 놀이를 반복하다가 남은 인원이 많은 팀이 승리한다.

tip 놀이를 반복하며 대표 계속 바뀜!

놀이진행하기

들어가기

- (둥글게 앉아) 함께 둥글게 앉아 보니 느낌이 어떤가요?
- 친구들과 인형을 주고받으며 인사하고, 이름을 불러 보는 활동을 해 봅시다.

놀이하기

놀이 1. 친구 이름 부르며 인형 주고받기

● 친구 이름 확인하기

- 의자를 둥글게 놓고 앉습니다.
- 선생님을 시작으로 오른쪽부터 차례대로 인형을 전달하며 자기 이름을 크게 말합니다. 그러면 나머지 친구들은 "○○야, 안녕?"이라고 다 함께 환영의 마음으로 인사합니다.
- 인형이 한 바퀴 돌아 선생님께 다시 돌아왔네요.

● 순서 없이 인형을 던지며 친구 이름 부르기

- 이번에는 순서 없이 인형을 주고받아 보겠습니다. 맞은편에 앉은 친구 등 아무에게나 이름을 부르며 인형을 던질 수 있습니다.
- 인형을 받은 친구가 "○○아, 안녕?" 하고 친구 이름을 부르면, 이름 불린 ○○는 "고마워, □□야."라고 말하며 인형을 받습니다. 인형을 받은 친구가 다시 다른 친구에게 인사하며 인형을 던지면 됩니다. 인형을 주고받을 때마다 반드시 친구 이름을 부르며 던지고, 받은 친구는 "고마워."라고 인사하기로 해요.
- 다 함께 인사 방법을 연습해 봅시다. "○○야, 안녕?" "고마워, □□야."
- 인형이 땅에 떨어지지 않도록 하려면 어떻게 해야 할까요? 선생님의 시범을 보세요.

tip 교사가 위로 포물선을 그리며 친구가 잘 받을 수 있도록 시범을 보인다.

- 혹 인형을 떨어뜨리는 경우, 던진 친구나 받으려던 친구 둘 다 나와 악수를 하고 벌칙 스티커를 몸에 붙이게 될 거예요. 그때 "친구야, 미안해."라는 말을 서로 합니다.
- 첫 번째 미션! 순서 없이 던지되 전체 친구가 빠짐없이 골고루 한 번씩만 다 인형을 받고 선생님께 돌아오는 게 목표예요. 그래서 이번에는 전체 일어서서 시작하겠습니다. 인형을 주고받은 친구는 앉도록 합시다. 모두에게 골고루 한 번씩 기회가 가도록 하기 위해서입니다.

● 여러 개의 인형 자유로이 던지며 이름 부르기

- 인형 주고받기가 능숙해졌네요. 이제는 인형의 수를 더 늘려 보겠습니다. 인형의 수가 점차 늘어날테니 더 집중을 해야 합니다.
- 친구 이름을 부르고, 받으면 인사하는 과정을 잊지 않도록 해요.
- 여러분이 너무 즐겁게 활동하였기에 더 업그레이드된 팀별 활동으로 넘어가겠습니다.

놀이 2. 친구 데려오기

● 두 팀으로 나누어 앉기

- 의자를 치우고(홀짝 번호 등으로 교사가 자유로이 두 팀으로 나눈다) 두 팀으로 나뉘어 모였죠?
- 천을 들고 내릴 막잡이 친구가 두 명 필요해요. 이 친구들의 역할은 가림막을 막았다가 내리기도 하고 판정을 하기도 합니다.

- 각 팀은 가림막 천을 중심으로 상대에게 보이지 않도록 천 뒤로 몸을 숨깁니다.
- 각 팀에서 대표 한 명씩만 정해 가려진 천 가까이로 다가와 앉아 보세요.
- 대표 외의 다른 친구들은 대표 뒤에 조금 떨어져 앉습니다.

● 활동방법 시범으로 확인하기

• '하나, 둘, 셋!' 소리에 맞추어 가림막 천을 내리게 됩니다. 그때 각 팀의 대표는 천이 내려가며 보이는 상대편 대표 친구의 이름을 부릅니다. 시범으로 한번 해 볼까요? 하나, 둘, 셋! (소리에 맞추어 막잡이 친구가 천 내리기)

• 철이가 정원이 이름을 먼저 불렀네요.
• 먼저 친구의 이름을 부른 철이가 상대 팀 정원이를 자신의 팀으로 데려갑니다.
• 활동할 때 막잡이 도우미 두 사람이 심판이 되어 주세요.

• 다음 대표를 바꾸어 활동을 되풀이합니다. 대표 친구는 골고루 번갈아 해 볼 수 있기를 권하지만, 팀에서 작전을 잘 짜서 운영할 수 있습니다. 여러 번 활동하여 인원이 많이 남은 팀이 승리합니다.

● 대표를 바꾸어 가며 친구 이름 먼저 부르기 활동하기

● 활동 후 마무리하기

• 이 쪽 팀의 인원이 더 많이 남았네요. "만세!"라고 외쳐 봅니다.

tip 제한 시간을 두어 활동을 마치거나, 시간이 많으면 계속 진행하여 한 팀원이 다 사라질 때까지 운영하면 더 좋습니다. 승패 없이 모두 한 팀이 되는 경험이 되기도 합니다.

마무리하기

서로 친해지기 위해서는 관심을 갖고 인사하고, 반갑게 이름을 불러 주는 것이 그 첫걸음이라고 여겨집니다. 우리 반 친구들이 더 친해지고 반갑게 인사하는 모습들을 본 거 같아 기쁩니다. 앞으로도 이렇게 서로를 따뜻하게 대하며 생활하기를 기대합니다.

● 활동 후 소감나누기

- 이번 시간에는 친구들과 인사하고 서로의 이름을 부르는 활동을 하였습니다.
- 활동 중 어떤 기분이 들었는지, 또는 활동 전과 활동 후 달라진 마음이 있다면 이야기하여 봅시다.
- 이 활동이 여러분에게 어떤 의미가 있었는지 이야기해 봅시다.

이런 질문도 해 보세요!

- 오늘 활동에서 도움이 되었던 친구가 있나요?
- 오늘 활동을 하며 좋았던 점이나 인상적이었던 점, 아쉬웠던 점이 있다면 무엇인가요?

● 활동 마무리 Tip

활동 마무리 후 어울리는 시 한 편을 들려주어도 좋습니다.

- 이제 마음을 가라앉히고 오늘 한 활동을 생각하며 시를 한 편 들어보겠습니다.
  눈을 잠시 감고 이 시를 들어 보아요.

이름을 알고 나면 이웃이 되고
색깔을 알고 나면 친구가 되고
모양까지 알고 나면 연인이 된다.
아, 이것은 비밀.

나태주 시인의 〈풀꽃2〉이라는 시예요. 어떤 의미가 담겨 있는 것 같나요?

놀이를 배움으로 up!

코칭 하나 인형 던지기 장난이 되지 않도록 시범을 보이고 규칙을 알려 주세요.

'이름 부르기 활동'이 '인형 던지기 장난'처럼 되지 않도록 활동 전 교사의 시범과 규칙 당부로 분위기를 조성해 주세요. 인형 한 개로 자유로이 주고받을 때, "○○야."라고 이름을 부르며 눈을 마주친 뒤 "안녕."이라고 다정하게 말하고 던지게 합니다. 포물선을 그리듯이 던지라고 이야기하고 교사가 직접 시범을 보이며 시작해 봅니다. 인형을 던지기 전에 받을 친구의 이름을 부르고 서로 눈을 마주치는 것과 포물선으로 던지는 것을 지켜서 하면 진지한 분위기를 형성하는 데 도움이 됩니다.

고학년이라면 인형 대신에 털실 꾸러미를 사용하여 실을 잡고 거미줄처럼 계속 연결하게 하고, 모두가 실을 잡게 되면 반대 순서로 다시 던지면서 이름을 불러 보고 인사를 나누게 하는 방법도 있습니다. 이때 주의할 점은 털실을 던질 때 반드시 앞에 만들어진 털실선들보다 위쪽으로 던져야 합니다.

코칭 둘 골고루 참여할 수 있도록 3가지 활동을 차례대로 하세요.

아이들이 자신에게 인형을 안 준다고 불평하는 경우를 예방하기 위해 활동을 순서대로 진행하는 것이 좋습니다. 인형이 한 개일 때 한 번씩 빠짐없이 돌아가게 하는 활동을 먼저 연습하여 아이들이 골고루 인형을 주고받아야 즐거울 수 있음을 경험하게 합니다. 그래서 이름 소개하기-한 번씩 골고루 주고받기-여러 개의 인형 주고받기의 차례로 나아갑니다. 한 번씩 골고루 주고받는 두 번째 활동에서는 서서 시작해서 인형을 받은 사람은 앉기, 또는 못 받은 친구는 손들어 표시하기 등으로 구분해도 좋습니다. 아이들이 의도적으로 친한 친구에게만 줄 수도 있지만, 친구들의 이름을 확실히 알지 못하거나 누가 받았는지 기억하지 못해서 인형을 못 주는 경우도 있기 때문에 처음에는 한 번씩, 나아가 인형의 수를 점차 늘려 감으로써 이런 불만들이 자연스럽게 해소되도록 다음 단계로 나아갑니다.

코칭 셋 이름을 불렀을 때의 마음과 불리어졌을 때의 마음을 연결해 주세요.

아이들의 활동 마무리에서 친한 친구의 이름 부르기는 자연스러웠지만 친하지 않은 친구의 이름 부르기는 어색했다고 말하는 아이들의 피드백이 있을 수 있습니다. 그럴 때에는 친구의 솔직한 마음을 인정해 주고 나서 다음으로 "그럼 친하지 않은 친구가 내 이름을 불러 줬을 때 어떤 마음이었나요?"라고 상대편 친구에게 다시 질문해 보세요. "보통 친하지 않은 친구끼리는 성까지 붙여서 부르는데, 다정하게 웃으면서 내 이름만 불러 주니 친해지는 것 같았고 고마운 마음이 들었어요."라는 대답을 듣게 됩니다. 그때 교사가 "친구 이름을 다정하게 불러 주는 것만으로도 좋은 관계가 시작될 수 있었네요." 또는 "다정한 인사 한 마디로도 고마운 친구가 될 수 있었군요."라며 이름을 부르는 마음과 활동의 의미를 구체화해 주세요. 나아가 마무리 활동 후 나태주의 〈풀꽃〉이나 김춘수의 〈꽃〉이라는 시를 들려주면 이름을 불러 주는 것이 좋은 관계의 시작임을, 그냥 우리 반 아이가 아닌 의미 있는 친구가 되는 것임을 덧붙여 생각하게 되면서 시의 내용처럼 일렁거리는 아이들의 눈빛과 표정을 만날 수 있을 것입니다.

현장적용 Q&A

Q : 이름 부르기 활동에 그렇게 큰 재미나 의미가 있나요?

A : 학기 초 서먹한 분위기이거나 또는 이미 친밀한 또래 집단이 형성되어 있는 경우, 이처럼 크게 서로의 이름을 불러 보는 경험만으로도 벽이 허물어지고 더 가까워지는 느낌을 가지게 됩니다. 공이나 인형을 던지며 여러 친구들과 눈 맞추고 인사하는 반복적인 활동과정은 놀이 이후에도 이어져 친구들과 자연스럽게 인사하는 행동 결과를 가져오기도 합니다. 놀이로 즐거웠던 경험, 서로를 친숙하게 여기게 한 관심과 느낌이 이어져 자연스럽게 생활에서 실천되고 체득됩니다.

Q : 학기 초에만 가능한 활동인가요?

A : '안녕? 나 누구!'는 학기 초에 서로의 이름을 익혀 가까워지기에 참 좋은 놀이입니다. 그러나 학기말에도 다른 의미에서 좋은 놀이입니다. 1년여의 시간 동안 교실에서 함께 생활하면서 친한 친구의 이름은 자연스럽게 불렀지만 친하지 않은 친구의 이름은 꺼끌꺼끌 입 밖으로 잘 나오지 않고 어색했다는 것을 알게 되기 때문입니다. 친구들 간에 형성된 결집을 깨뜨려 보는 기회가 되기도 합니다. 또 친하지 않은 친구가 내 이름을 다정하게 불러 줬을 때 행복했던 마음을 나누면서 이름이 불렸을 때의 마음을 알게 되고, 그동안 가깝게 지내지 못했던 학급의 친구들을 다른 눈으로 바라보게 됩니다.

Q : 친구 모셔 오기에서 상대편에 갔던 친구가 섞여 다시 활동할 수 있나요?

A : 상대팀에서 데려온 친구도 바로 자신의 팀에서 활동이 가능하여 작전을 짜면서 더 흥미로워집니다. 그래서 활동을 하다 보면 내 편, 네 편 없이 한 팀으로 융통성 있게 진행되는 묘미가 있습니다. 마지막에 한 팀으로 다 흡수되면 오히려 더 통일이 된 듯한 즐거움을 맛볼 수도 있습니다. 시간이 모자라면 수가 비슷할 때 그만두어 무승부로 한다든지, 놀이2인 '친구 데려오기'만으로 한 차시를 운영해도 좋습니다.

Q : 친구 모셔 오기 놀이, 갓 입학한 1학년에게는 어렵지 않나요?

A : 1학년 아이들도 매우 좋아하는 놀이입니다. 주변 친구에게만 익숙한 1학년이니만큼 가림막을 여러 개 준비하고 처음에는 작은 모둠으로 시작하여 익숙해지면 두 모둠씩 함께 한 팀이 되어 인원을 늘려 가도 좋습니다. 작전 타임을 잘 활용하여 교사가 도움말을 해 주면 머리띠나 안경, 옷 등을 바꾸어 입는 방법, 얼굴을 찡그려서 알아보기 힘들게 하는 방법, 똑바로 앉아 있지 않고 비스듬히 누워 있거나 옆에 다른 친구가 웃긴 표정을 지어서 방해하는 등 다양한 방법으로 저학년들도 정말 재미있게 활동을 잘할 수 있습니다.

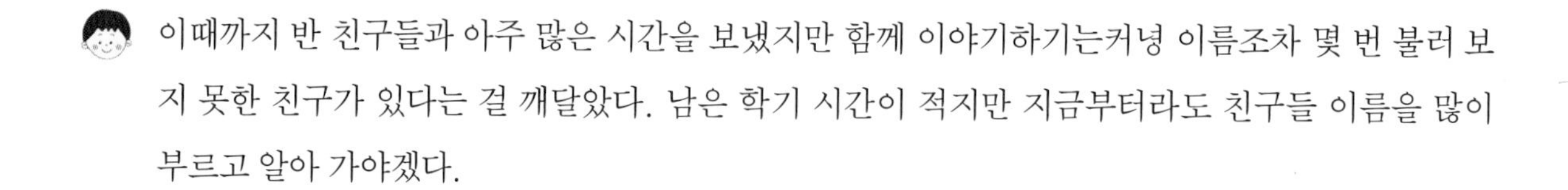

이때까지 반 친구들과 아주 많은 시간을 보냈지만 함께 이야기하기는커녕 이름조차 몇 번 불러 보지 못한 친구가 있다는 걸 깨달았다. 남은 학기 시간이 적지만 지금부터라도 친구들 이름을 많이 부르고 알아 가야겠다.

평소 친한 ○○, □□와는 "안녕?" 하고 이름을 부르며 잘 지냈지만, 안 친한 친구와는 인사하거나 말을 거는 것이 좀 어색했었다. 오늘 그 친구들이 내 이름을 잘 알고 "○○야."라고 정답게 불러 주니 왠지 참 고마웠다. 친하지 않았던 여러 친구들에게도 더욱 가까이 다가가야겠다고 생각했다.

친구들이 내 이름을 불러 주니 새로운 시작을 하는 것만 같아 친구들에게 고마웠다. 앞으로 친구들에게 한 발짝 더 나아가게 될 거 같다.

이름 부르기! 학급이 하나가 되는군요!

"우리 팀이 졌지만 즐거웠다." "너무 열심히 해서 힘들다. 친구들도 힘들었겠다." "우리반 친구들이 같이 하니 즐겁다. 나는 '안녕? 나 누구!'가 제일 재밌다." "친구들과 함께 게임을 해서 기쁘다."

1학년 아이들의 소감입니다.

교사인 제가 처음 이 놀이를 봤을 때 '이름 부르는 게 도대체 뭐가 재미있을까? 괜히 시간 낭비하는 거 아니야?'라는 생각을 하였습니다. 그런데 아이들의 폭발적인 반응을 보고 깜짝 놀랐습니다. 아이들은 정말 놀이에 흠뻑 빠져서 힘들다는 소감이 나올 정도로 땀을 흘리며 인형을 주고받고, 쉬는 시간 종이 울려도 아랑곳하지 않고 가림막을 올렸다 내렸다, 목이 터져라 친구 이름을 부르면서 정말 신이 나게 활동을 했습니다.

그뿐만이 아닙니다. 놀이가 끝난 이후가 저는 더 놀라웠습니다. 입학 초기 서먹서먹함에 서로 놀자는 소리도 잘하지 못하던 우리 아이들이 이 놀이 이후로는 서로의 이름을 다 외우고 자연스럽게 부르면서 함께 어울리는 모습을 보았기 때문입니다.

기껏해야 이름을 부른다고요? 아닙니다. 이름을 부른다는 것, 그것은 관계의 시작이자 전부입니다.

혼자였던 아이가 놀이로 함께

학급에서 친구들과 관계가 원만하지 못하고 소통이 잘 안 되어 혼자 지내는 여자아이가 있었습니다. 학기 중에 이 활동을 알게 되어 실시하였는데, 인형 던지기 활동과 친구 모셔 오기 활동을 하며 웃음을 띠고 친구의 이름을 부르며 어울려 활동하는 그 여학생의 모습은 평소 생활에서 볼 수 없었던 반전이었습니다. 교사가 유도하고 의도해도 잘 되지 않았던 관계 형성이 놀이활동을 통해 진전되는 모습이 감동이었습니다. 활동 후 소감나누기에서 다른 아이들도 그 친구가 자신들의 이름을 잘 알고 있는 것에, 그리고 적극적으로 활동하는 모습에 함께 즐거워하였습니다. 혼자이던 아이에게 친구들과의 관계의 물꼬가 트이는 순간 같았습니다. 또는 교사가 놀이 장면에서 달라지는 그 친구의 협력적 모습을 적극 알려서 아이들이 더 인지할 수 있도록 돕는 것도 가능하겠다 싶었습니다. 이런 활동을 더 많이 못했던 것이 안타깝기도 했고, 너무나 간단한 활동인데 아이들이 이렇게 신나고 즐거울 수 있을까 놀랍기도 했습니다. 앞으로 더 많은 시간들을 이런 집단놀이활동에 써야겠다는 생각이 든 하루였습니다.

둘째 주

서로 돕는 우리

#관계 맺기 #신체 놀이
#빙고 놀이 #만남

한눈에 보는 활동과정

① 서로 다른 친구와 만나서 9가지 활동을 하도록 안내한다.

② 처음 눈이 마주친 친구와 1가지 활동을 함께 한다.

③ 활동 후 친구의 이름(사인)을 받고 다른 친구를 찾아다닌다.

⑭ 반 친구들 이름으로 빙고 놀이를 한다.

김보미	최다은	김보행
김여울	이지은	정선진
정윤선	김주은	조성윤

⑮ 활동 후 소감 나누기 시간을 가진다.

놀이진행하기

들어가기

• 우리 반 친구들을 만나 함께 여러 가지 활동을 하며 서로를 알아 가는 시간을 가져 보겠습니다.

놀이하기

● 활동 방법 알아보기

• 선생님이 주는 종이에는 여러분이 친구들과 함께 해야 하는 9가지의 활동이 있습니다. 지금 한 번 살펴보세요.
• 이 9가지 신체 활동은 모두 서로 다른 친구들과 만나서 해야 합니다. 활동이 끝난 후 아래 칸에 활동을 함께한 친구에게 사인을 받으세요. 반드시 번호 순서대로 할 필요는 없습니다.
• 남자 친구와 여자 친구들을 번갈아 가며 만나세요.
• 9가지 활동을 모두 마친 후에도 친구들을 위해 함께 활동할 수 있습니다. 우리 반 모두가 활동을 끝내면 성공입니다.

● 활동하기

• 처음 눈이 마주친 친구와 "안녕, 친구야." 하고 손바닥을 마주치며 인사한 후 활동을 시작하고, 활동이 끝나면 새로 알게 된 그 친구의 이름을 넣어 "고마워, △△아." 하며 손바닥을 마주치고 헤어집니다.

- 지금부터 '서로 돕는 우리' 놀이를 시작하겠습니다.

  - 1부터 10까지 세면서 친구와 서로 양 손바닥을 열 번 마주 치기
  - 친구와 서로 손을 잡고 교실을 한 바퀴 크게 돌아 보기
  - 친구와 팔짱을 끼고 제자리에서 천천히 세 바퀴 돌기 등(활동지 참고)

- 모두 활동을 끝냈나요? 우리 반 모두가 서로 도와 한 명도 빠짐없이 활동을 끝내서 활동을 성공하였습니다.

● 빙고 놀이하기

- 지금부터 여러분 활동지에 적힌 우리 반 친구들 이름으로 다함께 빙고 놀이를 해 봅시다. 가로, 세로, 대각선 어느 쪽이든 세 줄을 먼저 완성하면 손을 들고 '빙고'라고 크게 말해 주세요.
- 시작할까요? 그럼, 첫 번째 친구를 선생님이 추첨으로 뽑겠습니다.
- 두 번째 친구부터는 첫 번째 친구가 일어나서 자기가 원하는 친구 이름을 부르는 릴레이 방식으로 이어 가겠습니다.
- 빙고? ○○가 빙고를 완성하였습니다. 축하합니다.

마무리하기

● 활동 후 소감나누기

- 이번 시간에는 친구들과 함께 여러 가지 활동을 함께 하고 빙고놀이도 했어요.
- 활동이 다 끝났지만 친구를 위해 혹시 한 번 더 활동을 한 친구가 있나요? 왜 그렇게 하였나요?
- 왜 이 활동의 제목이 '서로 돕는 우리'일까요?

> 서로의 이름을 불러 주고 모두가 함께 성공하기 위해 한 번 더 활동해 주며 우리 반 모든 친구들이 함께 이 활동을 성공하는 모습을 보면서 선생님은 우리 친구들이 정말 자랑스러웠습니다. 앞으로도 우리 반 모두가 '서로 돕는 우리'가 되어 더욱 가깝고 친하게 지내면서 행복한 우리 반을 만들어 가면 좋겠습니다.

이런 질문도 해 보세요!

- 이번 활동을 하고 난 후, 좀 더 가까워졌다고 느껴지는 친구가 있나요?
- 활동 전과 후의 느낌이 어떻게 다른가요?

놀이를 배움으로 up!

코칭 하나 활동을 하기 전에 3가지 규칙을 알려 주세요.

학년 초에 실시되는 이 놀이는 서로 다가가지 못한 채 머뭇거리고만 있거나 특정한 친구들하고만 활동을 하려는 친구들이 많으면 활발하게 활동이 이루어지지 않을 수도 있습니다. 이러한 경우가 없도록 놀이를 시작하기 전에 규칙을 확실하게 설명해 주어야 합니다.

첫째, 활동을 시작한 후 서로 눈이 마주친 친구끼리 만나서 "반가워, 친구야."라고 인사를 나눈 후 함께 활동을 시작하고, 활동이 끝나면 새로 알게 된 친구의 이름을 넣어 "고마워, ○○아."라고 인사를 나눈 뒤 헤어지도록 안내합니다.

둘째, 남녀 친구들을 번갈아 가면서 만나거나 혹은 남자 몇 명, 여자 몇 명이라고 미리 약속을 하면 남자끼리만, 여자끼리만 만나는 것을 방지할 수 있습니다.

셋째, 우리 반 모든 친구들이 활동을 끝내야 이 놀이가 성공이라는 것과 자기 활동이 다 끝난 후에도 다른 친구들을 위해 함께 활동을 더 해 줄 수 있다는 것도 함께 말해 주면 더욱 활발하게 놀이가 이루어질 수 있습니다.

코칭 둘 소감나누기를 할 때 '서로 돕는 우리'라는 놀이명의 의미를 찾도록 해 주세요.

이 활동은 활동 자체가 간단하고 아이들의 활동이 중심이 되기 때문에 학년에 관계 없이 아이들이 굉장히 좋아하고 즐거워하는 활동입니다. 9가지의 기본 활동을 마친 후 빙고 놀이까지 하면 정말 신나 하지요.

하지만 이 활동의 진짜 시작은 바로 소감나누기에서 시작된다고 할 수 있습니다. 활동을 마치고 소감나누기를 할 때 자기 활동은 끝났지만 친구를 위해 활동을 더 해 준 친구가 있는지, 그리고 그렇게 한 이유가 무엇인지 물어본 후, 반대로 활동을 마치지 못했는데 친구에게 도움을 받는 친구가 있으면 그때 어떤 감정을 느꼈는지 서로 연결해서 소감을 나누도록 해 주세요.

그후 왜 이 놀이의 이름이 '서로 돕는 우리'인지를 아이들에게 물어보면 만남과 관계, 배려와 소통, 협력과 같은 학년 초 학급 세우기에 꼭 필요한 가치들이 아이들의 이야기를 통해서 자연스럽게 나오게 되고, 모두가 그러한 가치의 중요성과 필요성에 대해 공감할 수 있을 거예요.

현장적용 Q&A

Q : 활동 내용이 학년마다 달라야 할 것 같은데, 어떤 활동이 더 있을까요?

A : 이 활동은 학년에 관계 없이 할 수 있는 놀이이지만, 내용은 학년이나 학급 분위기에 맞게 교사가 자유롭게 수정하여 쓸 수 있습니다. 고학년이라 신체적 접촉을 꺼리는 학생들이 많다면 엉덩이 부딪히기 같은 활동보다는 자기 이름 뜻 설명하기와 같은 활동으로 수정할 수 있습니다. 또 저학년은 활동을 안내할 때 시범을 보이거나 교사를 따라 함께 연습해 보도록 하는 것이 좋습니다.
다음은 앞에서 제시된 9가지 활동 이외에 활용할 수 있는 예시입니다.

- 친구에게 '엄지 척!' 동작을 하며 "네가 최고야."라고 세 번 외치기
- 친구와 한 팔을 서로 팔짱을 끼고 나머지 한 손은 반짝반짝 동작을 하며 제자리에서 빙글빙글 돌기
- 자기 이름이 지닌 뜻을 친구에게 서로 설명해 주기
- 디비디비딥, 가위바위보, 끝말잇기, 서로 같은 것 낼 때까지 가위바위보 하기
- 친구랑 '쎄쎄쎄' 하기(예: '아침바람 찬 바람에' '반달' 등).
- 친구에게 손가락 하트를 만들어 보여 주면서 "친구야, 사랑해!" 외치기
- 둘이서 '코코코~' 또는 '코카콜라' 놀이하기
- 가위바위보를 한 후, 이긴 친구가 진 친구의 목이나 겨드랑이 5초간 간지럽히기 등

Q : 친구들에게 다가가지 못하고 활동에 참여하지 못하는 아이는 어떻게 해야 할까요?

A : 먼저 다가가기 어려워하거나 또 부끄러워하는 친구도 있습니다. 모두가 비슷한 시간 안에 활동을 마쳐야 하기 때문에 마냥 기다려 줄 수는 없겠지요. 이런 경우에는 선생님께서 보고 계시다가 한 활동이 끝나면 어려워하는 친구의 어깨를 살며시 잡아 주어 다른 친구들을 만날 수 있게 도와주거나, 선생님께서 다른 친구에게 도움을 요청하는 것도 좋을 것 같습니다. 선생님께서 직접 짝이 되어 활동을 해 주실 수도 있습니다. 또 활동 중에 이렇게 친구들에게 다가가기 어려워하는 등의 특징이 눈에 띄는 친구들을 잘 관찰했다가 이후에 개인상담으로 연결하실 수도 있습니다.

우리들의 성장스토리

같은 반이긴 하지만 오늘 이 활동을 하면서 처음으로 손을 잡거나 말을 해 본 친구들이 있었다. 이제는 그 친구랑 편하게 말을 할 수 있을 것 같다.

작년 반 친구들 이름은 기억이 잘 안 나는 친구들도 있는데, 만난 지 2주도 안 된 우리 반 친구들 이름은 벌써 다 외웠다. 이 놀이를 하면서 친구들 이름이 저절로 외워졌다. 친구들 이름을 부르는 게 어색하지 않다.

 **학년 초, 아직은 알기 힘든 아이들의 모습을 빨리 알게 되었어요.**

새로운 아이들을 가르치다 보면 아이들을 파악하는 데 시간이 참 많이 걸렸습니다. 이제 좀 알겠다 싶으면 벌써 한 해가 끝나고, 아이들에게 미안한 마음과 내 능력이 이거밖에 안 되나 실망도 했지요. 하지만 학년 초에 모든 아이들을 한 명씩 차례로 만나 일대일 상담을 하는 데는 정말 많은 시간이 걸립니다.

그때 '서로 돕는 우리'라는 놀이가 아이들을 빨리 알게 되는 데 도움이 되었습니다. 놀이에 참여하는 태도를 잘 관찰하니 먼저 상담을 해야겠다는 생각이 드는 학생, 예를 들어 의외의 모습을 보이는 학생, 친구들과 잘 어울리지 못하거나 반대로 너무 독단적이거나 지배적인 학생 등 아이들의 모습을 빨리 발견할 수 있었습니다. 이런 학생들을 먼저 개인상담 대상으로 하여 학년 초 상담 활동을 시작하면서 아이들 한 명 한 명을 더 빨리 이해하게 되었습니다.

[활동지 3-1]

서로 돕는 우리(고학년용)

_____ 학년 _____반
이름 ___________

☆ 9가지 활동 모두 서로 다른 친구와 만나서 해야 합니다.
☆ 활동이 끝나면 아래 빈 칸에 활동을 함께 한 친구에게 이름을 적어 달라고 합니다.
☆ 우리 반 친구들 모두가 활동을 마쳐야 미션 완료!

1부터 10까지 세면서 친구와 서로 양 손바닥을 열 번 마주 치세요.	친구와 서로 손을 잡고 교실을 한 바퀴 크게 돌아 보세요.	두 손으로 머리 위에 하트 모양을 만든 후, 친구에게 "널 만난 건 행운이야."라고 두 번 말하세요.
친구 이름:	친구 이름:	친구 이름:
친구와 팔짱을 끼고 제자리에서 천천히 세 바퀴 도세요.	친구와 오른쪽 발바닥끼리 다섯 번, 왼쪽 발바닥끼리 다섯 번 마주치세요.	서로 친구 어깨를 열 번 주물러 주세요.
친구 이름:	친구 이름:	친구 이름:
가위바위보를 해서 서로 같은 것을 낼 때까지 해 보세요.	친구와 엉덩이를 옆으로 번갈아 두 번 치세요.	친구의 모습에서 제일 예쁜 부분을 두 가지 말해 주세요. 예) "넌 신발을 바르게 신었구나." "넌 눈이 참 예쁘구나."
친구 이름:	친구 이름:	친구 이름:

[활동지 3-2]

서로 돕는 우리(저학년용)

_____ 학년 _____반

이름 ___________

☆ 9가지 활동 모두 각기 다른 친구와 만나서 해야 합니다.

☆ 활동이 끝나면 아래 빈 칸에 활동을 함께 한 친구에게 이름을 적어 달라고 합니다.

☆ 우리 반 친구들 모두가 활동을 마쳐야 미션 완료!

① 10까지 세면서 친구와 손바닥 마주치기	② 친구와 손 잡고 만세 다섯 번	③ 친구와 엉덩이 두 번 부딪히기
친구 이름:	친구 이름:	친구 이름:
④ 친구 어깨 열 번 안마하기	⑤ 친구와 손 잡고 교실 한 바퀴	⑥ 친구에게 큰절 한 번 하기
친구 이름:	친구 이름:	친구 이름:
⑦ 가위바위보 해서 같은 것 낼 때까지 하기	⑧ 친구에게 "널 만난 건 행운이야." 세 번 외치기	⑨ 친구 모습에서 가장 예쁘고 멋진 점 세 군데 말해 주기
친구 이름:	친구 이름:	친구 이름:

제작: 정윤선 선생님(양산증산초)

셋째 주

줄을 서시오

#마음 열기 #관계 #소통
#호기심 #조건 #스피드

한눈에 보는 활동과정

① 짝과 함께 만세 가위바위보를 한다.

→ "이겼다!", "졌다!", "비겼다!"를 먼저 외쳐야 이기는 가위바위보. (3판 2승제)

② 만세 가위바위보에서 이긴 사람을 A팀, 진 사람을 B팀으로 나눈다.

tip 두 팀으로 나눠서 너무 많은 경우(30명 이상), 네 팀으로 나눠도 됨. 팀명은 A/B팀 대신 교사가 자유롭게 바꾸면 됨.

③ 선생님은 학생들에게 조건을 말해 준다.

tip 조건이 적힌 종이 쪽지를 뽑아 읽어도 흥미진진!

④ 팀원끼리 주어진 조건을 확인하며 줄을 선다.

⑤ 조건에 따라 줄을 선 팀은 자리에 앉는다.

⑥ 조건대로 섰는지 확인하고 팀의 승패를 결정한다.

⑦ 상대팀과 마주보고 서서 서로 인사를 나눈다.

⑧ 인사를 나눈 친구와 손바닥 씨름을 한다.

⑨ 손바닥 씨름에서 이긴 사람이 많은 팀이 승리한다.

tip 시간 내에 승패가 나지 않는 경우, 둘 다 이김!

⑩ 새로운 팀을 구성한 뒤, 다른 조건으로 놀이를 반복한다.(③~⑨)

손바닥 씨름 후 이긴 사람과 진 사람 자리 바꾸기, 비긴 사람들은 그 자리에!

놀이진행하기

들어가기

- 짝과 가위바위보를 해 봅시다.
- 이번에는 승패와 상관없이 먼저 외치는 사람이 이기는 '만세 가위바위보'를 짝과 해 보겠습니다. 가위바위보에서 이긴 사람은 만세를 하며 "이겼다!"라고 크게 외치고, 진 사람은 만세를 하며 "졌다!"라고 크게 외칩니다. 만약 비기면 만세를 하며 "비겼다!"라고 크게 외칩니다.

놀이하기

● 팀 정하기

- 만세 가위바위보에서 이긴 학생은 손을 들어 보세요.
- 이긴 학생은 A팀으로, 진 학생은 B팀으로 모입니다.

● 조건대로 빨리 줄서기 방법 소개하기

- 활동하는 방법을 알아보겠습니다.

> ① 선생님이 조건을 제시합니다.
> ② 팀원끼리 조건을 확인하며 조건에 맞게 줄을 섭니다.
> ③ 조건대로 줄은 다 섰으면 팀원은 그대로 제자리에 앉습니다.
> ④ 선생님이 늦게 앉은 팀부터 조건대로 잘 섰는지 확인을 합니다. 조건에 맞게 줄을 서지 않았다면 아무리 줄을 빨리 서도 상대팀에게 승리를 양보하게 됩니다.

- 이 놀이는 팀의 승패가 있는 놀이로 진행되는데 그때 우리 팀이 이겼을 때와 졌을 때의 기분을 잘 비교해 봅시다. 그 느낌을 가지고 활동 마무리 시간에 이야기해 볼 거예요.

● 조건대로 빨리 줄서기 활동하기

• 첫 번째 조건을 제시하겠습니다. 손이 큰 순서대로 줄을 서시오!
• 늦게 앉은 팀부터 조건대로 줄을 제대로 섰는지 확인하겠습니다. (Why? 끝까지 긴장하며 상대팀의 조건을 듣는 분위기를 조성하기 위해서입니다.)
• 더 일찍 앉은 팀도 확인 들어가겠습니다.
• ○○팀이 정확하게 조건대로 줄을 먼저 섰습니다.

● 손바닥 씨름 활동하기

• 이 줄을 유지한 채 그대로 상대팀과 마주 봅니다.
• 서로 이름을 말하고 악수를 하며 인사를 나눕니다. "안녕, 나는 홍길동이야. 반가워."

• 상대팀 친구와 손바닥 씨름을 하겠습니다. 두 사람이 한 사람 팔 길이 정도의 거리를 두고 마주 보고 섭니다. 두 사람의 두 손바닥을 서로를 향해서 벌리고, 재빠르게 피하거나 밀칩니다. 먼저 균형을 잃고 다리가 움직인 사람이 패합니다. 주어진 시간이 지났는데도 서로 승패가 결정되지 않을 경우에는 둘 다 이겼다고 하겠습니다.
• 손바닥 씨름에서 꼭 주의할 점은 뭘까요? 몸을 이용하면 안 됩니다. 무조건 손바닥만 이용해 상대방의 손바닥을 밀치는 행위만 인정됩니다. 준비, 시작!
• 이긴 사람 손 들어 주세요. ○○팀에 힘이 센 사람이 더 많았네요.
• 손바닥 씨름에서 비긴 사람은 그대로 있고 이긴 사람과 진 사람은 서로 자리를 바꾸어 주세요.

● 또 다른 조건으로 줄서서 손바닥 씨름 하고 자리 바꾸기 활동하기

• 두 번째 조건을 제시하겠습니다.

tip 다음의 예시 조건들 중에서 학급 상황에 맞게 적절한 조건들을 교사가 3~4개 선택합니다. 또는 조건이 적힌 종이 쪽지들을 미리 준비해 두었다가 활동할 때 종이 쪽지를 즉석에서 뽑아서 제시해도 좋습니다.

*머리카락이 긴(짧은) 순서대로 줄을 서시오.
-같은 집에 함께 사는 가족 수가 많은(적은)
-양말(상의, 하의) 색깔이 밝은(어두운)
-집에서 자기가 태어난 서열이 있습니다. 첫째, 중간, 막내 이 중에 속할 텐데요. 혼자인 사람은 첫째로 보면 됩니다. 자, 막내 순서대로(첫째부터)
-태어난 달 말고 태어난 날이 빠른(늦은)
-엄지(검지)손가락이 긴(짧은)
-작년 여러분들이 반에서 몇 번이었는지 기억나지요? 번호가 가장 빠른
-이사 다닌 횟수가 많은(적은)
-1학년 때 몇 반이었는지 기억나나요? 1반, 2반, 3반 순서대로
-새끼손가락이 긴(짧은)

마무리하기

● 활동 후 소감나누기

- 이번 시간에는 조건대로 줄을 서 보고 친구와 손바닥 씨름을 하였습니다. 나 자신이나 친구들에 대해 새롭게 알게 된 점이나 나에게 도움이 된 부분이 있나요?
(“생일이 빠른 순서대로 쓸 때 친구들의 생일을 알 수 있었다.” “손바닥 밀기 할 때 민서가 나를 넘어뜨려 엉덩방아를 찧었는데 그때 웃겼다.” “조건대로 줄 서기는 어려웠지만 친구들과 협동심을 기른 것 같아 좋았다.”)
- 승패가 나뉘는 활동이었어요. 우리 팀이 이겼을 때도 있었고 질 때도 있었는데 그때 기분이 어땠나요?
(“이겼을 때 기뻤고, 졌을 때는 약올랐다.” “이겨도 져도 좋았다. 왜냐하면 활동 자체가 재미있었기 때문이다.”)

손을 맞대어 길이도 재어 보고 손바닥 씨름을 하면서 어느새 마음속에 있는 어색함은 사라지고 여러분의 얼굴에 환한 미소가 가득해지는 것을 볼 수 있었어요. 같이 활동한 친구들을 한 번 둘러봐 주세요. 함께 하는 동안 마음을 열고, 서로에게 많은 관심을 가지며 지내길 바랍니다.

이런 질문도 해 보세요!

- 이 활동을 더 잘하기 위해서 어떤 점이 필요한 것 같나요?

놀이를 배움으로 up!

코칭 하나 승패가 있는 놀이로 진행하지만 벌칙을 주지 않는 방식으로 진행해 보세요.

놀이를 진행하기 전 미리 학생들에게 당부해 둡니다.

"이 놀이는 팀의 승패가 있는 놀이로 진행되는데 그때 우리 팀이 이겼을 때와 졌을 때의 기분을 잘 비교해 봅시다. 그 느낌을 가지고 이야기해 볼 거예요." 놀이에 참여하고 놀이 안에서 느꼈던 다양한 감정과 생각으로 대화를 나눌 수 있습니다.

꼭 놀이 결과에 따른 보상이 필요하다면 팀이 바뀌기 전에 승패 결과에 따라 이렇게 진행합니다.

–이긴 횟수가 한쪽 팀이 많은 경우: ○○팀이 총 ○회 이겨서 승리팀이 되었습니다. 자, 진 팀은 이긴 팀에게 어깨 주무르기를 해 줄 텐데요. 선생님이 말하는 대로 주무를 때의 힘과 속도를 조절해서 해 주세요. 상대방이 시원해하도록 안마해 주세요. 자, 10km, 이번엔 조금 빠른 30km, 요번엔 80km, 100km. 이번엔 방향을 바꿔서 이긴 사람이 진 사람을 안마해 줍시다.

–두 팀이 비겼을 경우: 두 팀이 사이좋게 이겼습니다. 서로에게 어깨 주무르기를 해 줍시다.

코칭 둘 손바닥 씨름에서 승패가 난 친구들의 자리를 서로 바꾸도록 해 보세요.

조건대로 줄을 선 뒤 손바닥 씨름을 한 후 손바닥 씨름에서 이긴 사람과 진 사람은 서로 자리를 바꾸고 비긴 사람은 그대로 있게 하면, 게임을 할 때마다 새로운 친구들과 한 팀이 되어 더 역동적이고 즐거운 게임을 하게 됩니다. 팀이 유동적이니만큼 팀의 승패는 별로 의미가 없고 그저 즐거운 시간을 보낼 수 있습니다. 새로운 친구들과 한 팀이 되어 새로운 조건대로 줄을 서서 손바닥 씨름을 수행하면서 아이들은 더 크게 어우러지는 경험을 하게 됩니다.

현장적용 Q&A

Q : 더 많은 조건대로 줄을 세워 보고 싶은데 시간이 좀 부족하네요. 꼭 손바닥 씨름을 해야 하나요?

A : 꼭 손바닥 씨름을 해야 하는 것은 아닙니다. 한 가지 놀이도 의미를 어디에 두느냐에 따라 여러 방향으로 변형되듯, 선생님께서 아이들이 서로에 대해 알아가고 소통하는 것에 더 집중하길 원하신다면 조건대로 줄을 서는 활동만 해도 됩니다. 하지만 몸이 열리면 마음도 열린다는 말이 있듯이, 우연히 마주 보게 된 상대 학생과 짝짝짝 손바닥을 마주치는 손바닥 씨름이라는 역동적인 신체 활동을 통해 더 가까워지는 모습을 관찰할 수 있답니다.

Q : 저학년들은 조건에 맞게 줄을 서지 못할 것 같아서 시작할 엄두가 안 나요.

A : 저학년들이 조건에 맞게 여러 명이서 논의를 거쳐 바르게 줄을 선다는 것은 참 어려운 일입니다. 하지만 1학년 수학과 및 통합교과에서는 비교하기 부분이 많이 있습니다. 그런 수업과 연관지어 친구와 함께 나의 키나 손, 발 크기, 손가락 길이, 팔이나 다리 길이, 머리카락 길이 등을 비교하며 줄을 서 보는 놀이로 진행하면 어떨까요?

저학년은 처음 시작할 때는 시각적으로 쉽게 비교할 수 있는 조건부터 시작해서 점차 눈에 보이지 않는 가족의 수나 생일, 형제자매 관계 등으로 연결해 가면 훨씬 더 쉽게 놀이를 진행할 수 있습니다. 또 처음에는 4명 정도 소규모 인원이 한 팀이 되어 시작하고 점차 인원을 늘려 가면 의외로 잘 따라합니다. 이 활동은 저학년에서 교과 수업과 연계하여 진행하기도 좋고, 새로운 모둠을 만들었을 때 모둠 세우기 활동으로도 활용할 수 있을 것입니다.

Q : 인원이 30명 정도 되니 두 줄을 세웠을 때 너무 길고, 의논하고 상의하는 데 시간도 많이 걸리며 집중력도 흩어지는 것 같은데 어떻게 하면 좋을까요?

A : 앞서 놀이 진행에서 반 전체를 두 팀으로 나누어서 게임을 했습니다만, '우리' '나라' '대한' '민국' 이렇게 네 팀으로 나누고 '우리'와 '나라'가 한 팀, '대한'과 '민국'이 한 팀이 되어 경기를 따로 진행하는 등 다양한 방법으로 진행이 가능합니다.

우리들의 성장스토리

친구가 이겨도 나도(내가 져도) 신난다.

1학년 아이들의 소감입니다. 친구가 이기고 나는 져도 신나는 놀이, 승패가 가려지는 놀이이지만 어느 누구도 패자가 아닌 즐거운 놀이입니다. 놀이 그 자체를 즐기는 것, 놀이를 통해 서로를 자연스럽게 알아가는 것, 주어진 문제를 해결하기 위해 서로 열심히 이야기를 나누는 것이야말로 이 놀이를 추천하는 이유입니다.

다음에는 더 빨리 조건을 이야기해야겠어요. 미안해요.

평소 놀이를 할 때 훼방을 놓거나 멀리 도망가는 남학생이 있습니다. 이번 놀이에서도 그 남학생은 자신의 발 사이즈를 이야기하지 않고 도망다니는 모습이 발견되었습니다. 개입하지 않고 그 역동을 지켜보았습니다. 몇몇 학생의 적극적인 진행에 이끌려 마지못해 자신의 발 사이즈를 이야기하고 줄을 서는 모습이 관찰되었습니다.

수업을 마치기 10분 전, 학생들과 피드백을 나누었습니다. 가장 기억에 남는 학생이 누구였냐는 질문에 한 여학생이 손을 번쩍 들었습니다.

"○○가 이번 놀이에서는 끝까지 도망다니지 않고 자신의 조건을 이야기해 주고 줄도 서 줘서 우리 팀이 조건대로 줄을 설 수 있었어요. 그래서 고마워요."

무덤덤하게 있던 ○○의 얼굴이 순간 미소로 만개함을 발견하였습니다. 그 여학생을 보면서 엄지척까지! ○○에게 기분이 어떠냐고 물었습니다.

"다음에는 더 빨리 조건을 이야기해야겠어요. 미안해요."

교사의 입장에서는 생각지도 못한 학생들의 피드백. 이것이 놀이집단상담의 힘이 아닐까 합니다.

우리 아이들은 친구에 대해 얼마나 알고 있을까요?

인생에서 1년이라는 긴 시간을 같은 공간에서 생활하고 같은 활동을 하며 보내는 것은 정말 큰 인연일 것입니다. 하지만 교실에서 우리 아이들은 1년을 함께 생활하는 친구에 대해서 얼마나 알고 있을까요? 친구 집에 몇 명의 가족이 사는지, 친구 생일은 언제인지, 친구는 첫째인지 막내인지, 친구 머리카락이 얼마나 길고 짧은지, 친구의 발이나 손이 나보다 큰지 작은지 우리 아이들은 알고 있을까요? 관심을 가져 본 적이라도 있을까요? 우리는 그런 관심을 가질 시간적 여유를 주고 있을까요?

놀이를 통해 우리 아이들이 서로를 자연스럽게 알아 가고, 자연스럽게 서로 몸을 맞대어 가며 이야기를 나누고 놀이하는 시간, 서로가 서로를 만나 가는 활동으로서 가치와 의미를 두고 아이들을 바라본다면 아이들의 몸짓 하나하나가 새로운 의미로 다가올 것입니다.

넷째 주

나를 찾아줘

#관심 #친구소개서 #스무고개

한눈에 보는 활동과정

놀이 1 친구 찾기

① 반 친구 이름이 적힌 제비뽑기를 한다.

② 뽑은 이름을 라벨지에 옮겨 쓰고, 내가 쓴 라벨지를 짝의 이마에 서로 붙여 준다.

③ 교실을 다니며 친구들을 만나 이마에 붙은 이름을 맞히기 위한 질문을한다.
→ 스무고개 형식

tip 질문 방법은 '코칭 하나'를 참고!

④ 질문을 받으면 '네/아니요'로 대답한다.
모르겠으면 '통과'라고 말한다.

⑤ 외모에 관한 질문을 받았다면, 대답한 후 질문자의 이마에 붙은 라벨을 볼로 옮겨 붙여 준다.

⑥ 답을 알 것 같으면 선생님께 가서 "정답"을 외치고 이름을 말한다.

tip 맞히더라도 계속 활동해요. 틀리면 다시 도전!

⑦ 마지막까지 친구를 찾지 못한 사람은 교실 앞에 모여 정답을 맞힌 친구로부터 직접적인 힌트를 얻는다.

놀이 2 **친구 소개서 선물하기**

① 친구에 대해 얻은 정보를 사용하여 '친구 소개서'를 쓴다.

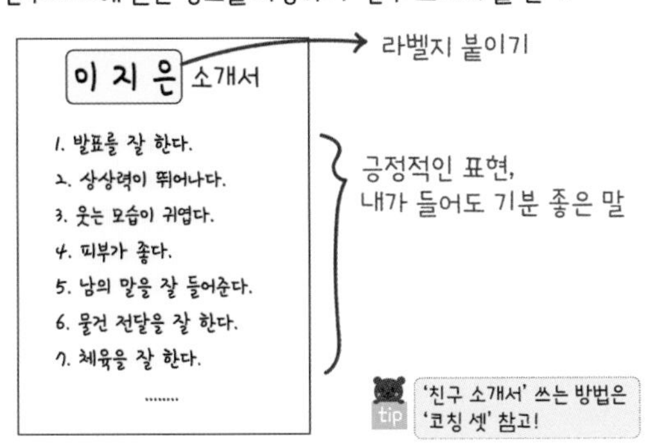
이지은 소개서

1. 발표를 잘 한다.
2. 상상력이 뛰어나다.
3. 웃는 모습이 귀엽다.
4. 피부가 좋다.
5. 남의 말을 잘 들어준다.
6. 물건 전달을 잘 한다.
7. 체육을 잘 한다.
....

tip '친구 소개서' 쓰는 방법은 '코칭 셋' 참고!

② '친구 소개서'를 친구에게 선물한다.

놀이진행하기

들어가기

• 우리 반 친구에 대한 정보를 가지고 친구를 찾는 시간을 가져 봅시다.

놀이하기

놀이 1. 친구 찾기

● 제비뽑기

• 여기에 우리 반 친구의 이름이 적혀 있는 종이가 있습니다. 제비를 한 장씩 뽑으세요.
• 종이에 적힌 이름은 비밀입니다.

● 라벨지 붙이기

• 내가 뽑은 이름을 라벨지에 옮겨 써 보세요. 크게 또박또박 씁니다.
• 짝이 라벨지에 적힌 이름을 봐서는 안 됩니다. 이 라벨지는 짝에게 붙여 줄 것입니다.
• 다 적었으면 짝의 이마에 붙여 줍니다.

● 활동 방법 알기

• 자신의 이마에 붙은 라벨지에 적힌 친구가 누구인지 찾을 것입니다.
• 이마에 라벨지를 붙인 채로 교실을 다니며 친구들을 만납니다.
• 내 라벨지에 적힌 이름을 알기 위해 질문을 합니다.
• 스무고개 알죠? 스무고개 놀이 같은 방법으로 질문하는 것입니다. 그렇다고 질문을 스무 번만 할 수 있는 것은 아닙니다. 이름을 알 것 같을 때까지 질문합니다.
• 질문은 구체적일수록 좋습니다. 예를 들어, 이렇게 물어볼 수 있습니다. "이 사람은 점심 먹은 후 쉬는 시간마다 피구를 합니까?"

- 질문을 받은 사람은 '네/아니요'로만 대답합니다. 질문한 내용에 대해 잘 모르겠으면 '통과'라고 말해도 좋습니다.
- 얻은 정보로 라벨지에 적힌 친구를 찾아봅시다.

- 성별과 외모에 관한 질문은 한 번만 할 수 있습니다.
- 성별과 외모에 관한 질문이란 "남자인가요?" "안경을 썼나요?" "머리가 긴가요?"와 같은 질문을 말합니다.
- 이런 질문에 대답을 하고 난 후에는 질문한 친구의 이마에 붙어 있는 라벨지를 대답한 사람이 볼로 옮겨 붙여 줍니다.
- 볼에 라벨지가 붙어 있다는 것은 이런 질문을 이미 했다는 것입니다.

- 답을 알 것 같으면 선생님에게 와서 "정답!"을 외칩니다.
- 선생님의 '딩동댕!'을 받은 경우 교실을 다니며 친구들의 질문에 잘 대답해 주세요.
- '땡!'인 경우 계속해서 스무고개 형식으로 질문하고 답하며 라벨지의 친구가 누구인지 찾을 수 있도록 합니다.

● 친구 찾기

- 지금부터 놀이 시작하겠습니다. 교실을 다니며 정보를 얻어 친구를 찾습니다.
- 자, 아직 친구를 찾지 못한 친구는 교실 앞으로 모입니다.
- 친구들이 직접적인 힌트로 도움을 줄 것입니다.
- 먼저 선생님이 힌트를 하나 줄게요. 이 친구는 이번 학예회에서 기타를 연주했습니다.
- 다른 친구들도 힌트를 주세요.

놀이 2. 친구 소개서 선물하기

● 친구 소개서 작성하기

- 자, 모두 자리에 앉습니다.
- '네'라는 답변을 얻은 질문들을 곰곰이 생각해 보세요. 이 질문들은 곧 친구에 대한 정보입니다.

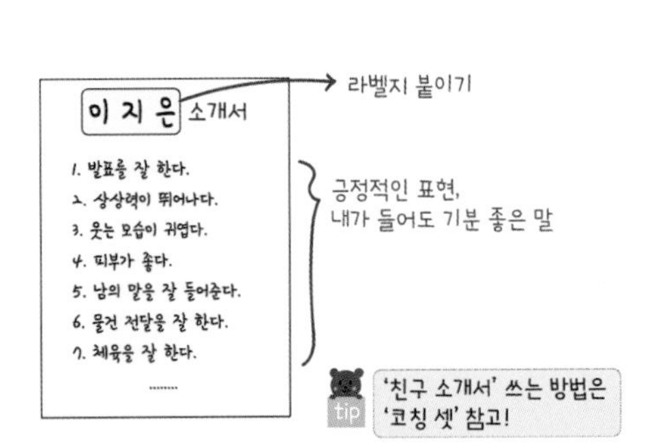

- 이 정보를 선생님이 나눠준 '○○ 소개서'에 적어 봅니다.
- ○○에는 내가 맞힌 친구의 이름을 씁니다.
- 질문했던 것 이외에 내가 생각하는 친구에 대한 정보가 있다면 더 써도 됩니다.
- 그 친구와 평소 잘 지내는 친구에게 가서 정보를 더 얻는 것도 좋습니다.
- 친구 소개서에 쓰는 친구에 대한 정보는 긍정적이고 내가 들어도 기분 좋은 내용이어야 합니다.

● 친구 소개서 선물하기

- 다 쓴 친구 소개서를 친구에게 전해 주세요.

마무리하기

● 활동 후 소감나누기

- 활동하기 전과 달라진 점이 있나요?

친구를 더 알 수 있는 시간이 되었나요? 여러분이 쓴 친구 소개서를 보고 평소 얼마나 친구를 관심 있게 지켜봤는지 알게 되어 놀랐어요. 앞으로도 서로를 잘 살피고 함께하는 우리 반이 되길 바랍니다.

이런 질문도 해 보세요!

- 친구 소개서를 받았을 때 어땠나요?
- 기억에 남는 질문이 있나요?
- 친구에 대해 더 알려 주고 싶은 정보가 있나요?

놀이를 배움으로 up!

코칭 하나 질문하기 쉽도록 예를 들어 주세요.

스무고개 형식에 익숙하지 않은 경우 아이들이 질문하기를 어려워할 수 있습니다. 이때는 선생님께서 질문하는 방법을 알려 주세요. 아이들이 학교에서 생활하는 모습을 활용할 수 있습니다. "이 사람은 쉬는 시간에 교실에 앉아 있는 것을 좋아하나요?" "오늘 수업시간에 발표를 한 적이 있나요?" "책을 많이 읽나요?" 등과 같은 구체적인 질문이 좋습니다.

코칭 둘 외모 관련 질문은 횟수를 정하고, 라벨지 위치를 바꿔 질문했다는 것을 표시해 주세요.

친구를 찾기 위한 정보를 얻을 수 있는 질문을 해 보라고 하면 주로 외모에 관한 것이 많습니다. 외모 관련 질문에 횟수 제한을 두지 않으면 외모 이외의 친구의 특징, 생활 모습 등에 대해 생각해 볼 기회를 가지지 못할 수 있습니다. 상대가 외모에 관한 질문을 했다면 질문을 받은 사람이 질문한 사람의 라벨지를 이마에서 볼로 옮겨 붙이게 해 주세요. 아이들의 수준에 따라 외모에 관한 질문을 두세 개 더 할 수 있게 해도 좋습니다.

코칭 셋 친구 소개서는 3가지 방법으로 채울 수 있게 해 주세요.

친구 소개서를 작성하는 방법에는 3가지가 있습니다. 첫째, "네."라는 답변을 얻은 질문을 활용합니다. "이 친구는 쉬는 시간마다 피구를 하나요?"라는 질문에 "네."라는 답을 들었다면 친구 소개서에 "쉬는 시간마다 피구를 합니다."라고 쓸 수 있습니다. 둘째, 친구에 대해 내가 알고 있는 정보를 씁니다. 내 생각을 쓰거나 친구를 관찰했던 것을 바탕으로 작성할 수도 있습니다. 셋째, 주변 친구에게 정보를 얻습니다. 평소에 가깝게 지내는 친구로부터 정보를 얻는다면 내가 찾은 친구에 대한 보다 다양한 면을 소개할 수 있을 것입니다.

현장적용 Q&A

Q : 짝이 없는 경우에 라벨지 붙여 주는 활동을 어떻게 하나요?

A : 교사가 아이들이 다 뽑고 난 후 남은 한 장의 제비를 챙깁니다. 학생 수가 홀수이므로 남은 제비에 적힌 이름은 선생님이 라벨지에 적어 짝이 없는 친구에게 붙여 주세요.

Q : 라벨지는 어떤 걸 준비하나요?

A : 40칸 라벨지를 추천합니다. 시중에 판매하는 스티커 라벨지를 구입하여 아이들이 하나씩 가질 수 있도록 자릅니다. 라벨지의 크기는 아이들끼리 만나 활동할 때 적힌 친구 이름이 크고 명확하게 보일 수 있는 정도면 충분합니다.

Q : 이름을 미리 알게 된 경우 어떡하죠?

A : 친구의 이름을 질문을 통해 맞혔다면 더 재미있었을 텐데 규칙을 지키지 않고 미리 알게 되어 아쉽다고 이야기해 줍니다. 라벨지에 적힌 이름을 이미 알았지만 그 점을 이용해 "친구의 정보를 잘 질문하여 '네'라는 답만 듣기."라는 과제를 내 주세요. 이 과제는 놀이 2에서 친구 소개서를 작성할 때에 도움이 됩니다.

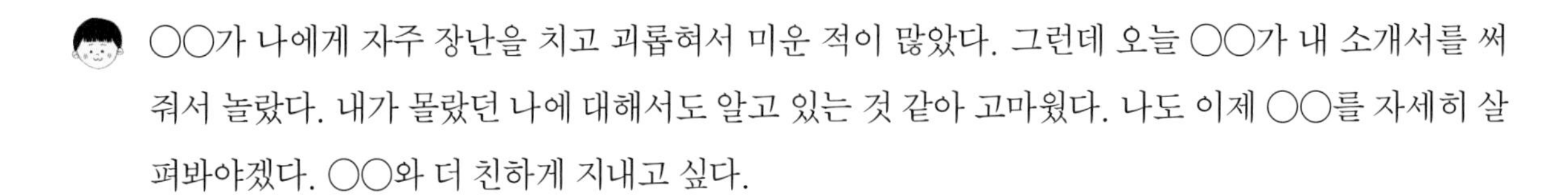

○○가 나에게 자주 장난을 치고 괴롭혀서 미운 적이 많았다. 그런데 오늘 ○○가 내 소개서를 써 줘서 놀랐다. 내가 몰랐던 나에 대해서도 알고 있는 것 같아 고마웠다. 나도 이제 ○○를 자세히 살펴봐야겠다. ○○와 더 친하게 지내고 싶다.

질문은 많이 했지만 친구 소개서를 쓰려고 하니까 힘들었다. 그런데 다른 친구들이 ○○에 대해 많이 이야기해 주어서 쓸 수 있었다. ○○에게 이렇게 장점이 많은지 몰랐다. 앞으로는 나도 친구들을 관심 있게 지켜봐야겠다.

하나하나 다 소중해.

올 한 해 체육 전담을 하면서 반 아이들끼리 팀 운동을 할 때 서로 탓하고 다투는 장면들이 많아 안타까웠습니다. 반 대항전을 하면 이런 부분이 해소되지 않을까 기대하며 피구 리그전을 기획했습니다. 그러나 잘하는 아이들 위주로 패스와 공격이 이루어져 행사가 치러진 2주의 기간 동안 공 한 번 만져 보지 못하고 소외되는 친구들이 생겼습니다. '몇몇 친구들이 아닌 반의 모든 친구가 주인공이 될 수 없을까?'라는 생각을 하면서 놀이를 했습니다.

'나를 찾아 줘' 놀이는 아이들에게 친구에 대해 생각하고 관찰하는 경험을 하게 해 주었습니다. 작성된 친구 소개서를 볼 때엔 오히려 내가 아이들에 대한 새로운 정보를 얻을 수 있었습니다. 체육 전담이라 운동 기능 이외에 아이들에 대해 모르는 것이 많았는데, 아이들의 여러 면을 알게 되어 좋았습니다.

경기에 질 때마다 서로 얼굴 붉히는 말과 행동을 주고받는 아이들의 모습에 괜히 미안하고 찜찜했는데, 놀이를 하며 친구에 대해 더 알기 위해 노력하는 아이들을 보니 고맙고 또 안도감마저 들었습니다. "친구가 나를 잘 알고 있다는 것을 알게 되어 감동했다."는 소감이 기억에 남습니다. 친구가 찾아 준 내 모습을 통해 나에 대한 친구의 관심을 느낀 것 같았습니다. 모든 아이들이 서로를 살피는 감사한 시간이었습니다.

[활동지 3-3]

나를 찾아줘

____ 학년 ____반

이름 __________

☆ 친구 소개서는 긍정적인 표현으로, 내가 들어도 좋은 말로 씁니다.

〈 라벨지 붙이는 곳 소개서〉
①
②
③
④
⑤
⑥
⑦
⑧
⑨
⑩

4월

감정 해소, 공감

첫째 주

막대와 춤을

#막대 #춤 #하나 둘 셋 #손끝

한눈에 보는 활동과정

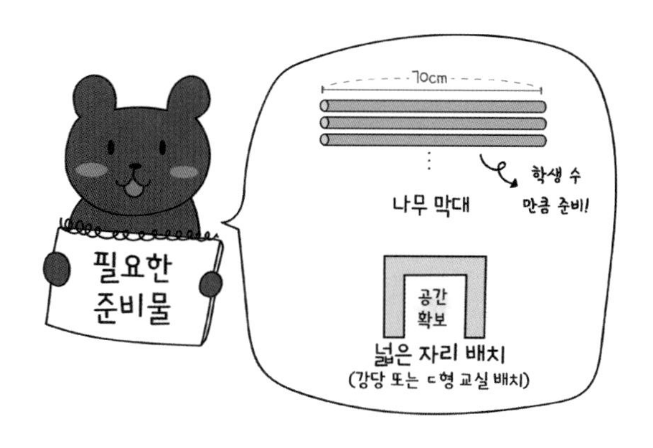

놀이 1 막대와 춤을

① 책상을 벽으로 밀어 최대한 공간을 확보한다.

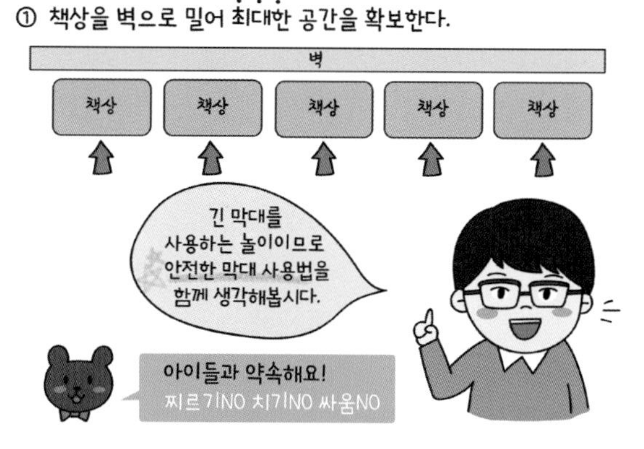

② 막대 잡는 방법을 설명하고 교사가 시범을 보인다.

③ 학생 2명이 막대 1개로 연습한다.

tip 위-아래, 좌-우, 높고-낮게, 느리게-빠르게 연습해보기!

④ 2명이 막대 1개로 신나는 음악에 맞춰 움직인다.

⑤ 4명이 모여 신나는 음악에 맞춰 움직인다.

놀이 2 도전! 자리 바꾸기

① 4명이 원을 만들어 막대를 잡고 선다.

② "하나 둘 셋" 구호에 맞춰서 자기의 막대를 놓고 오른쪽으로 한 칸씩 이동해서 오른쪽 사람이 놓고 간 막대를 재빨리 잡는다.

쓰러지기 전에

③ 실패했을 때 작전 타임을 가진다.

└ 막대가 1개라도 바닥에 떨어지면 자리 바꾸기 실패!

④ 시간과 성공 여부, 반의 인원수에 따라 4명→8명→16명→반 전체(모둠→반의 1/2→반 전체) 순으로 원을 더 크게 만들어 도전한다.

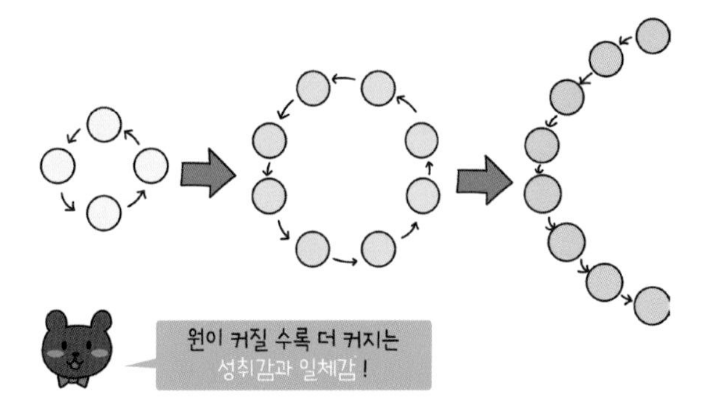

놀이진행하기

들어가기

• 이 막대로 무엇을 할 수 있을까요?(지휘봉, 균형잡기, 공 치기 등)

놀이하기

놀이 1. 막대와 춤을

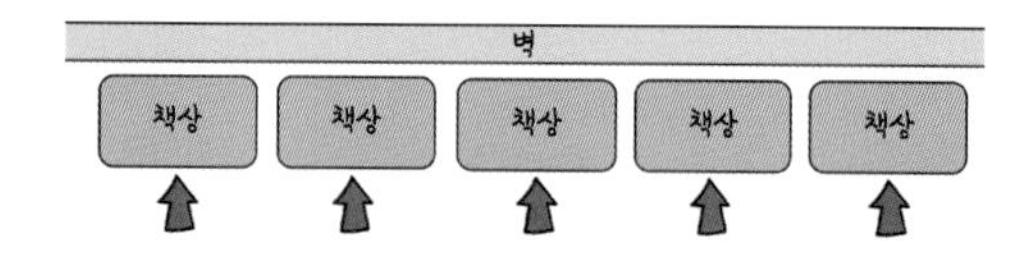

● 막대를 보여 준 후 연습하기

• 오늘 하게 될 놀이에는 막대가 필요합니다. 도구를 사용하는 놀이이기 때문에 우리는 어떻게 하는 게 좋을지 규칙을 만들어 볼까요?

• 이것으로 친구를 때리거나 찌르면 매우 위험하기 때문에 조심해서 다루도록 합시다.

tip 도구를 사용하는 놀이이므로 안전지도를 철저히 합니다.

• 먼저 막대를 잡는 방법부터 설명하겠습니다. 막대는 검지손가락 끝으로 밀어야 합니다.

• 이 활동은 두 명의 친구가 짝이 되어 하는 활동으로 막대를 떨어뜨리지 않고 말없이 움직여야 합니다.

• 막대를 떨어뜨렸을 때는 조용히 주워 활동을 계속 이어 나갑니다.

• 먼저 짝을 정해 볼까요?

tip 두 명에게 막대기 한 개를 나누어 주고, 선생님이 시범을 보여 줍니다.

● 둘이서 막대 하나로 춤추기

• 선생님이 하는 모습을 잘 살펴봅시다. 짝이랑 막대를 오른쪽 검지손가락으로 밀어 주며 움직여 봅니다. 오른쪽 사람이 밀어 보세요. 이번에는 왼쪽 사람이 밀어 보세요.

• 위로, 아래로, 서로 위아래로, 앉고, 서고, 돌고, 앞으로 가고, 뒤로 가고…….

- 움직이다가 막대를 떨어뜨리면 그냥 주워서 다시 하면 됩니다.
- 선생님과 같이 움직여 봅시다.

tip 교사의 시범을 보며 연습할 때 음악을 제시하여 흐름이 끊기지 않도록 합니다.

- 두 명이 짝이 되어 신나는 음악에 맞추어서 춤을 추어 봅시다. 신나게 몸을 흔들며 서로 눈빛, 표정, 몸짓으로 소통하며 움직여 봅시다.

● 둘이서 막대 두 개로 춤추기

- 막대를 하나씩 더 나누어 주겠습니다.
  두 손을 모두 사용하여 막대 두 개를 밀어 주며 움직여야 합니다. 위, 아래, 다른 친구의 막대 밑으로 지나가기도 하고 모양을 만들어 보기도 하면서 음악에 맞추어 춤을 추어 봐요.

- 네 명이 모여 모둠을 만들어 보세요. 네 명이면 막대 네 개가 되겠지요? 음악에 맞추어 신나게 움직여 봅시다. 네 명이 움직이니 무용을 하는 것 같군요.

● 생각과 소감나누기

- 음악에 맞추어 춤을 추고 난 기분은 어때요?
- 왜 그렇게 신나고 즐거웠을까요?

놀이 2. 도전 ! 자리 바꾸기

● 도전! 자리 바꾸기

- 네 명이 그대로 원을 만들어 안을 바라보세요. 이번에 우리가 할 놀이는 '도전! 자리 바꾸기'입니다.

① 막대는 오른쪽 검지손가락으로 세웁시다.
② 먼저 왼손은 뒷짐을 지고 오른쪽 검지손가락만으로 막대를 세웠다가 신호와 함께 오른쪽으로 움직여 오른쪽 친구의 막대를 잡는데, 검지손가락으로 잡으려면 어렵겠지요? 잡을 때에는 손으로 잡아도 됩니다.

③ 잡지 못했을 때는 누구든지 "실수!"라고 외치면 나머지 친구들이 "오케이!"라고 마음을 모아 외쳐 줍니다.

④ 성공했을 때 다 같이 외칠 수 있는 구호로 무얼 하면 좋을까요? 예를 들면, "와우, 아싸 " 등이 있겠지요. 모둠에서 정해 봅시다.

● 모둠별로 연습하기

- 다 같이 마음을 맞추어 한 번 해 볼까요? 각자 모둠에서 구령을 만들어 해도 됩니다.
- 조금 수준을 높여서 해 볼까요?
- 두 모둠이 모여 8명이 한 조가 되어 해 보겠습니다. 과연 8명도 마음이 잘 맞을지 기대가 되네요.

tip 작전타임 때 막대는 가운데로 모으기!

● 작전타임 후 다시 도전하기

- 어떻게 하면 좀 더 성공률을 높일 수 있을까요?
- 지금부터 자리에 앉아 모둠 친구들과 의논할 수 있는 작전타임을 2분간 주겠습니다.
- 각 모둠에서 짠 작전대로 다시 한 번 해 봅시다.
  성공한 팀에 가서 비법을 살짝 전수받아 보도록 합시다. 어떤 비법으로 성공했나요? 다른 모둠에서 얻은 비법들도 사용하여 다시 한 번 협력하여 도전해 봅시다.

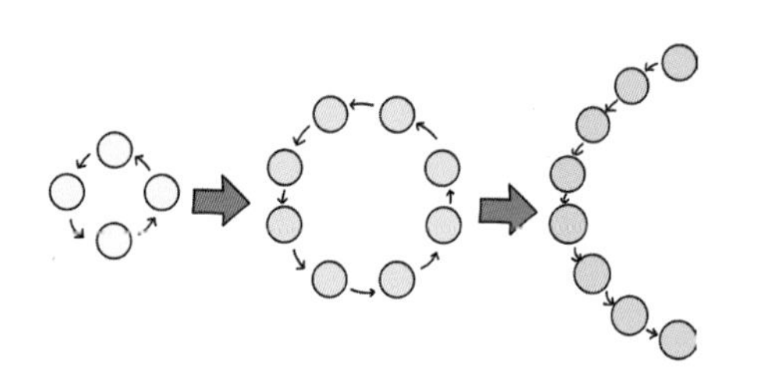

● 전체 미션 도전하기

- 이번에 마지막 미션!
  전체 인원을 둘로 나누어 다시 마음을 모아 도전해 볼까요?
- 다른 모둠에서 들었던 비법에는 어떤 것들이 있었나요?
- 도전 기회는 3회만 주겠습니다. 시작~~
- 오늘 수고하셨습니다.

마무리하기

● 활동 후 소감나누기

- 활동을 하다 막대를 떨어뜨렸을 때 친구들이 "오케이"라고 말해 주니 기분이 어땠나요?
- 이 놀이를 성공하는 데 가장 도움이 된 사람을 뽑는다면 누구인가요? 왜 그렇게 생각하나요?

우리는 막대를 이용하여 음악에 맞추어 춤을 추어 보기도 하고 자리 바꾸는 놀이도 해 보았습니다. 다 함께 같은 목표를 향해 나아가는 소속감과 함께 도전해서 성공할 때 성취감도 느꼈습니다.
성공도 중요하지만 도전을 위해 함께 협력하는 그 자체가 더 중요하고 아름답습니다.

이런 질문도 해 보세요!

- 주어진 기회가 모두 끝났을 때 "한 번 더" 하고 외쳤는데 평소에도 도전에 성공하고자 하는 마음이 큰가요?
- 미션에 실패했는데 지금 어떤 기분이나 생각이 드나요?

놀이를 배움으로 up!

코칭 하나 2~4명이 춤을 출 때 다양한 형태의 동작을 안내해 주세요.

처음 막대를 들고 움직이라고 하면 서로 서먹해서 활발하게 움직이지 못합니다. 그래서 특히 교사의 시범이 필요한 놀이입니다. 두 사람에게 막대를 준 후 교사의 시범을 보고 따라하게 합니다. 교사는 동작을 크게 하는데, 서서 손을 높이 들고 위로, 앉아서 아래로, 오른쪽으로 또는 왼쪽으로 이동하고 대문놀이 하듯 다른 친구들의 손 아래로 지나가기도 합니다. 그리고 네 명이서 춤을 출 때에도 모두 원을 만들어 막대를 위로, 또는 아래로 움직이며 다양한 형태로 대형을 만들어 보는 것 또한 안내합니다. 그렇게 움직임이 활발하고 자연스럽게 되었을 때 동작을 끊지 말고 음악을 틀어 주어 음악에 몸을 맡기도록 하는 것이 중요합니다.

코칭 둘 "실수!" "오케이!"를 연습해 주세요.

막대를 이용하는 놀이다 보니 막대를 떨어뜨리는 일이 자주 생깁니다. 특히 '도전! 자리 바꾸기' 놀이에서는 모든 참가자의 시선이 실수한 사람에게 모여 매우 부담스럽고 긴장됩니다. 실수를 해도 다시 한 번 도전하고 서로 격려할 수 있는 마음을 갖게 하는 것이 중요합니다. 이때 부담과 긴장을 풀어 주는 마법 같은 말이 바로 "실수!" "오케이!"입니다. 그래서 놀이를 하기 전에 먼저 막대를 떨어뜨렸을 때 떨어뜨린 사람이나 먼저 본 사람이 "실수!"라고 말하면 나머지 친구들이 "오케이!"라고 큰소리로 외쳐 주는 연습을 여러 번 하는 것이 필요합니다. 단순한 말이지만 내가 건네는 "오케이, 괜찮아!" 등의 말이 실수한 사람, 힘든 사람에게는 격려와 지지가 되고, 무안함과 어려움을 이겨내고 다시 도전할 수 있는 용기가 되어 줍니다. 사람은 누구나 실수는 있는 법, 그 실수를 감싸 주는 배려, 역지사지를 배울 수 있는 좋은 기회가 됩니다.

코칭 셋 도전 실패에서도 의미를 찾아 말해 주세요.

막대 세우기를 성공하지 못했다면 '왜 못했을까?'를 생각해 보는 것도 성장을 가져옵니다. 서로 비난을 하지 않았는지, 격려는 했는지, 성공하기 위해 적극적으로 의견을 내고 최선을 다해 참여했는지, 나만 잘하는 것이 아니라 옆의 친구도 성공할 수 있게 도와주었는지 등의 질문을 통해 자기평가를 해 보는 것도 좋습니다. 만약 서로 격려하고도 성공하지 못했다면 서로 격려했을 때 가졌던 마음이 어떠했는지, 성공하는 것만이 중요한 것인지, 활동과정에서 서로에게 느꼈던 격려와 배려의 고마움과 소중함을 생각해 보고 이야기하는 것도 좋습니다.

"우리가 성공하지 못해 아쉬운 맘도 있을 거예요. 성공도 중요하지만 한 가지 목표를 향해 서로 협력하고 도전하는 그 자체가 더 중요하고 아름답습니다."라고 말해 주세요.

현장적용 Q&A

Q : 어떤 음악을 사용하나요?

A : 처음 연습할 때의 음악은 조금 느린 것으로 하여 자신의 움직임을 살펴볼 수 있도록 하고, 그다음부터는 활동을 통해 스트레스를 풀 수 있는 좀 더 신나는 음악이 좋습니다.

〈활동 음악 목록〉

음악 ①	음악 ②	음악 ③
연습이 가능한 조금 느린 음악	조금 빠르게 움직일 수 있는 경쾌한 음악	몸을 신나게 움직일 수 있는 매우 경쾌하고 빠른 음악
George Winston–Joy	Jennifer Lopez–Let's get loud	Wolly Bully
인간극장	I will be missing you	여행을 떠나요
Cristofori's Dream	Bye Bye	Romano Hip Hop
Tomorrow's Child	Let's Twist Again	아름다운 세상
Beyond the Sea	Children's Tune	Rose Garden
The Entertainer		붉은 노을(빅뱅)
The Whistlers Song		
슈퍼마리오		

Q : 활동 장소로 적합한 곳, 사용하는 막대를 구입하는 방법, 활동 중에 막대는 어떻게 처리하는 게 좋은가요?

A : 먼저 공간은 넓은 장소로 강당이나 체육관이 좋지만 교실에서도 충분히 가능합니다. 책상과 의자를 벽으로 붙이고 교실 가운데에서 충분히 할 수 있습니다.

또한 막대는 교육 쇼핑몰에서 50cm나 100cm 나무막대를 판매하고 있는데, 그중 100cm 나무막대를 70cm로 잘라 자른 부분에 사포질을 하여 사용합니다. 50cm의 막대도 충분히 사용 가능하고, 과학실에 보관 중인 과학 실험에 사용하는 막대를 사용하여도 됩니다. 그것 또한 어려울 때는 막대 대용으로 신문지를 돌돌 말아 테이프로 감아 사용할 수도 있습니다.

마지막으로 막대를 처리하는 방법도 중요합니다. 이 활동은 도구를 사용하는 놀이이기 때문에 철저히 안전지도를 해야 합니다. 둘이서 막대 하나로 놀이하다가 막대 둘로 바뀔 때는 미리 막대를 모두 나누어 주는 것이 아니라 그때그때 주는 것이 더 좋습니다. 그리고 첫 번째 놀이가 끝난 후 소감나누기를 할 때나 두 번째 놀이 중 작전타임에 막대를 처리하는 방법은 다음 사진에서와 같이 막대의 끝을 가운데로 모아 둘 수 있습니다. 이 경우에 아이들은 되도록 그 모양을 유지하려고 합니다.

사진 1 작전타임

사진 2 함께 연습해 보기

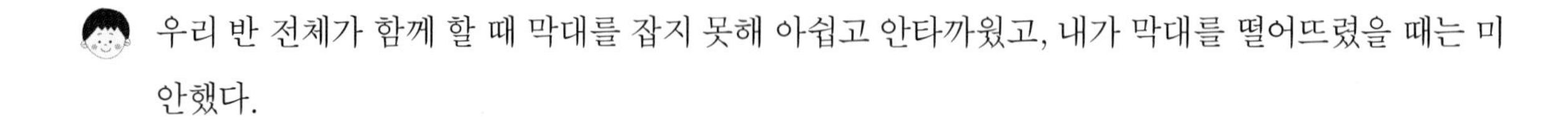

우리들의 성장스토리

우리 반 전체가 함께 할 때 막대를 잡지 못해 아쉽고 안타까웠고, 내가 막대를 떨어뜨렸을 때는 미안했다.

내가 막대를 떨어뜨렸는데 친구들이 "오케이!"라고 해주었을 때 '우리반 친구들이 변했다. 원래 남탓만 하던 친구들이었는데…….'라고 생각했다. 친구들이 고마웠다. 다음에 또 한다면 나도 떨어뜨린 친구에게 이 말을 해 줄 것이다. "괜찮아. 친구야! 다시 해 보자. 힘내!"

그럴 수도 있지, 괜찮아…….

하루 종일 교실에서 생활하다 보면 우리는 아이들의 다툼을 중재하느라 대부분의 시간을 보냅니다.

"얘 때문이에요." "쟤가 그랬어요."

일이 제대로 풀리지 않으면 모두 다른 사람 탓으로 돌리고, 실수를 한 친구도 그 공격을 막기 위해 예민하게 날을 세우면서 싸움을 더 키우는 일이 다반사입니다.

이 활동을 할 때 막대를 떨어뜨린 아이들은 당황하거나 부끄러워 얼굴을 붉힙니다. 거기에 아이들이 "아~!" 하고 아쉬움을 나타내면 더 어쩔 줄 몰라 합니다. 그때 어디선가 들리는 "오케이!" 소리에 얼굴이 밝아지는 것을 보면서, 이 "오케이!"라는 격려의 말이 얼마나 큰 힘을 발휘하는지 새삼 느끼게 됩니다. 다른 활동을 하다가도 친구가 실수하면, "오케이! 그럴수도 있지, 괜찮아."라고 말하는 아이들의 모습에서 미소를 짓게 됩니다.

수시로 "다른 사람을 배려하자. 입장을 바꿔 생각하자." 라는 말들을 하지만 아이들도 말하는 교사도 공허하게 들릴 뿐이다. 하지만 이러한 활동을 통해 그러한 말들이 어떤 의미인지 알게 되고, 그 말의 힘을 체감하게 되었습니다.

서로 입장을 바꾸어 보고 아픈 친구의 가슴을 보듬어 줄 수 있는 멋진 아이들로 자라기를 기대해 봅니다.

둘째 주

'통'했다!

#공감 #힌트 #감정단어 #通

한눈에 보는 활동과정

놀이 1 감정단어 예상하기

① 선생님이 학생들의 등에 감정단어 스티커를 붙여준다.

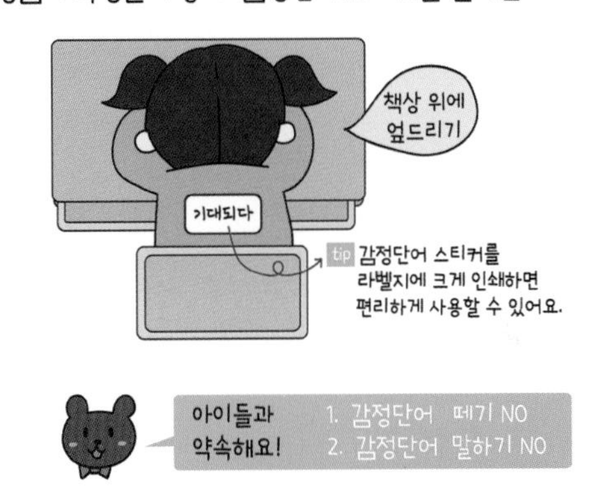

② 교실을 자유로이 다니며 1 : 1 가위바위보를 한다. 이긴 사람은 진 사람으로부터 등에 붙은 감정단어에 대한 힌트를 얻는다.

③ 친구와 "통"을 외치며 동작을 한다. ("통했다!"의 "통")

동작 1 힌트로 감정단어가 예상될 때 하이파이브

동작 2 힌트로 감정단어가 예상되지 않을 때 검지 맞대기

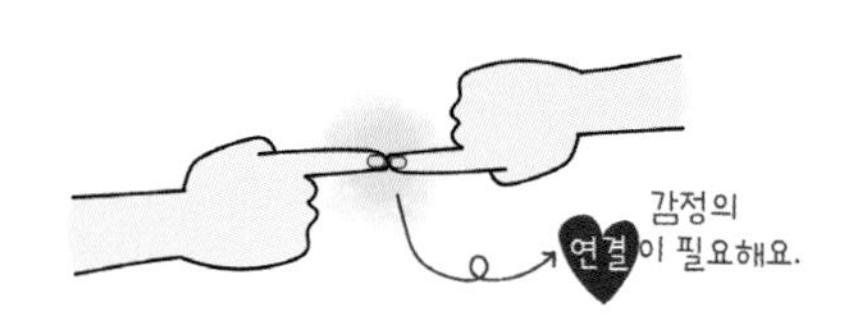

④ 활동이 끝날 때까지 여러 친구들을 만나며 자신의 등에 붙은 감정단어가 무엇일지 예상한다.

놀이 2 감정단어 확인하기

① 등에 붙은 감정단어를 예상하여 3가지를 쓴다.
3가지 중 가장 답일 것 같은 감정단어에 ○표시를 한다.

예상되는 감정단어	나의 감정단어
두근거리다.	
(기대되다.)	
조마조마하다.	

② 등에 붙은 감정단어 스티커를 "하나 둘 셋" 구호를 외치며 짝과 서로 떼준다.

③ 나의 감정단어를 확인한다.

놀이진행하기

들어가기

• 여러분, 친구들과 마음이 '통'한 적 있나요?
• 친구들과 마음이 통하는 경험을 해 봅시다.

놀이하기

놀이 1. 감정단어 예상하기

● 활동 방법 알기

• 여러분 등에는 선생님처럼 감정단어가 붙습니다. 내 등에 붙은 감정단어가 무엇인지 친구의 힌트를 듣고 맞히면 됩니다.
• 활동을 하는 동안 약속해야 할 것이 있습니다.
• 다 같이 감정단어를 확인하는 시간이 있을 거예요. 그 전까지 감정단어를 떼지 않아야 합니다.
• 등에 붙은 단어를 서로 말해 주지 않습니다. 미리 감정단어를 알게 되면 친구와 통하는 즐거움을 얻을 수 없을 거예요.

● 힌트 얻는 방법 알기

• 등에 감정단어를 붙이고 친구를 만나 1:1로 가위바위보를 합니다.
• 이긴 사람은 진 사람으로부터 등에 붙은 감정단어에 대해 힌트를 얻을 수 있습니다.

● 힌트 주는 방법 알기

- 힌트를 주는 방법은 세 가지입니다.
- 첫째, 표정으로 힌트를 줄 수 있습니다. 등에 붙은 감정단어를 표정으로 알립니다.
- 둘째, 몸짓으로 힌트를 줄 수 있습니다.
- 셋째, 감정과 관련된 상황을 설명합니다. 선생님의 등에 붙은 감정단어가 '기대되다'죠? 선생님이라면 "나는 놀이동산에 가기로 한 전날 밤 자기 전 이런 기분을 느껴."라는 힌트를 줄 것 같습니다.
- 또 어떤 힌트를 줄 수 있을까요?

동작 2 힌트로 감정단어가 예상되지 않을 때 검지 맞대기

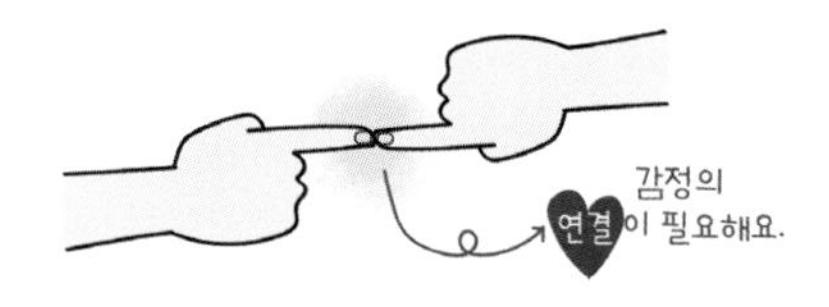

● '통' 동작과 구호 연습하기

- 힌트를 듣고 감정단어를 알 것 같으면 '통'이라고 외치며 선생님처럼 친구와 하이파이브합니다.
- 힌트를 들었지만 감정단어를 예상하기 힘들다면 감정의 연결이 필요하다는 의미로 검지를 맞대고 '통' 하고 외칩니다.

● 감정단어 스티커와 활동지 나누어 주기

- 모두 엎드려 주세요. 감정단어를 붙이겠습니다.
- 활동을 하며 예상되는 감정단어가 있다면 활동지에 적습니다.

● 친구와 활동하기

- 활동지를 가지고 다니며 감정단어 목록표를 참고해도 좋습니다.
- 지금부터 여러 친구들을 만나 '통'해 보세요.

놀이 2. 감정단어 확인하기

● 활동지 작성하기

- 모두 자리에 앉습니다.
- 등에 붙은 감정단어를 예상하여 활동지에 세 가지를 써 보고, 가장 답일 것 같은 감정단어에 동그라미 표시를 해 봅니다.
- 아직 감정단어를 떼지 않습니다.

예상되는 감정단어	나의 감정단어
두근거리다.	
기대되다.	
조마조마하다.	

● 감정단어 확인하기

- '하나, 둘, 셋' 구호를 외치겠습니다. 셋까지 센 후 짝의 감정단어를 뜯어 짝에게 줍니다.
- 하나, 둘, 셋!

마무리하기

● 활동 후 소감나누기

- 친구와 통했을 때 어떤 기분이 들었나요?
- 감정단어를 맞힐 수 없었다면 이유가 무엇인가요?

이런 질문도 해 보세요!

- '통'하는 데 도움이 된 힌트가 있다면 무엇이었나요?
- 의외의 힌트가 있었다면 무엇인가요?
- 기억에 남는 힌트가 있나요?
- 나라면 내 등에 붙은 감정단어에 대해 어떤 힌트를 줄 수 있었을까요?

나에게 힌트를 준 친구와 '통'하였나요? 꼭 통하지 않았더라도 친구의 감정에 공감하며 한 발짝 더 가까워졌을 것 같아요. 나의 감정, 상대방의 감정을 소중히 여기고 친구와 마음이 '통'하는 우리 반이 되었으면 좋겠습니다.

놀이를 배움으로 up!

코칭 하나 감정에 대한 힌트를 어떻게 주어야 할지 망설이는 아이에게 알려 주세요.

많은 아이들이 자신의 감정을 어떻게 표현해야 하는지 모릅니다. 감정 표현에 서툰 우리 아이들이 다양한 방식으로 힌트를 줄 수 있도록 도와주세요. 표정, 몸짓, 상황 설명 등 다양한 방법으로 감정을 전달할 수 있다는 것을 선생님께서 제시해 주고 예를 보여 주면 아이들이 보다 편하게 감정 표현을 한답니다.

코칭 둘 감정단어를 미리 알려고 하는 행동을 줄이고 싶어요.

감정단어를 알게 되면 놀이의 재미가 반감된다는 것을 강조하면 단어를 보거나 서로 말해 주려는 행동이 줄어듭니다. 교실에 거울이 있다면 살짝 종이로 가려 두는 것도 좋습니다.

코칭 셋 아이들과 '통' 동작과 구호를 충분히 연습해 보세요.

아이들끼리 만나는 활동이 주이기 때문에 몇 가지 약속이 필요합니다. 약속된 동작과 구호는 1:1로 만난 친구와의 활동을 마무리하고 또 다른 친구와의 만남을 시작하게 하는 신호가 됩니다. 서로 다른 '통' 동작은 놀이를 하며 친구와 얼마나 통하였는지를 알게 해 주며 놀이의 재미를 더해 줍니다.

현장적용 Q&A

Q : 교사가 감정단어를 등에 일일이 붙여 주는 이유가 있나요?

A : 아이의 수준을 고려하여 단어를 선택할 수 있어 보다 많은 학생이 친구와 감정이 통하는 경험을 하도록 도울 수 있습니다. 등에 감정단어가 붙여지길 기다리는 동안 기대하며 궁금해하는 아이들을 보는 것도 즐겁습니다.

Q : 감정단어 목록표에 있는 감정단어가 아이들에게 어렵지 않나요?

A : 선생님께서 아이들의 수준에 맞는 단어를 선별하여 적용하면 됩니다. 고학년의 경우에는 어려움 없이 즐겁게 놀이를 할 수 있습니다.

Q : 스티커를 등에 붙이는 이유가 있나요?

A : 보이지 않는 곳에 답을 두는 장치를 마련함으로써 아이들이 끝까지 활동에 대한 흥미와 호기심을 유지할 수 있습니다. 정답이 쉽게 노출되지 않아 더 재미있고 흥미진진합니다.

Q : 예상되는 감정단어를 여러 개 쓰는 이유가 있나요?

A : 구분이 모호하고 설명하기 어려운 감정이 있습니다. 감정단어를 여러 개 쓰면 복합적으로 일어나는 감정을 풍부하게 이해할 수 있고, 많은 친구들이 '통'할 수 있습니다.

우리들의 성장스토리

○○이가 '내가 태권도 시합에서 2등 했을 때'라고 해서 나는 '기쁘다'를 생각했는데 답이 '슬프다'여서 놀랐다. 나는 2등을 하면 기쁠 것 같아서 ○○이의 힌트가 신기했다. ○○이는 태권도를 잘하니까 속상할 수 있을 것 같다.

△△이가 '사랑할 때 이런 감정을 느껴'라고 했다. 사랑할 때 두근거린다는 것을 알게 되었다.

'통'하며 공감해요

엄마가 집에 늦게 오실 때!

'신난다'를 설명하기 위해 한 아이가 낸 힌트입니다. 엄마가 집에 늦게 오실 때 불안하고 걱정되는 마음이 든다는 아이들을 절로 갸우뚱하게 하는 말이었습니다. 엄마가 약속이라도 있어 늦게 오시는 날엔 금기시되었던 배달음식 먹기가 가능하다는 부연설명에 모두 고개를 끄덕일 수밖에 없었습니다. 친구가 감정에 관련된 상황을 이야기할 때 내 입장만 생각해서는 맞힐 수가 없습니다. 놀이를 하며 공감의 폭이 절로 넓어진 것 같았습니다.

이 놀이를 하면서 감정은 같아도 좋고 또 다르면 다른 대로 좋은 것 같다는 생각이 들었습니다. 통했을 때 묘한 연대의식을 느끼는 것이 즐겁지만 통하지 않아도 재미있는 시간이었습니다. 이 놀이를 통해 우리 아이들이 다양한 감정을 인정하고 상대방의 마음을 이해하려 노력해 보기를 바랍니다.

우리는 매순간 감정을 느끼지만 그것을 표현하는 데에는 인색합니다. '통'했다 놀이는 계속해서 감정에 대해 생각하고 설명하게 합니다. 자기의 감정을 표현하는 활동은 감정을 건강하게 해소할 수 있게 합니다. 많은 아이들이 감정 전달을 어려워하는데, 이 놀이를 통해 감정을 올바르게 표현하는 연습을 할 수 있는 것 같습니다. 우리 아이들이 자기의 감정을 잘 이야기하여 다른 사람들과 원만하게 소통할 수 있다면 좋겠습니다.

[활동지 4-1]

'통'했다!

_____ 학년 _____ 반

이름 ____________

☆ 예상되는 감정단어를 3가지 쓰고, 가장 답일 것 같은 감정단어에 ◯표시를 해 보세요.

예상되는 감정단어	나의 감정단어

감정단어 목록표

감동하다	망설여지다	슬프다	자신만만하다
걱정되다	무섭다	신나다	조마조마하다
고맙다	미안하다	실망하다	즐겁다
곤란하다	밉다	싫다	지겹다
괴롭다	부끄럽다	심심하다	짜증나다
귀찮다	부담스럽다	쑥스럽다	편안하다
기대되다	부럽다	쓸쓸하다	피곤하다
기쁘다	분하다	아쉽다	행복하다
긴장되다	불안하다	안심되다	허전하다
놀라다	불편하다	안타깝다	혼란스럽다
답답하다	비참하다	얄밉다	화나다
당황스럽다	뿌듯하다	어색하다	황당하다
두근거리다	사랑스럽다	억울하다	후회스럽다
두렵다	서럽다	외롭다	흥분되다
마음 아프다	설레다	우울하다	힘나다
막막하다	섭섭하다	원망스럽다	힘들다
만족스럽다	속상하다	자랑스럽다	

셋째 주

니 이거 해 봤나?

#속마음 터놓기 #자리 바꾸기
#공감 #소통

한눈에 보는 활동과정

① 경험 쪽지에 나의 경험을 한 가지 이상 쓰고 바구니에 넣는다.

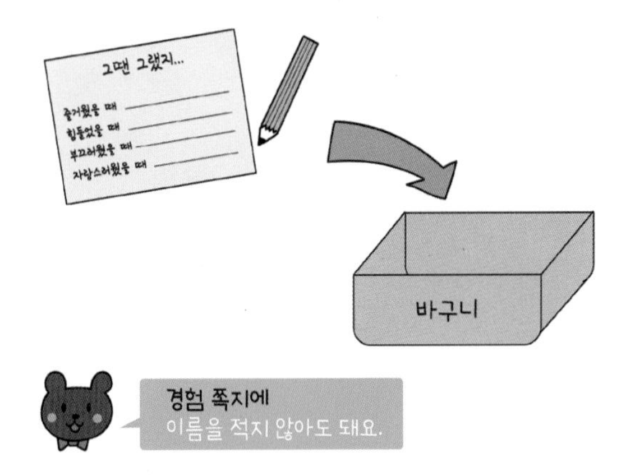

경험 쪽지에
이름을 적지 않아도 돼요.

연습 놀이

② 술래를 정한 다음 의자를 하나 빼고 반원으로 둘러앉는다.

연습 놀이

③ 술래가 어떤 특징을 말하면 그 특징을 가진 친구들이 일어나 서로 자리를 바꾼다. (술래도 빈자리를 찾아 앉는다.)

④ '니 이거 해봤나?'를 할 때 주의해야 할 점을 미리 약속한다.

⑤ 술래가 바구니에서 경험 쪽지 하나를 뽑아서 읽는다.

⑥ 구호를 외친 다음, 쪽지 내용과 같은 경험이 있는 친구들은 일어나 자리를 바꾼다.

⑦ 만약 한 사람만 일어났다면 친구에게 "넌 특별해!"를 외친다.

⑧ 선생님은 마지막에 앉지 못한 학생(술래)을 인터뷰한다.

tip 술래에게 궁금한 점 질문하기!

⑨ 인터뷰를 마치면 경험 쪽지를 새로 뽑아서 읽고 놀이를 이어간다.

놀이진행하기

들어가기

- 친구들과 서로 경험을 나누는 시간을 가져 볼 거예요.
- 우리 함께 진지하게 대화를 할 수 있도록 이번 시간 동안 이야기한 것은 다른 곳에서 이야기하지 않도록 합시다. 약속할 수 있나요?

놀이하기

● 경험 쪽지 적기 및 수거하기

- 선생님이 나눠 주는 쪽지에는 여러분이 기뻤던 일, 화났던 일, 부끄러웠던 일 등을 적을 수 있게 되어 있어요. 그중 한 가지 이상을 적고 두 번 접어서 바구니(통)에 넣어 주세요.
- 경험을 적을 때는 내가 공개하고 싶은 만큼만 적으면 됩니다.
- '밥을 골고루 먹지 않아서 엄마한테 엄청 혼났다.'처럼 사건을 구체적으로 적지 않고 '엄마한테 혼났다.'라고 간단하게 적습니다.
- 친구 이름을 적으면 어떨까요? 그렇죠, 이름이 적힌 친구는 기분이 상하겠지요? 특정 대상의 이름을 적지 않고 엄마, 아빠, 동생, 친구 등으로 씁니다.

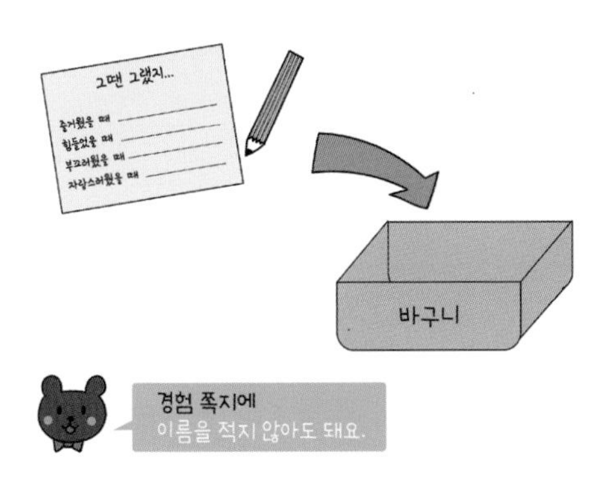

놀이 1. '당신의 이웃을 사랑하십니까?'

- 본격적인 놀이를 하기 앞서서 연습놀이를 해 보겠습니다. 여러분 '당신의 이웃을 사랑하십니까?'라는 놀이를 아나요? 술래가 어떤 특징을 말하면 그 특징을 가진 친구들이 자리를 재빠르게 바꿉니다. 예를 들어, '안경 쓴 사람'이라고 말하면 안경을 쓴 친구들만 일어나서 자리를 바꾸면 됩니다.
- 이 놀이를 할 때 조심해야 할 점은 무엇일까요?
- (안전을 강조하기) 서로 자리에 앉겠다고 밀치고 의자를 빼면 다칩니다. 이 놀이는 빨리 앉는다고 상이 주어지는 것이 아니기 때문에 지나치게 경쟁적으로 하지 않도록 합니다.

• (객관적인 특징을 말하기) 키가 큰 친구라고 하면 누가 이동해야 할까요? 정확한 특징만 말하도록 합니다.

• 1단계: 그럼 먼저 선생님이 술래가 되어 시작해 보겠습니다.
• 2단계: 이번에는 의자를 하나 빼고 해 보겠습니다. 술래가 되어 보고 싶은 사람이 있나요? 앉지 못한 친구가 다음 술래가 됩니다.

tip 시간에 따라 1, 2단계를 적절히 활용합니다.

놀이 2. 니 이거 해 봤나?

• 술래가 앞으로 나와서 바구니(통) 안에서 경험 쪽지 중 하나를 뽑습니다. 쪽지에 있는 여러 가지 경험 중 한 가지를 골라서 (교사와 상의하기) 읽습니다. 그리고 "니 이거!"를 외칩니다.
• 그러면, 앉아 있는 나머지 친구들은 "해 봤나?"를 외치고 자신이 해 본 경험이라면 자리를 바꿉니다.
• 이때 술래는 어떻게 해야 할까요? 빈 공간에 앉아야 합니다.
• 다음 술래는 누가 될까요? 앉지 못한 친구가 됩니다.

• 만일 한 사람만 일어났다면, 이것은 어떤 상황일까요? 그 친구만 경험한 특별한 일이기 때문에 이 친구에게 엄지를 척 날리며, "넌 특별해!"를 외칩니다.
• 구호 연습을 해 봅시다.(니 이거, 해 봤나? 넌 특별해!)
• 지금부터 시작해 보겠습니다.
• 와! 새로운 술래가 등장했네요. ○○아, 선생님이 경험에 대해 인터뷰를 해 보려는데 괜찮겠어?
• 인터뷰 진행하기(예시)

〈나눌 경험: "엄마한테 혼났다."〉

T: 그때 어떤 상황이었니?

S: 밥을 골고루 먹지 않는다고 식탁에서 숟가락으로 손을 맞고 혼났어요!

T: 그때 기분은 어땠니?

S: 진짜 아프고 먹기 싫은 것을 먹으라고 하니까 힘들었어요.

T: 자리를 바꾼 친구들이 많던데 혹시 어떤 경험을 했는지 이야기해 줄 수 있나요?

S: 저는요. 공부 안 한다고 매일 혼나요.

T: 여러분이 엄마라면 이런 상황에서 어떻게 할 것 같나요?
S: 저는 때리지 않을 것 같아요.
(여러 가지를 나누어 보는 것이 좋습니다.)

마무리하기

● 활동 후 소감나누기

- 오늘 놀이는 얼굴이 빨개지기도 하고 울먹거리기도 하며 서로의 경험을 나누어 보는 시간이었어요. 친구들의 경험을 듣고 이야기하면서 어떤 생각이 들었나요?
- 오늘 경험 나누기 중에서 인상적인 것이나 더 궁금한 경험이 있나요?

"여러분, 선생님은 여러분들이 속에 담아둔 이야기를 나누는 모습을 보면서 서로 더 깊은 사이가 되었겠구나 하는 생각이 들었어요. 그리고 솔직하게 이야기를 나누어 준 여러분에게 고마운 마음도 들었어요. 앞으로도 기쁘거나 슬픈 일 등을 친구들과 얘기하며 더 잘 지내는 친구들이길 기대합니다."

 이런 질문도 해 보세요!

- 평소 자기표현을 잘 하지 않는 학생
- 어떠한 경험에도 이동하지 않는 학생
  예) ○○는 한 번도 움직이지 않는 것 같던데 움직이지 않은 이유가 있니? 그런 이유에서 움직이지 않았구나~.
- "넌 특별해!"를 들은 용감한 학생
  예) 혼자라면 부끄러워서 일어서지 않았을 텐데 일어나다니 대단하구나!

놀이를 배움으로 up!

코칭 하나 비슷한 경험을 하고 있음을 자연스럽게 깨닫게 해 주세요.

자신의 힘들거나 부끄러운 경험, 비밀 등을 여러 사람들 앞에게 공개적으로 이야기하기란 쉽지 않습니다. 불편한 경험을 서로 나눌 기회도 적고, 더구나 요즘은 자신의 자랑거리를 이야기했다가 잘난 척한다는 비난을 받을까 봐 숨기는 분위기가 있기도 합니다. 하지만 이 활동을 통해 각자의 경험들을 자연스럽게 놀이로 꺼내고 움직임을 통하여 저절로 표현하게 됩니다. 술래가 되는 친구를 통해 조금 더 자세히 이야기로 표현하게 하고 주의 깊게 들으면서 여러 사람이 함께 공통되거나 다른 경험이 있음을 쉬 받아들이고 확인합니다. '저 친구에게 저런 일도 있었구나…….' 하고 알게 되면서 상대를 다르게 바라보기도 하고, '아! 나만 힘든 게 아니었어!'라는 동질감이나 보편성을 느끼는 기회를 가지게 됩니다. 즐거운 활동을 하지만 마음속에 품고 있던 자신의 기억을 털어놓으면서 해방감을 맛보며, 자신의 현재 모습을 긍정적으로 받아들이는 계기가 되도록 돕습니다. 또래 간의 활발한 소통과 경험 나누기의 상호작용 과정은 서로를 공감하며 이해하는 경험으로 나아가 아이들을 남이 아닌 '우리'라는 하나로 묶게 될 것입니다. 집단상담의 의미와 효과를 경험하게 되는 아주 적합하고도 즐거운 놀이라 할 수 있답니다.

현장적용 Q&A

Q : 인터뷰는 어떻게 하나요?

A : 잘하는 인터뷰는 없습니다. 그저 아이들 간의 대화가 원활하게 일어날 수 있게 중재하는 사회자의 역할입니다. 하지만 주의해야 할 사항은 있습니다. 아이들 간에 충분한 공감대가 형성될 수 있도록 적절한 질문을 던져 주는 것이 좋습니다. 더불어 소외된 아이들에게 질문을 던져 학급 전체 아이들과의 소통이 일어날 수 있게 중재해 주시는 것이 중요합니다. 마이크 등의 도구를 활용하시면 아이들이 더 흥미를 보입니다. 선생님께서 연출하시는 상황에 따라(예: 뉴스 기자의 현장 인터뷰 등) 다양한 인터뷰 진행이 가능할 것입니다. 그리고 자세한 내용이나 사건의 흐름을 꼬치꼬치 캐묻는 것이 아니라 그 상황에서 느낀 감정을 중심으로 질문을 이어 나가면 아이들도 편안하게 잘 대답할 수 있습니다. 무엇보다 선생님과 친구들이 인터뷰하는 친구에게 경청하는 태도, 공감하는 태도를 보여 준다면 자기의 경험과 생각, 감정을 부담없이 잘 말할 수 있을 것입니다.

Q : 뽑힌 쪽지의 내용이 중복되면 어떻게 하나요?

A : 좀 더 다양한 경험을 나누고 싶다면 사전에 경험 쪽지를 수거하여 교사가 한 번 거르는 것이 좋아요. 중복되는 것은 빼고 나누어 보고 싶은 경험에는 체크를 해 두면 실제 활동을 할 때 시간을 낭비하지 않고 알차게 놀이를 진행할 수 있을 거예요.

Q : 구호가 번거로울 땐 어떡하나요?

A : "니 이거!"를 술래가 외치면 아이들이 "해 봤나?"를 외치며 자리를 바꿉니다. 이때 구호를 외치다 보니 아이들이 헷갈려하는 경우가 많습니다. 이럴 때는 억지로 입에 맞지 않는 구호를 하기보다 원래 구호와 비슷하되 조금 더 재밌고 아이들에게 친숙한 구호로 바꿔 보아도 좋습니다. 예를 들어, "니 이거!"라고 술래가 외쳤을 때 자신이 해 본 경험이면 "해 봤다!"라고 외치거나 "했지롱~"과 같이 아이들의 입에서 나오는 구호를 수용해 주면 더 즐겁고 유쾌하게 놀이를 진행할 수 있어요.

또한 그 경험을 하지 못해 의자에 앉아 있는 아이들에게 "해 봤나?"라고 외치게 하는 것 자체가 약간의 소외감을 느끼게 할 수 있어요. "해 봤나?" 대신에 "해 볼까?"나 "안 했다~", "하고 싶다~"와 같은 구호로 변형하면 아이들이 조금 더 적극적인 자세로 즐겁게 구호에 참여하게 됩니다.

한 사람만 일어나는 경험의 경우 그 친구만 경험한 특별한 일이라 "넌 특별해!"를 외치는데, 이것은

"해 봤나?"랑 비슷한 느낌으로 "좋겠다~"나 "혼자 했나~"와 같은 구호로 변형한다면 조금 더 재미있게 놀이를 진행할 수 있어요.

우리들의 성장스토리

그렇게 아이들이 많이 혼나는 줄 몰랐어요.

놀이를 하고 며칠이 지났습니다. 우리 반 남학생(6학년)이 울먹이며 나를 찾아왔습니다. 이 친구는 평소 자책을 심하게 하며 죽어서라도 자신을 바꾸고 싶어 하였습니다. 그날도 어김없이 나를 찾아와 "선생님, 죽고 싶어요."라고 말했습니다. 무슨 일이냐고 물으니 "선생님, 저는요, 매일 엄마 아빠한테 엄청 혼나요. 10분 단위로 혼나요. 제가 잘못한 걸 아는데 그래도 너무 많이 혼나요. 이렇게 혼나는 사람은 저뿐일 거예요."라고 대답했습니다. 이 말을 듣는 순간 '니 이거 해 봤나?' 놀이를 했던 것이 생각났습니다. "○○이가 많이 혼나서 힘든가 보구나. 혹시 지난번에 '니 이거 해 봤나?' 활동 했던 것 기억나니? 그때 경험 쪽지에서 '나는 부모님한테 엄청 혼나 본 적이 있다.'가 나왔을 때 많은 친구들이 이동했었는데. 우리 반 친구들도 모두 집에서 부모님께 야단을 많이 맞고 있다는 사실을 알았었지? 그때 ○○이는 어떤 생각이 들었었어?"라고 물었습니다. 그러자 "그렇게 아이들이 많이 혼나는 줄 몰랐었어요."라고 대답했습니다. 평소 ○○이는 자책을 많이 해서 상담도 많이 했고 학부모 상담도 자주 했습니다. 하지만 놀이 덕분에 나만 특별하게 혼나고 있다는 것이 아니라는 것을 금방 이해할 수 있어서 상담이 길어지지 않았던 것 같습니다.

우리 반 친구들 모두에게 따뜻한 바람이 살랑살랑 불어오는 것 같았어요.

아이들은 경험하고 느꼈던 일들이 나 혼자만의 일이 아닐까 외롭고 쓸쓸한 마음을 가지기도 하는데, 놀이를 통해 친구들도 나처럼 느끼고 경험한 일들이라고 해서 놀랍고 반가운 마음을 가지게 됩니다. 처음에는 친구들 앞에서 말하기가 부끄럽고 쑥스러웠는데 어느새 이야기를 하다 보니 친구들과 많은 경험들을 공유하고 있었고, 친구들이 나의 이야기에 열심히 귀 기울이고 행동으로 공감해 주는 것 같아서 마음이 편안해지고 기쁘다고 했습니다. 특히 엄마 아빠 이야기를 할 때 친구들의 엄마 아빠도 우리 엄마 아빠와 같아서 안심되고 다행이라는 생각이 들었다고 환하게 웃으며 이야기하는 아이들 모두의 모습을 보면서 우리 반 친구들 모두에게 따뜻한 바람이 살랑살랑 불어오는 것 같았습니다.

[활동지 4-2]

〈그땐 그랬지……〉

예시) 나는 음식을 골고루 먹지 않아서 엄마한테 엄청 혼났다.(×)
나는 엄마한테 혼났다.(○)

♥즐거웠던 일	
♥힘들었던 일	
♥부끄러웠던 일	
♥자랑스러웠던 일	

넷째 주

스트레스 팡팡!

#감정 해소 #격파 #신문지

한눈에 보는 활동과정

① 최근 스트레스 받았던 일에 대한 이야기를 나눈다.

② 모둠을 만들고 모둠 내에서 순서를 정한다.

③ 나의 스트레스를 신문지에 크고 간략하게 적는다.

④ 2, 3번 친구가 양 쪽에서 신문지를 잡아 준다.

⑤ 힘차게 외치며 1번 친구가 신문지를 격파한 후 모아서 한 번 더 격파한다.

⑥ 찢어진 신문지를 모아 2번 친구가 격파, 다시 모아 3번 친구가 격파한다.

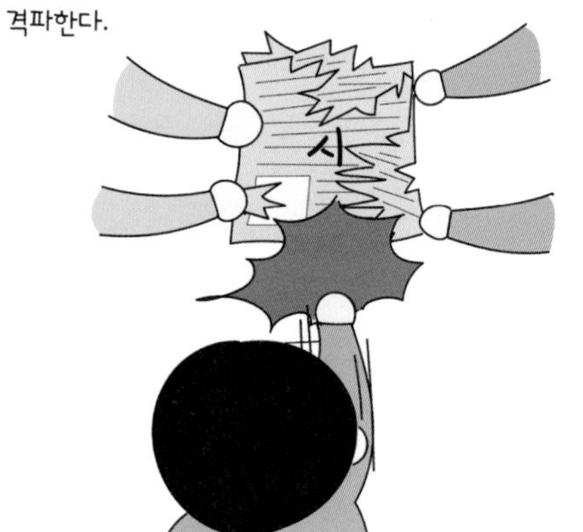

⑦ 2번, 3번 친구들이 돌아가며 차례대로 활동을 반복한다.
→ ③~⑥

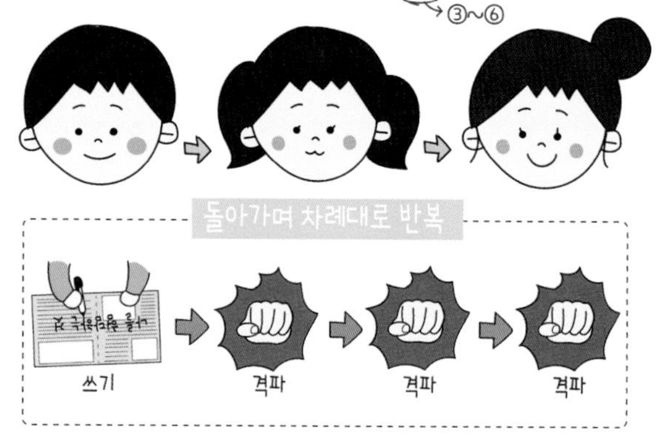

⑧ 찢어진 신문지 조각을 뭉쳐 공 모양으로 만든다.

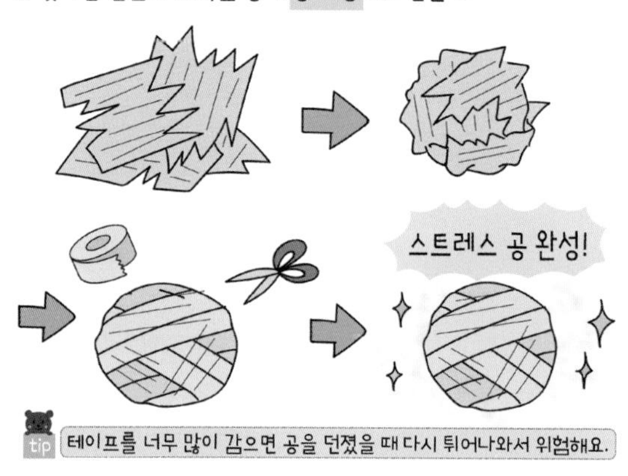

tip 테이프를 너무 많이 감으면 공을 던졌을 때 다시 튀어나와서 위험해요.

⑨ 다 함께 구호를 외치며 스트레스 공을 쓰레기통에 던진다.

놀이진행하기

들어가기

• 여러분의 스트레스를 친구들과 함께 풀어 보는 활동을 해 보겠습니다.

놀이하기

● 스트레스에 대해 이야기 나누기

• 요즘 스트레스를 받는 일에 대하여 원을 만들어 이야기를 나눕니다.

● 3명의 친구가 한 모둠 만들기

• 3명이 한 모둠이 됩니다.

• 1, 2, 3번 순서를 정합니다.

● 한 장의 신문지에 스트레스 쓰기

• 선생님이 나눠 준 한 장의 신문지에 자신의 스트레스를 모두 적어 봅시다.

• 이제 그중에서 가장 스트레스를 주는 것을 한 가지만 골라 보세요. 선택한 한 가지는 신문지 뒷면에 크게 적습니다.

• 이때 이름을 쓰거나 서로 잘 알고 있는 사람을 쓴다면 그 친구의 마음이 아프겠죠. 그래서 서로 잘 알고 있는 친구 이름은 쓰지 않기로 약속해요. 그리고 부모님의 잔소리가 스트레스라고 하면 '부모님'보다는 '잔소리'라고 적으면 좋겠습니다.

● 2, 3번 친구가 신문지를 잡아 주기

• 2, 3번 친구가 신문지를 팽팽하게 당겨 줍니다.

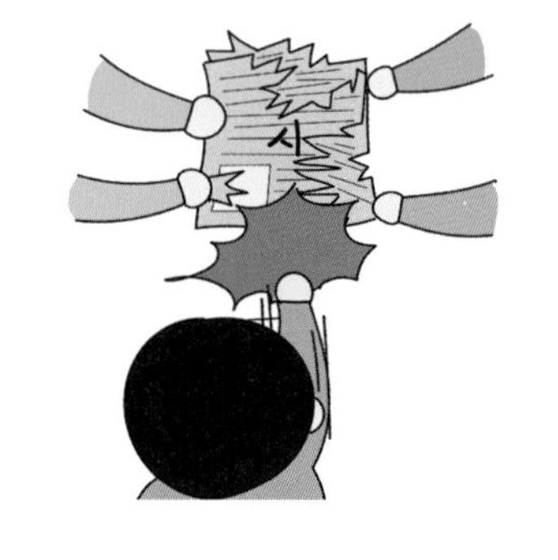

● 신문지 격파하기

① 1번 학생이 "기말시험아"라고 말하고 2번과 3번 학생이 함께 같이 "가라"라고 소리쳐 주면 1번 학생이 격파합니다.

② 1번 학생이 스트레스가 적힌 신문지를 두 번 연달아 격파합니다.

③ 찢어진 신문지를 모아서, 1번과 3번이 학생이 잡아 줍니다.

④ 2번 학생이 "기말시험아"라고 말하고 1번과 3번 학생이 "가라"라고 외치고 나면 2번 학생이 격파합니다.

⑤ 3번 학생도 같은 방법으로 합니다.

⑥ 1번 학생의 신문지를 다 격파하고 나면 잘 뭉쳐 책상 위에 올려 둡니다.

⑦ 그리고 2번 학생, 3번 학생의 스트레스도 같은 방법과 순서로 격파합니다.

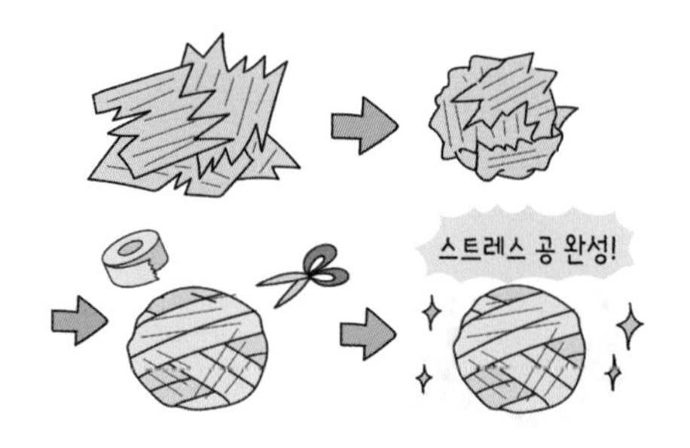

● 찢어진 신문지 조각으로 공 만들기

• 격파한 신문지를 어떻게 하면 좋을까요?

• 격파한 신문지를 공처럼 뭉쳐서 종이테이프로 붙일 거예요.

● 쓰레기통에 만든 공을 던지며 "스트레스야 가라!"라고 말하기

• 뭉친 스트레스는 어떻게 하면 좋을까요?

• 준비된 상자에 뭉친 스트레스를 던져 넣어요.

• 선생님이 "스트레스야"라고 말하면 학생들은 "가라"라는 말을 큰 소리로 함께 외쳐 봅시다.

• 스트레스가 완전히 사라지도록 던지는 친구가 "스트레스야"라고 말하면 주위의 친구들이 큰 소리로 "가라"를 외쳐 줍니다.

● 활동에 대한 소감나누기

• 활동이 끝나고 난 후 지금 여러분의 마음이 어떤지 이야기를 나눠 볼까요?

마무리하기

● 활동 후 소감나누기

• 이제 스트레스를 버리고 나니 지금 여러분의 표정이 밝아진 것 같습니다. 친구들이 옆에서 함께 외쳐 주니 어떤 기분이 들었나요?

• 같은 스트레스 상황이 생기면 어떻게 해 보고 싶나요?

스트레스를 풀 수 있는 좋은 방법을 알고 밝아진 여러분들의 표정을 보니 선생님도 기뻐요. 스트레스를 극복하고 이겨내는 과정을 통해서 더욱 건강하고 즐거운 생활들을 해 나갈 수 있으리라 기대합니다.

놀이를 배움으로 up!

코칭 하나 신문지에 앞면에 스트레스를 맘껏 쓰고 나서 뒷면에 스트레스 한 개를 크게 적게 하세요.

처음 신문지에 스트레스를 적을 때 "평소에 자신을 힘들게 하는 상황이나 일을 신문지에 모두 적어 보세요."라고 말합니다. 스트레스가 되는 상황이나 사람, 학원, 공부 등을 신문지에 맘껏 적는 시간을 가진 후 "이제 그중에서 가장 스트레스를 주는 것을 한 가지만 골라 보세요."라고 말합니다. 선택한 한 가지는 신문지 뒷면에 크게 적게 합니다. 그리고 선택한 한 가지는 크게 외쳐야 하기 때문에 최대한 간단하게 3~5자 내외로 쓰도록 안내하고, 구체적인 사람이나 이름을 적지 않고 상황을 적도록 합니다. 예를 들면, '엄마의 잔소리'라면 '잔소리'라고 쓰게 하거나 '영진이의 놀림'이라면 '놀리는 친구'나 '놀림'이라고 쓰게 합니다. 스트레스인 모든 상황을 적는 시간을 가지면서 꾹꾹 눌러 뒀던 스트레스를 수면에 올리고 발산하고 싶은 마음을 느끼게 됩니다.

코칭 둘 "가라"를 큰 소리로 같이 연습하세요.

스트레스를 발산하기 위해서 신문지에 적은 스트레스를 크게 외치며 격파합니다. 그때 신문지를 들고 있던 친구 두 명은 큰 소리로 "가라"를 외쳐 주라고 안내합니다. 자신의 스트레스를 친구들의 도움을 받으며 격파하게 되면 친구에게 공감받는 기분을 느끼고 속이 시원해지는 경험을 하게 됩니다. 친구들이 같이 소리쳐 주는 "가라"는 말 한 마디로 아이들 간의 감정이 전기처럼 흐르고 새로운 역동이 생기게 됩니다. 그래서 교사가 이 활동을 안내할 때 큰 소리로 "가라"를 외쳐 줘야 친구의 스트레스가 날아가게 된다고 말해 주고 교사와 연습하는 시간을 가집니다. 교사가 "스트레스야!!"라고 말하면 아동들은 "가라!!"를 큰 소리로 외치는 연습을 두세 번 합니다.

코칭 셋 다양한 방법으로 스트레스를 맘껏 발산하도록 수용해 주세요.

신문지 격파를 통해 스트레스를 발산하고 나면 스트레스가 해소되는 아이도 있지만 감정이 올라와 더 강렬하게 날려 버리고 싶어 하는 아이도 생깁니다. 그런 아이들은 "선생님, 신문지 더 찢거나 발로 밟아도 되나요?"라고 물어봅니다. '스트레스 팡팡!'은 무엇보다 아이들이 스트레스를 날려 버리고 몸도 마음도 편안해질 수 있도록 돕기 위한 활동입니다. 그러므로 다른 사람에게 피해를 주지 않는 선에서 더 찢는 것도 좋고 발로 밟아도 좋고 날려도 좋다고 말해 주고 맘껏 발산할 수 있게 해 줍니다. 이렇게 충분히 스트레스를 발산하는 활동이 끝나고 나면 찢어진 신문지를 뭉쳐서 모둠별로 공을 만들어 스트레스를 마음껏 가지고 놀 수 있도록 여러 가지 활동을 제안해도 좋습니다. 아이들이 신문지 공을 가지고 놀고 나면 마음이 가벼워져 밝아진 표정으로 웃는 모습을 볼 수 있습니다.

현장적용 Q&A

Q : 스트레스 상황이 아닌 잘 알고 있는 친구나 특정 대상에 대해 이름을 쓸 경우엔 어떻게 해야 할까요?

A : 처음 안내할 때 친구의 이름을 적지 않도록 약속을 정하고, 우리가 스트레스를 받는 상황은 친구나 사람들 때문이 아니라 그 사람이 하는 행동이나 말이기 때문에 어떤 말과 행동들이 나를 힘들게 하는지 상황을 적을 수 있도록 안내합니다.

Q : 신문지 공 만들기에 많은 시간이 소요될 경우 아이들에게 어떻게 안내를 해야 할까요?

A : 신문지 공 만들기에 많은 시간이 소요된다면 신문지 공이 풀리지 않을 정도로 2~4번 정도 종이테이프를 감아 보도록 안내합니다.

Q : 신문지 공을 담을 쓰레기통은 어떤 것을 사용하는 것이 좋을까요?

A : 넓고 속이 깊은 상자가 사용하기에 편리합니다. 그리고 한 번에 넣지 못했을 경우 기회를 한 번 더 주고 직접 가서 주워 담을 수도 있다고 안내합니다.

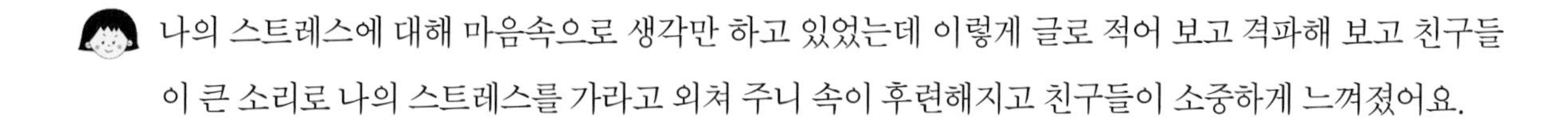

나의 스트레스에 대해 마음속으로 생각만 하고 있었는데 이렇게 글로 적어 보고 격파해 보고 친구들이 큰 소리로 나의 스트레스를 가라고 외쳐 주니 속이 후련해지고 친구들이 소중하게 느껴졌어요.

스트레스에 절대 지지 않고 해결하기 위한 여러 가지 방법들을 찾아보고 싶어요. 그렇게 방법들을 찾다 보면 정말로 스트레스가 사라질 것 같아요.

저는 다른 사람의 스트레스에 대해 들으며 우리 반 친구들이 학원 숙제, 공부 같은 스트레스가 있다는 걸 몰랐는데 모두에게 스트레스가 있구나 하는 걸 알았습니다. 같은 스트레스 상황이 다시 생긴다면 그걸 없애려고 노력해야 하는데 밖에서 큰 소리를 지르면 마음이 상쾌해집니다. 스트레스는 누구나 다 생길 수 있는 것인데 그걸 잘 없애기 위한 연구를 한 번 해 보고 싶습니다. 다음에 이 활동을 한다면 더 큰 스트레스를 적어서 해소해 보면 좋겠습니다. 친구들이 내 스트레스를 날려 줄 때 나에게 편안함을 준 것 같아서 고마웠습니다.

다른 친구들의 스트레스가 나와 너무 똑같아서 신기하다. 아마 다른 친구들도 같은 스트레스를 가지고 있을 것 같다. 이런 스트레스를 오지 못하게 스트레스를 적은 신문지를 격파하고 '가라'를 100번쯤 외쳐 보고 싶다.

이제 스트레스가 몰려와도 비겁해지지 않고 용기 있게 싸울 수 있을 것 같다.

함께 "스트레스야, 가라"를 외치면서 공감과 치유의 경험을 하게 된 우리 반 아이들

평소 내 눈에 비친 아이들은 걱정이나 심각한 고민과는 거리가 멀어 보였고 평화롭기만 한 모습이었습니다. 늘 장난만 치고 친구들을 화나게 만드는 '재석', 우리 반 미소천사 '유정', 교실을 뛰어다니던 '주섭'. 하지만 신문지에 스트레스를 적어 나가는 동안 아이들의 모습이 너무 진지하고 심각해 보여 낯선 아이들의 모습에 살짝 당황하기도 하면서 어떤 스트레스들일까 궁금해지기 시작했습니다. 학원 숙제에 대한 스트레스로 눈물을 글썽이던 '찬석', 부모님의 형제간 차별 때문에 사랑받고 싶다던 '수지', 친구들과 사이좋게 지내고 싶다던 '도경'의 무거웠던 스트레스들이 신문지에 고스란히 담겨져 나오는 모습을 보면서 내가 여태껏 보지 못했던 아이들의 마음이 보이기 시작했습니다. 참 많이 힘들었겠구나. 지금까지 나는 왜 알아차리지 못했을까 하는 미안함에 마음이 무거워지기 시작했습니다. 내가 아이들을 제대로 바라보고 소통하고 있었던가 하는 자책감도 들었습니다. 아이들이 스트레스를 적어 나가는 동안 우리가 서로 비슷한 스트레스와 문제들로 힘들어 하고 있었다고 말하며 씩 웃는 '건재', "'나 혼자만 힘든 게 아니었구나.' 하고 말하는 순간 스트레스가 사라진 것 같아요."라고 말하던 '덕진'. 아이들의 맑고 밝은 미소를 보면서, '얘들아, 내가 너희들을 통해 또 다른 배움을 얻고 성장하는구나.' 하고 생각했습니다. 친구들과 함께 스트레스를 나누고 공감해 나가는 과정들이 내가 지금 겪고 있는 스트레스 상황에 대해 좀 더 깊게 생각해 보게 한다는 아이들의 말이 큰 울림이 되어 나의 가슴 속에서 메아리치고 있었습니다. 서로 다른 환경과 상황들 속에서 크고 작은 스트레스들이 아이들 곁에서 부정적인 감정들을 뿜어 내고 아이들의 건강한 웃음과 밝은 미소를 앗아 가고 있었다는 걸 지금이라도 알게 되어 참으로 다행이라는 생각을 했습니다.

"얘들아, 지금부터는 우리의 스트레스들을 함께 나누고 같이 격파도 하고 '스트레스야 가라!'라고 외치면서 많은 어려움 앞에 물러서지 말고 당당히 맞서 헤쳐 나가 보자!"

5월

더불어, 협력

첫째 주

X맨을 찾아라

#추리 #신체 표현 #악수 #눈치

한눈에 보는 활동과정

놀이 1 X맨을 찾아라 ver.1

① 술래를 먼저 뽑고 술래 몰래 X맨을 뽑는다.

tip X맨을 뽑는 동안 술래는 복도에 나가서 기다려요.

② 다른 사람들은 X맨의 동작을 따라 하고 술래는 원 안으로 들어가 X맨이 누구인지 찾는다.

③ 술래는 X맨이라고 생각하는 사람을 지목하여 X맨을 찾는다.

(1) X맨을 맞추면 놀이 끝!
(2) X맨을 맞추지 못하면 2번의 기회가 더 주어져요.

⑭ 전략을 세우고 주의할 점에 대한 이야기를 나누고 놀이를 이어 간다.

놀이 2 X맨을 찾아라 ver.2

① 원으로 둘러앉아 눈을 감고 엎드리면 선생님이 X맨을 정해 준다.

② 다함께 돌아다니면서 "반갑습니다."라고 하며 양손 악수를 한다.

③ X맨은 악수를 할 때 검지손가락을 사용하여 상대방의 손바닥을 꾹 찌른다.

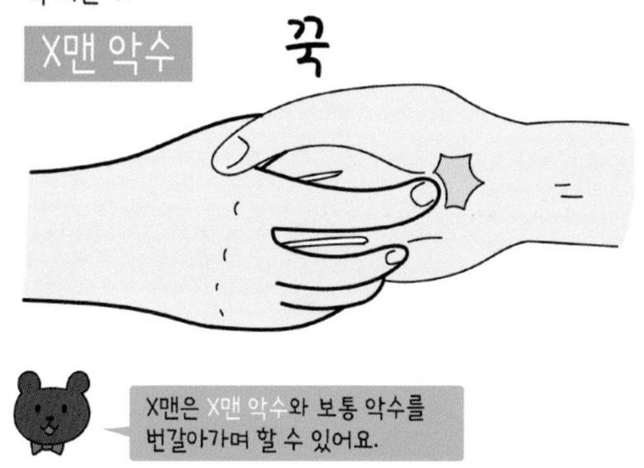

X맨은 X맨 악수와 보통 악수를 번갈아가며 할 수 있어요.

④ 손바닥을 찔리면 다섯 걸음을 걸어간 후, 교실 옆쪽에 누워 잠이 든다. (잠드는 사람은 X맨이 누구인지 말할 수 없다.)

⑤ X맨일 것 같은 사람을 지목하고 X맨을 찾으면 놀이가 끝난다.

X맨을 잘못 지목하면 "이럴 수가!"라며 잠이 든다.
X맨을 포함해 인원의 1/3이 남으면 X맨의 승리!

놀이진행하기

들어가기

• 여러분은 특별한 능력을 가진 X맨이 되어 볼 거예요.
• X맨이 아닌 사람들은 명탐정이 되어서 숨어 있는 X맨이 누구인지 한 번 찾아보도록 하겠습니다.

놀이하기

놀이 1. X맨을 찾아라 1

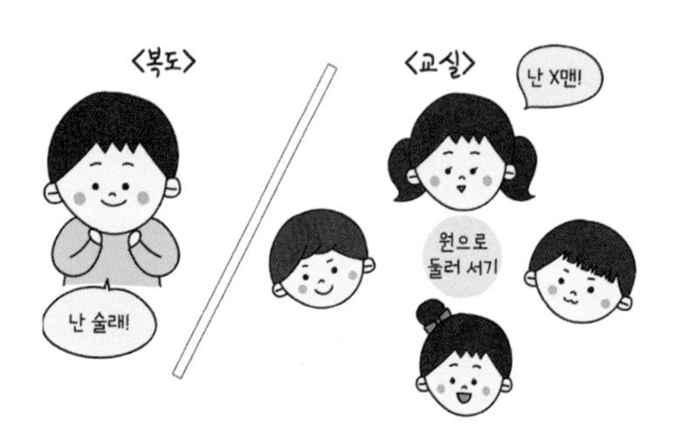

● X맨과 술래 정하기
• 모두 동그랗게 원으로 둘러서세요.
• 먼저 X맨을 찾아낼 술래를 정하겠습니다.
• 뽑힌 술래는 잠시 복도에 나가 있으세요.
• 이제 동작을 계속 바꾸는 X맨을 뽑겠습니다.

● X맨의 동작 따라 하기
• 지금부터 X맨은 30초마다 동작을 계속 바꾸고 다른 사람들은 X맨의 동작을 따라 하면 됩니다. 시작!
• 술래는 교실에 들어오세요. 원 안으로 들어가서 동작을 바꾸는 X맨이 누구인지 찾습니다.

● X맨 지목하기
• 술래는 X맨일 것 같은 사람을 지목합니다.
• (술래가 X맨을 찾았을 경우) "○○가 X맨인지 어떻게 알 수 있었나요?"
• (술래가 X맨을 찾지 못했을 경우) 두 번의 기회를 더 주겠습니다.
• (X맨이 끝까지 살아남았을 때) X맨은 어떻게 술래에게 안 들킬 수 있었나요? 친구들에게 도움받은 점은 무엇인가요?

● 전략 세우기 & 주의할 점 이야기 나누기

• (놀이가 끝난 후) 이 놀이를 할 때 무엇을 주의해야 할까요?
  –팔을 크게 휘두르거나 친구들에게 피해를 주는 행동은 하면 안 돼요.
  –X맨을 계속 바라보고 있으면 술래가 쉽게 찾아요. 다른 곳을 바라보며 동작을 따라 해야 돼요.

● 놀이하기

• 우리가 이야기 나누었던 것을 잘 생각하면서 놀이를 한 번 더 해 보도록 하겠습니다. 지금부터 새로운 X맨과 술래를 정하겠습니다.

놀이 2. X맨을 찾아라 2

● 활동 순서 및 방법 익히기

• 이번에 할 놀이의 X맨은 다른 사람 몰래 누군가를 잠들게 할 수 있는 능력이 있습니다.

① 여러분들이 눈을 감고 엎드려 있으면 선생님이 어깨를 살짝 건드려서 X맨이 누구인지 정하겠습니다.

② 그다음 자유롭게 돌아다니다가 다른 사람과 눈이 마주치면 “반갑습니다.” 하면서 상대방의 손등을 감싸는 양손 악수를 합니다.

③ 누군가 나에게 악수를 요청한다면 거절할 수 없습니다.

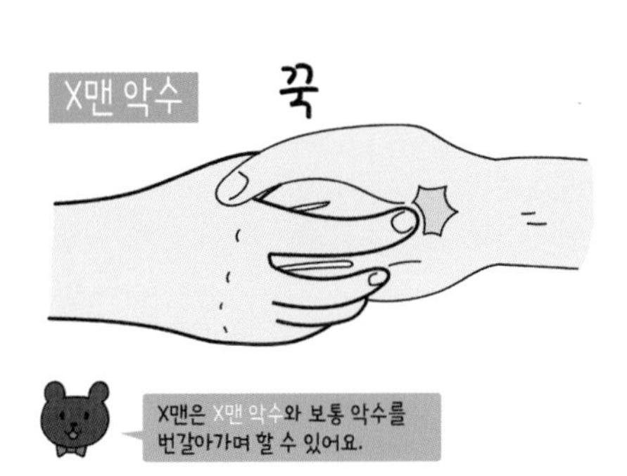

④ 이때 X맨은 남들과 다른 신호를 줍니다. 신호는 바로 상대방의 손바닥을 손가락으로 꾹 찌르는 것이죠. X맨은 보통 악수와 X맨 악수를 번갈아 가면서 할 수 있습니다.

⑤ X맨에게 손바닥을 찔린 사람은 바로 죽는 것이 아니라 반드시 다섯 걸음을 걸은 후에 "아이 졸려~" 하면서 교실 옆으로 빠져 잠이 듭니다. 이때 잠이 든 사람은 말을 할 수 없습니다.

⑥ 나머지 사람들은 누가 X맨인지 알 것 같으면, "너 X맨이지?" 하고 외치며 누군가를 지목합니다.

⑦ X맨을 맞히면 놀이가 끝나지만 맞히지 못하면 엉뚱하게 지목한 사람은 "이럴 수가~!" 하며 잠이 듭니다.

⑧ 잘못 지목당한 사람은 잠들지 않고 계속 놀이를 이어 갑니다.

⑨ X맨을 포함해서 1/3이 남으면 X맨이 승리합니다.

● 놀이하기

- 놀이방법을 모두 이해했나요? 이제 놀이를 시작하도록 하겠습니다.
- X맨을 정해야 하니 모두 엎드려 주세요.
- (X맨을 정한 후) 이제 일어나서 돌아다니며 악수하세요.

tip X맨의 손가락에 찔렸을 때 잠이 드는 것 외에 '으악' 소리 지르며 쓰러지기, 춤추기, 특정한 포즈 취하기 등 지령을 다양하게 바꾸어 진행해 보세요.

마무리하기

● 활동 후 소감나누기

- 이번 시간에 X맨의 행동을 재미있게 따라해 보기도 하고 X맨의 손가락에 찔려 잠들어 보기도 했습니다. X맨이나 술래가 되었을 때 어떤 기분이 들었나요? (X맨에게) 다른 친구들이 모두 나를 쳐다보고 동작을 따라 하니까 어땠나요?

이번 놀이에서는 X맨의 역할이 중요했지만 그 역할이 빛날 수 있도록 열심히 함께해 준 여러분의 활약도 참으로 대단했습니다. 우리 반도 혼자만 잘하기보다는 서로 도와서 어떤 일이든 멋지게 해낼 수 있는 반이 되었으면 좋겠습니다.

이런 질문도 해 보세요!

- (X맨에게) 시킨 것을 친구들이 하니까 어떤 생각이 들었나요?
- (X맨이 아닌 친구에게) X맨이 시키는 대로 따라 하니까 어떤 기분이 들었나요?

놀이를 배움으로 up!

코칭 하나 학급에서 소극적인 아이들에게 X맨 역할을 맡겨 보세요.

이 놀이의 특별한 점은 누구나 놀이를 주도적으로 이끌어 나가는 경험을 할 수 있다는 것입니다. 놀이는 긴장과 불안에서 벗어나게 하는 놀라운 힘을 가지고 있기 때문에 소극적인 학생이라도 놀이가 주는 즐거움 속에서 자기 자신을 잘 표현합니다. 'X맨을 찾아라 1'에서는 여러 사람 앞에서 자유롭게 표현해 보는 기회를 가짐으로써 한층 더 자신감을 얻기도 하지요. 처음엔 다소 부끄러워하고 소극적으로 참여하더라도 지켜봐 주고 응원해 주세요. 평소와 다르게 놀이에서 점차 새로운 모습을 보여 주는 아이들의 모습을 발견할 수 있을 것입니다. 'X맨을 찾아라 2'에서는 평소 조용하던 친구도 주인공이 되어 큰 활약을 펼치는데요. 아이들은 생각지 못했던 친구의 대반전 활약에 깜짝 놀라곤 한답니다. 놀이에서만큼은 평소에 하지 못하는 특별한 경험을 마음껏 할 수 있도록 많은 아이들에게 기회를 주세요.

코칭 둘 X맨의 역할이 빛날 수 있도록 함께해 준 친구들을 칭찬해 주세요.

이 놀이에서 X맨의 역할이 가장 중요하다고 생각하기 쉽지만 사실은 함께해 주는 다른 아이들의 역할 또한 중요합니다. 친구들이 함께 따라 주지 않았다면 X맨의 역할은 빛을 발하지 못할 것입니다. X맨이 승리할 수 있었던 이유를 묻는다면 아이들은 어떻게 대답할까요? 아마 'X맨이 잘해서'라기보다 '함께해 준 주변 친구들이 잘 따라 줘서(도와줘서)'라고 대답할 것입니다. X맨뿐만 아니라 구성원 모두가 성공 경험을 갖게 되는 것이죠. 놀이의 승패 여부를 떠나 서로 함께하고 있다는 점, 그리고 신체 표현에 따른 구성원 간의 믿음과 배려가 있었기에 놀이를 즐겁게 할 수 있었다는 점을 짚어 주세요. 그러면 X맨을 못 찾아서 실망하고 아쉬워하기보다는 놀이를 함께한 친구들에게 고마워하고 서로 존중하는 분위기를 만들 수 있을 것입니다.

현장적용 Q&A

Q : 아이들이 너도 나도 X맨, 술래를 하려고 해요. 어떻게 정하면 좋을까요?

A : 첫 번째 방법은 '선생님을 이겨라'입니다. 선생님과 학생이 가위바위보를 해서 최종적으로 이긴 사람이 술래나 X맨이 될 수 있습니다. 또는 선생님에게 진 사람, 선생님과 같은 것을 낸 사람 등 다양하게 변형할 수 있습니다. 두 번째 방법은 학생들이 직접 X맨과 술래를 정하게 하는 것입니다. X맨을 했던 친구가 그다음 X맨을 정하는 방법인데, 이때 남학생은 여학생을, 여학생은 남학생을 지목하게 되면 남녀가 골고루 X맨을 해 볼 수 있습니다. 세 번째 방법은 '페트병 돌리기'입니다. 빈 페트병을 원 가운데에 놓고 빠르게 돌려서 멈춘 후 병뚜껑이 향하는 쪽에 있는 학생이 X맨이나 술래가 되는 방법입니다.

Q : X맨 역할을 시켜 보았는데 동작이 생각만큼 잘 나오지 않아요. 어떻게 하면 될까요?

A : 학생들이 처음 이 놀이를 접했을 때 어떤 동작을 해야 할지 몰라 주춤하는 경우가 종종 있습니다. 이런 경우에는 놀이를 하기 전에 선생님께서 직접 시범을 보이는 방법이 있습니다. 간단한 체조 또는 재미있는 동작을 시범 보임으로써 학생들이 다양한 동작을 표현할 수 있도록 도와줄 수 있습니다. 두 번째 방법은 학생들이 서로 마주 보고 거울놀이를 하는 것입니다. 한 사람은 '사람', 다른 한 사람은 '거울에 비친 상'이 되어 '상'에 해당하는 사람은 사람이 움직이는 대로 똑같이 따라 움직이는 놀이입니다. 이를 통해 학생들이 자연스럽게 몸을 움직이고 나면 'X맨을 찾아라' 놀이에서도 부담 없이 자유롭고 창의적으로 표현할 수 있을 것입니다. 음악을 사용한다면 활동을 춤으로 발전시켜 역동적으로 움직일 수 있습니다.

Q : 난이도를 조절할 수 있는 방법이 있나요?

A : 'X맨을 찾아라 1'에서는 X맨이 동작을 느리게 할수록 술래가 X맨을 찾기 어렵습니다. 슬로우모션처럼 동작을 바꾸며 놀이해 보세요. 'X맨을 찾아라 2'에서는 걸음 수에 따라 난이도를 조정할 수 있는데, 걸음 수가 늘어날수록 X맨을 찾는 데 시간이 많이 걸립니다. 걸음 수 대신에 X맨에게 손바닥을 찔린 후 다른 사람과 악수를 세 번 더 한 후 잠이 드는 방법도 있습니다. 이 경우 난이도가 더 높아집니다. 아이들 수준에 맞추어 난이도를 조절해 가며 놀이한다면 즐거움이 배가 될 것입니다.

우리들의 성장스토리

X맨을 해 보니까 아이들이 내 동작을 따라 해서 신기했고, 조금 자신감이 생긴 것 같다.

원래 친구들 앞에서 몸으로 표현하는 것이 부끄러웠는데, 다 같이 하니까 부끄럽지 않고 즐거웠다.

친구들과 악수를 하면서 다니니까 조금 더 친해진 것 같아서 좋았다.

친구들과 내가 이렇게 적극적으로 다가가는 것을 내 스스로 몰랐었다. 나한테 이렇게 좋은 점이 있는 줄 몰랐다.

리더십만큼 중요한 팔로우십!

아이들에게 X맨이 시키는 것을 따라 하니 어땠냐는 질문을 던지니 X맨을 무조건 따라야 하는 것에 불만을 토해 내는 아이들도 있었습니다. 이 모습을 보면서 아이들과 함께 리더십과 팔로우십에 대해 이야기 나누면 좋겠다고 생각했습니다. 놀이에서 X맨을 따르지 않으면 놀이를 이어 갈 수 없듯이, X맨을 학급의 임원에 비유해 봤을 때 우리 교실의 모습도 놀이와 비슷하다고 느꼈습니다. 교실에서 임원을 따라야 하는 이유는 뭔지, 따를 때 주의해야 할 사항은 무엇인지 아이들과 솔직하게 이야기를 나누어 보았는데, 한 친구가 이렇게 말했습니다. "우리가 '무조건' 따르기보다는 다른 의견이 있으면 당당하게 건의를 해서 갈등을 해결해야 해요." 이렇게 진정한 팔로우십에 대해 이야기를 나누며 생각이 많이 자란 아이들의 모습을 보니 참 뿌듯했습니다.

우리 반 친구를 다시 봤어요!

우리 반에 부끄러움이 많고 내성적인 성격이어서 놀이를 할 때에도 항상 소극적으로 참여하는 ○○이라는 학생이 있었습니다. 다른 놀이를 할 때 앞에 나서는 역할이나 술래는 거의 하지 않고 주로 지켜보는 쪽이었습니다. 그래서 'X맨을 찾아라 2' 놀이를 할 때 ○○이가 X맨이 되면 어떨까 하고 반신반의하며 어깨를 살짝 두드려 지목했습니다. ○○이는 열심히, 진지하게 놀이에 임했고 그 결과는 놀라웠습니다. ○○이를 포함해서 8명이 남아 ○○이가 승리한 것입니다. 아이들은 연신 두리번거리며 누가 X맨인지 찾는데 ○○이가 수줍게 손을 들어 X맨임을 밝혔습니다. 그 모습을 본 아이들은 깜짝 놀라며 이렇게 이야기했습니다. "선생님! ○○이 다시 봤어요. ○○이가 의외로 놀이를 잘하는 것 같아요!"라며 끝까지 살아남은 ○○이를 칭찬하기 시작했습니다. 놀이를 하면서 주목받아 본 적이 없었던 ○○이는 떨떠름한 표정을 지었지만 그래도 친구들이 잘한다고 말해 주니 기분이 좋다고 말하며 금세 밝게 웃었습니다. 소극적인 줄만 알았던 ○○이의 긍정적인 면을 놀이를 통해 또 하나 발견한 것 같아 나도 절로 미소가 지어졌습니다.

둘째 주

믿음의 자동차

#안대 #접시콘 #믿음
#협력 #소통 #의지하기

한눈에 보는 활동과정

① 2인 1조로 뒷사람이 앞사람의 방향을 조정하면서 움직인다. 이때 말은 하지 않고 손으로만 신호를 준다.

② 바닥에 장애물을 두고 장애물을 피해 목표 지점까지 간다.

③ 4인 1조로 모둠별로 ①번 활동을 한다.

④ 안내자의 신호에 따라 장애물을 피해 목표 지점까지 간다.

⑤ 모둠별 토의를 통해 성공 전략 짜기 시간을 가진다.

⑥ 역할, 인원, 장애물의 개수, 거리 등을 조절하여 다양한 난이도로 활동을 진행한다. 모둠별로 목표를 수정하여 진행할 수 있다.

⑦ 힘들거나 재미있었던 점을 이야기하는 시간을 가진다.

놀이진행하기

들어가기

- '코코코' 놀이 아나요? 한 번 해 봅시다. '코코코 입' '코코코 눈' '코코코 귀' 어! 지금 귀를 가리켜야 하는데 눈을 가리킨 친구도 보이네요. 이번에는 짝끼리 목에 손가락으로 살짝 누르고 알아맞히는 '무슨 손가락?' 놀이를 해 봅시다. 서로 한 번씩만 해 봅시다. 어느 손가락인지 맞힌 친구 있나요? 이렇게 친구가 주는 신호를 따라서 어둠의 길을 걸어가는 놀이를 해 보겠습니다. 말이 아니라 손으로만 주는 신호를 따라가는 겁니다.

놀이하기

● 2인 1조로 몸풀기 활동 안내

- 먼저 두 명이 짝이 됩니다. 앞사람이 안대를 쓰고 뒷사람은 어깨에 손을 얹고 이곳저곳을 다닙니다.
- 오른쪽 어깨를 주무르면 오른편으로, 왼쪽 어깨를 주무르면 왼편으로 방향을 이동해 보겠습니다.
- 주무르는 강약을 서로 생각하면서 빨리 또는 천천히 방향을 바꾸도록 해 봅시다.

  tip 처음에는 안대 쓰는 것을 불편해하므로 저학년일 경우 안대를 쓰지 않고 해 보는 것도 좋습니다.

● 바닥에 장애물 두고 역할 바꾸며 연습해 보기

- 처음에는 장애물 없이 다녀 보았지요? 이번에는 바닥 아래에 있는 장애물을 피해 목표 지점까지 가 보겠습니다.

  tip 처음 연습 단계에서는 장애물을 많이 두지 않고 몇 개만 둡니다.

- 짝과 역할을 바꾸어서 조금 전 했던 활동을 한 번 더 해 봅시다.

● 4인 1조로 모둠별 활동하기

- 이제부터는 조금 전에 했던 1번, 2번 활동을 네 명의 친구들과 함께 해 보겠습니다. 처음에는 장애물 없이 목표 지점까지 자유롭게 가 보겠습니다.

- 네 명이 어깨에 손을 얹고 마지막 사람은 안내를 하지 않아요.
- 맨 뒤 안내자의 어깨 신호에 따라 방향을 움직입니다.
- 어깨 신호의 강약이나 빠르기 정도에 따라 방향 전환을 다르게 해 볼 수도 있습니다.

● 안내자의 신호에 따라 장애물 피해 목적지 가기

- 지금부터는 본격적으로 모둠 친구들과 바닥의 장애물을 피해 목적지까지 가 보겠습니다.
- 앞에서 했던 짝 활동과 같은 방식으로 미리 바닥에 놓은 장애물을 피해서 목표물에 도착합니다.
- 안내자가 오른쪽, 왼쪽 어깨를 주무르며 조정하면 중간에 있는 사람이 맨 앞사람에게 같은 방식으로 전달하여 방향을 조정하며 앞으로 움직입니다.

● 모둠별 토의 시간 가지기

- 활동이 잘된 것 같나요? 지금부터는 모둠별로 실수가 있었거나 성공하지 못한 모둠은 왜 그렇게 되었는지 생각해 보고, 성공적으로 목표점에 도착하기 위해서는 어떻게 해야 할지 토의해 보겠습니다.
- 토의가 끝난 모둠은 출발선에서 한 번 더 기회를 갖습니다.

tip 실제 도전 횟수는 시간을 고려하여 2~3회 정도 할 수 있습니다.

● 활동의 재실행 및 난이도 조절하여 해 보기

- 성공한 모둠은 역할을 바꾸어서 해 봅시다.
- 인원을 세 명 또는 네 명으로 다르게 해 보고, 장애물의 개수 정도를 다르게 하거나 거리 또는 인원을 조정하여 난이도를 조절할 수 있어요.
- 여러분이 원한다면 친구들이 할 수 있는 만큼 목표 수정도 가능합니다. 모둠별로 목표를 다시 한 번 만들어 보세요.

● 어떤 점이 힘들었거나 재미있었는지 이야기해 보기

- 만약 성공했다면 다 함께 환호합니다.
- 각 모둠에서 힘들거나 재미있었던 점을 이야기 나누어 보세요.

마무리하기

● 활동 후 소감나누기

- 눈을 가리고 목표점을 향해 걸을 때 어떤 기분이 들었나요?
- 이 활동을 통해 친구에게 하고 싶은 말이나 칭찬해 주고 싶은 말은 무엇인가요?

이런 질문도 해 보세요!

- 안내자가 되어 친구들을 뒤에서 이끌 때는 어떤 마음이 들었나요?
- 우리 팀이 잘 되지 않았거나 반대로 잘 되었다면 무엇 때문에 그런 걸까요?
- 이 활동을 하면서 힘들었거나 재미있었던 점, 배운 점이 있다면 무엇인가요?

처음에는 불안해하면서 겁먹은 듯이 활동해서 선생님도 불안한 마음이 들었는데, 결국 서로에 대한 믿음으로 이렇게 다들 환하게 웃으니 선생님도 참 기뻤습니다.
나 혼자가 아니라 우리 모두가 함께 서로 의지했기에 이런 환호가 있었겠지요. 앞으로도 서로에게 어려울 때일수록 서로 도움되고 아껴 주는 친구가 되었으면 좋겠습니다.

놀이를 배움으로 up!

코칭 하나 성공보다 서로를 믿고 격려하며 끝까지 다녀오는 것이 중요하다고 말해 주세요.

아이들은 앞이 안 보이는 상황에 대해 호기심을 가지고 무척 재미있어 합니다. 이 활동은 서로에게 의지하며, 안내하는 친구에게 자신을 맡김으로써 더 많은 경험을 할 수 있게 합니다.

처음에는 장애물 없이 자유롭게 의지하며 다니다가 바닥에 접시콘을 조금만 둔 채로 다니다 보면 어느새 자신감과 서로에 대한 신뢰가 생깁니다. 이 활동에서 인원이 갑자기 많아져 3~4명이 활동하는 것은 어색하고 불안할 수 있습니다. 이때 '코칭 하나'의 제목처럼 아이들에게 격려의 말을 해 주면 좋겠습니다. 쉽게 성공하는 기쁨보다는 장애물을 밟게 되는 상황도 경험해 보고 그런 상황을 어떻게 해결할 수 있을지에 대해 이야기하다 보면 서로에 대한 신뢰와 지지도 커질 것입니다. 몇 번의 실패 끝에 도착점까지 무사히 도착한 모둠원들이 서로를 끌어안고 기뻐하는 모습은 참 예쁘고 감동스럽기까지 합니다. 기회나 시간을 일부러 제한하기보다는 아이들 스스로 격려하고 이야기할 수 있도록 한다면 이 활동의 취지인 협력과 소통은 어느새 성큼 다가와 아이들은 훌쩍 더 자란 모습이 되어 있을 겁니다.

코칭 둘 모두가 안내자의 역할을 하게 해 주세요.

어느 놀이나 마찬가지이겠지만 모둠이나 다수가 함께 하는 놀이일수록 아이들의 마음과 목표가 각기 달라 불협화음이 나기 일쑤입니다. 경쟁적 요소가 조금이라도 있거나 승패에 대한 의욕이 많은 친구일수록 마음대로 잘 되지 않을 때 다른 친구들에 대한 미움과 원망이 있다 보니 곧잘 싸움으로 번지기도 합니다.

이 활동은 모둠원들 간의 협력과 의사소통을 통해 성취감을 함께 나누는 활동입니다. 따라서 교사가 성공이나 승패의 여부보다 긴 시간을 두고 여유 있게 진행하며 아이들을 독려하는 것이 중요합니다. 아이들도 안내자의 역할을 한 번씩 번갈아 경험하면서 서로를 존중하고 인내하는 것도 중요하다는 것을 느낄 수 있었으면 합니다.

현장적용 Q&A

Q : 어깨로 조정하는 다른 방법을 알려 주세요.

A : 어깨를 주무르는 속도나 횟수를 빨리 또는 천천히 하여 회전하는 정도를 조정할 수 있습니다. 가령, 오른쪽 어깨를 빨리 주무르면 오른쪽으로 도는 정도를 많이 할 수 있고, 약하게 또는 느리게 주무르면 작게 돌 수 있겠지요. 이 또한 아이들이 서로 해 보면서 각자의 신체 조건에 맞게 조절할 수 있습니다.

Q : 활동하면서 서로 부딪히지 않게 하려면 어떻게 할까요?

A : 우선 저학년의 경우는 2~3명 모둠으로 적게 시작하는 것이 더 좋습니다. 운동장이나 강당 등이 활동하기에 가장 적합한 공간이며, 학급 전체가 한꺼번에 하는 것보다 한두 모둠이 할 동안 나머지 아이들은 지켜보는 것도 도움이 될 것입니다. 공간이 넓을수록 처음 하는 몸풀기 활동은 다 함께 해 보는 것이 좋고, 이후 모둠별 활동을 할 때는 여러 모둠이 함께 시작하면 부딪힐 수 있기 때문에 한두 모둠이 시간 차이를 두고 진행하면 부딪히지는 않습니다.

Q : 뒤로 가는 신호는 없나요?

A : 놀이를 하다 보면 안내되어 있지 않은 상황이 일어나기도 합니다. 뒤로 가는 신호도 학생들과 함께 만들어 보면 좋을 것 같습니다. 뒤로 가야 하는 상황일 때는 그냥 어깨를 주무르는 것이 아니라 등을 두드린다거나 하는 방법을 학생들과 의논해서 새로운 신호를 만들어 가면 좋겠습니다.

Q : 간지럼을 많이 타는 학생은 어떻게 하나요?

A : 특히 목 부분 간지럼을 많이 타는 학생들이 많은데, 그럴 경우는 양 어깨 끝이나 팔의 윗쪽 부분을 주무르는 것으로 대체하면 좋습니다.

우리들의 성장스토리

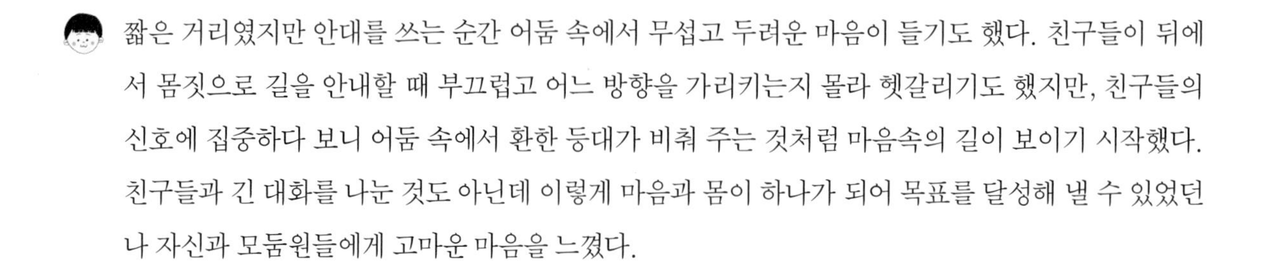

짧은 거리였지만 안대를 쓰는 순간 어둠 속에서 무섭고 두려운 마음이 들기도 했다. 친구들이 뒤에서 몸짓으로 길을 안내할 때 부끄럽고 어느 방향을 가리키는지 몰라 헷갈리기도 했지만, 친구들의 신호에 집중하다 보니 어둠 속에서 환한 등대가 비춰 주는 것처럼 마음속의 길이 보이기 시작했다. 친구들과 긴 대화를 나눈 것도 아닌데 이렇게 마음과 몸이 하나가 되어 목표를 달성해 낼 수 있었던 나 자신과 모둠원들에게 고마운 마음을 느꼈다.

안 보여서 답답했지만 친구를 믿을 수 있어서 좋았다.

친구가 주는 신호를 잘 알기 위해 집중해야 한다는 것을 알았다.

우리 모둠은 1, 2, 3단계까지 다 통과해서 기분이 좋았고, 친구들이 멋졌다.

목표점까지 가기 위해서는 친구들끼리 협동을 잘해야 한다는 것을 알았다.

친구들과 힘을 합치면 어떤 어려운 일도 할 수 있다는 것을 알았다.

1등이 중요한 게 아니야~

체육시간에 달리기를 많이 하는 우리 반 아이들은 반환점 콘을 세워 놓기만 하면 너도나도 1등을 하기 위해 정신없이 달리곤 했습니다. 아니나 다를까 이 놀이를 할 때에도 빨리 돌아오려고 애쓰는 모습을 보였습니다. 반환점을 돌아온 후 아이들은 안대를 벗자마자 나에게 달려와 물었습니다. "누가 1등으로 들어왔어요?"

다소 황당하고 귀여운 질문에 가장 먼저 들어오는 게 중요한 것이 아니라고 살짝 귀띔해 주었습니다. 잠시 어리둥절한 표정을 짓더니 그다음부터 아이들은 어깨에 전해지는 친구의 손길을 따라 조금씩 천천히 움직이며 무사히 반환점을 돌아왔습니다.

이어지는 피드백 시간, "안대를 썼을 때 무서웠는데 친구를 믿으니까 갔다 올 수 있었어요." "어깨를 세게 주무르니까 친구가 아파해서 그다음엔 살살 주물러 줬어요." "오늘 새로운 모둠 친구들이랑 같이 했는데 앞으로도 이 놀이처럼 협동을 잘 해야 할 것 같아요."

발표하기 쑥쓰러워 쭈뼛거리던 아이들도 하나둘 손을 들어 자기의 생각을 솔직하게 말하고 피드백이 점점 풍성해지는 모습을 보며 뿌듯함을 느꼈습니다. '1등으로 들어오기 게임'이 아니라도 협동하고 배려하는 즐거움을 느낀 우리 반 아이들에게는 참으로 의미 있는 시간이었습니다.

친구들이 서로 나침반이 될 수 있어요

평소 자신감이 많이 없었던 ○○가 제일 앞자리에서 조심조심 목표 지점에 도착했을 때의 그 환한 미소를 잊을 수가 없습니다. 자기가 가는 길이 맞을지 틀릴지에 대한 부담감과 앞자리의 역할에 대한 부담감이 컸을 텐데 목적지까지 무사히 도착했을 때 자기가 친구들을 다 살린 것 처럼 기뻐했습니다. 그 후로 먼저 나서서 안내자를 해 보겠다고 친구들에게 당당하게 이야기하는 모습을 보면서 '이런 경험은 무척 소중한 경험이었구나.'라는 것을 새삼 느끼게 되었습니다.

아이들은 안대를 하고 아무것도 보이지 않는 어둠 속에서 어느 곳을 향해 발걸음을 옮겨 놓아야 할지 안내하는 친구를 통해 목표점을 향해 용기 내어 나아갈 수 있었습니다. 차츰차츰 어둠에 익숙해질 즈음 어느새 자라난 친구들에 대한 신뢰와 믿음으로 자신 있게 발걸음을 옮기기 시작하는 아이들을 발견할 수 있습니다. 선뜻 내딛기 힘들었던 첫 발걸음이 어느새 힘찬 발걸음으로 바뀌게 되고 친구들과 나란히 맞춰 걸어가고 있는 모습은 모두를 미소 짓게 하기에 충분했습니다. 안내자와 안대를 쓰고 걸어가는 역할을 서로 바꾸어 봄으로써 친구들이 느꼈을 불안과 두려움들을 공감하게 되고, 결승점까지 나아가기 위해 한마음 한뜻으로 협력하고 움직여 나가는 것에 대한 소중한 가치를 깨닫게 될 것입니다.

셋째 주

엉망진창 판타스틱 요리왕

#업그레이드 #요리 #반전 #협상

한눈에 보는 활동과정

놀이 전 학생이 가져올 요리 재료를 1가지씩 선택하게 한다.

tip (1) 재료의 종류와 양은 학생 수에 따라 조절해요. → Q&A 참고
(2) 음식물 쓰레기 줄이기 및 시간 절약을 위해 손질이 필요한 재료는 미리 다듬어서 통에 담아오도록 안내해요.
(예) 양파 껍질 까서 씻어 오기, 통조림 뚜껑 따서 통에 담아오기

① 요리를 위해 환경을 깨끗하게 정리하고 집중 구호를 익힌다.

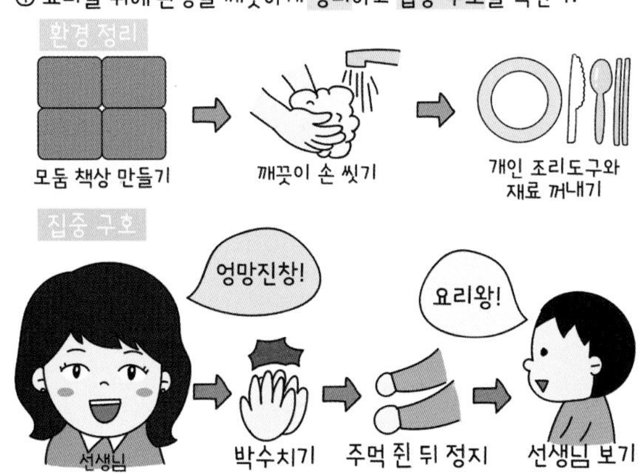

② 가져온 재료를 한 곳에 모으고 제비 뽑기로 다시 나눈다.

tip 시간을 절약해야 한다면 가지고 온 재료를 그대로 활용할 수 있어요.

③ 재료 교환을 위한 첫번째 회의를 한다. (3분)
어떤 요리를 할까?
어떤 재료가 꼭 필요할까?
어떤 재료가 필요하지 않을까?
1차 재료 교환에서 누가 특사가 되어 어떤 재료를 교환할까?
재료를 교환하러 다른 모둠에 가는 사람
모둠원 모두가 한 번은 반드시 특사가 되어야 함.
④ 첫 번째 재료를 교환한다. (특사 1명, 3분)
케첩 줄게 식빵 다오~
특사끼리 중간에 만나지X 반드시 모둠을 방문하여 모둠과 협상해야 함!
NO!!!
교환의 전제 규칙
(1)재료는 무조건 통째로 바꾸기
(2)교환이 잘 안되면 다른 재료로 바꿔서 교환 요청해도 됨

⑤ 재료 교환을 위한 두 번째 회의를 한다. (3분)
(첫번째 교환의 결과를 보고) 만들 요리를 바꿀까?
어떻게 하면 교환에 성공할까?
두번째 재료 교환을 시도할 특사 2명은 어떤 재료를 교환할까?
⑥ 두 번째 재료를 교환한다. (특사 2명, 3분)
마요네즈 줄게 식빵 다오~
2명의 특사가 각각 1가지 재료를 들고 교환을 시도
NO!!!

⑦ 재료 교환을 위한 세 번째 회의를 한다. (3분)
(두 번째 교환의 결과를 보고) 만들요리를 바꿀까?
어떻게 하면 교환에 성공할까?
세 번째 재료 교환을 시도할 특사 3명은 어떤 재료를 교환할까?
⑧ 마지막 교환을 위한 대반전의 중대 발표를 한다.
두둥~ 세 번째 교환 전 중대 발표! 각 모둠별로 만든 요리를 다 같이 나눠 먹을 거예요!
마지막 교환의 특별 규칙
(1) 재료 일부만 교환 가능
(2) 재료 교환 없이 그냥 얻어올 수 있음
(3) 교환 횟수의 무제한

⑨ 세번째 재료를 교환한다. (특사 3명, 3분)

⑩ 모은 재료로 요리를 하고 주변을 정리한 다음 잔칫상을 차린다.

놀이진행하기

들어가기

- 아주 특별한 요리 실습이 준비되어 있어요.
- 요리가 엉망진창이 될지 아니면 판타스틱이 될지는 모두 우리 손에 달려 있습니다.
- 함께 엉망진창 판타스틱 요리왕에 도전해 볼까요?

놀이하기

tip
(1) 재료의 종류와 양은 학생 수에 따라 조절해요. → Q&A 참고
(2) 음식물 쓰레기 줄이기 및 시간 절약을 위해 손질이 필요한 재료는 미리 다듬어서 통에 담아오도록 안내해요.
(예) 양파 껍질 까서 씻어 오기, 통조림 뚜껑 따서 통에 담아오기

● 놀이 하루 전에 가져올 요리재료 선택하기

- 칠판에 적힌 재료들 중에서 자신이 가져올 수 있는 재료를 하나씩 고르겠습니다.
- 양파나 방울토마토 등의 채소류는 미리 집에서 손질한 뒤, 통에 담아 오세요.
- 참치캔 같은 통조림류의 재료도 미리 집에서 뚜껑을 따서 통에 담아 오세요.

● 요리 준비 및 집중구호 익히기

- 모둠책상을 만든 뒤 손을 깨끗이 씻고 오세요.
- 가져온 개인 조리 도구와 재료는 책상에 올려 둡니다.
- 요리는 재밌지만 위험할 수 있는 활동입니다.

- 그래서 매순간 선생님의 설명을 잘 듣는 것이 매우 중요합니다.
- 다 함께 집중 구호를 배워 봅시다.
- 선생님이 '엉망진창'이라고 하면 여러분은 박수를 한 번 치면서 '요리왕!'이라고 말하고 선생님을 봅니다.
- 같이 연습해 볼까요?

- 각 모둠에서 한 명씩 앞으로 나오세요.
- 제비를 뽑고 선생님에게 차례로 보여 줍니다.
- 1모둠의 첫 번째 재료는 식빵!
- 뽑은 재료를 들고 모둠으로 가세요.

tip 돌아가면서 모든 아이들이 한 번씩 제비를 뽑게 합니다.

● 첫 번째 회의시간

- 1차 회의 시간입니다. 3분 동안 다음과 같은 내용을 의논해 주세요.

〈1차 회의 내용〉

1. 어떤 요리를 할까?
2. 어떤 재료가 꼭 필요할까?
3. 어떤 재료가 필요하지 않을까?
4. 첫 번째 재료 교환에서 누가 특사가 되어 어떤 재료를 교환할까?

- 재료를 교환하러 다른 모둠에 가는 사람을 특사라고 합니다.
- 모두가 한 번은 반드시 특사가 되어야 합니다.

● 첫 번째 교환시간

- 1차 교환 시간입니다.
- 3분 동안 다른 모둠과 재료 교환이 가능합니다.
- 한 명의 특사가 한 가지 재료를 통째로 교환할 수 있습니다.
- 3분이 지나면 교환을 못해도 그냥 돌아와야 합니다.
- 한 가지 교환에 성공하면 시간이 남아도 더 바꿀 수 없습니다.
- 교환이 잘 안되면 중간에 모둠으로 돌아와 다른 재료로 바

꿔서 교환을 시도해도 됩니다.

• 특사끼리 중간에 만나 교환할 수 없고, 특사는 반드시 다른 모둠에 가서 남아 있는 친구들과 교환을 해야 합니다.

● 두 번째 회의시간

• 2차 회의 시간입니다. 3분 동안 다음과 같은 내용을 의논해 주세요.

〈2차 회의 내용〉

1. 만들 요리를 바꿀까?
2. 어떻게 하면 교환에 성공할까?
3. 두 번째 재료 교환을 시도할 특사 두 명은 어떤 재료를 교환할까?

● 두 번째 교환시간

• 2차 교환 시간입니다.
• 3분 동안 다른 모둠과 재료 교환이 가능합니다.
• 2차 교환 시간에는 두 명의 특사가 각각 한 가지 재료를 통째로 바꿀 수 있습니다.
• 그 외에는 첫번째 교환과 규칙이 같습니다.

● 세 번째 회의시간

• 마지막 회의 시간입니다. 3분 동안 다음과 같은 내용을 의논해 주세요.

〈마지막 회의 내용〉

1. 만들 요리를 바꿀까?
2. 어떻게 하면 교환에 성공할까?
3. 세번째 재료교환을 시도할 특사 세 명은 어떤 재료를 교환할까?

● 마지막 교환을 위한 중대발표

• 이제 마지막 3차 교환을 앞두고 있네요.
• 선생님이 깜짝 놀랄 만한 중대발표를 하겠습니다.
• 각 모둠별로 만든 요리는 만든 모둠끼리 나눠 먹는 것이 아니라 우리 반 전체가 다 함께 나눠 먹을 겁니다.
• 맛있는 요리를 먹기 위해선 우리가 가진 재료를 많이 나눠 쓰

는 것이 좋을까요? 아니면 우리 모둠만 쓰는 것이 좋을까요?
- 마지막 교환에서는 세 명의 특사가 재료를 통째로 바꾸지 않고 일부만 바꾸거나 그냥 얻어 올 수도 있습니다.
- 교환의 횟수도 무제한입니다.

● 세 번째 교환시간
- 이제 요리의 성공은 우리 모두의 손에 달려 있습니다.
- 대망의 마지막 교환을 시작하겠습니다.

앞의 잔칫상에 완성된 요리 올리기

● 요리하고 잔칫상 차리기
- 이제 열심히 모은 재료로 판타스틱한 요리를 만들어 주세요.
- 요리를 하면서 동시에 주변도 정리해야 합니다.
- 요리가 끝난 모둠은 앞의 잔칫상에 완성된 요리를 가져다 주세요.

마무리하기

● 요리 소개 및 소감나누기 & 맛있게 먹기!
- 각 모둠원들은 소감나누기 주제를 하나씩 골라 생각한 뒤, 앞에 나와 발표를 합니다.

> - 요리의 이름과 간단한 소개를 말해 주세요.
> - 우리 모둠이나 내가 잘한 점은 무엇인가요?
> - 요리를 하면서 제일 어려웠던 점은 무엇인가요?
> - 놀이를 하면서 고마운 사람이 있다면 누구인가요?
> - 요리를 끝낸 지금 기분은 어떤가요?

어떤 요리를 만들지 미리 정하지도 않고, 필요한 재료도 다 갖추지 못한 채 요리를 시작했습니다. 그러나 모둠 안에서 함께 의논하고 모둠끼리 서로 도와 결국 멋진 요리를 완성했네요. 요리의 결과와 관계없이 함께 도전하고 협력한 여러분이 '판타스틱 요리왕!' 입니다.

이런 질문도 해 보세요!

- 오늘 만든 요리는 엉망진창이었나요? 아니면 판타스틱이었나요? 어떤 점에서 그렇게 생각하나요?

놀이를 배움으로 up!

코칭 하나 단계적 소통과 반전을 느끼도록 꼭 세 차례 회의를 진행해 주세요.

아이들이 준비해 온 재료들을 뽑기를 통해 재분배하고 나면 뽑기 결과에 따라 망연자실한 모둠, 혹은 쾌재를 부르는 모둠 등 다양한 반응이 나타납니다. 1차 회의를 거쳐 첫 번째 교환 시간이 되면 아이들은 자신이 만들 요리에만 집중하게 됩니다. 결국 자신의 재료를 철통방어하느라 첫 번째 교환에서 대부분 실패합니다.

그러나 아이들은 모둠에 돌아와 이내 깨닫습니다. 이렇게 하다가는 어떤 변화도 없고 원하는 음식을 만들기도 어려워진다는 것을. 1차 교환에서 각 모둠에서 필요한 재료와 협상의 조건에 대한 정보가 어느 정도 공유되었기 때문에 두 번째 회의에서는 좀 더 융통성을 발휘하게 됩니다. 그래서 두 번째 회의와 교환 시간에는 더 활발하고 자유롭게 의사소통이 이뤄지는 변화를 느끼게 됩니다.

"각 모둠이 만든 요리는 우리 반 전체가 똑같이 나눠 먹는다!"는 선생님의 중대발표 이후 세 번째 회의시간과 교환시간이 되면 아이들은 더욱 분주해집니다. 나 혹은 우리 모둠만 생각하던 것에서 전체를 생각하게 되며 모두에게 좋은 방법을 연구합니다. 그 과정에서 자연스럽게 소통이 이루어집니다. 하나가 아니라 모두를 위한 노력은 결과물에서도 나타납니다. 재료를 아낌없이 나누게 되어, 처음 아이들이 생각했던 간단한 음식이 아니라 재료와 맛이 풍부한 요리도 가능하게 됩니다. 아이들은 함께 행복해지는 법을 저절로 배우게 됩니다.

코칭 둘 특사 파견 및 교환의 규칙을 정확하게 알려주세요.

모둠을 대표하여 다른 모둠에 재료를 교환하러 가는 특사의 역할은 매우 중요합니다. 모둠의 대표로서 협상을 해야 하기에 무거운 책임감을 느낍니다. 하지만 협상에 성공하면 큰 성취감을 느낄 수 있습니다. 또한 다른 모둠과 밀고 당기는 홍정은 매우 재미있고 긴장감 있는 활동이기도 합니다. 따라서 반드시 모든 학생이 한 번은 특사가 되어야 한다는 규칙을 정확하게 안내해 주세요.

또한 특사끼리 중간에서 만나서 교환을 해서는 안 됩니다. 특사끼리 교환을 하게 된다면 모둠에 남은 친구들은 의사소통이나 교환에 참여할 기회가 없어집니다. 이 규칙은 모두가 의사소통의 과정에 참여하게 하는 데 매우 중요한 역할을 합니다. 특사는 모둠에 남아 있는 친구들의 판단을 믿고, 모둠의 친구들은 특사의 판단을 존중합니다. 이 과정에서 서로 신뢰하고 의지하는 경험을 하게 됩니다.

때로는 많은 규칙이 놀이 진행에 방해가 되기도 하지만, 세심한 규칙이 놀이의 즐거움과 역동성을 더 살려 주기도 합니다. 특사 파견의 규칙을 정확하게 알려 주고 적용하면 더 깊이 있고 즐거운 놀이를 할 수 있을 것입니다.

현장적용 Q&A

Q : 어떤 종류의 재료를 얼마나 가지고 오라고 해야 할까요?

A : 만들 요리가 정해진 것이 아니기 때문에 재료를 정하는 것이 더 어려울 수 있습니다. 5~6인을 한 모둠으로 생각한 뒤 모둠의 숫자만큼 만들 수 있을 만한 요리를 떠올려 보세요(예: 참치샌드위치, 카나페, 식빵피자, 과일화채, 닭가슴살 샐러드, 모닝빵 햄치즈 샌드위치). 그다음 각 요리별로 꼭 필요한 재료를 5~6가지 정하면 됩니다. 재료의 양은 5~6인용입니다. 단, 각 요리별로 겹치는 재료가 없게 합니다. 비싸거나 구하기 어려운 재료는 교사가 준비한 뒤, 규칙을 잘 지키고 서로 잘 협동하는 모둠에게 보상으로 주는 것도 좋습니다.

구성 (6명씩 4모둠)	요리 수 (=모둠 수) 예) 4모둠이면 4개	재료 수 (=모둠당 인원수) 예) 한 모둠당 6명이므로 꼭 필요한 재료 6개
24명 기준의 재료 예시	① 식빵피자	식빵(12장), 피자치즈(400g), 비엔나 소세지(6개), 콘 통조림(1/2통), 케첩(제일 작은 것 1병), 파프리카 1개
	② 참치 샌드위치	모닝빵(8개), 참치캔(300g), 오이(1/2)개, 마요네즈(제일 작은 것 1병), 양파(1개), 머스타드 소스(제일 작은 것 1병)
	③ 닭가슴살 샐러드	닭가슴살캔(150g), 양상추 (1/4), 방울토마토(20개), 사과(1개), 귤(2개), 샐러드드레싱(제일 작은 것 1/2병)
	④ 카나페	크래커(1통), 슬라이스 치즈(6장), 후르츠칵테일(제일 작은 것 1캔), 딸기잼 (1/4병), 샌드위치용 햄(6장), 크림치즈(제일 작은 것 1개)

Q : 저학년 아이들이 우연히 뽑은 재료로 요리를 잘 만들 수 있을까요?

A : 저학년 아이들의 경우에는 준비된 재료로 만들 수 있는 요리들을 미리 보여 주셔도 좋습니다. 그러면 아이들이 어떤 재료를 모아야 하고 어떻게 조리해야 할지를 결정하는 데 큰 도움이 됩니다. 하지만 아이들의 창의성은 어른들보다 훨씬 뛰어납니다. 의외로 새롭고 맛있는 요리를 창조해 낼 수도 있습니다. 또 저학년에게는 선생님에게 도움을 요청하는 '선생님 찬스'를 모둠별로 한 번씩 줄 수도 있습니다.

Q : 시간이 많이 걸릴 것 같은데 요리 후 소감나누기를 꼭 해야 할까요?

A : 단순한 요리 실습과 이 놀이는 다릅니다. 친구들과 의논하고 협력하는 과정을 통해 위기를 극복하고 요리를 완성하는 문제해결 과정이라고 할 수 있습니다. 어떤 위기를 어떻게 극복했는지, 왜 극복하기 어려웠는지, 누구의 도움을 받았고 그때의 기분이 어땠는지를 이야기하는 것은 매우 중요합니다. 자

신만의 성공스토리, 영웅담을 만들고 내면화하게 됩니다. 그래서 소감나누기 활동을 꼭 추천합니다. 소감나누기의 진행이 어렵다면 마무리하기(p. 117)에서 제시한 '소감나누기 주제'를 활용해 보세요.

Q : 요리 실습은 늘 안전이 걱정입니다. 어떤 점에 주의해야 할까요?

A : 시간에 쫓겨 바쁘게 진행하다 보면 안전사고가 더 잘 일어납니다. 중고학년은 최소 2시간(80분), 저학년은 최소 3시간(120분) 정도로 충분한 시간을 확보해서 진행하세요. 가열하지 않고도 쓸 수 있는 재료만 사용해도 됩니다. 가열이 꼭 필요하면 전자레인지를 사용합니다. 그리고 위급한 상황이나 중요한 설명을 하는 순간에 아이들을 집중시키기 위해 활동 전 집중 구호를 충분히 연습해 주세요. 중간중간 안전하게 잘 활동하는 모둠에게 교사가 준비한 특별재료를 보상으로 주면 효과적입니다.

우리들의 성장스토리

우리 모둠이 만든 음식은 혼합 샌드위치였다. 참치랑 파프리카를 교환하려고 했는데 ○○이가 듬뿍듬뿍 주어서 고마웠다. 특사가 되었을 때는 뭔가 홈쇼핑에서 판매하는 판매원이 된 것 같았고 재미있었다. 뭐니 뭐니 해도 요리를 직접 하는 것이 제일 재미있었지만 특사가 되는 것도 사회시간에 배운 외교관이 된 것처럼 신기하기도 하고 으쓱하기도 했다.

우리 모둠의 요리 이름은 혼합 샌드위치였다. 이 음식에서 자랑할 점은 참치와 닭가슴살의 기름을 다 뺀 것이다. 고마웠던 사람은 우리와 음식 교환을 해 준 친구들과 우리 음식을 맛있게 먹어 준 우리 반 아이들이다. 음식을 만든 뒤 친구들과 나눠 먹으니 더욱 맛있었다. 우리가 직접 만든 것을 먹어보고 맛있어서 깜짝 놀랐다. 그리고 우리 모둠 요리가 가장 먼저 매진되어서 신기했다. 오늘 한 엉망진창 판타스틱 요리왕은 재료가 어떻게 될지 모르는 상황에서 요리를 했는데 제목처럼 판타스틱한 요리가 나왔다. 정말 놀라운 놀이이다.

드라마틱한 반전을 기대해 보세요.

요리 재료를 하나씩 뽑을 때마다 희비가 교차합니다. 일찌감치 식빵 같은 주재료를 뽑은 팀은 유유자적입니다. 책상에 덩그러니 케첩과 양파만 가져다 놓은 팀은 속이 바짝 탑니다. 다른 팀이 모닝빵, 크래커, 햄 등 알짜배기 재료를 뽑아 갈 때마다 탄식이 흘러나옵니다. 결국 케첩, 양파, 딸기잼, 오이, 파프리카, 콘 통조림을 가지게 된 아이들은 망했다고 난리입니다. 재료가 이 모양인데 과연 제대로 된 요리가 나올까…… 실망과 원망으로 분위기가 엉망입니다.

그런데 1차 재료 교환이 지나가고 2차 재료 교환에서 특사가 크래커를 구해 오자 난리가 납니다. 특사는 영웅이 되고 다음 3차 재료 교환을 위한 회의는 사뭇 비장합니다. 무제한 재료 교환과 재료를 일부만 얻기가 가능한 3차 교환시간이 기대됩니다. 평소에는 말수도 별로 없던 아이들이 어찌나 애절하게 매달리는지 그 변화가 참 신기합니다.

요리 소개 및 소감 발표시간, 이 모둠이 완성한 요리를 발표하니 아이들이 깜짝 놀랍니다. 케첩, 양파, 딸기잼 범벅의 샐러드일 줄 알았는데 패밀리레스토랑 부럽지 않은 모닝빵 햄치즈 샌드위치가 떡하니 놓여 있습니다. 실망과 원망 대신 자부심과 성취감이 얼굴에 가득합니다. 포기하지 않고 애쓴 스스로가 대견한 모양입니다. 다른 모둠도 절로 느껴지는 것이 있는지 이 모둠을 위한 박수 소리가 힘찹니다. 이 놀이를 통해 아이들에게 멋진 반전의 드라마를 경험할 수 있는 기회를 주세요!

[부록] 요리 재료 예시 일러스트

넷째 주

생명의 징검다리

#다리 건너기
#팀워크 #성취 #협력 #배려

한눈에 보는 활동과정

① 교사는 '강의 신'이 되어, 학급 전체를 두 모둠으로 나눈다. 모둠별로 모둠 구호를 정한다.

tip 모둠 구호는 도전 시작과 끝에 외쳐요.

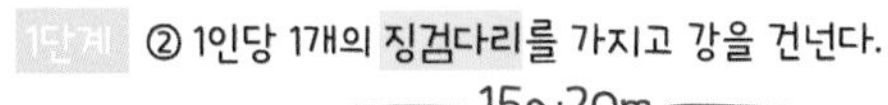

1단계 ② 1인당 1개의 징검다리를 가지고 강을 건넌다.

tip 몸이 불편한 친구는 '천사(도우미)'역할을 할 수 있어요.

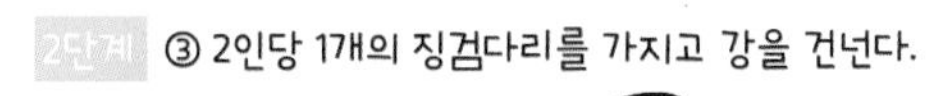

2단계 ③ 2인당 1개의 징검다리를 가지고 강을 건넌다.

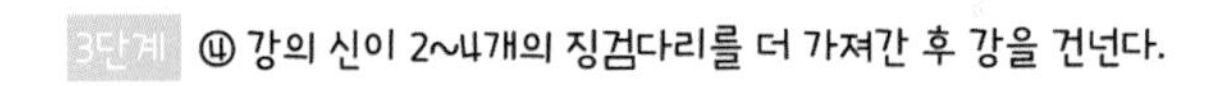

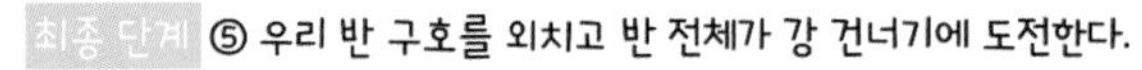

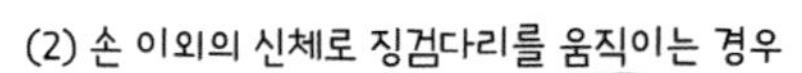

몸이 불편한 친구는 천사가 되어 팀별로 1번씩만 도와줄 수 있다.

놀이진행하기

들어가기

- 큰 바다와 강을 건널 때는 배를 타고 건너갑니다. 옛날에 작은 냇가는 어떻게 건너갔을까요? 바로 징검다리를 이용해 강을 건넜습니다.

놀이하기

tip 모둠 구호는 도전 시작과 끝에 외쳐요.

- 오늘 '강의 신', 즉 강신이 된 선생님과 대결을 하도록 하겠습니다. 이제 선생님이 마법을 걸면 이곳은 큰 강이 되어 여러분을 집어삼키려 할 것입니다. 오직 생명의 징검다리만을 밟고 강을 건널 수 있습니다. 모두가 무사히 살아서 강을 건너면 여러분의 승리가 되고, 그렇지 않을 때는 선생님의 승리가 될 것입니다. 여러분이 최선을 다해 강신을 이기길 기대합니다.

● 활동 규칙 익히기

- 이 징검다리만을 이용하여 강을 건너야 합니다. 징검다리 밖으로 넘어지거나, 발이 징검다리 밖으로 많이 나가면 아웃됩니다. 아웃은 강의 신만이 결정하고, 아웃이 된 친구는 아웃존에서 친구들을 응원하는 역할을 합니다. 그리고 단계가 올라가면 다시 도전할 수 있습니다.

tip
- 학급 전체를 두 팀으로 편성
- 거리는 최소 15~20m
- 교사와 학생 간의 경쟁구도
- 교사의 개입은 최소
- 아웃의 판정은 교사만
- 시작과 끝은 모둠 구호 외치기
- 활동이 어려운 학생은 천사(도우미) 역할

● 1단계 도전하기

- 여러분에게 1인당 한 개의 징검다리를 주겠습니다. 하지만 이 강은 여러분의 징검다리로 건너기에는 긴 강이군요. 모둠원들과 협력하여 강을 건너도록 합니다.

● 2단계

- 여러분이 강을 잘 건너는 것을 보니 다음 단계에 도전해도 되겠군요.
- 이제 여러분의 징검다리를 절반으로 줄이겠습니다. 하하하. 당황하는 여러분을 보니 선생님은 즐거워집니다.
- 한 명이라도 강에 떨어지면 강신이 이기는 것을 알고 있겠죠?

● 3단계

- 오, 이런. 여러분들이 이렇게 잘할 줄은 생각도 못했네요.
- 강신이 심술이 나서 여러분에게서 징검다리를 더 가져가겠습니다. 이렇게 하면 여러분은 강을 건너지 못하겠지요. 자, 도전해 보세요(2~4개를 더 가져간다.).

● 학급 전체 도전하기

- 모두 최선을 다해 강을 건너는 모습이 멋진 것 같습니다.
- 이제 최종 도전을 할 준비가 된 것 같군요. 우리 반 친구 모두가 힘을 모아 강을 건너 봅시다.
- 이제 강신도 가만 있지 않겠어요. 한 명도 강에 빠지지 않아야 여러분이 이기는 겁니다.
- 자, 우리 반의 구호를 외치고 시작해 볼까요?

마무리하기

● 활동 후 소감나누기

• 친구들과 힘을 합쳐 강을 건너는 활동을 해 보았습니다. 활동을 하며 느낀 점이나 생각한 것을 이야기해 볼까요?

활동 첫 부분에서 손도 잡지 않으려고 하던 여러분이 함께 이겨 내기 위해 보듬고 어깨동무하며 격려하는 모습이 너무 아름답습니다. 좁은 징검다리의 공간을 다른 친구에게 선뜻 내주었던 마음을 잊지 않았으면 좋겠습니다.

이런 질문도 해 보세요!

• 우리 모두의 성공을 위해서 꼭 필요한 것은 무엇일까요?
• 좁은 징검다리 위에 여러 친구와 함께 있을 때 어떤 생각이 들었나요?
• 친구가 떨어지지 않도록 손을 내밀어 주고 잡아 주니 어떤 생각/느낌이 드나요?

● 마음껏 강을 건너기

• (성공할 경우) 자, 이제 강신은 물러가고 여러분은 강을 걸을 수 있는 능력이 생겼습니다. 마음껏 소리 지르며 강을 건너가 보세요. 여러분이 승리자입니다.
• (성공하지 못할 경우) 여러분 모두 최선을 다했지만, 강신을 이기진 못했군요. 하지만 여러분의 모습을 보고 강신은 감동을 받아 강을 걸어서 건널 수 있는 능력을 주었습니다. 단, 친구와 손을 잡고만 건널 수 있습니다. 친구의 손을 놓치면 또 강물에 떠내려갈 수도 있습니다. 이제 여러분도 강을 마음껏 건너 보세요.

놀이를 배움으로 up!

코칭 하나 교사의 역할을 최소한으로 줄이세요.

징검다리 활동을 시작하면 아이들은 자신의 징검다리를 서로 나누어 쓰지 않으려는 모습을 보입니다. 그리고 단계가 높아질수록 다양한 의견이 충돌하는 모습을 보입니다. 그런 모습이 보일 때 선생님께서는 힌트를 주고 싶고 중재를 하고 싶은 마음이 생길 것입니다. 하지만 이때 (“모두 다 함께 살아 건너는 것이 목표입니다.”라는 격려의 말 정도만 하고) 바라만 보시는 것이 좋습니다. 아이들끼리 서로 의견을 주고받고 다른 팀의 모습을 지켜보면서 차츰 답을 찾아 가게 됩니다. 항상 선생님의 도움을 기다리던 모습에서 스스로 해결 방안을 찾아가는 과정을 경험하며 더 많은 배움과 성장이 있을 것입니다. 특히 이 활동은 아주 단순하지만 활발한 협의를 경험할 수 있기에 상황에 따라 ‘작전 타임’을 주는 정도면 충분합니다.

코칭 둘 손을 잡아 주고 몸으로 부대끼며 협력했던 순간을 떠올리게 해 주세요.

좁은 공간에서 아이들이 서로 뒤엉키기 때문에 스킨십에 대한 염려가 있을 수 있습니다. 고학년의 경우 동성 모둠으로 시작하여 마지막 단계에서 학급 전체 도전을 하는 순서로 진행을 하면 됩니다. 그리고 징검다리판의 개수를 학급 인원과 상황에 맞게 조절하면 됩니다. 활동 후 많은 생각을 나누지 못했더라도 활동을 하는 동안 몸으로 많은 것을 느낄 수 있습니다. 활동 마무리에서 친구들끼리 손을 잡을 때, 누가 나를 잡아 줬을 때와 같은 상황에 대한 질문을 하면 더 많은 생각을 나눌 수 있을 것입니다. 운동을 잘 못하던 친구, 키가 작아서 고민이던 친구, 뚱뚱하다고 고민하던 친구들이 활동 중에 얼마나 즐거워하는지 볼 수 있을 것입니다.

코칭 셋 안전하게 놀이할 수 있도록 도와주세요.

아이들은 기본적으로 빨리 그리고 완벽하게 마치고 싶은 마음이 있는 것 같습니다. 고무판 또는 색마분지가 강당이나 교실의 바닥에서는 잘 미끌어지기도 하고 하나의 징검다리에 많은 아이들이 서로 올라가 있다 보면 넘어지거나 밀치는 경우가 생깁니다. 특히 한 단계씩 넘어갈 때와 한 징검다리에 여러 명이 있을 때 더욱 그렇습니다. 안전한 활동을 위해서 활동하기 전에 넘어질 수 있는 상황에 대해 미리 설명해 주고, 아이들 스스로 조심해야 할 부분이 어떤 것이 있을지를 생각하도록 합니다. 그다음, 시간에 구애받지 않고 안전하고 정확하게 활동할 수 있도록 선생님이 옆에서 잘 관찰하여야 합니다. 활동 도중에 무리하게 부대끼면서 여러 명의 아이가 넘어질 수 있는 경우가 생긴다면 잠시 중단했다가 다시 시작해 보는 것도 좋습니다.

현장적용 Q&A

Q : 천사(도우미) 역할은 어떻게 하는 것인가요?

A : 네, 몸이 불편해 활동에 참여할 수 없는 친구나 함께하길 꺼려 하는 친구가 있을 수 있습니다. 이런 친구에게 천사(도우미) 역할을 주어 함께 하도록 하는 것입니다. 천사는 친구들이 징검다리를 잘못 놓을 때나 넘어지려고 할 때 "천사, 도와줘요~"를 외치면 가서 어려움에 처한 친구들을 도와주는 역할을 합니다. 팀별로 한두 번 정도 활용할 수 있는 것이 좋습니다. 최종 단계에서는 천사를 부를 수 없습니다. 활동 마무리에서 천사 활동을 한 친구의 소감을 물어볼 수도 있습니다.

Q : 처음에 두 팀이 할 때 경쟁되거나 과열되지는 않을까요?

A : 이 놀이는 처음에 두 팀으로 나누어 하지만 서로 경쟁하거나 시합하는 것이 아니라 학급 전체 인원이 마지막에 낙오 없이 성공하는 것이 목표입니다. 그래서 서로가 경쟁관계가 아닌 도움을 주고 협력하는 활동이라고 안내하는 것도 중요합니다. 그리고 중간에 낙오하는 친구들 또한 옆에서 구경하기보다 좀 더 원활한 활동을 위해 다리를 건너는 친구들에게 피드백해 주는 것도 좋겠습니다. 그러면 나

머지 아이들 역시 낙오하여 성공하지 못했다는 사실보다는 우리 모두가 한 팀이라는 사실을 생각하면서 이 놀이가 추구하는 협력과 배려의 의미를 잘 생각할 수 있을 겁니다. 또한 이 놀이는 처음 할 때와 두세 번 할 때의 요령이 달라질 수 있기 때문에 혹 실패하더라도 나중에 성공할 수 있도록 몇 번의 기회와 시간을 더 주는 것도 좋겠습니다.

우리들의 성장스토리

"나 때문이 아니야."를 외치던 몸치 친구

덩치가 크고 운동을 잘 못해 체육 활동에서 지게 되면 "나 때문이 아니야."를 외치던 친구 ○○가 있었습니다. 승패가 있는 활동이면 다른 친구들도 ○○와 같은 모둠이 되길 꺼리는 모습이 있었습니다. '생명의 징검다리'에서는 그 ○○의 팔을 붙잡고 매달려 지나가는 친구도 있었고, ○○의 다리 밑에 앉아 공간을 줄이고 있는 친구도 있었습니다. 그렇게 도움을 주고 ○○가 마지막 징검다리를 지나 친구들과 함께 모둠 구호를 외치는 모습을 보았습니다. 이 활동을 하면서 큰 덩치로 자신의 역할을 톡톡히 해내고 다른 친구들과 같이 공동의 목표를 이루고 환한 웃음으로 체육관을 뛰어다니는 ○○의 모습을 볼 수 있었습니다. 어떤 조건도 신경 쓰지 않고 같이 몸을 부대끼며 환하게 웃는 우리 반을 볼 수 있었습니다.

'우리가 모두 하나'라는 성취감을 한껏 느낄 수 있던 시간

활동 소개에도 있지만, 좁은 공간에서 많은 친구들이 서로를 끌어 주고 밀어 주며 하나가 되는 모습은 아름답기까지 합니다. 나만 살아서 반대편에 도착하는 것이 아니라, 우리 모두가 무사히 징검다리를 다 건넜을 때의 성취감은 반 아이들 모두를 하나로 만들어 주는 묘한 매력이 있습니다. 이 과정에서 교사나 아이들 모두 조급함이나 성공 자체보다 서로를 도울 수 있는 시간을 즐길 수 있어서 좋았습니다. 한 사람의 능력이나 노력만이 아닌 '모두 함께'의 의미를 이야기해 본다면 어느새 서로를 생각하는 마음이 한 뼘 더 커져 있는 우리 반을 볼 수 있을 것입니다.

6월

소통

첫째 주

네모의 꿈

#조각 맞추기 #배려 #침묵 #완성

한눈에 보는 활동과정

① 선생님이 나눠 준 네모판의 선을 따라 가위로 자른다.

② 친구들이 자른 조각들을 모두 모아 골고루 섞는다.

③ 한 사람이 세 조각씩 나누어 가진다.

④ 친구들과 조각을 나누어 주고받는다.

⑤ 칠판에 부착된 완성 조각판을 참고하여 나의 네모판을 완성한다.

⑥ 나의 네모판이 완성되면 친구들을 도와준다.

⑦ 나의 네모판과 친구들의 네모판을 모두 완성하면 자리에 앉는다.

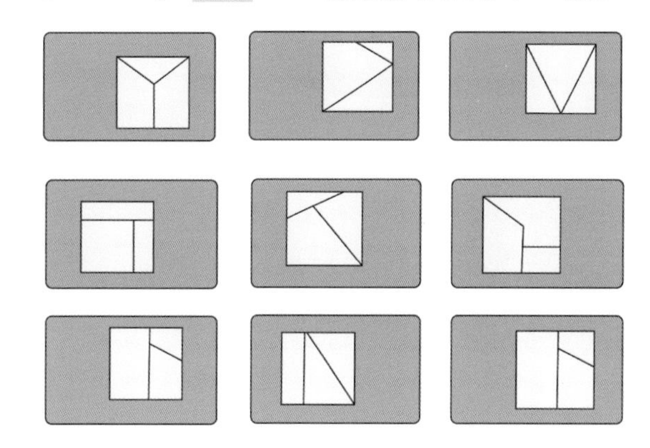

놀이진행하기

들어가기

- 〈네모의 꿈〉 노래를 불러 봅시다.
- 나의 마음과 친구들의 마음이 이어지는 놀이인 〈네모의 꿈〉이라는 놀이를 해 보겠습니다.

놀이하기

● 네모판 자르기

- 선생님이 나눠 주는 네모판을 선을 따라 가위로 자릅니다.

tip 네모판을 A4용지 외에 앞뒤 구분이 되는 마분지를 활용해도 됩니다. 마분지는 고정이 잘 되고 비슷한 모양의 조각이 많아 네모판을 완성하는 데 어려워하는 아이들에게 도움이 됩니다.

● 조각 섞기

- 친구들이 자른 조각들을 모두 모아 골고루 섞습니다.

● 조각 나누어 갖기

- 한 사람이 세 조각씩 나누어 가집니다.
- 활동방법 안내하기

① 돌아다니며 자신에게 필요 없다고 판단되는 조각이나 친구에게 필요하다고 생각되는 조각 하나를 친구에게 줍니다. 친구에게 줄 때는 한 번에 하나의 조각씩만 줍니다.
② 자신의 조각을 준 친구에게 동시에 주고받는 교환이 되어서는 안 됩니다. (내가 조각을 준 친구에게 이어서 바로 받을 수 없습니다. 그리고 나에게 조각을 준 친구에게 바로 이어서 줄 수 없습니다.)
③ 가능하면 조각의 수는 세 조각이 유지되도록 노력합니다.
④ 자신의 네모판을 완성하면 친구의 것도 도와줍니다.

- 우리가 활동을 하면서 지켜야 할 규칙을 알아보겠습니다.
  첫째, 활동 중에는 절대로 말을 할 수 없습니다.

둘째, 종이를 달라고 요구하는 동작을 해서는 안 되며, 친구가 주는 종이를 거부해서도 안 됩니다.

tip 거부나 요구의 동작이 많으면 놀이의 의미가 약해지므로 사전에 충분히 설명하도록 한다.

● 친구들과 조각 나누어 주고받기

- 선생님이 종을 치면 시작하도록 하겠습니다.
- 한 번에 한 조각씩을 나누어 주세요. 그리고 친구가 주는 조각은 거부하지 않고 받아야 합니다.

● 나의 조각 완성하기

- 칠판에 부착되어 있는 완성된 네모판을 참고하여 자신의 조각을 완성하여 봅시다. 완성한 네모판은 자신의 책상 위에 둡니다.

- 자신의 네모판만 보지 말고 친구들의 네모판을 확인하며 모두가 성공하기 위한 방법을 계속 고민하면서 네모판을 완성해 봅시다. (아이들이 조각을 주고받는 과정이 진행될 때 나만의 성공이 아닌 다른 친구들과 함께 성공해야 함을 인지시켜 줍니다.)

tip 개인의 성공이 목적이 아니라 학급 전체의 성공이 목적임을 충분히 이해시킵니다.

● 모두 완성하기

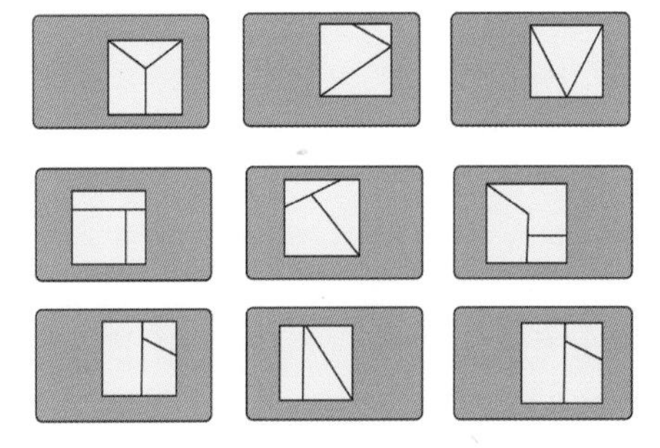

- 자신의 네모판과 친구들의 네모판이 모두 완성되었으면 자리로 돌아와 앉습니다.

마무리하기

● 활동 후 소감나누기

- 자신의 네모판을 완성했을 때, 전체가 성공했을 때, 어떤 기분이었나요? 감정단어 목록을 이용하여 소감을 나누어 봅시다.
- 내가 가진 조각을 나누어 주고 친구가 주는 조각을 받아서 나의 네모판과 우리 모두의 네모판을 완성하는 놀이를 해 보았습니다.

오늘 활동은 혼자의 완성이 끝이 아니라 우리 반 전체가 성공하는 것이 중요한 놀이였습니다. 반 전체 목표를 완성한 여러분이 자랑스럽고, 나의 네모판을 완성한 친구들이 다른 친구들을 도와주는 모습이 무척 보기 좋았습니다. 앞으로도 서로를 의지하고 돕는 여러분의 장한 모습을 기대합니다.

이런 질문도 해 보세요!

- 누가 어떻게 해 주었을 때 도움이 되었나요?
- 오늘 놀이를 처음 시작했을 때의 마음과 중간에 마음이 달라졌나요?

놀이를 배움으로 up!

코칭 하나 나의 성공보다는 우리의 성공에 초점을 맞춰 보세요.

아이들뿐만 아니라 대부분의 사람들은 나의 성공에 더 기뻐하고 좋아합니다. 하지만 누군가를 도와주어 함께 이뤄 냈을 때 혼자만의 기쁨과는 비교되지 않는 큰 기쁨을 느낄 수 있습니다. 나 혼자만의 성공이 아니라 우리 모두의 성공을 위해 서로 도와주는 모습이 나오도록 이끌어 가는 것이 중요합니다.

이 놀이에는 '배려와 협력'이라는 핵심 가치가 담겨 있습니다. 말을 하지 않지만 친구에게 필요한 조각이 무엇인지 살펴보고 기꺼이 내 것을 나누어 주기도 하고, 친구가 주는 것을 고마워하며 받아 네모판을 완성하며 우리 모두의 성공을 목표로 하는 놀이입니다.

나의 성공에 대한 기쁨도 있지만 서로 배려하고 협동하여 이룬 '우리'의 성공에 대한 기쁨은 그것의 배가 된다는 것을 일깨워 줄 수 있습니다. '나보다 우리'에 초점을 맞춤으로써 배움과 연계시켜 보세요.

코칭 둘 친구의 도움을 기꺼이 받기도 하고, 도움을 주기도 하며 함께하는 기쁨을 경험해 봐요.

친구가 건네는 조각으로 나의 네모판을 완성하는 동안, 내 힘이 아닌 다른 사람의 배려로 나의 것이 완성될 수 있음을 깨닫게 되면서 '다른 사람이 필요한 것은 무엇일까?' 라고 생각할 수 있게 됩니다. 이런 과정을 통해 친구의 조각을 맞추는 데 도움을 주고 싶은 마음이 생기고, 친구의 필요에 민감해지는 경험을 하게 됩니다.

이 활동은 수학의 도형 맞추기에 목적이 있는 것이 아니라, 다른 사람의 필요에 민감하게 반응하고 다른 사람을 배려하며 활동하여 다 함께 완성하는 기쁨을 느낄 수 있는 놀이입니다. 따라서 빠른 시간 내에 나의 네모판을 완성하는 놀이가 아니므로 친구가 주는 조각을 그냥 받기도 하고 나에게 필요없거나, 친구에게 필요할 것 같은 조각을 나누어 주기도 합니다. '네모의 꿈'은 남들보다 빨리 네모판을 완성하여 나의 성공을 이룬 기쁨을 넘어서는, 모두가 성공하는 기쁨을 느낄 수 있는 놀이입니다.

코칭 셋 활동 중간중간에 교사의 개입이 필요해요.

네모판을 완성하지 못하는 아이들이 3~4명 정도 남을 때가 있습니다. 이럴 때를 대비해서 활동 중간중간에 교사의 개입이 필요합니다. "네모의 꿈이 잘못 완성된 친구의 것을 찾아보고 도와주세요." 혹은 "네모의 꿈이 제대로 완성되지 않은 친구가 있으면 도와줘서 완성되게 해 줍시다." 등의 발문을 통해 네모판을 완성한 친구들이 네모판 만들기를 어려워하는 친구들을 도와주어 모두 함께 성공하는 기쁨을 느껴 보도록 합니다. 칠판에 부착된 완성본을 참고하며 먼저 완성한 친구들의 도움을 받으면서 학급 전체가 완성하는 결과를 얻게 됩니다.

현장적용 Q&A

Q : 완성된 네모판은 어떻게 해야 하나요?

A : 활동하면서 참고할 수 있도록 네모판 한 세트를 네모판에 부착해 둡니다. 완성한 네모판을 학생들 각자 책상 위에 올려 두면 됩니다. 이때 풀로 붙이거나 고정시키는 장치를 사용하지 않습니다. 완성한 아이들이 아직 다하지 못한 아이들을 위해 자신의 것을 나눠 줄 기회를 제공할 수 있습니다. 또한 네모판이 정확한 네모판이 아니었을 때, 수정하기 쉽도록 하기 위함입니다.

Q : 반듯하게 가위질이 되지 않아 네모가 잘 만들어지지 않았습니다. 저학년이나 가위질이 서툰 아이들의 경우 어떻게 해야 하나요?

A : 미리 교사가 잘라 주는 것도 좋겠지만, 어려울 경우 가위질을 잘하는 아이들에게 서로 도와가며 할 수 있도록 안내합니다. 반듯하게 잘리지 않은 조각일 경우 성공하기가 어려우므로, 활동 시작 전 꼭 반듯하게 자를 수 있도록 안내합니다.

우리들의 성장스토리

생각보다 잘 안 맞춰져서 처음엔 짜증이 나기도 하고 친구들보다 빨리 완성하고 싶은 마음이 들어 긴장이 되었다. 선생님이 "나만 완성한다고 성공한 것이 아니에요."라고 말씀해 주시니 마음이 편해지기 시작했다. 내가 정말 싫어하는 ○○가 주는 조각을 억지로 받았는데 그걸로 완성할 수 있었다. 그동안 ○○를 무시하고 미워했던 것이 미안했다. 그리고 나보다 먼저 완성한 친구들을 기다리게 해서 미안했다.

 운이 좋아서 나의 네모판을 빨리 완성할 수 있었다. 친구들이 완성하는 것을 도와줄 수 있어서 마음이 뿌듯했다. 이 놀이에서는 내가 능력자처럼 보여서 마음이 당당해졌다.

어머~ 너에게 이런 면이?! 재발견의 놀이!

수업 시간에 어떤 활동을 하여도 무기력한 6학년 한 남학생이 있습니다. 그 친구는 어떤 활동을 하든지 '느릿느릿, 건성건성.' 특히 모둠이 함께 하는 활동이 있을 때 친구들의 애를 태우며 모둠의 애물단지(?) 같은 존재였습니다. 이 친구가 속한 모둠은 항상 불협화음을 이루며 소소한 갈등이 많았습니다. 그런데 이 놀이를 할 때는 자신의 것을 완성한 후, 다른 친구들이 조각을 완성하는 것을 의욕적으로 도와주려고 무척 적극적으로 움직였습니다. (이 친구는 몸집도 커서 움직이는 것을 아주 귀찮아합니다.)

사실 지금 우리 반에는 5학년 때 영재학급에서 이 놀이를 이미 경험해 본 친구들이 많아 약간 시시해하는 분위기에서 진행되어 많이 아쉬웠습니다. 그러나 처음 접해 본 학생들과 애물단지 남학생의 모습과 반응에 '이 놀이를 하길 잘했구나~.'란 생각이 들었습니다. 놀이를 마치고 미소 지으며, "친구들이 조각을 완성할 수 있도록 도와줘서 기분이 좋아요."라고 말해 주어 마음이 놓였습니다. 친구를 도와주며 함께 해내는 것에 기쁨을 느낄 줄 아는 새로운 면을 발견해 주는 놀이였습니다.

[활동지 6-1]

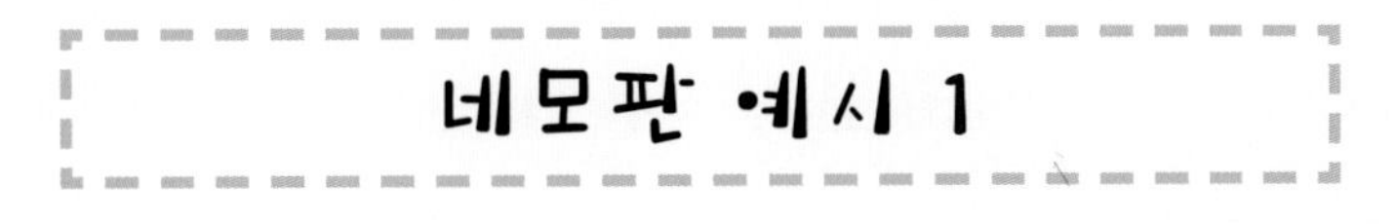

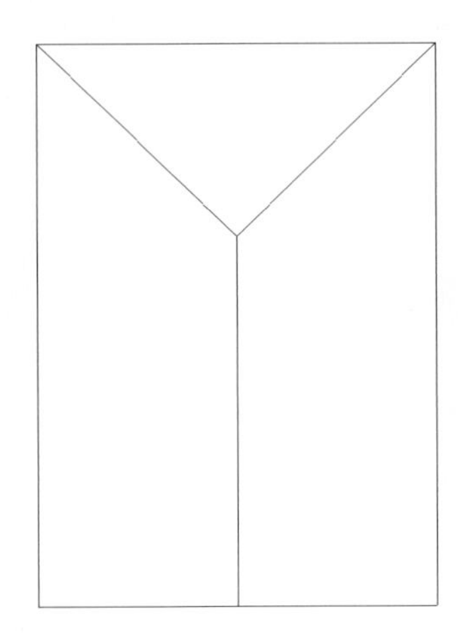

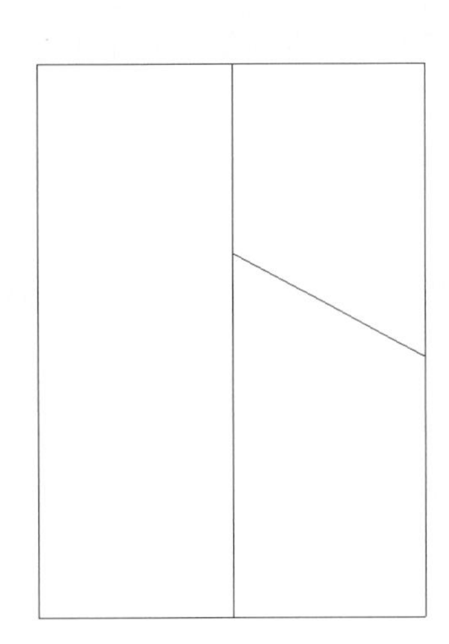

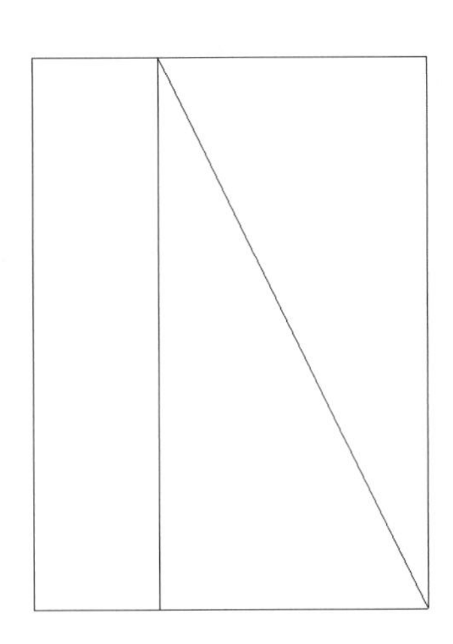

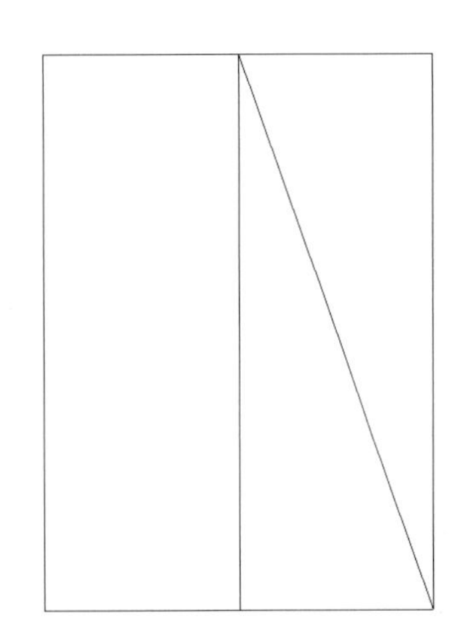

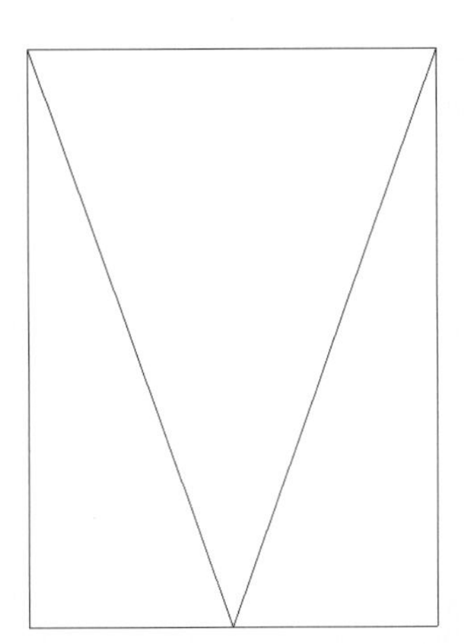

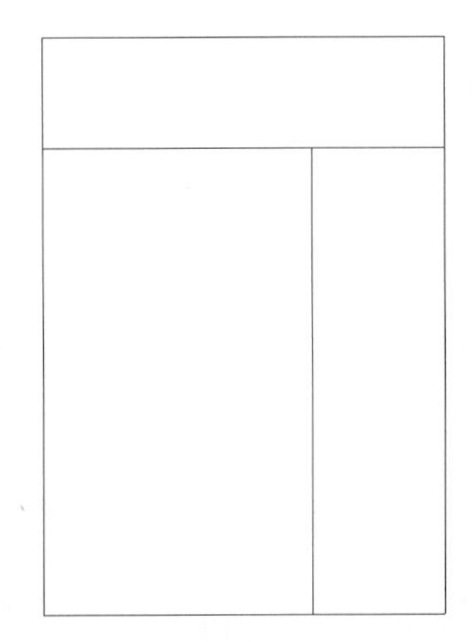

[활동지 6-2]

네모판 예시 2

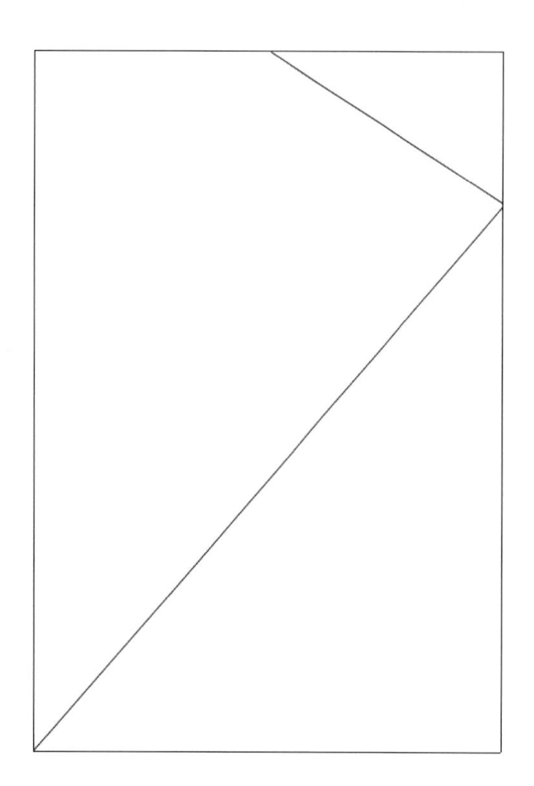
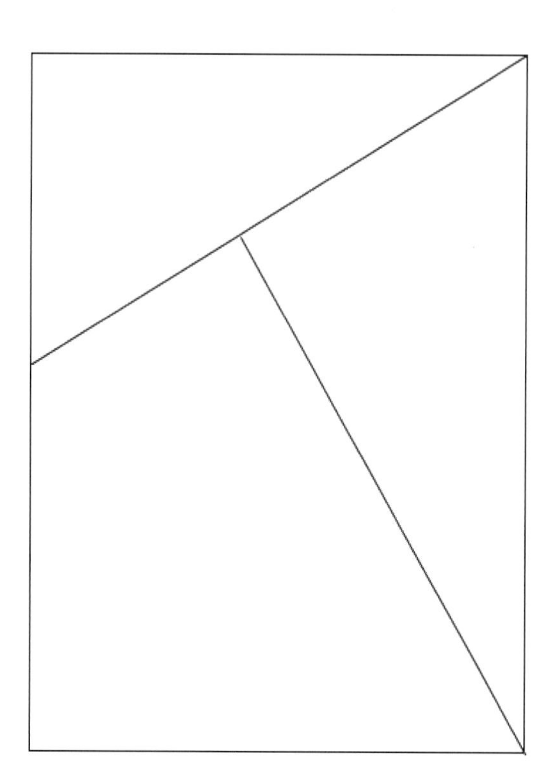
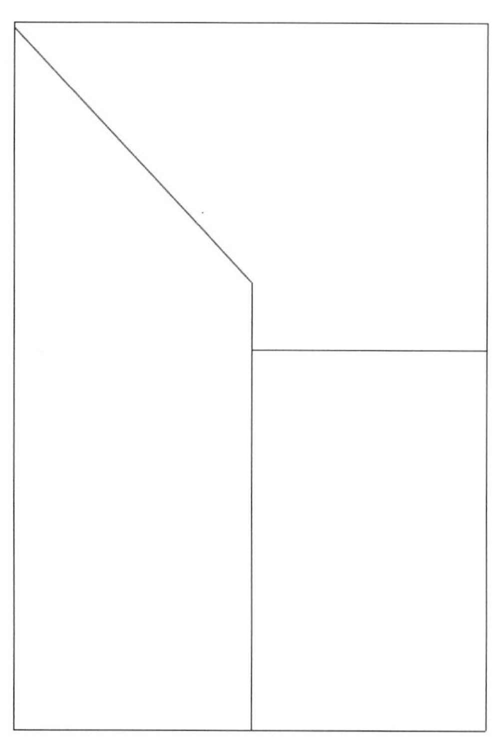

둘째 주

갈등의 사슬을 풀어라

#갈등 해결 #손 풀기 #협력 #소통

한눈에 보는 활동과정

놀이 1 갈등의 사슬 풀기

① 일어서서 원 안쪽을 보고 서로 손을 잡는다.

tip 인원은 12명 이하가 적당하고, 남/여 따로 해도 좋아요.

② 손을 놓지 않고 모두가 바깥을 보는 형태의 원으로 바꾼다.

놀이 2 엇갈린 갈등의 사슬 풀기 ver.1

① 일어서서 원 안쪽을 보고 손을 옆 사람과 엇갈려 잡는다.
(자기 몸 앞에서 오른팔이 왼팔 위로 올라가게 됨)

② 손을 놓지 않고, 모두가 손을 바로 잡고 안쪽을 보는 형태의 원으로 바꾼다.

놀이 3 엇갈린 갈등의 사슬 풀기 ver.2

① 모두가 원 바깥을 보고 서서 옆 사람과 등 뒤로 손을 엇갈려 잡는다.
(자기 등 뒤에서 오른팔이 왼팔 위로 올라가게 됨)

② 손을 놓지 않고, 모두가 손을 바로 잡고 안쪽을 보는 형태의 원으로 바꾼다. 팔이 꺾이는 경우가 있으므로 천천히 바꾼다.

tip 어려움을 느끼기 시작하는 단계이므로 좌절하지 않도록 살짝 도움 주기

놀이 4 뒤죽박죽 엇갈린 갈등의 사슬 풀기

① 일어서서 원 안쪽을 보고 서로 손을 잡고, 손을 잡은 옆 사람들이 누구인지 반드시 기억한다.

② 나의 양쪽에 있던 사람과 바로 옆에 서지 않도록 주의하며, 고루 섞이도록 자리를 바꾼다.

③ 처음 손을 잡았던 사람들의 오른손, 왼손을 서로 잡는다.

④ 천천히 움직이며 손을 풀어서 모두가 손을 바로 잡고 안쪽을 보는 형태의 원으로 돌아온다.

놀이진행하기

들어가기

• 놀이를 통해 모둠 친구들과 함께 공동의 문제를 해결해 나가게 됩니다.

놀이하기

● 주의 사항 확인하기

• 빠르게 움직이거나 갑자기 움직이면 친구들이 다칩니다. 속도 경쟁이 아니라 갈등을 해결하듯이 모두가 다치지 않고 과제를 해결하는 것이 중요합니다.
• 서로 대화를 활발하게 하세요. 그래야 서로 다치지 않고 빨리 미션을 해결할 수 있습니다.
• 팔이 뒤틀리거나 신체의 어딘가가 아프면 말을 해서 알리고, 주변 친구들은 움직임을 멈추어 주세요.
• 손목이나 팔이 비틀리는 경우에 손을 완전히 놓지 않는다면 손을 돌려서 잡는 것은 괜찮습니다.

● 갈등의 사슬 풀기

• 안을 보는 원에서 바깥을 보는 원으로 풀기
• 일어서서 원 안쪽을 보고 서로 손을 잡으세요.
• 이제부터 손을 놓지 말고 모두가 바깥을 보는 형태의 원으로 바꾸어 보세요.
• 갈등을 해결한 모둠은 제자리에 함성을 지르며 앉으세요.
• 아직 갈등을 해결하고 있는 모둠을 향해서 응원을 해 줍시다. 답을 알려 주진 말아요.
(모든 모둠이 성공한 후)

• 모두가 다 해냈네요. 모두 박수를 보냅시다. 빨리 하는 것이 중요한 것이 아니에요. 다양한 방법들이 있기 때문에 시간의 차이는 날 수 있어요. 우리 모둠이 얼마만큼 하나가 되어 잘 푸느냐를 생각하면 좋겠습니다.

tip 인원은 12명 이하가 적당하고, 남/여 따로 해도 좋아요.

● 엇갈린 갈등의 사슬 풀기 1

- 손을 엇갈려 잡고 안을 보는 원에서 손을 바로 잡고 안을 보는 원으로 풀기
- 모두가 안을 보고 옆 사람과 손을 엇갈려 잡습니다.
- 자기 몸 앞에서 오른팔이 왼팔 위로 올라가게 하면 됩니다. 오른팔과 왼팔 위치가 바뀌면 힘들어져요.
- 다 잡았으면 역시 손을 놓지 않고 모두가 원 안을 본 상태로 만들어 보세요. (모둠별로 해결 속도에 차이가 나기 시작하므로 적절하게 힌트를 주거나 도와줍니다.)

● 엇갈린 갈등의 사슬 풀기 2

- 손을 엇갈려 잡고 바깥을 보는 원에서 안을 보는 원으로 풀기
- 모두가 바깥을 보고 서서 옆 사람과 등 뒤로 손을 엇갈려 잡습니다.
- 오른팔이 왼팔 위로 올라오게 합니다. 팔의 방향이 달라지지 않도록 주의하세요.
- 모두 잡았네요. 그러면 이번에도 역시 손을 놓지 않고 모두가 원 안을 본 상태로 만들어 봅시다.
- 팔이 꺾이는 경우가 많으므로 대화를 많이 하면서 더욱 조심해서 천천히 해 봅시다.

tip 놀이 3부터는 어려움을 느끼기 시작하므로 좌절하거나 포기하지 않을 정도로만 살짝 도움을 줍니다.

● 뒤죽박죽 엇갈린 갈등의 사슬 풀기

- 손이 완전히 위아래로 얽힌 원에서 안을 보는 원으로 풀기
- 일단 안을 보고 원을 만들어 서 보세요.

tip 각 모둠이 안쪽을 보고 손을 바르게 잡고 서는 것을 확인합니다.

- 손을 잡은 옆 사람들을 잘 기억하세요. 누구와 손을 잡았는지 잊으면 안 됩니다.

- 나의 오른손으로 잡고 있는 사람이 누군지, 왼손으로 잡고 있는 사람이 누군지 기억했죠?
- 서로 자리를 바꿉니다. 아까 나의 양쪽에 있던 사람과는 바로 옆에 서지 않도록 해 주세요.
- 자리가 고루 섞였으면 이제 자리 이동은 하지 않고 처음 사람들의 오른손과 왼손을 서로 잡으세요.
- 모두 처음 사람들과 손을 잡으니 세탁기 속의 빨래처럼 손이 위아래로 마구 얽혀 있죠?
- 천천히 움직이면서 손을 풀어서 안을 보고 손을 바르게 잡은 형태로 만들면 됩니다.

마무리하기

● 활동 후 소감나누기

- 인간 사슬 풀기 놀이를 여러 가지 형태로 해 보았습니다. 오늘 활동을 통해 새롭게 알게 된 점이나 도움이 된 점이 있나요?
- 여러분이 이전까지 갈등이 생겼을 때 어떻게 행동했는지 생각해 보고, 오늘의 활동과 연관해서 자신의 생각을 말해 봅시다.

여러분이 이 활동을 하면서 갈등 해결에 대해 생각하고 느낀 것들을 잘 기억해 두기 바랍니다. 그리고 앞으로 갈등에 놓이게 될 때 오늘을 생각한다면 여태까지와는 좀 달라지지 않을까요? 오늘 수고 많았고, 여러분이 매우 자랑스럽습니다.

이런 질문도 해 보세요!

- 오늘 활동들 중에서 가장 어려웠던 부분은 무엇인가요?
- 자신의 모둠이 과제 해결을 잘 해결했다고 생각한다면 왜 그렇게 생각하는지 발표해 봅시다.
- 모둠에서 문제 해결에 가장 큰 도움이 된 친구는 누구이고, 그 이유는 무엇인가요?

놀이를 배움으로 up!

코칭 하나 속도가 아니라 서로 충분히 소통하고 풀어 가는 과정이 중요함을 알려 주세요.

'갈등의 사슬을 풀어라' 놀이를 아이들과 진행하다 보면, 다른 모둠을 의식하면서 경쟁적으로 진행되기도 합니다. 이 부분에 대한 선생님의 충분한 언급이나 지도가 부족하면 속도전으로 활동이 진행되면서 속도가 늦은 모둠의 아이들은 조바심이 생기게 됩니다. 이기고자 하는 경쟁심이나 뒤처지고 있다는 조바심은 같은 모둠 친구들에 대한 원망이나 짜증을 불러일으킵니다. 그러므로 활동 전에 갈등 해결에 대해 미리 생각해 보도록 기회를 주도록 합니다. "이건 시합이 아니라 갈등 해결입니다. 갈등은 대강 빨리 해결하는 것보다 천천히 서로 만족스럽게 해결하는 것이 중요하겠죠?" "마음의 상처를 주고받지 않도록 모두가 서로 배려하며 함께 해결하려는 과정이 진정한 갈등 해결의 아름다움입니다."와 같이 얘기하는 것도 좋은 방법입니다.

코칭 둘 이번 활동과 갈등 해결 방법을 연관시켜 생각해 보도록 해 주세요.

놀이를 하다 보면 혼자서는 사슬을 풀기 어렵다는 것을 알 수 있습니다. 사슬을 푸는 방법 알게 되었다고 해도 다른 사람들에게 사슬을 푸는 방법을 차근차근 설명해 줄 수 있어야 전체 사슬을 풀 수 있습니다. 이 활동을 통해 아이들과 이야기를 나누면서 "갈등이 일어났을 때, 갈등을 풀기 위해 노력해야 할 점이 무엇인가?"라는 질문을 통해 갈등을 풀기 위해서는 대화가 필요하고 자신의 생각을 다른 사람에게 전달하는 능력이 필요함을 스스로 찾게 할 수 있습니다. 또 사슬을 빨리 풀기 위해 다른 사람을 생각하지 않고 혼자서 급하게 움직이면 다른 사람을 다치게 하거나 아프게 할 수도 있다는 것을 놀이를 통해 경험할 수 있게 합니다. 이를 통해 다른 사람과 협력하고 다른 사람에게 시간을 주고 기다려 주는 것이 필요하다는 것도 이야기로 나눌 수 있습니다.

코칭 셋 풀지 못하는 갈등, 실패도 학습과정임을 여유롭게 인정해 주세요.

아이들과 교육적인 활동을 할 때 대부분의 선생님들은 반드시 해당 프로그램을 완성해야 하고 소개된 활동이나 미션을 성공해야 한다는 압박감을 가지게 됩니다. 이를테면, '성공을 못해서 아이들이 좌절감만 느끼면 어쩌지?' 등의 생각을 하게 됩니다. 그런데 우리의 아이들도 이런 압박감을 느끼고 있습니다. 이런 성공에 대한 무언의 요구는 아이들이 가정, 학교, 학원 등에서 오랫동안 받아 온 것이 현실입니다. 아이들이 너무 힘들어하는 모습을 보이거나 더 이상 놀이를 진행하기 힘들 정도로 모둠 내의 갈등이 터져 나오는데도 과정을 놓치고 목적지만 바라보고 강행하는 것은 바람직하지 않습니다. 실패하면 패배자가 된다는 생각으로 두려워하는 아이들에게 실패라는 결과보다는 그들의 불편하고 힘들었던 감정을 살펴주고 그 감정을 스스로 들여다보는 기회를 주면 좋을 것 같습니다. 무엇이 힘들었는지, 왜 힘들었는지, 그때의 감정은 어땠는지, 다른 친구들도 그런 감정을 느꼈는지, 성공하지 못했다고 그 과정들이 의미가 없는 것인지 등을 아이들이 생각하며 이야기하게 해 주면 좋은 배움의 기회가 될 것입니다. 선생님이 여유 있고 따뜻한 목소리로 "얘들아, 성공하지 못할 수도 있단다. 실패도 안되는 방법을 배우는 과정이란다. 힘들면 조금 쉬었다가 의논해서 다시 도전해 보자."라고 얘기해 보세요. 감정을 추스린 아이들은 실패를 받아들이고 다시 도전하는 모습으로 나아갈 수 있답니다.

현장적용 Q&A

Q : 의미가 좋은 놀이여서 단계별로 몇 차례 해 보고 싶었는데 모둠별 편차가 많이 나서 아이들이 중도 포기하려고 하거나 과제를 해결 못해 짜증을 많이 냅니다. 어떻게 해결할까요?

A : 일단 놀이활동 전에 갈등 해결을 한다고 생각하고 경쟁하거나 서두를 필요 없다는 얘기를 해 줍니다. 그리고 손을 푸는 방법이 딱 한 가지가 아니기 때문에 방법에 따라서 시간이 다르게 걸린다는 정보도 줍니다. 그리고 새로운 방법으로 해결하는 모둠이 있다면 그 모둠을 의도적으로 칭찬하는 방법도 있습니다. 또한 선생님의 적절한 개입이 중요한데요. 힌트가 필요 없는 모둠이 있는가 하면, 어떤 모둠은 아주 약간의 힌트가 필요한 경우도 있습니다. 하지만 선생님 스스로도 모든 모둠이 거의 비슷한 시간 안에 성공할 거라는 기대를 버리는 것이 좋습니다. 어떤 모둠은 특정 단계를 제 시간에 못할 수도 있으며, 모든 단계를 반드시 다 완료하지 못할 수도 있습니다. 그것은 그것대로 받아들이고, 아이들에게 왜 그런 결과가 나왔는지 차분하게 생각해 보게 하는 것도 좋은 교육이라는 생각이 듭니다. 또 다른 방법으로, 너무 안 풀리거나 다툼이 일어나는 모둠의 경우에는 진행이 잘 되었던 모둠의 구성원들과 의도적으로 섞어 주어도 됩니다. 새로운 모둠에서 다시 한 번 시도하게 해서 아이들이 성공 경험을 하게 도움을 줄 수도 있어요. 이때 선생님의 의도가 아이들에게 드러나지 않도록 자연스럽게 유도하는 것이 좋을 듯합니다.

Q : 꼭 책에서 소개하는 단계대로 해야 하나요?

A : 놀이 1이 해결이 안 될 때는 놀이 2부터 해 보는 방법도 좋습니다. 놀이 2를 하고 놀이 1을 하면 좀 더 쉽게 될 수 있습니다. 또 놀이 3은 고학년의 경우 서로 너무 밀착되어 남녀가 같이 하는 데 부담을 느끼는 경우도 있으니 생략하거나 남녀 따로 하는 방법도 있습니다. 하나의 활동만 하고 갈등 해결에 대한 얘기를 바로 해야 하는 경우에는 놀이 4만으로도 가능합니다. 놀이 4는 난이도가 가장 높지만 가장 활발한 소통이 필요하기 때문에 짧은 시간에 학생들이 갈등 해결에 대한 여러 가지 생각들을 할 수 있는 기회를 제공할 수 있습니다.

Q : '갈등의 사슬을 풀어라' 놀이를 갈등 해결과 어떻게 연결시키면 좋을까요?

A : 수업적용–도덕교과의 갈등 해결, 배려, 협동, 의사소통, 공감 등의 단원 주제와 연결하여 지도할 수 있습니다. 이 활동을 통해 갈등 해결의 방법을 간접 경험하게 하고, 다시 구체적인 갈등 사례를 제시하여 토의하게 하는 수업을 진행할 수 있어요.

인성교육–학교폭력 예방, 왕따 문제, 사춘기 학생 지도, 학급 세우기 등 인성교육에서 중간 차시로 제시하여 학생들이 재미있게 갈등 해결을 경험해 보게 하고 자신의 평소 모습을 돌아보게 만들면서 인성을 주제로 한 수업을 진행하는 방법도 있습니다.

우리들의 성장스토리

손이 꼬여 버리거나 아픈 경우가 있어서 솔직히 좀 어렵다는 생각도 들고, 빨리 해결이 안 돼서 짜증도 났는데 결국 시간이 지나면 풀리는 걸 보고 엄청 신기했다.

선생님이 갈등 해결하는 것과 사슬 풀기를 연결해서 생각해 보라고 하셨는데 다 하고 보니 약간 알 것 같았다. 갈등을 풀 때는 빨리 할 필요가 없다. 그리고 친구들의 말을 잘 들어 보는 것이 필요하고 서로 협동하면 결국 풀린다는 것이다.

갈등을 해결하는 방법을 찾았어요.

모둠 활동을 할 때에 서로 협동이 잘 되는 모둠이 있는 반면, 갈등이 빈번하게 발생하는 모둠도 있습니다. 자신의 주장만 내세우는 경우, 열심히 하지 않고 무임승차하려는 경우 등 모둠 활동 속에서 다양한 갈등 상황이 생겼을 때 이 놀이와 연결시켜 보았습니다.

놀이가 끝난 후 소감나누기 시간에 "지금까지 겪었던 갈등이나 모둠 활동을 하면서 생겼던 갈등들을 떠올려 보고 이 놀이와 연관 지어 볼까요?"라고 질문해 보았습니다.

"팔이 엇갈렸을 때 아팠던 것처럼, 갈등은 힘들어요."라고 대답한 학생처럼 갈등의 어려움을 몸으로 느껴 보는 경우도 있었고, "꼬여 있는 팔을 하나씩 풀어 갔던 것처럼, 갈등이 생겼을 때 차근차근 하나씩 풀어 간다면 잘 해결할 수 있을 것 같아요."라고 대답한 학생처럼 갈등을 해결하는 중요한 전략을 깨달은 경우도 있었습니다. "○○가 전략을 잘 세웠고, 모둠 친구들이 잘 따라 줘서 우리 모둠 친구들 모두에게 고맙다고 얘기하고 싶어요." "혼자라면 풀지 못했을 텐데 친구들과 함께라서 풀 수 있었어요."라는 아이들의 대답에서 갈등은 여럿이 협동해야 잘 해결할 수 있다는 것을 아이들이 마음으로 느꼈음을 알 수 있었습니다.

놀이와 삶이 연결되고, 살면서 필연적으로 겪을 수밖에 없는 갈등 해결의 실마리를 이 놀이를 통해 아이들 스스로 찾을 수 있었던 의미 있는 시간이었습니다.

갈등 해결의 시작

아이들에게 갈등 해결의 경험에 대해 이야기해 보라고 하면, "친구들이랑 서로의 주장만 내세우다가 다투게 돼요."라는 이야기를 많이 합니다. 아이들에게 자신의 주장을 굽히거나 다른 사람의 주장을 따르는 것은, 때로는 '내가 부족하다'거나 '내가 졌다'라는 메시지로 와 닿는 경우가 많습니다. 그래서인지 다른 사람의 이야기를 받아들이고 내 의견을 양보하거나 타협할 수밖에 없는 상황을 달가워하지 않으며, 그런 경우에 기분이 좋지 않다고 얘기합니다. 수업시간에 다루어지는 갈등 해결 수업이 살아 있는 교육이 되기 위해서는 해결하고자 하는 문제에 대한 공동의 목표가 분명하고, 그 목표가 아이들이 진정 원하는 목표여야만 합니다. 그렇지 않으면 아이들은 자신의 의견을 진심으로 얘기하는 데 주저하게 되고, 공동의 목표 달성을 위해 노력하지도 않습니다.

아이들은 이 활동을 접하면서 재미있는 미션을 해결하고 싶어 하고, 그 과정 또한 즐깁니다. 그 끝이 좋다는 것을 아이들은 알고 있고, 그래서 최선을 다하려 하죠. 그래서 아이들은 갈등 해결에서 중요한 첫 걸음을 배우고 훌륭하게 실천합니다. "미션을 해결하려면 친구들 얘기를 잘 들어 봐야 해요." 우리는 문제 해결을 위해 다른 사람의 이야기 '듣기'가 얼마나 중요한지 여러 서적이나 매체를 통해 알고 있지만, 실천하기 어렵다는 것도 잘 알고 있습니다. 갈등 해결을 위한 첫 걸음이자 가장 중요한 '듣기'를 이 놀이를 통해 우리 아이들이 진심으로 이해하고 느끼는 모습을 보며 다시 한 번 놀이의 힘을 깨닫게 됩니다.

셋째 주

내가 누구게?

#안대 #소리꾼 #더듬더듬
#소통 #친밀감

한눈에 보는 활동과정

놀이 1 목소리만 듣고 친구 이름 맞히기

① 의자를 놓고 동그랗게 둘러 앉아 술래와 소리꾼을 정한다.

② 소리꾼이 술래에게 다가가면 도우미들은 "간다 간다 누구게!"를 두 번 외치며 발을 구른다.

③ 소리꾼은 목소리를 변조하여 술래를 칭찬하고 "내가 누구게?" 라고 묻는다.

④ 술래는 목소리를 듣고 소리꾼의 이름을 말한 다음, 안대를 벗어 자신이 말한 소리꾼이 맞는지 확인한다.

⑤ 소리꾼과 술래의 역할을 바꾸어 가며 놀이를 이어 간다.

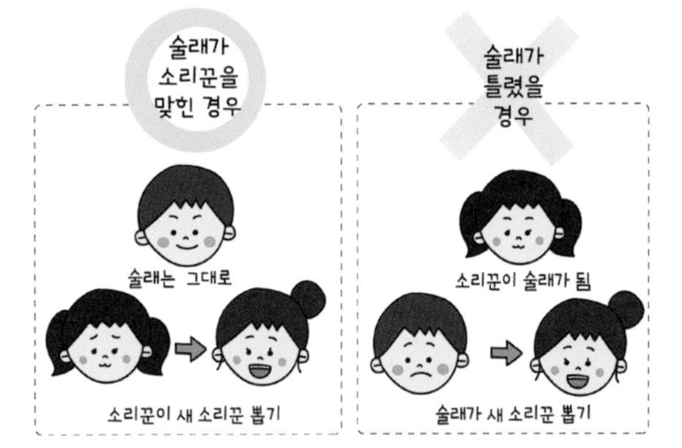

놀이 2　손의 감촉으로 친구 찾기

① 술래들은 두 명씩 마주보고 앉은 다음 안대를 쓰고 짝의 손을 만져 손의 느낌을 기억한다.

② '지켜보새'들은 짝이 멀리 떨어지도록 자리를 이동시키고 술래들은 짝을 찾아 돌아다닌다.

③ 술래들은 조용히 손만 내밀어 서로의 촉감을 확인한다. 서로 짝이라고 생각하면 그 자리에 팔짱을 끼고 서 있는다.

④ "하나 둘 셋"을 외치면 동시에 안대를 벗고 서로의 얼굴을 확인한다. 술래와 지켜보새 역할을 바꾸고 한 번 더 놀이한다.

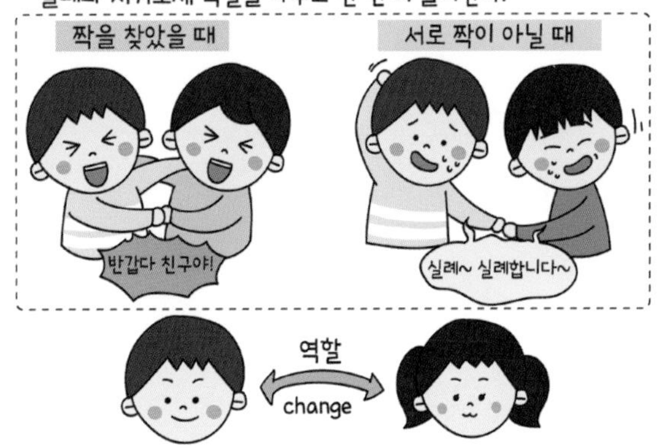

놀이진행하기

들어가기

- 우리 반 친구들 이름을 다 알고 있나요?
- 오늘은 친구의 목소리만으로 그리고 손의 감촉만으로 친구를 찾아보겠습니다.

놀이하기

놀이 1. 목소리만 듣고 이름 맞히기

● 역할 정하기

- 의자를 들고 와서 안쪽을 바라보며 둥근 원을 만들어 앉아 보세요.
- 이 놀이에는 '소리꾼' '술래' '도우미'라는 역할이 있습니다.
- 먼저 '술래'는 자신의 앞에 온 소리꾼의 목소리를 듣고 이름을 맞추는 역할입니다. 술래는 원 가운데 의자에 앉고 안대를 씁니다.
- '소리꾼'은 술래 앞에 가서 목소리를 바꾸어 술래를 칭찬하는 역할입니다. 선생님이 뒤에서 어깨에 손을 올리는 친구가 소리꾼입니다.
- '도우미'는 둥글게 앉아 있는 모든 사람입니다.

● 소리꾼이 술래에게 다가가기

- '소리꾼'이 술래에게 다가갑니다. 이때 '도우미'들은 발을 구르며 "간다 간다 누구게?"를 크게 두 번 외칩니다. 이것은 소리꾼이 걸어나오는 발소리와 방향을 알아차리지 못하도록 돕는 행동입니다.
- 도우미들 발 구르고 소리 외치기 시~작! '소리꾼' 출발~!

● 소리꾼이 목소리를 변형시켜 술래를 칭찬하기

- 술래 앞에 소리꾼이 도착하면 '도우미'들은 소리를 내지 않고 조용히 합니다. 술래가 소리꾼의 목소리를 잘 듣도록 도와줍니다.
- '소리꾼'은 평소 자신의 목소리와 다른 목소리로 술래에게 칭찬 한 마디를 합니다. 그리고 "내가 누구게?"라고 물어봅니다. 칭찬의 말은 칠판에 예시가 있습니다. 칭찬 시작!

tip 칭찬의 말을 미리 칠판에 적어 둔다.

● 소리꾼이 누구인지 확인하기

- 술래가 소리꾼의 이름을 맞히는 기회는 딱 한 번입니다. 술래는 소리꾼의 이름을 말합니다.
- 술래는 안대를 벗고 소리꾼이 누구인지 확인합니다.

● 술래와 소리꾼을 정하고 놀이 이어 가기

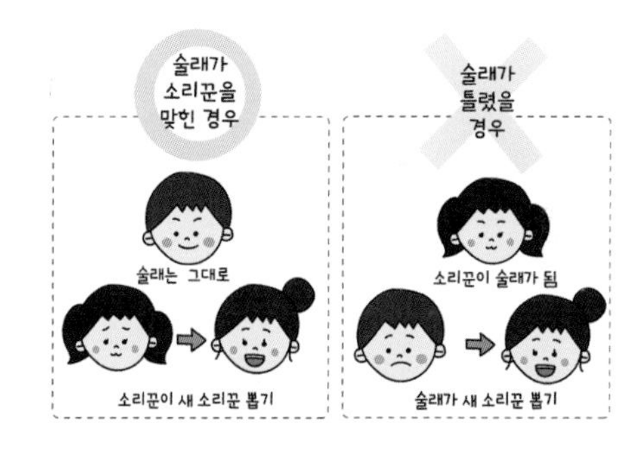

- 술래가 소리꾼 이름을 맞추면 안대를 다시 쓰고 그대로 앉아 술래를 합니다. 소리꾼은 원 밖으로 나가서 새로운 소리꾼을 정합니다.
- 만약 술래가 소리꾼 이름을 맞추지 못하면, 소리꾼이 새로운 술래가 되고, 소리꾼을 맞추지 못했던 술래가 원 밖으로 나가 새로운 소리꾼을 정합니다.
- 소리꾼을 정할 때는 등 뒤에서 어깨에 손을 얹어 표시를 합니다.

tip 술래가 소리꾼을 맞추는 최대 횟수는 3회 정도로 제한할 수도 있습니다. 또는 "얼마나 많이 맞출 수 있나?" 하고 그대로 진행해도 됩니다. 진행하며 전체 분위기를 보며 적용하세요.

놀이 2. 손의 감촉으로 친구 찾기

● 둘씩 짝지어 앉기

- 남학생들은 술래입니다. 교실 가운데에 둘씩 짝을 지어 마주 보고 앉습니다.
- 술래들은 안대를 쓰고 서로의 손을 만져서 느낌을 기억합니다.

- 여학생들은 '지켜보~새'가 됩니다. '세'가 아니라 '새'인 이유는 의자 위에 올라서서 안대를 쓴 친구들이 부딪치지 않도록 새처럼 지켜보고 도와주는 역할을 하기 때문입니다.

● 자리 이동 및 지켜보새의 활동 안내하기

- 지켜보새들은 짝인 두 사람이 서로 멀리 떨어질 수 있도록 자리를 이동시킵니다. 이때 안대를 쓴 술래들이 놀라지 않도록 반드시 "지켜보새입니다~."라고 말을 먼저 하고 나서 손이나 팔, 어깨를 잡고 이동시킵니다.
- 술래들을 다 이동시킨 지켜보새는 자기 자리로 돌아갑니다. 술래는 그 자리에서 '얼음'입니다. 말소리도 내면 안 됩니다. 선생님이 "시~작" 하면 출발합니다.
- 지켜보새들은 의자 위에 올라서서 엉뚱한 곳에서 헤매고 있는 술래와 사람 그리고 벽, 책상 등에 부딪힐 것 같은 술래들에게 다가가서 "지켜보새입니다."라고 말을 한 뒤 다른 곳으로 이동시킵니다.

● 짝 찾기 활동하기

- 술래들은 짝을 찾을 때 첫째, 말하거나 소리를 내지 않습니다. 둘째, 천천히 조심조심 걸어다닙니다. 셋째, 마트에서 카트를 잡듯이 손을 살짝 앞으로 내밉니다.
- 술래들은 자신의 짝이라고 확신하면 서로 팔짱을 끼고 서 있습니다. 지켜보새는 팔짱을 끼고 서 있는 팀에게 다가가서 "지켜보새입니다. 안전지대로 갑시다."라고 말하고, 안전지대로 이동시켜 줍니다.
- 술래들은 짝을 찾으러 출발~

tip 안전지대는 교실 앞쪽의 학생들이 활동하지 않는 공간을 마련해 둡니다.

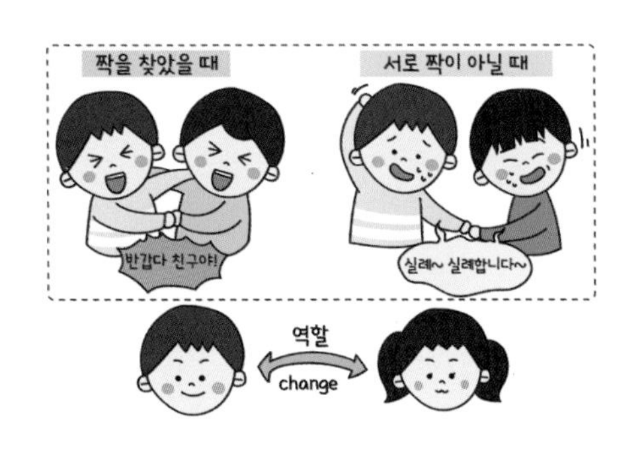

● 짝 확인하기

- 아직 짝을 못 찾은 술래들은 그 자리에 그대로 앉습니다.
- 정말 내가 찾는 짝이 맞는지 확인해 볼 겁니다. 자신의 짝이 맞으면, "반갑다. 친구야!~." 하고 서로 안아 주고, 짝이 아니면 "실례, 실례합니~다~." 하고 악수를 합니다.

- 선생님이 '하나, 둘, 셋' 하면 동시에 안대를 벗습니다. "하나~, 두~울, 셋"
- 짝을 찾은 지금 기분을 말해 봅시다.

● 역할 바꾸기

- 여학생들이 '술래'가 되고, 남학생들이 '지켜보새'가 됩니다.

마무리하기

● 활동 후 소감나누기

- 목소리만 듣고 친구의 이름 맞추기와 손의 감촉으로 친구 찾기를 해 보았습니다. 나 자신이나 친구들에 대해 다르게 알게 된 점이나 느낀 점을 말해 봅시다.
- 술래가 내 목소리를 듣고 나를 맞추었을 때 어떤 기분이 들었는지 말해 봅시다.

여러분이 친구의 이름을 부르며 놀라고 기뻐하고 행복해하는 모습들을 발견했습니다. 그동안 서로에게 관심을 가지고 이야기하고 함께 어울리며 소통한 결과라고 생각합니다. 소통하고 서로 존중하는 우리 반 친구들~ 대견합니다.

이런 질문도 해 보세요!

- 친구의 이름을 계속 연달아 맞추는 친구들이 있었는데 어떻게 그렇게 많이 맞출 수 있었을까요? (맞춘 친구와 다른 친구들 모두의 의견을 들어 봅니다.)

놀이를 배움으로 up!

코칭 하나 변형된 목소리로 말하기 어려우면 미리 써 놓은 말을 하는 것도 좋아요.

저학년이나 중학년의 경우 갑자기 소리꾼이 되어 술래에게 이야기를 하라고 하면 변형된 목소리도 부담스러워하고 어떤 말을 해야 할지도 막막해합니다. 이때는 반 친구 모두에게 하고 싶었던 말을 놀이 전에 간단하게 메모하게 한 후 그것을 보면서 이야기하도록 해도 좋습니다. 예를 들어, "우리 반 친구들은 서로를 배려하고 도와주는 모습이 참 아름다운 반이야." 또는 "얘들아, 요즘 우리 반 친구들이 수업시간에 너무 떠들거나 장난이 심한 것 같은데, 좀 더 집중해서 수업에 참여하자."와 같이 관련 글쓰기가 있는 국어 시간과 연계해서 반 아이들 모두에게 하고 싶은 자신의 생각을 간단히 메모한 다음 그것을 읽게 합니다. 이렇게 하면 술래에게 해야 할 말에 대한 부담도 줄어들고, 아이의 생각을 반 전체 친구들과도 나눌 수 있어서 좋습니다. 변형된 목소리를 내는 것도 처음엔 상당히 어렵습니다. 음악 시간에 목을 풀며 발성 연습을 하는 것처럼 반 전체가 목소리를 다양하게 내 보는 활동을 간단하게 해도 훨씬 재미있는 목소리가 나옵니다.

코칭 둘 "어떻게~?"라는 질문을 통해 듣기의 중요성을 스스로 느끼게 해 보세요.

놀이를 하고 난 후 아이들에게 느낀 점을 물어봤습니다. △△가 "○○이가 계속 맞추는 게 신기했어요." 라고 했습니다. 나도 그 점이 궁금해서 ○○이에게 "어떻게 그렇게 잘 알아맞추었니?" 하고 물었습니다. ○○이는 "그냥요. 음~~ 반 친구들하고 이야기를 많이 해 봐서 그런 것 같아요." "많이 해 본다는 것은 오래 이야기를 한다는 거니? 여러 친구들하고 이야기를 한다는 거니?" "쉬는 시간에 아이들과 이야기하기도 하고 다른 아이가 이야기하는 것도 잘 듣고 해서 여러 친구들 이야기를 들었던 것 같아요."

○○이가 이렇게 말하고 나서 평소에 친구들이 발표를 할 때 잘 안 들었던 △△가 느낀 점을 발표하면서 "오늘 이 놀이를 해 보니까 다른 친구의 말을 잘 들어야겠다고 생각했어요."라고 했습니다.

평소에 집중하지 않는다고 잔소리를 해도 들은 체 만 체하던 △△의 입에서 이런 말이 저절로 나온 것입니다. 듣기의 중요성을 교과서를 통한 학습이 아닌 놀이에서 아이들이 저절로 깨달은 것입니다. 단지 '몇 개를 맞추고 누가 제일 많이 맞추었나?'에 초점을 둔 질문보다는 '어떻게?'라는 질문을 통해 학생들이 자신의 모습을 발견하고, 친구의 모습을 통해 자신의 모습을 성찰하는 시간을 만들 수 있습니다.

코칭 셋 술래를 못해서 재미없다고 말할 때는 친구들과 생각을 나누게 해 주세요.

자신이 참여하지 않으면 모든 게 다 재미없다고 말하는 학생들이 있습니다. 자기중심적인 시기이니 당연하기도 하지만, 가끔은 지나치게 싫다는 표현을 해서 분위기를 어색하게 하거나 교사를 당황하게 하는 학생들이 있지요. 이런 경우에는 그 학생의 느낌을 그대로 수용해 주는 것이 좋습니다. "아, 술래가 안 돼서 슬펐구나."라고 수용해 주고 나서 전체 학생들에게 "혹시 또 술래 못 해 본 사람 있나요?" 하면 한두 명이 있습니다. 그럼 그 학생에게 "너는 어떠니?" 하고 물어보면 비슷한 대답을 할 수도 있지만, "술래를 못 해 보긴 했지만 재미있었어요. 왜냐하면 아이들이 하는 모습을 보니까 웃기고 긴장되고, 친구들과 함께 이야기도 하고 해서 좋았어요." 또는 "다음에 또 할 수 있잖아요."라고 말하곤 합니다. 이렇게 다양한 입장을 듣다 보면 학생들이 같은 상황에서 다르게 생각할 수도 있다는 것을 스스로 깨닫게 됩니다. 선생님이 나무라거나 지나치게 위로하지 않아도 아이들은 다른 친구들의 생각을 나눔으로써 서로 배우게 됩니다.

현장적용 Q&A

Q : 처음에 교사가 술래를 정할 때 사용할 수 있는 좋은 방법이 있나요?

A : 처음에 학생들에게 원을 만들게 하면서 이렇게 말해 보세요. "우리 모두가 빠지는 사람 없이 간격이 고른 원이 되도록 앉아 봅시다." 그리고 학생들이 원을 만들면서 하는 행동을 유심히 관찰해 보세

요. 그러면 나서서 지도하는 아이, 말없이 도움을 주는 아이들이 눈에 보일 겁니다. 원이 다 만들어지면 학생들에게 "이렇게 원이 만들어지도록 도움을 준 친구가 있었나요?"라고 물어보면 많은 아이들이 지명하는 학생이 있습니다. 그때 "도움을 많이 준 ○○에게 술래를 부탁하고 싶네요. ○○는 어때요?"라고 하면, 대부분의 학생들이 수락을 합니다. 이렇게 술래를 정하면 다음 놀이 시간이 되면 학생들이 저절로 놀이 준비를 하는 모습을 볼 수 있습니다.

Q : 도우미로 앉아 있는 학생들은 술래나 소리꾼이 안 되면 지루해하는 모습을 보입니다. 모두가 역할을 고르게 해 보거나 다 함께 신나게 참여할 수 있는 방법은 없을까요?

A : 아이들은 의자를 둥그렇게 놓고 앉아 있는 상황 자체를 무척이나 좋아합니다. 수건놀이나 다양한 놀이들을 떠올리기도 하며, 점차 기분이 고조되기도 합니다. 이때 아이들을 조용히 시키고 술래만 안대를 쓰고 가운데 앉게 하면 아이들은 술래 역할에 집중하며 자신들이 하는 역할이 재미없다고 느낄 수 있습니다. 또한 술래가 소리꾼이 나오는 방향을 발자국 소리나 위치를 통해 짐작하기도 하기 때문에 계속 같은 자리에 앉은 상태로 놀이를 진행하면 금방 들켜 버려 지루해지기도 합니다. 이런 상황에서 놀이를 진행하기란 쉽지 않습니다. 차라리 술래를 정한 다음 술래가 안대를 쓰고 앉았을 때, 교사가 신나는 음악(영어의 'pass ball' 게임에 등장하는 노래와 비슷한 느낌)을 틀고 도우미들은 자신의 자리를 자유롭게 옮겨 다니게 합니다. 교사가 음악을 멈추면 아이들은 그 자리에 앉아 조용히 숨을 가다듬고 차례를 기다립니다. 이후 소리꾼이 자신의 목소리를 변조하며 놀이를 진행하게 됩니다. 이미 아이들이 신나는 음악에 맞춰 자리를 바꾸는 활동을 했기 때문에 자신들의 도우미 역할에 대해 큰 불만이 사라지게 됩니다. 마음속 불만이 해소되고 나면 도우미들은 술래를 속이고 소리꾼을 돕기 위해 최선을 다하게 됩니다. 그리고 모든 아이들이 골고루 소리꾼이 되는 방법으로는 남자는 여자를, 여자는 남자를 지명하도록 하거나, 소리꾼 정하기를 할 때 못 해 본 친구들에게 손 들게 하여 구별하는 방법이 있습니다.

Q : 술래가 변형된 친구의 목소리도 생각보다 잘 맞히는데 어떻게 하면 잘 모르게 할 수 있을까요?

A : 아이들의 목소리는 워낙 서로에게 익숙해서 소리꾼 입장에서는 변형을 준다고 해도 숨기기가 쉽지 않습니다. 우선 놀이를 시작하기 전 선생님이 먼저 두세 가지의 변형된 억양과 목소리로 이렇게 말할 수 있다는 것을 시범 보여 주면 아이들에게는 좋은 본보기가 될 수 있을 것 같습니다. 그런 다음, 놀이에 경쟁적 요소나 보상은 바람직하지 않을 수 있지만 자기 목소리를 완벽하게 숨겨서 술래가 맞히기 어렵게 하는 친구에게는 선생님이 평소 아이들에게 주시는 보상을 통해 동기부여하여 미션처럼 제시한다면 아이들이 좀 더 적극적으로 목소리를 변형할 수 있었던 것 같습니다. 그리고 아이들은 갑자기 소리꾼이 되면 당황할 수 있으니 어떤 목소리로 변형할지 각자 생각할 수 있는 시간을 충분히 주는 것도 괜찮습니다. 다만 소리꾼이 자기 목소리를 정확히 알지 못하도록 알아듣기 힘든 발음과 우스꽝스러운 목소리로 변형하는 경우가 있는데, 이럴 경우는 이야기의 내용이 정확히 전달되도록 하라고 당부해 주시는 것도 좋겠습니다.

Q : 짝은 어떻게 구분하고 지어 주는 것이 좋을까요?

A : 키 순서나 현재 앉은 자리, 선생님의 의도적인 짝짓기 등 친밀도와 상관없이 할 수 있겠지요. 우선 평소 잘 어울리지 않거나 교류가 상대적으로 적은 친구들과 짝을 하는 방법은 서로를 알 수 있는 기회를 줄 것 같습니다. 또한 짝을 찾은 후의 기쁨을 함께 느낄 수 있기 때문에 짝이 된 후에도 서로에게 호감을 가지고 긍정적으로 대할 수 있는 기회를 줄 수 있을 것입니다. 가까운 친구들은 손의 느낌도 익숙할 수 있기 때문에 평소 친하지 않은 친구를 의도적으로 연결한 후 둘 사이의 관계나 반응을 살피는 것도 좋습니다. 친한 친구끼리 짝을 한다면 선생님이 "눈을 감고도 친한 친구를 찾을 수 있을까요?"라고 질문을 던지며 시작해 봅니다. 아이들은 자신만만해하기도 하고, '과연 그럴까?' 하는 호기심을 가지고 놀이에 참여하기도 합니다. 그리고 서로 통했다는 데 대해 뿌듯해하고 그동안 몰랐던 친구의 모습도 발견합니다. 친한 짝과 함께 했든, 그 반대의 경우든 아이들에게는 자신과 상대에 대해 깨닫고 성장하는 시간이 될 겁니다.

학생 수가 홀수라서 짝을 짓지 못하는 학생이 생기기도 합니다. 이럴 때는 지켜보새에게 "짝을 해 볼 사람?"을 물어서 짝을 지어 줄 수 있습니다. 혹은 술래들에게 세 명이 짝을 해 보도록 하면 지원하는 학생이 나오기도 합니다.

우리들의 성장스토리

다섯 글자 소감 말하기를 할 때 친구들이 "○○이 짱짱!" "신의 ○○" "○○ 멋져"라고 말했다. 내가 친구들 세 명의 이름을 맞혔더니 아주 잘했다는 뜻으로 그런 것 같다. 선생님께서 "이런 말을 들으니까 어때?"라고 물으셨다. 그래서 나는 "친구들이 고맙고, 친구를 칭찬해 주고 싶어요."라고 했다. 그러자 선생님이 칭찬을 해 보라고 하셨다. 그래서 나는 나를 칭찬해 준 △△에게 "너는 활발하고 멋져."라고 했다. △△이가 웃었다. 나도 기분이 좋았다.

어두운 터널 속에 있는 것 같았어요. 어두워서 무섭기도 하고, 친구를 못 찾으면 어떻게 하나 걱정되고 두려웠어요. 하지만 친구를 찾아서 기뻤어요.

그게 뭐라고 저리도 좋을까? 그런데 참 이쁘다. 녀석들!

"하나, 둘, 셋!" 소리와 함께 아이들은 안대를 벗었습니다. "우와~ 반갑다 친구야!" 하며 서로 얼싸안고 얼굴에 웃음꽃이 함박 피었습니다. '녀석들, 저렇게도 좋은가? 만날 보는 그 얼굴인데, 참.' 너무 좋아서 껴안고 있는 아이들을 보며 의아하기도 하고 귀엽기도 합니다. "짝을 바로 찾으니 어때요?" "좋아요." 함성을 지릅니다. "그러면 지금의 심정을 다섯 글자에서 열 글자 정도로 간단하게 말해 볼까요? 예를 들면, '반.가.웠.어.요.'처럼 하면 돼요." 아이들이 서로 손을 들었습니다. "신기했어요." "행복합니다." "만나서 기뺐어요." 그러다가 ○○이가 "운명이에요."라고 말했습니다. 자기와 친한 △△이와 짝이 되었는데 눈을 감고 다니다가 작고 말랑말랑한 손을 만져 보고 바로 팔짱을 꼈다고 했습니다. 그런데 신기하게 상대인 △△이도 바로 팔짱을 꼈다는 것입니다. 서로 통했다고 느끼며 운명적인 친구라고 생각이 든 모양입니다. 다른 녀석들도 싱글벙글하긴 마찬가지입니다. 그때 □□이가 "심장이 터질 것 같았어요."라고 말했습니다. 이유를 물어보니, 소리꾼이 되어 말할 때 너무 긴장되고 들킬까 봐 심장이 터지는 것 같았답니다. '이게 뭐라고 저렇게나 몰입을 하나?' 싶었습니다. 그런데 이어서 하는 말이, "2학년의 추억이 하나 생겼어요. 또 하고 싶어요."라고 합니다. 다른 아이들도 여기저기서 또 하고 싶다고 난리입니다. 작은 안대 하나만 가지고 한 놀이에 이렇게나 긴장하고 자신들의 추억거리라며 신나하는 아이들. 놀이를 하는 과정에서는 옆 친구와 속닥거리기도 하고 술래가 안 된다고 시무룩해하기도 하면서 시큰둥해 보였는데 하나하나 이야기를 들어 보니 아이들은 이 놀이에 나름의 의미를 부여하고 있었습니다. 어쩌면 아이들은 시무룩하든 즐거워하든 나름대로 놀이에 참여하고 있는데, 진행하는 내가 상상하던 놀이의 모습과 달라 아이들이 놀이하기 싫어하는 것으로 받아들였다는 생각이 들었습니다. '그래, 아이들은 놀이를 하며 감정의 바다를 마음껏 헤엄치고 있구나. 그리고 저리도 예쁘게 자신을 있는 그대로 드러내고 있구나.'

고맙다, 애들아! 너희가 내 선생님이야~.

넷째 주

너에게 관심 있어

#관심 #꿈 소개 #꿈 맞히기 #소통

한눈에 보는 **활동과정**

① 장래희망 활동지에 장래희망과 그 이유를 자세하게 쓴다.

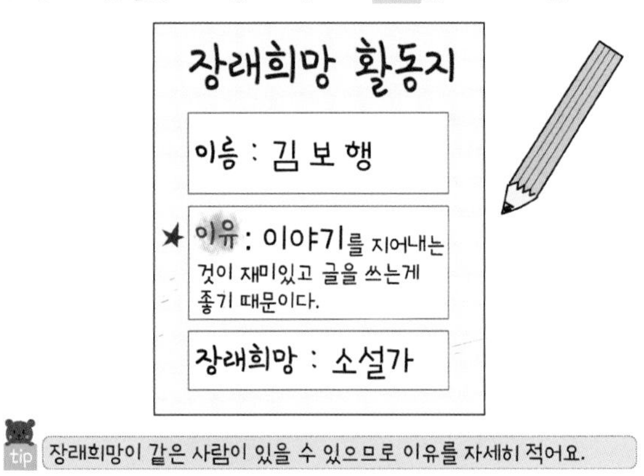

tip 장래희망이 같은 사람이 있을 수 있으므로 이유를 자세히 적어요.

② 교실을 돌아다니며 눈이 마주치는 친구와 하이파이브 한 뒤 가위바위보를 한다.

③ 가위바위보에서 이긴 사람이 이유와 장래희망을 말한다.

④ '장래희망 주인공 알아맞히기'를 위해 장래희망 활동지를 걷고 선생님은 학생들 모두에게 화이트보드를 나누어 준다.

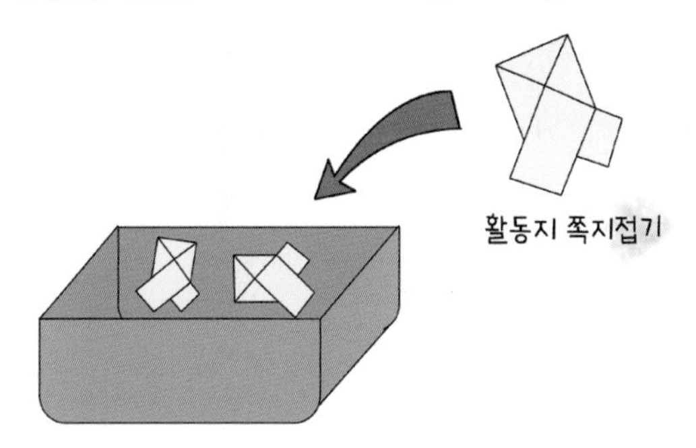

⑤ 장래희망 쪽지를 무작위로 뽑아 장래희망과 이유를 말하면 그 장래희망의 주인공 이름을 적는다.

tip 장래희망 쪽지를 뽑아 퀴즈 내는 것은 학생들이 직접 해도 좋아요.

⑥ "하나 둘 셋"을 외치면 화이트보드를 머리 위로 들고, 그 순간 장래희망의 주인공도 함께 일어난다.

⑦ 주인공이 일어나면 모두 함께 "ㅇㅇ아, 너의 꿈을 응원해!"라고 크게 외쳐 준다.

⑧ 다음과 같은 방법으로 점수를 계산한다.

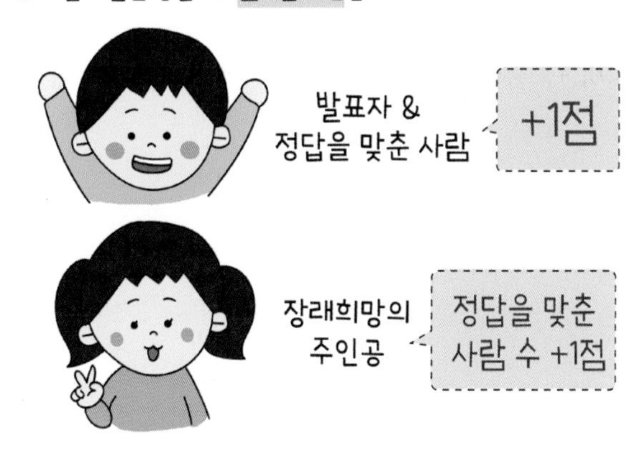

⑨ 모든 학생들의 장래희망을 빠짐없이 발표한다.

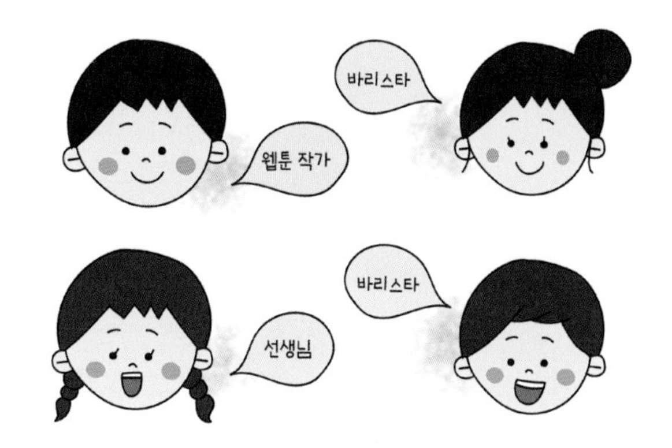

놀이진행하기

들어가기

- 나의 장래의망을 말하고, 친구들의 장래희망을 알아맞히는 놀이를 하겠습니다.
- 과제로 여러분의 장래희망을 생각해 오라고 했죠.

놀이하기

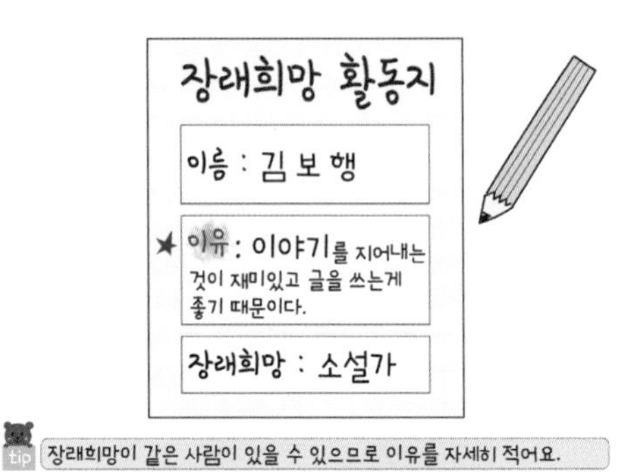

● 장래희망 활동지 하기

- 장래희망 활동지를 하겠습니다.
- 친구들이 활동지를 보지 못하게 하고 자신의 장래희망을 적습니다. 왜 그 장래희망을 가지고 싶은지 이유도 자세히 적습니다.
- 우리 반 친구 중에는 장래희망이 같은 친구들도 있겠죠. 장래희망이 같을 경우 주인공을 어떻게 알아맞힐 수 있을까요?
- 이유는 다르니까 이유를 듣고 주인공을 알아맞힐 수 있겠죠. 그러니까 이유를 자세히 적습니다.

tip 장래희망의 예를 들려주면 좋습니다. "선생님은 이야기를 지어내는 것이 재미있고 글쓰는 것도 좋아서 소설가가 되고 싶었습니다."

● 장래희망 소개하기 활동 안내하기

- 먼저 친구에게 장래희망을 소개하는 활동을 하겠습니다.
- 돌아다니면서 눈이 마주치는 친구와 활동을 합니다.
- 친구와 만나면 한 친구가 "반갑다."라고 말하고 다른 친구는 "친구야."를 외치며 하이파이브합니다.

tip 설명할 때 짝과 연습을 해 보는 것도 좋습니다.

- '가위바위보'를 해서 이긴 사람은 자신의 장래희망 이유와 장래희망을 말합니다. 같은 장래희망을 가진 친구들을 구분해서 기억해야 하기 때문입니다.
- 활동이 끝나면 '하이파이브'를 하면서 헤어집니다. 계속 여러 친구들과 만나면서 활동을 합니다.

- 소개 활동이 끝나면 장래희망의 주인공 알아맞히기를 합니다.
- 주인공을 알아맞히면 1점, 주인공은 자신을 알아맞힌 정답자 수만큼 점수가 올라갑니다.
- 점수를 많이 받으려면 어떻게 해야 할까요?
- 말하는 데 자신이 없는 친구들은 장래희망을 쓴 종이를 보고 이야기해도 좋습니다.
- 활동을 시작하겠습니다.

● 장래희망 주인공 알아맞히기

- 장래희망 활동지는 선생님에게 주세요.
- '장래희망의 주인공 알아맞히기'를 하는 방법을 알아보겠습니다.
- 화이트보드, 펜, 지우개를 준비합니다.
- 오른쪽에 자신의 점수를 적을 칸을 만듭니다.

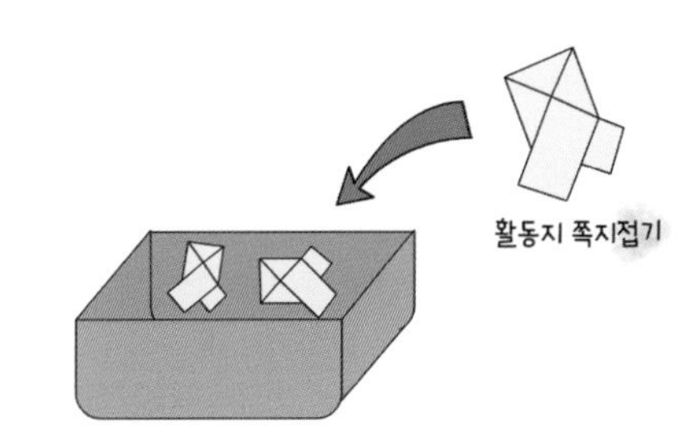

① 발표자가 장래희망 이유와 장래희망을 말해 주면 여러분이 기억하고 있는 주인공의 이름을 화이트보드에 적습니다.

② 장래희망의 주인공을 모르면 그 장래희망과 어울리는 친구의 이름을 적으면 됩니다.

③ 장래희망을 말했을 때 주인공도 자신의 이름을 화이트보드에 적습니다. 그래야 자신이라는 것을 친구들에게 들키지 않겠죠.

tip 장래희망 발표는 교사가 해도 되지만, 아이들이 하면 좀 더 흥미를 유발할 수 있습니다.

tip 장래희망 쪽지를 뽑아 퀴즈 내는 것은 학생들이 직접 해도 좋아요.

④ 장래희망을 알려 주고 5초 후에 '하나, 둘, 셋' 하면 화이트보드를 올립니다. 그 순간에 장래희망의 주인공도 일어섭니다.

⑤ 주인공이 일어서면 우리 모두 "○○야! 너의 꿈을 응원해!"라고 외칩니다. 다 같이 연습해 봐요.

- 장래희망의 주인공을 맞히면 1점, 주인공은 자신을 맞힌 정답자 수 +1의 점수를 올립니다.
- 장래희망을 발표해 준 발표자도 맞힌 것으로 하고 1점을 올립니다.
- 받은 점수는 서로 누가 높은가를 알아보는 것이 목적이 아닙니다.
- 여러분이 친구들에게 자신의 장래희망을 얼마나 잘 표현하고 친구들의 장래희망에 내가 얼마나 관심을 가지고 들었나를 스스로 생각해 보는 기회로 생각하기 바랍니다.

- 자, 그러면 시작하겠습니다.
- 장래희망을 쓴 종이를 여러분에게 한 장씩 나누어 줄 테니 들키지 않게 가지고 있습니다.
- 번호순대로 한 사람씩 친구의 장래희망과 이유를 말하세요.

tip 모든 아이들의 장래희망 맞히기를 합니다. 장래희망은 빠짐없이 발표하는 것이 좋습니다. 아이들은 자신의 장래희망이 발표되지 않으면 많이 실망할 것입니다.

마무리하기

● 활동 후 소감나누기

- 장래희망을 적고, 친구들에게 소개해 보고, 친구들의 장래희망을 알아맞히기도 했습니다. 이 활동을 하면서 나 자신이나 친구들에 대해 새롭게 알게 된 점이나 나에게 도움이 된 부분이 있습니까?

이런 질문도 해 보세요!

- 친구들이 나의 장래희망을 듣고 알아맞힐 때 어떤 생각이 들었나요?
- 장래희망을 듣고 주인공을 잘 맞힌 친구들은 어떻게 그렇게 많이 맞힐 수 있었을까요?

친구의 장래희망을 알려고 어떤 때보다도 더 열심히 활동하는 여러분의 모습이 대견하고 사랑스러워 보였어요. 오늘 친구들의 장래희망을 알아맞히기 위해 열심히 활동하고 관심을 가진 것처럼, 계속해서 친구들이 꿈을 이룰 수 있도록 관심을 가지고 응원해 주었으면 해요.

놀이를 배움으로 up!

코칭 하나 "이기는 것이 좋아요? 지는 것이 좋아요?"라고 질문하는 아이들에게는 "어떻게 하는 것이 더 좋을 것 같아요?"라는 질문으로 돌려주세요.

활동 안내가 끝나고 활동이 시작되기 전에 아이들이 많이 하는 질문이 "이 게임은 가위, 바위, 보에서 이기는 것이 좋아요? 지는 것이 좋아요?"라는 것입니다. 이때 선생님은 아이들에게 "어떻게 하는 것이 더 좋을 것 같아요?"라는 질문으로 돌려주며 아이들이 생각해 보도록 합니다. 평소에는 가위바위보에서 이기면 유리한 경우가 많지만, 이 놀이에서는 이겨서 자신의 장래희망을 친구들에게 알려 주면 다른 친구들이 자신의 장래희망을 많이 맞힐 확률이 커지게 됩니다. 져도 친구의 장래희망을 알게 되고 친구의 장래희망을 맞힐 수 있어서 좋습니다. 처음에 아이들은 이겨야 하나 져 주어야 하나를 고민하다가 둘 다 좋다는 것을 알게 됩니다. 그리고 활동이 끝난 후에는 자연스럽게 나만 이기는 것이 유리하고 좋은 것이 아니라 져도 좋을 수 있다는 것을 알게 됩니다.

코칭 둘 서로의 장래희망 알아맞히기를 꼭 해 보세요.

이 활동을 하다 보면 '장래희망 소개하기만 하고 장래희망 맞히기를 생략해도 되지 않을까?'라는 생각이 들 수도 있습니다. 하지만 장래희망 맞히기 활동을 통해 주인공을 추측하면서 친구들에게 관심이 커집니다. '과연 아이들이 나의 장래희망을 알아맞힐까?'라는 생각에 두근거리기도 하고, 친구들이 맞히면 그 친구들에게 고마움도 느끼게 됩니다. 주인공을 많이 맞힌 친구들을 보며, '나도 다른 친구들의 장래희망을 좀 더 잘 들어줄 걸.'이라는 생각도 하게 됩니다. 친구들이 자신의 장래희망을 잘 알아맞혀 주지 못할 때는 '좀 더 열심히 알려 줄 걸.'이라는 생각도 합니다. "○○야, 너의 꿈을 응원해."라는 격려를 받았을 때 아이들의 표정은 환해지고 자신의 장래희망에 한 걸음 다가서는 모습도 볼 수 있습니다.

현장적용 Q&A

Q : 저학년에도 적용 가능할까요?

A : 저학년, 특히 1학년 1학기에는 자기 꿈을 그리거나 발표하는 활동이 여러 번 중복되어서 나옵니다. 단순히 꿈을 그리고 작품을 보여 주며 발표하거나 한 사람씩 자기 꿈을 소개하는 활동이 반복되다 보니 아이들이 지겨워하고 흥미를 잃는 경우가 많은데, '너에게 관심 있어' 놀이를 함께 하면 아이들이 정말 즐거워하고 단순히 다른 사람의 꿈을 발표하는 것을 수동적으로 들을 때보다 몰입하여 활동할 수 있습니다. 또 저학년에서 진로교육을 운영하기가 쉽지 않은데, 자신의 꿈과 함께 다른 친구들의 꿈과 그 꿈을 이루고 싶은 까닭을 함께 알아보면서 저절로 진로교육이 이루어질 수 있습니다.

Q : 자신의 장래희망을 바로 활동지에 쓰라고 하면 아이들은 잘 쓸 수 있을까요?

A : 이 놀이를 하기 전에 창의적 체험학습이나 실과 등 다른 교과를 통해 직업의 종류를 알아보고 이 활동을 하면 더욱 효과적입니다. 또 미리 자신의 장래희망을 과제로 내주어서 생각해 오게 하는 방법도 좋습니다.

Q : 친구들의 장래희망을 많이 외우려고 이유를 묻지 않고 장래희망만 묻고 헤어지는 아이들은 어떻게 하나요?

A : 활동 순서를 말해 줄 때, 장래희망이 같은 친구가 있을 경우 이유를 알아야 주인공을 맞힐 수 있으므로 장래희망을 말하기 전에 장래희망을 가지고 싶은 이유를 먼저 말하라고 강조합니다. 또 장래희망의 주인공을 알아맞히기 활동을 할 때도 이유를 먼저 읽고 장래희망을 말하게 합니다.

Q : 점수를 많이 받은 아이들에게 어떻게 보상하나요?

A : 이 활동에서 화이트보드에 적힌 점수는 서로 경쟁하기 위한 점수가 아니라 자신을 스스로 돌아보는 점수라고 활동하기 전에 미리 말해 줍니다. 자신의 장래희망을 다른 친구들에게 많이 알리고, 또 다른 친구들의 장래희망을 많이 기억해야 점수가 높아집니다. 자신이 친구들에게 얼마나 열심히 자신을 소개하고 다른 사람의 장래희망을 열심히 들었는가를 알려 주는 것이라고 스스로 평가해 보도록 합니다.

Q : 장래희망 맞히기를 할 때 다른 사람의 것을 보고 하는 아이들은 어떻게 지도해야 하나요?

A : 이 활동의 목적은 다른 친구들의 장래희망에 관심을 가지고 기억해 보는 것입니다. 다른 사람의 것을 보는 것은 잘못된 행동이지만 친구들이 적은 것을 보고 그 순간에라도 친구의 장래희망에 관심을 가지게 된다는 의미를 생각해 본다면 보고 하는 것에 너무 꾸중하기보다는 스스로 판단해서 행동하도록 지도하는 것이 좋을 것 같습니다.

우리들의 성장스토리

친구들과 자신의 장래희망에 대하여 알아맞히기를 해 보니 재미있기도 했었고, 평소에 장래희망을 발표하는 방법과는 다른 분위기로 내 장래희망을 축하해 주는 일이 좋았다. 하지만 내 장래희망이 나왔을 때 나라고 생각하는 사람이 생각보다 많이 없어서 서운했다. 아마도 친구들은 나에게 관심이 많이 없었나 보다. 친구들이 나에 대해 좀 더 잘 알 수 있도록 노력해야겠다는 생각이 들었다. 앞으로는 나의 장래희망에 대하여 친구들에게 알리고, 또 내가 가진 장래희망이 어떤 점이 좋은지, 그 친구의 장래희망은 무엇인지 서로 이야기 나누고 체험도 하고, 나의 장래희망을 위해 연습과 노력을 해야겠다.

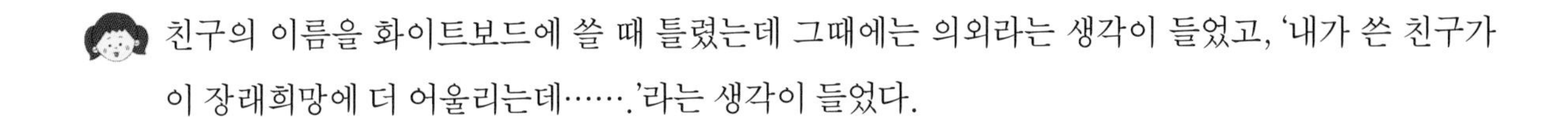
친구의 이름을 화이트보드에 쓸 때 틀렸는데 그때에는 의외라는 생각이 들었고, '내가 쓴 친구가 이 장래희망에 더 어울리는데…….'라는 생각이 들었다.

나는 친구들이 내 장래희망을 맞혀 주었을 때 친구들이 나에게 관심을 가져 준다는 것을 알았고, 평소에 행동이나 말이 장래희망과 똑같이 연결된다는 것도 알았다. 다 맞히지 못해 아쉬웠고, 친구들한테 미안했다.

선생님 끝내지 마요, 끝까지 더 해요!

저는 1학년 담임입니다. 1학년 1학기에는 장래희망을 그리거나 발표하는 활동이 여러 번 반복하여 나옵니다. 단순히 장래희망을 그리고 작품을 보여 주며 발표하거나 한 사람씩 자기의 장래희망을 소개하는 활동이 반복되다 보니 아이들이 지겨워하고 흥미를 잃는 경우가 많았습니다.

2학기가 되어 '너에게 관심 있어' 놀이를 했다. 아직 추첨을 절반도 못했는데 벌써 마치는 시간이 다 되어 갔습니다. 괜히 마지막 5교시에 했다 싶고, 점점 시계를 보며 초조해졌습니다.

"조금 빨리 할게요." "얘들아, 시간이 없어서 빨리 할게, 바로 할게."

정신없이 서둘렀는데도 종은 치고야 말았습니다.

'큰일 났다, 어떻게 하지? 아직 안 뽑힌 아이들이 이렇게 많은데…….'

"얘들아, 이제 종이 쳐서……." 활동을 정리하려는 내 말에 아이들은 "안 돼요, 선생님! 끝내지 마요, 끝까지 더 해요!"라고 하였습니다.

그렇게 우리는 마지막 종이의 주인공 맞히기까지 다 하였고, 소감나누기는 하지도 못했는데 꼬박 60분이 걸렸습니다. 하지만 한 아이도 "빨리 마쳐요, 방과 후 가야 돼요, 종 쳤는데……."라고 말하지 않았습니다. 평소에 종소리가 들리면 내가 말하는 중에도 벌떡 일어나 달려 나가는 우리 반 아이들에겐 정말 기적 같은 일이었습니다.

나의 꿈 소개하기는 1학기부터 지겹도록 했는데, 아이들은 왜 이렇게 이 활동을 좋아할까? 아마도 소외되는 사람 하나 없이 함께 만나고 이야기 나누며 소통하면서 이야기하기에 더 즐거웠던 것 같습니다.

[활동지 6-3]

장래희망

이름	
이유	
장래 희망	

7월

진로, 자기 발견

첫째 주

나 이런 사람이야!

#자기 발견 #강점스티커 #자존감 #존중

한눈에 보는 활동과정

① 강점 스티커에서 나의 강점 3가지를 찾아 가슴 앞에 붙인다.

② 친구들 등에 강점 스티커를 붙여준다.

③ 짝과 서로 등에 붙은 강점 스티커를 떼서 '나 이런 사람이야' 활동지에 붙인다.

④ 자기가 받은 강점들을 살펴보며 이야기를 나눈다.

⑤ 친구에게 받은 강점들 중 마음에 드는 것 3가지를 동그라미 치고 자신을 표현하는 긍정적인 문장을 만든다.

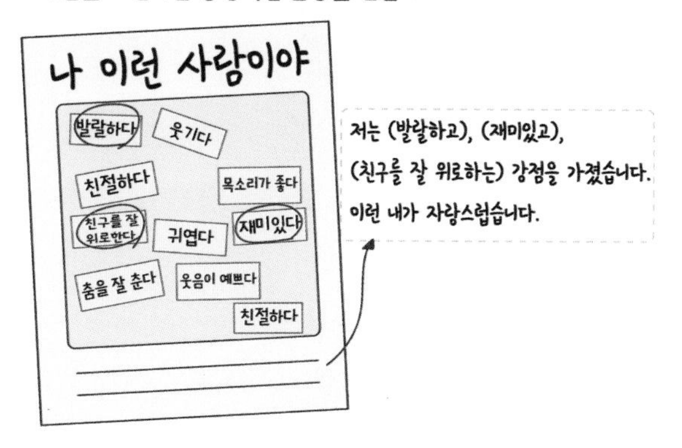

⑥ '나 이런 사람이야' 이름을 발표한다.

놀이진행하기

들어가기

- 나의 강점을 생각해 보고, 친구들과 서로 강점을 찾아주는 시간을 가지려고 해요.

놀이하기

● 나의 강점 세 가지 찾아 가슴 앞에 붙이기

- 여러분이 보고 있는 라벨지에는 40개 정도의 강점들이 적혀 있습니다. 잘 읽어 보고 내가 생각하는 나의 강점을 세 가지 정도 찾아봅시다.
- 내가 찾은 나의 강점스티커 세 개를 떼어서 자기 가슴 앞에 붙이세요.

● 친구 등에 강점스티커 붙여 주기(짝 → 모둠원 → 전체 학급 친구)

- 교실을 돌아다니면서 친구를 만나고, 만난 친구에게 어울리는 강점스티커를 친구의 등에 하나씩 붙여 주며 친구의 강점을 찾아 주겠습니다.

① 친구의 강점은 반드시 친구의 등에 붙이도록 합니다.
② 혹시 목록에는 없는 친구의 강점이 있다면 빈 스티커 칸에 직접 적어서 붙여 주어도 됩니다. 단, 붙여 주는 라벨지의 내용을 말해 주지 않도록 합니다.
③ 인쇄된 강점스티커를 전부 사용하지 않아도 됩니다.
④ 모든 친구들을 골고루 만날 수 있도록 합니다.

- 친구들의 강점을 찾아 주는 활동을 시작하겠습니다.
- 음악이 시작되면 먼저 짝에게 하나를 붙여 주세요. 그런 다음 모둠원들에게 하나씩 붙여 줍니다. 음악이 끝날 때까지 교실을 자유롭게 다니면서 눈이 마주친 친구에게 강점스티커를 하나씩 붙여 줍니다.

● 짝과 서로 도와서 강점스티커 떼어 활동지에 붙이기

- 음악이 끝나면 그만하고 자신의 자리로 돌아가 앉습니다.
- 각자의 등에 있는 강점스티커를 떼어서 '나 이런 사람이야' 활동지에 옮겨 붙일 거예요. 하지만 등에 붙어 있어서 혼자서는 하기 어렵겠죠? 짝의 도움을 받아서 자신의 등에 붙어 있는 강점스티커를 떼고 '나 이런 사람이야' 활동지에 붙여 봅시다.

● 자기가 받은 강점을 보며 소감나누기

- 친구들에게 받은 나의 강점들을 살펴보세요.
- 모둠 친구들과 소감을 나눠 봅시다.
  - –가장 많이 받은 강점은 무엇인가요?
  - –받아서 마음에 드는 강점은 무엇인가요?
  - –내가 생각하는 강점과 친구들이 찾아 준 강점이 어떻게 다른가요?
- 선생님과 전체 친구들과 소감나누기를 합니다.
  - –내가 받은 강점 중에 의외의 강점은 무엇인가요?

● '나 이런 사람이야' 이름 발표 시간 가지기

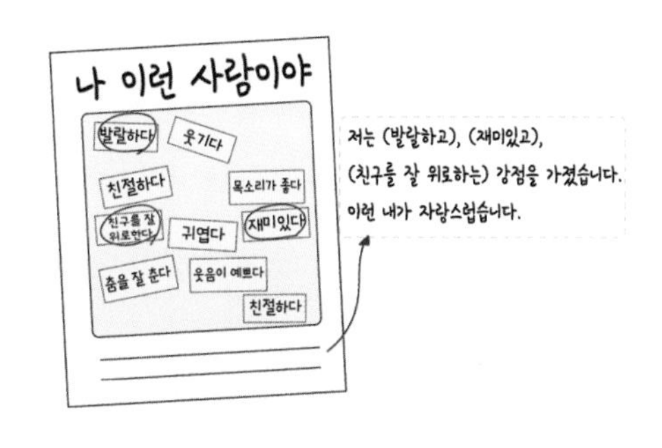

- 친구에게 받은 강점스티커 중에 마음에 드는 스티커 세 개에 동그라미 치고 자신을 표현하는 긍정적인 문장을 만들어 봅시다. 예를 들면, "저는 (유머 감각이 있고), (친구를 잘 위로해 주며), (열심히 노력해서 목표한 것을 이루려는) 강점을 가졌습니다. 이런 내가 자랑스럽습니다."
- 친구들에게 나의 자랑스러운 이름을 발표해 보겠습니다.
  - –발표하는 사람이 "나는 유머 감각이 있고 친구를 잘 위로해 주며 열심히 노력해서 목표한 것을 이루는 김철수야. 나 어때?"라고 말하면 발표를 들은 모둠의 친구들은 그 친구를 바라보며 엄지를 들어 보이는 동작을 하며 '너 멋져'라고 칭찬해 줍니다.

tip '나 어때'라고 물어 볼 때 간단한 동작도 함께 할 수 있습니다. 예를 들면, 엄지를 펴서 자기를 가리키기, 볼에 자기 집게 손가락을 짚기 등

마무리하기

● 활동 후 소감나누기

• 친구들로부터 강점을 받고 어떤 생각이나 마음이 들었나요?

• 친구들의 강점을 찾아 주면서 어떤 생각이 들었나요?

이런 질문도 해 보세요!

• 강점스티커를 등에 붙인 이유(의미)가 있을까요?

자신의 강점과 친구의 강점을 찾으면서 여러분의 더 좋은 모습을 발견하게 되었나요? 스스로를 자랑스러워하는 여러분의 모습을 보니 선생님도 흐뭇하네요. 자신이 가진 강점이 등에 붙어 있었던 것처럼 우리의 강점이 우리 눈에 잘 보이지 않을 때 이 활동을 기억해 보세요.

놀이를 배움으로 up!

코칭 하나 자기가 받은 강점스티커를 보며 소감을 나누도록 해 주세요. 많이 받은 강점, 의외의 강점, 받고 싶은 강점

이 활동에서는 자기가 받은 강점스티커를 보며 소감을 나누는 것이 중요합니다.

먼저 많이 받은 강점스티커에 대한 이야기를 나눌 수 있습니다. 간혹 강점스티커를 다양하게 받지 못하고 같거나 비슷한 종류의 강점스티커를 받아 실망하는 아이가 있다면, 그것이 독특하고 선명한 자신의 강점임을 지지하고 인지시켜 줍니다. 강점이 골고루 있는 게 꼭 좋은 것이 아님을 알려 주고, 많은 사람들이 동의하고 인정하는 자신의 전문적인 부분이라는 것을 알려 줍니다.

또 받아서 의외인 강점에 대하여 이야기를 나눌 수 있습니다. 의외의 강점을 받은 아이에게 받았을 때 어떤 감정이 들었는지 물어봐 줍니다. 그리고 그 강점을 붙여 준 친구 혹은 그 아이에게 그런 면을 발견한 친구가 있다면 이유를 물어봐서 지지해 주는 시간을 가집니다. 그러면 그 의외성의 발견으로 자신을 더 긍정적으로 확장시켜 바라보는 변화를 갖게 됩니다.

나아가, 받고 싶은 강점에 대한 이야기도 나눌 수 있습니다. 이 활동을 통해 지금은 충분히 발휘되지 않았지만 자신이 되고 싶은 것, 듣고 싶은 것을 알아주고 격려하며 강화할 수 있는 계기가 되기도 합니다.

코칭 둘 강점스티커를 '등'에 붙이는 이유를 물어봐 주세요.

강점스티커를 등에 붙이는 이유는 아이들이 활동을 하는 동안 자신이 가진 강점에 대해 기대감과 호기심을 가지게 하기 위한 것도 있지만, 더 큰 이유는 아이들에게 깨달음을 줄 수 있는 이야기가 되기 때문입니다.

마무리하기에서 "강점스티커를 등에 붙인 이유(의미)가 있을까요?"라고 질문해 봄으로써 아이들 스스로 자신이 평소에 가지고 있는 강점을 자신이 잘 인지하지 못하고 있으며, 자신의 강점보다는 약점에 집중해 있었다는 사실을 일깨워 줄 수 있기 때문입니다. 친구들이 자신의 강점을 알려 주었을 때는 기쁘고 뿌듯했

을 것입니다. 평소에 자신이 가지고 있는 강점이 있음에도 자신은 그것을 잊고 살고 있었다는 것, 자신이 이미 가지고 있는 강점에 집중하면 힘이 빠질 때나 자신에게 실망할 때도 용기가 난다는 것을 이야기해 볼 수 있습니다.

현장적용 Q&A

Q : 평소 학급에서 소외되거나 친구가 많이 없는 아이들의 경우 강점스티커의 개수가 많이 없다거나, 혹은 인기가 많은 친구에게 집중적으로 강점스티커를 많이 붙여 주지 않을까 염려되는데요?

A : 강점을 적게 받으면 속상해하는 아이들이 있으므로, 사전에 학급의 모든 친구들에게 강점을 한 개씩 붙일 수 있도록 안내하면 도움이 됩니다. 그리고 강점스티커를 붙일 때 짝에게 먼저 붙여 주고 모둠 친구들끼리 붙이고 난 후, 나아가 학급 전체로 이어 나갈 때, 눈이 마주친 친구에게 먼저 붙여 주도록 하는 방법들이 이런 것을 대비하기 위함입니다. 그리고 아이들에게 강점스티커를 붙여 줄 때 꼭 맞는 강점을 맞추는 것이 아니라 긍정적인 면을 찾아 편하게 붙여 주라는 것을 말해 줍니다. 그럼에도 불구하고 눈에 띄게 적게 받는 친구가 있다면 교사가 함께 참여하며 슬쩍슬쩍 아이들 등에 강점스티커를 붙여 주면 됩니다. 처음에는 인기가 많은 아이들에게 먼저 강점스티커를 붙이지만, 붙이는 시간을 넉넉히 주고 일정 시간이 지나면 많은 스티커들이 아이들의 등에 붙게 되어 스티커의 개수를 염려하지 않아도 될 것입니다.

Q : 강점스티커의 문구를 다양하게 하는 방법은 없을까요?

A : 강점스티커의 문장들은 예시일 뿐입니다. 학년, 학급에 따라 다양한 문구들이 더 들어갈 수 있습니다. 사전에 학급 학생들을 대상으로 '내가 생각하는 나의 강점' '닮고 싶은 친구의 강점' 등을 조사하여 강점스티커 내용으로 사용하면 풍성한 강점 문구를 만들 수 있습니다. 그리고 저학년의 경우에는 강점스티커의 개수를 줄여서 사용해도 무관합니다.

Q : 자신의 강점 알기 활동을 더 활용할 팁이 있나요?

A : 첫째, 가정과의 연계입니다. 이 놀이집단상담을 끝내고 나면 아이들이 많이 하는 말들 중 하나가 "선생님, 저 이 활동지 집에 가져가서 부모님 보여 드려도 될까요?"였습니다. 아마도 자신이 얼마나 괜찮은 사람인지 부모님께 알려 드리고 싶은 마음이 작용한 것이겠지요.
학부모님과 상담을 하다 보면 가장 많이 듣는 질문 중에 하나가 교우관계에 대한 것입니다. 저학년의 경우에는 '우리 아이가 학교에서 적응을 잘하고 있을까?'가 고민이고, 고학년의 경우에는 '교우관계에서 어려움은 없을까?'가 늘 관심사이지요. 그럴 때 이 활동지를 학부모와의 소통의 도구로 사용할 수 있습니다. 친구들이 긍정적으로 보아 주고 작은 것이라도 칭찬해 주어 강점들이 가득 담긴 종이를 받아든 학부모님은 자녀의 학교생활과 교우관계에 대해 믿음이 생기며, 안심이 되는 경험을 합니다.

또 다른 방법으로는 학부모님에게 자녀의 강점을 세 가지 정도 적어서 회신을 받는 것입니다. 우리 부모님들도 자녀에 대한 관심과 기대감이 크다 보니 일상생활에서 칭찬과 격려의 말보다는 질타나 추궁의 말을 더 자주 쓰는 경우들이 있지요. 부모님께 잊고 있었던 내 아이의 강점을 일부러라도 찾아보게 하는 즐거운 과제를 내줌으로써 부모님의 마음성장을 돕는 활동이 되기도 합니다. 아이들에게는 가장 가까운 부모님의 사랑을 다시 한 번 확인해 보는 경험을 제공할 수 있습니다. 이런 경험을 통해 아이들은 자신의 긍정적인 모습에 더 다가가기 위해 노력을 기울이기도 합니다.

나아가, 활동이 끝나면 활동 소감이나 더 찾아주고 싶은 강점들을 홈페이지를 이용하여 댓글 달기를 할 수 있습니다. 그렇게 홈페이지를 통한 긍정적 학급 분위기를 이어 갈 수 있습니다. 학생 · 학부모 · 교사가 함께 온라인상에서 긍정적으로 소통할 수 있습니다.

우리들의 성장스토리

내가 이렇게 많은 강점을 가지고 있다는 것을 알게 되어 뿌듯하였고, 학교생활이 뭔가 모르게 보람차게 느껴졌다. 친구들이 서로의 강점을 찾아 주니 서로 고마운 마음이 들어 더 친해진 것 같고, 친하지도 않았던 친구들과도 친해지게 된 것 같다.

나는 내가 그림을 잘 못 그린다고 생각했는데 친구가 그림을 잘 그린다는 강점을 붙여 주어서 의외였다. '내가 그림을 잘 그릴 수도 있구나' 하고 자신감이 좀 생겼다.

나는 이 활동을 하고 나서 내가 책을 잘 읽고, 골고루 잘 먹고, 마음이 착하고 남을 배려한다는 등 나의 강점이 많다는 것을 알고 엄청나게 신이 났다. 너무 신이 나서 교실에서 소리를 지를 정도였다. 나의 초등학교 인생에서 지금이 정말 좋다. 내가 친구들한테 받았던 강점처럼 아이들을 도와주고 배려하고 좋은 일을 해야겠다.

스스로를 사랑하게 되다-나는 내가 참 좋다.

〈 ○○의 일기 〉

나는 미술을 잘하는 친구가 부럽다.

왜냐하면 미술을 잘하면 뭐든지 예쁘게 잘 그리고 색칠하고 만들 수 있기 때문이다.

상도 많이 받을 수도 있다.

미술을 잘하는 친구들은 보통 글씨체도 예뻐서 글을 적을 때도 내용이 눈에 잘 들어오고 잘 적은 것처럼 보인다.

나는 예체능에 소질이 있었으면 좋겠다.

그래서 친구 예솔이가 부럽다.
나는 미술에 소질이 없다. 어릴 때 미술 학원에 다녔지만 실력이 잘 늘지 않았다.
글씨체도 이상하고 나는 내가 무엇을 잘하는지 모르겠다.
사람마다 잘하는 것이 한 가지는 있을 텐데…….
빨리 내가 가장 잘하는 것을 찾고 싶다.

얼마 전에 일기장 검사를 하다가 ○○의 일기를 우연히 읽게 되었습니다. 비단 ○○뿐만 아니라, 담임교사가 보기엔 강점이 참 많은 아이인데도 불구하고 많은 아이들이 경쟁에 치여 스스로 '나는 부족한 사람이야.' '나는 아무것도 잘하는 것이 없어.'와 같이 자존감이 낮아지거나 혹은 자신의 좋은 점을 발견하지 못해 고민하는 모습을 종종 봅니다.

그 원인 중 하나는 학습 활동이 많은 교실에서는 자칫 학습 능력이 아이에게 가장 중요한 부분인 것처럼 부각되곤 하기 때문일 것입니다.

누구나 한 번쯤은 고민하거나 혹은 고민 중일 우리 아이들에게, 사람들의 얼굴이 다 다르듯이, 우리가 가진 강점도 다 다르다는 것을 알려 주고 싶었습니다. 누가 더 잘하고 못하고를 겨루는 것이 아니라 학습 능력 이외에 우리 아이들이 가지고 있는 여러 가지 강점을 찾아 보고 지지해 주고도 싶었습니다. 각자가 가진 다양한 강점들을 안다면 자신에 대한 긍정성과 미래에 대한 기대감을 가질 수 있고 자연스럽게 자기 존중감이 높은 사람이 될 것입니다.

'나 이런 사람이야' 놀이를 통해 등이 하얗게 될 정도로 강점들을 붙여 보는 특별한 경험을 하면서 아이들은 자신을 믿고 소중하고 특별한 존재로 여기면서 '나의 존재가 얼마나 가치 있는가?' '내가 얼마나 괜찮은 사람인가?'를 생각하고 느끼게 되었습니다. 서로를 긍정적으로 바라보면서 친구에게 고마운 마음을 가지게 되며, 나뿐만 아니라 모두가 소중한 존재라는 것도 더불어 알게 되었습니다. 이 놀이집단상담 활동 후 어깨가 한 뼘이나 높아진 ○○이를 만나며 얼마나 반가웠는지 모릅니다.

[활동지 7-1]

나 이런 사람이야(고학년용)

( ) 놀이를 잘한다.	( ) 운동을 잘한다.	( ) 과목을 잘한다.	( ) 악기 연주를 잘한다.
선생님이나 친구들에게 자신의 의견을 말할 수 있다.	상상력이 뛰어나다.	속상해하는 친구를 위로해 준다.	정리정돈을 잘한다.
관찰력이 우수하다.	책 읽기를 좋아한다.	열심히 하여 자신이 목표한 것을 이룬다.	정직하다.
다른 사람의 물건을 소중히 다룬다.	친구들을 잘 도와준다.	잘못한 일에 대해 인정할 수 있다.	리더이다.
다른 사람의 말을 귀 기울여 들을 수 있다.	자신이 맡은 역할을 성실히 한다.	용서를 잘한다.	아는 것이 많다.
가위바위보를 잘한다.	바르고 고운 말을 쓴다.	발표를 크고 또렷한 목소리로 말할 수 있다.	잘 웃는다.
자신의 생각이나 의견을 솔직하게 말할 수 있다.	그림을 잘 그린다.	친구들과 사이좋게 지낸다.	청소를 열심히 한다.
유머 감각이 있다.	약속을 잘 지킨다.	춤을 잘 춘다.	노래를 잘 부른다.
음식을 골고루 먹는다.	컴퓨터 활용 능력이 우수하다.	글씨를 바르게 쓴다.	준비물을 잘 챙겨 온다.
질서와 규칙을 잘 지킨다.	예쁘다./ 잘 생겼다.		

※ 한글/도구/라벨/라벨 문서 만들기

[활동지 7-2]

나 이런 사람이야(저학년용)

( ) 놀이를 잘한다.	( ) 운동을 잘한다.	( ) 과목을 잘한다.	( ) 악기 연주를 잘한다.
선생님이나 친구들에게 자신의 의견을 말할 수 있다.	상상력이 뛰어나다.	속상해하는 친구를 위로해 준다.	정리정돈을 잘한다.
친절하다.	책 읽기를 좋아한다.	열심히 한다.	정직하다.
다른 사람의 물건을 소중히 다룬다.	친구들을 잘 도와준다.	잘못한 일에 대해 인정할 수 있다.	착하다.
다른 사람의 말을 귀 기울여 들을 수 있다.	자신이 맡은 역할을 성실히 한다.	용서를 잘한다.	아는 것이 많다.
가위바위보를 잘한다.	바르고 고운 말을 쓴다.	발표를 크고 또렷한 목소리로 말할 수 있다.	잘 웃는다.
자신의 생각이나 의견을 솔직하게 말할 수 있다.	그림을 잘 그린다.	친구들과 사이좋게 지낸다.	청소를 열심히 한다.
유머 감각이 있다.	약속을 잘 지킨다.	춤을 잘 춘다.	노래를 잘 부른다.
음식을 골고루 먹는다.	바른자세로 앉아 있는다.	글씨를 바르게 쓴다.	준비물을 잘 챙겨 온다.
질서와 규칙을 잘 지킨다.	예쁘다./ 잘 생겼다.		

※ 한글/도구/라벨/라벨 문서 만들기

[활동지 7-3]

나 이런 사람이야!

★ 친구에게 받는 강점스티커 중에 마음에 드는 단어 3개에 동그라미 치고, 다음에 적어 보고 발표해 보세요.

저는 (○ ○ ○) 강점을 가졌습니다.
동그라미 친 강점을 연결하여 말하고
이런 내가 자랑스럽습니다.

둘째 주

장점 쇼핑몰

#장점 교환 #가치 #자기 발견 #소통

한눈에 보는 활동과정

① 장점 쇼핑몰 활동지에 나의 장점 4가지를 적는다.

tip 칼라 A4용지에 글자만 인쇄!

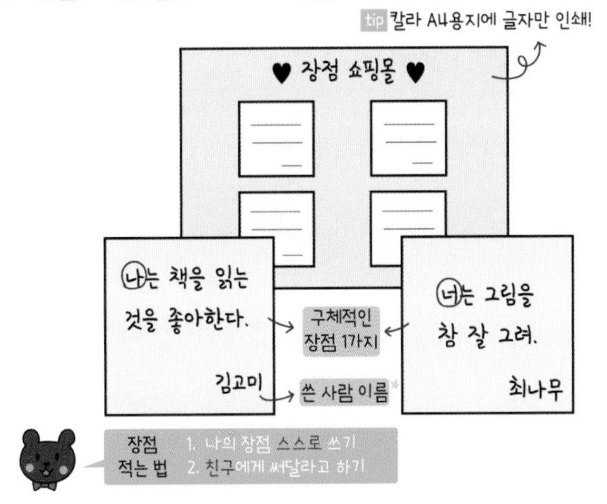

② 나의 장점들을 살펴본 후 인상 깊은 장점에 대해 짝과 함께 이야기 나눈다.

③ 나의 장점에 가치를 매긴다. (1개당 스티커 1~5개의 가치)

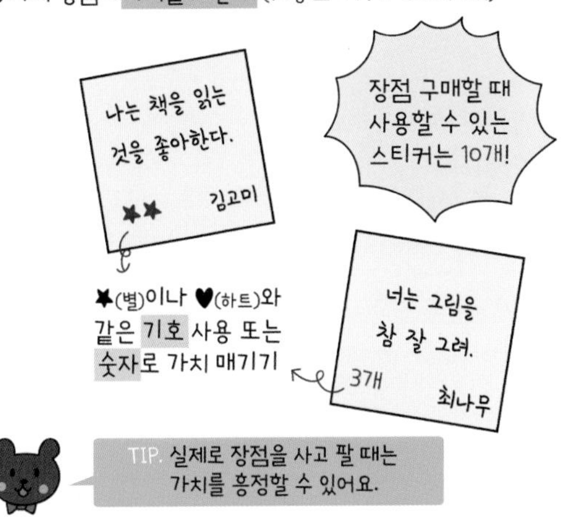

④ 판매자로서 나의 장점 홍보하는 연습을 한다.

장점 홍보 문구

" 판매하는 장점 / 판매 가격 / 장점의 효과 "

⑤ 1인당 10개의 스티커를 손등에 붙이고, 교실을 자유로이 다니며 장점 쇼핑몰 활동(20분)을 한다.

STEP 1 장점 고르기

STEP 2 장점 쇼핑하기

⑥ 장점 쇼핑몰이 끝나기 전에 교사가 "매진 임박", "마감 직전 폭탄 세일"과 같은 말을 큰 소리로 외쳐 활동 마무리가 다가옴을 알린다.

⑦ 활동지 뒷면에 4개의 장점으로 채우면 쇼핑이 끝난다. 쇼핑이 끝난 사람은 자기 자리에 앉아 구매한 장점을 살펴보고 가장 마음에 드는 장점을 골라 발표한다.

=가장 갖고 싶은 장점

가장 마음에 드는 장점과 그 장점을 구매한 이유를 말합니다.

⑧ 가장 마음에 드는 장점을 갖기 위해 할 수 있는 나의 실천 목표(행동) 1~2가지를 세운다.

내가 진짜 실천할 수 있는 것!

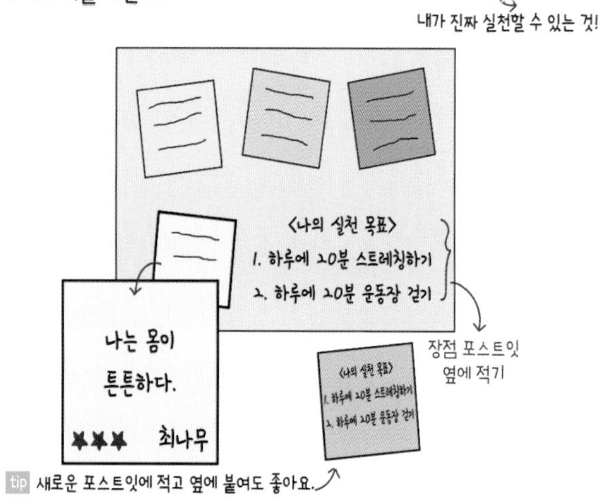

tip 새로운 포스트잇에 적고 옆에 붙여도 좋아요.

놀이진행하기

들어가기

• 여러분들은 홈쇼핑을 보거나 쇼핑몰에 가 본 적이 있나요? 우리는 오늘 독특하게 우리의 장점을 사고 파는 장점 쇼핑몰이라는 활동을 할 거예요. 여러 가지 장점을 사고 팔 수 있는 쇼핑몰을 우리 반에서 열어 볼 거랍니다.

놀이하기

● 나의 장점 찾기

• 쇼핑몰에 물건이 있듯이 장점 쇼핑몰에는 장점이 필요해요. 장점 쇼핑몰 활동지에 네 장의 포스트잇이 붙어 있어요. 포스트잇 한 장에 나의 장점 한 가지를 적고 포스트잇 아래쪽에 쓴 사람의 이름을 적어 주세요.

• 장점은 내가 생각해서 적거나, 친구들에게 나의 장점을 써 달라고 해서 네 장의 포스트잇을 모두 채워야 합니다. 이때 "나는 책을 읽는 것을 좋아한다." "너는 그림을 참 잘 그려." 처럼 구체적으로 적습니다.

• 단, 학급 모두가 네 장의 장점 포스트잇을 가지고 있어야 활동을 마무리하고 쇼핑몰을 준비할 수 있어요.

• 교실을 자유로이 다니며 나의 장점을 찾아봅시다.

tip 고학년이라면 장점 포스트잇의 개수를 6개로 늘려서 활동해도 좋습니다.

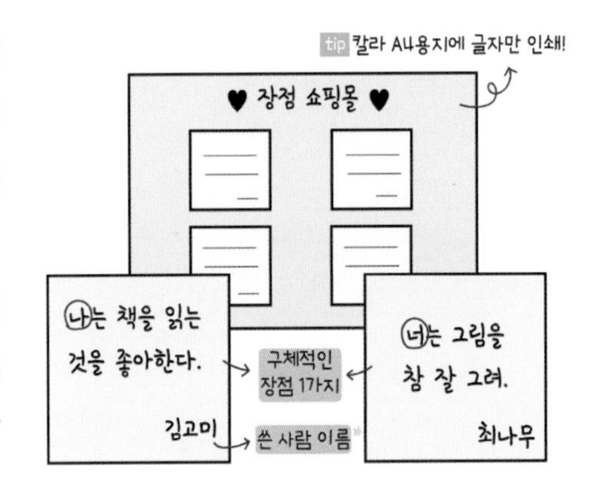

● 나의 장점 이야기 나누기

• 내가 가진 장점들을 천천히 살펴본 후 인상 깊은 장점이 무엇인지 짝과 함께 이야기해 봅시다.

● 나의 장점에 가치 매기기

- 쇼핑몰의 물건들은 물건의 가치만큼 가격이 적혀 있어요. 장점 쇼핑몰의 장점에도 가치를 매겨야겠죠?
- 이제 여러분의 장점에 가치를 매겨 봅시다. 장점 1개당 스티커 1~5개까지의 가치를 매길 수 있어요.
- 우리가 장점을 살 때 사용할 수 있는 스티커가 10개인 것을 감안하여 장점의 가치를 매겨 주세요.
- 물론 실제로 장점을 사고팔면서 흥정을 하며 가치를 올리거나 내려서 팔 수 있어요.

● 장점 홍보 연습하기

- 여러분은 장점을 사는 구매자이기도 하지만, 장점을 파는 판매자이기도 합니다. 손님들에게 나의 장점을 잘 팔기 위해 홍보를 해야겠죠? 어떤 말과 행동을 해야 나의 장점을 잘 홍보할 수 있을지 생각해 봅시다.
- 장점을 홍보할 때는 '① 판매하는 장점, ② 판매 가격, ③ 장점의 효과'를 크게 외칩니다. (교사가 시범 보이기) "나는 그림을 잘 그린다! 스티커 3개에 판매합니다. 미술 시간에 자신 있게 그림을 그릴 수 있어요!" "나는 잘 웃는다! 스티커 2개에 판매합니다. 잘 웃으면 행복하게 살 수 있어요!"

● 장점 쇼핑몰 방법 알기

- 그럼 장점 쇼핑몰을 하는 방법을 알아볼까요?

① 각자 10개의 스티커를 손등에 붙입니다.

② 교실을 자유로이 다니며 자신의 장점을 홍보하고, 자신이 평소 갖고 싶었던 장점을 찾아다닙니다.

③ 구매를 원하는 장점이 있을 때는 판매자에게 찾아가 두 사람이 만나 하이파이브를 합니다.

④ 구매자는 장점에 매겨진 가치만큼 스티커를 판매자에게 주고 장점 포스트잇을 받아 활동지 뒷면에 붙입니다.

tip "나는 성실하다."에 3이라는 숫자가 적혀 있으면 스티커 3개를 판매자에게 줍니다. 이때 판매자는 스티커를 받아서 자신의 손등에 붙입니다.

⑤ 장점을 맞교환할 필요는 없습니다. 내가 친구의 장점을 샀다고 친구가 반드시 내 장점을 사야 하는 것이 아닙니다. 또한 장점을 사고팔 때 흥정하여 더 싸게 살 수 있습니다. (예: 스티커 3개짜리를 2개로 흥정할 수 있어요)
⑥ 구매 후 하이파이브를 하여 두 사람의 거래가 끝났음을 알립니다.
⑦ 다른 사람에게서 산 장점은 남에게 되팔 수 없습니다.
⑧ 활동지 뒷면에 4개의 장점으로 가득 채우면 장점 쇼핑이 끝납니다.

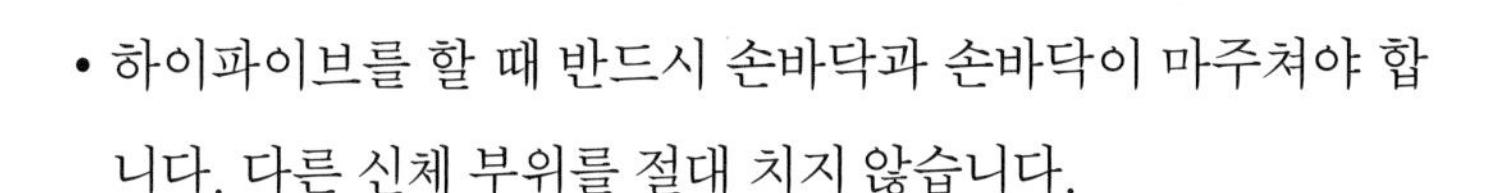

- 하이파이브를 할 때 반드시 손바닥과 손바닥이 마주쳐야 합니다. 다른 신체 부위를 절대 치지 않습니다.

● 장점 쇼핑몰 활동하기

- 이제 각자 10개의 스티커를 가지고 장점 쇼핑몰을 열어 보겠습니다.

tip 제한시간은 20분 정도로 정하고 마무리하기 전에 '매진 임박' '마감 직전 폭탄세일'을 외치면 아이들이 적극적으로 활동을 마무리할 수 있어요.

● 나의 장점 살펴보고 실천 목표 설정하기

- 자신이 갖게 된 장점들 중 가장 마음에 드는 장점과 그 장점을 산 이유를 발표해 봅시다.
- 그 장점을 실제로 가지기 위해 실천할 수 있는 나의 행동이나 목표를 한두 가지 세워 봅시다.
- 내가 가장 마음에 드는 장점과 자신이 세운 실천 목표를 발표해 봅시다.

tip 반 전체를 대상으로 발표하면 좋지만, 시간이 부족할 경우 모둠 내에서 발표해도 좋습니다.

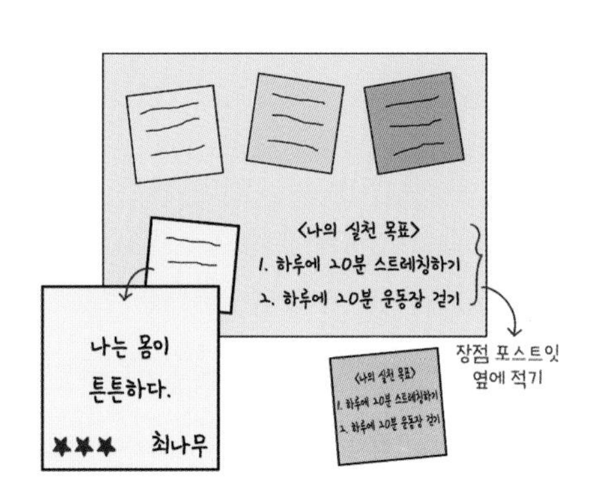

마무리하기

● 활동 후 소감나누기

• 오늘 장점 쇼핑몰을 하고 나서 어떤 생각이나 느낌이 들었나요?

• 다른 사람이 나의 장점을 샀을 때 어떤 생각이 들었나요?

"서로의 장점을 발견하는 모습을 보니 선생님도 아주 기쁩니다. 여러분 스스로 원하는 장점을 가질 수 있도록 노력한다면 더욱 멋진 모습이 될 것 같아요."

이런 질문도 해 보세요!

• 내가 생각하는 장점과 선생님이나 친구들이 찾아 준 장점들을 보며 어떤 생각이 들었나요?

• 닮고 싶은 친구의 장점을 가졌을 때 마음이 어땠나요?

놀이를 배움으로 up!

코칭 하나 나의 장점을 쓰는 방법을 상세히 알려 주세요.

'나의 장점 찾기' 단계는 자신의 장점을 찾아 포스트잇에 적는 활동입니다. 자신의 장점을 찾는 방법은 세 가지 측면에서 접근할 수 있습니다.

첫째, '나 이런 사람이야!' 놀이활동 후 '장점 쇼핑몰' 놀이활동을 하는 것입니다. '나 이런 사람이야!'를 통해 자신의 강점, 친구들이 붙여 준 나의 강점을 한눈에 알게 됩니다. 즐겁고 유쾌한 활동을 통해 아주 쉽게 자신의 강점에 다가갈 수 있습니다.

둘째, 스스로 생각하는 장점을 적는 것입니다. 나의 장점을 생각해 보는 시간을 가지면서 아이들 스스로 자신의 내면을 깊이 들여다볼 수 있는 소중한 경험이 될 것입니다. 이를 통해 자신이 무엇을 잘하는지, 무엇에 관심이 있는지, 무엇에 자신감을 갖고 있는지 깨닫게 됩니다.

셋째, 친구들에게 자신의 장점을 물어보는 것입니다. 의외로 자신의 장점을 쓰라고 하면 많은 아이들이 어려움을 겪습니다. 교실을 자유로이 다니며 친구들에게서 자신의 장점을 받는 경험을 통해 자신이 몰랐던 다양한 장점을 알 수 있게 되며, 친구들이 자신을 바라보는 모습을 새로이 알게 됩니다. 내가 쓴 장점도 좋지만 친구들에게서 장점을 받았을 때 아이들의 자존감은 급격히 상승합니다. 이때 소극적이어서 친구에게 장점을 잘 받아 오지 못하는 아이는 어쩔 수 없이 교사가 적어 줄 수도 있지만, 그렇게 하면 다른 학생들도 교사에게서 장점을 받고 싶어 하므로 최대한 친구들이 서로 적어 줄 수 있도록 합니다.

장점을 쓸 때에는 "나는 ~하다." 또는 "너는 ~해."라는 문장을 사용하여 구체적인 장점을 쓰도록 안내합니다. 이때 외적인 면과 내적인 면 모두 쓸 수 있도록 안내합니다. 예를 들어, "나는 얼굴이 하얗다."(외적인 장점), "나는 긍정적이다."(내적인 장점)와 같은 방식으로 장점을 쓸 수 있습니다.

이때 교사는 "학급 모두가 네 장의 장점 포스트잇을 가지고 있어야 활동을 마무리하고 쇼핑몰을 준비할 수 있어요."라는 말을 하여, 네 장의 장점 포스트잇을 빨리 채운 아이들이 돌아다니며 다른 친구들을 도와줄 수 있도록 합니다.

코칭 둘 구매한 장점에서 나의 바람을 찾아가도록 해 보세요.

자신이 구매한 장점들을 찬찬히 살펴보며 '왜 이러한 장점들을 가지고 싶어 했는가?'라는 생각을 할 시간을 줍니다. 이 장점을 구매한 이유를 이야기하다 보면 아이들 스스로 어떠한 바람(want)을 지니고 있는지 깨닫게 됩니다. "어떠한 사람이 되고 싶어서 이런 장점들을 쇼핑한 건가요?"라는 물음에 대해 생각하고 이야기함으로써 추상적이었던 자신이 원하는 자아상을 좀 더 구체화시킬 수 있으며, 아이들의 내면에 귀 기울이는 경험이 됩니다.

코칭 셋 장점 쇼핑몰 후 '실천 목표 세우기'와 연결지어 보세요.

아이들은 무엇이든지 스티커로 물건을 사고파는 활동을 무척 좋아합니다. 단순히 재미에만 그치는 것이 아니라 장점 쇼핑몰 활동을 통해 '자신이 닮고 싶은 장점'을 갖기 위해 어떠한 활동을 할 수 있을지 생각하게 되고, 스스로 도달할 수 있는 목표를 세우게 됩니다.

또한 네 가지 장점 중 가장 갖고 싶은 장점을 한 가지 골라 가슴에 품고 눈을 감고 그 장점을 가졌을 때의 벅찬 감정을 되새겨 보는 것은 목표를 실천하기 위한 강력한 내재적 동기가 됩니다.

한 가지를 고른 후, 그러한 모습이 되기 위해 자신이 할 수 있는 실천 목표(1~3가지 정도)를 활동지에 정리한 후 친구들과 이야기를 나누어 봅니다. 쇼핑몰 활동을 목표 세우기와 연계함으로써 또 다른 배움이 있게 됩니다.

현장적용 Q&A

Q : 장점 쇼핑몰 놀이 후, 쇼핑몰 종이는 어떻게 활용하면 좋나요?

A : 첫째, 장점 쇼핑몰 활동지를 아이들의 파일에 보관하는 방법입니다. 파일 안에 넣어 두면 활동지가 구겨지지 않아 오랫동안 소중히 보관할 수 있습니다. 자신의 장점을 소중히 여기며 들춰 보는 재미를 느끼기도 합니다. 둘째, 장점 쪽지를 일기장에 붙이고 일기를 쓰는 방법입니다. 즐겁게 활동했을 때를 회상하며 혼자만의 생각하는 시간을 가지게 된다면, 활동 시간에 들어보지 못한 아이들의 진솔한 마음을 만날 수도 있습니다. 셋째, 장점 쇼핑몰 종이를 학급 게시판에 붙여 두는 방법입니다. 학급 게시판에 붙여 놓음으로써 다른 친구들의 장점을 찬찬히 살펴보며 장점의 다양성을 인정하고, 친구들 한 명 한 명이 각기 다른 장점을 가진 소중한 존재라는 것을 깨달을 수 있습니다. 또한 아이들이 자신

들의 소중한 장점으로 게시판을 꾸민다는 뿌듯함과 함께 아름답게 게시판을 꾸밀 수 있는 효과도 있습니다.

Q : 다른 사람의 장점을 구매하다 보니 자신의 장점보다 남의 장점을 부러워하거나 비교해서 자존감이 더 낮아지는 것은 아닌가요? 이 놀이의 의미는 무엇인가요?

A : 장점 쇼핑몰이 갖는 의미는 크게 세 가지로 접근할 수 있습니다. 첫째, 나의 장점을 발견하는 것입니다. 나의 장점을 생각해 보는 시간을 가지면서 아이들 스스로 자신의 내면을 깊이 들여다볼 수 있게 됩니다. 이는 '나'라는 존재의 의미를 찾아가는 여정 중에 있는 아이들에게 꼭 필요한 시간입니다. 이 시간을 통해 자신의 장점에 대해 더 잘 알게 되고, 자존감을 갖게 될 것입니다. 둘째, 장점의 다양성을 인지하는 것입니다. 자신의 장점뿐만 아니라 다른 사람의 장점을 발견하고 인지함으로써 장점이 다양하게 존재한다는 것을 알게 됩니다. 이로 인해 누구든지 각각의 장점을 갖고 있으며, 다른 사람의 존재 또한 소중하다는 것을 알게 됩니다. 셋째, 내가 원하는 장점을 갖기 위해 스스로 실천할 수 있는 행동을 생각하는 것입니다. 장점 쇼핑몰에서 장점을 구매하기만 하고 끝내면, 다른 사람의 장점을 부러워하거나 비교해서 자존감이 낮아질 위험이 있습니다. '왜 나는 저 장점이 없을까?' 하고 생각할 수 있기 때문입니다. 하지만 어떠한 장점을 갖고 싶다는 것은 그러한 모습이 되고 싶다는 자신의 바람 때문입니다. 장점을 쇼핑하면서 '내가 바라는 나의 모습'을 알게 되는데, 자신의 현재 모습과 바라는 모습 사이의 간격이 느껴진다면 자신의 현재 모습에 불만을 가질 수밖에 없습니다. 이 불만을 없애고 '내가 바라는 나의 모습'으로 나아가기 위한 단계가 바로 마지막의 '실천 목표 설정하기' 단계입니다. 실천 목표를 설정할 때는 내가 정말 실천할 수 있는 구체적인 행동 한두 가지를 생각해 내야 합니다. 이러한 구체적인 실천 목표 설정 후 친구들 앞에서 공언하면 이를 지켜야겠다는 실천 의지가 더욱 굳건해집니다. 또한 자신이 할 수 있는 범위 내에서 행동을 정하기 때문에 실천에 대한 부담이 줄어들고 스스로 해낼 수 있다는 자신감도 생겨납니다. 이러한 단계를 거치고 나면 다른 사람의 장점을 부러워하고 비교하기보다는, 자신의 장점에 대해 더 잘 알게 되어 자존감이 높아지고 실천 의지를 갖게 될 것입니다.

우리들의 성장스토리

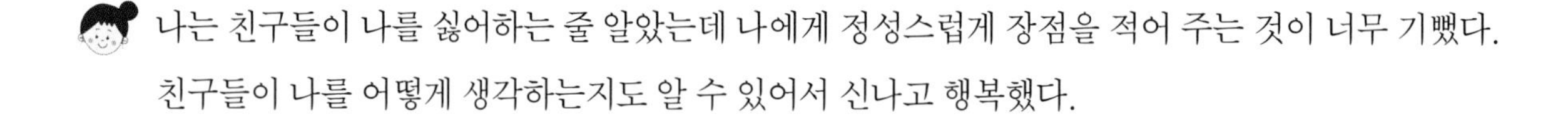

나는 친구들이 나를 싫어하는 줄 알았는데 나에게 정성스럽게 장점을 적어 주는 것이 너무 기뻤다. 친구들이 나를 어떻게 생각하는지도 알 수 있어서 신나고 행복했다.

○○이는 작고 어린 아기 같은 모습의 여학생입니다. 친구들이 동생처럼 돌봐주지만 마음이 통하는 친구가 없어 늘 외로워하고 있었습니다. 장점 쇼핑몰 활동지에 느낀 점을 적고 발표하는데, "저는 친구들이 저를 싫어하는 줄 알았어요."라는 말을 하고 눈물을 뚝뚝 흘렸습니다. "그런데 저한테

정성스럽게 장점을 적어서 붙여 주고, 친구들이 제 장점을 스티커를 주고 사 가니까 너무 행복했어요. 그리고 제가 갖고 싶었던 장점들을 사니까 진짜 그런 사람이 된 것 같아서 기뻤어요. 친구들아, 고마워." ○○이 말이 끝나자 아이들 모두가 "○○아~ 우리는 너를 좋아해!"라고 말하며 박수를 쳐 주었습니다.

내 장점을 다 팔고 자리에 앉으려는데 아직 팔지 못해서 우울해 보이는 아이들이 있었다. 그 애들의 장점을 내가 가진 모든 스티커를 주고 샀다. 애들한테 기부를 했더니 기분이 좋았다.

장점 쇼핑몰 활동의 시간이 얼마 남지 않았을 때, 아직 자신의 장점을 팔지 못하여 서성이는 몇몇 아이들이 있었습니다. 그때 △△가 이런저런 얘기를 하더니, "오, 이런 장점도 있었네! 내가 사 주지!"라며 여러 친구들의 남은 장점을 모두 사 주었습니다. 활동지 뒷면에 네 장의 장점 포스트잇만 붙이면 끝이지만, 일부러 과소비(?)한 △△이의 행동을 막지 않았습니다. △△이의 활동지는 장점 포스트잇으로 가득했습니다. 하지만 누구 하나 "선생님 왜 △△이만 저렇게 많이 사요?"라고 물어보지 않았습니다. △△이가 어떤 마음으로 산 것인지 알았기 때문입니다. 활동 후 '칭찬해 주고 싶은 점'을 발표하는데, 여러 명의 아이들이 △△이의 행동을 언급하며 '기부왕'이라며 박수를 쳐 주었다.

내가 너가 되고, 너가 내가 되는 짜릿한 순간~

아이들은 장점 종이를 갖게 되는 순간 짜릿한 경험을 하게 됩니다. "친구하고 나하고 몸이 바뀐 것 같았다"라고들 말합니다. 또 "친구의 장점을 가져 보니 나도 할 수 있을 것 같다", "내 장점을 친구가 가져가니 뿌듯하고 내가 대단한 사람이 된 것 같다."라는 말을 통해 아이들이 마음속 깊은 곳에서 무언가 느꼈다는 것을 알 수 있었습니다. 작은 쪽지에 적힌 글귀 하나를 가진 순간, 되고 싶은 그 사람이 되어 버리는 이런 멋진 경험을 할 수 있는 놀이가 어디에 있을까요? 자신의 장점을 주면서 내가 인기 짱이 된 듯한 자신감을 갖게 해 주는 놀이가 바로 장점 쇼핑몰이었습니다. '나는 정말 괜찮은 아이일까?'라는 마음을 '난 정말 멋진 아이구나! ○○처럼 정말 될 수 있겠어.'라는 자신감이 자라는 모습을 볼 수 있어 참 좋았습니다.

셋째 주

Dream 드림

#꿈 #감사장 #선물 #롤링페이퍼

한눈에 보는 활동과정

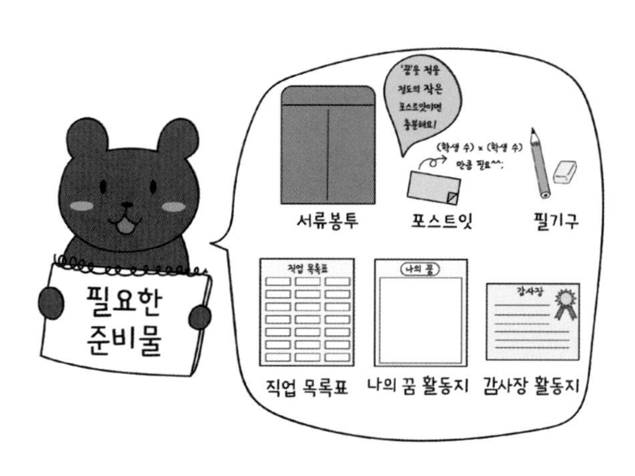

① 각자의 '꿈 봉투'에 이름을 적는다.

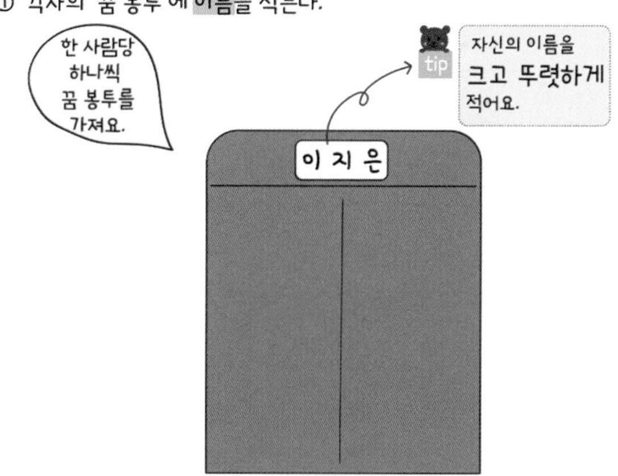

② 둥글게 앉은 뒤, 꿈 봉투를 오른쪽 친구에게 전달한다.

③ 봉투의 주인에게 어울리는 직업(꿈)을 포스트잇에 쓴 후 봉투에 넣어 준다.

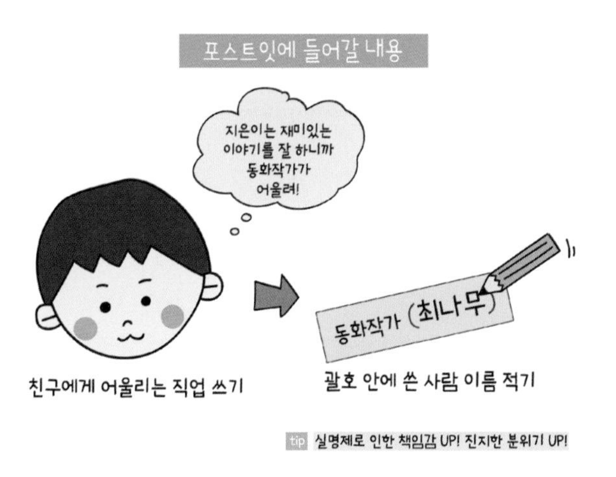

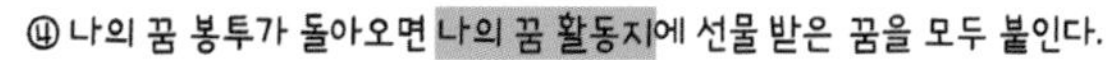
④ 나의 꿈 봉투가 돌아오면 나의 꿈 활동지에 선물 받은 꿈을 모두 붙인다.

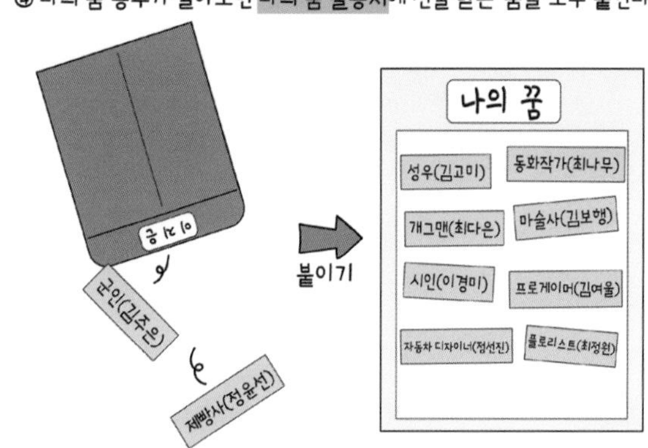

⑤ 꿈을 선물해 준 친구와 만나 선물 받은 꿈에 대해 궁금한 점을 물어본다.

⑥ 선물 받은 꿈 중 가장 마음에 드는 꿈을 골라 발표한다.

⑦ '20년 후 꿈을 이룬 나'에게 주는 감사장을 만든다.

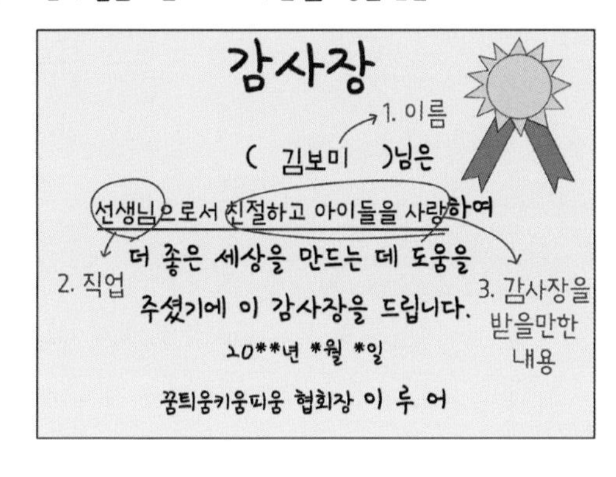

⑧ 눈을 감고 선생님의 이야기를 상상해 본다.

⑨ 친구와 서로 감사장을 수여한다.

놀이진행하기

들어가기

• 친구들에게 어울리는 꿈을 선물하면서 미래의 내 모습도 그려 보는 시간을 가져 보겠습니다.

놀이하기

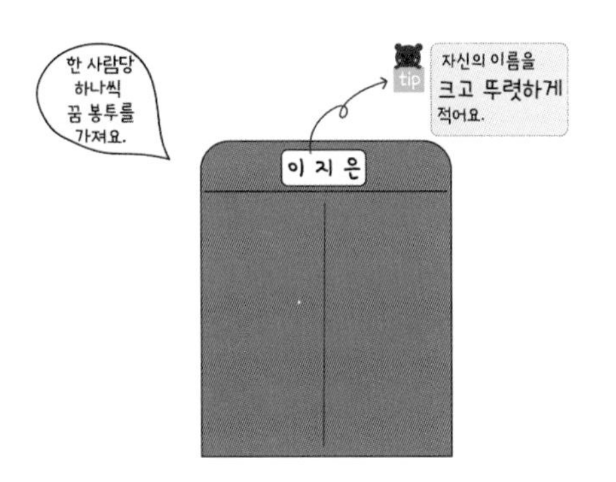

● 각자의 꿈 봉투에 이름 적기

• 먼저 봉투 겉면에 자기 이름을 쓰세요.
• 봉투 속에 직업 목록표를 꺼내 살펴보고 잘 모르거나 생소한 직업이 있다면 물어보세요.

● 오른쪽 친구에게 봉투 전달하기

• 이제 봉투를 자기 오른쪽 친구에게 넘겨 주세요.

● 포스트잇에 친구에게 어울리는 '직업(내 이름)' 쓰기

• 내가 받은 꿈 봉투의 친구 이름을 보고 그 친구에게 어울리는 직업을 포스트잇에 써 줍니다.
• 이때 내 이름도 함께 씁니다.

tip 역사학자(홍길동)

• 포스트잇에 내 이름을 쓰는 이유는 무엇일까요?
• 자기 이름을 쓰는 만큼 책임감을 가지고 친구에게 꿈을 선물해야겠지요? 직업 목록표에 없는 직업을 써도 됩니다.
• 다 쓰면 포스트잇을 봉투에 넣어 주세요.

● 같은 방법으로 계속 오른쪽 친구에게 전달하기

- 선생님의 신호 소리에 맞추어 다 함께 봉투를 오른쪽 친구에게 전달합니다. 신호 소리를 들어 볼까요? (짝짝, 딩동, 하나 둘 셋 등)
- 같은 방법으로 내 이름이 적힌 꿈 봉투가 나에게 돌아올 때까지 계속합니다.

● 선물 받은 꿈을 포스트잇에 붙이기

- 여러분의 꿈 봉투가 각자에게 돌아왔나요? 그럼 친구에게 받은 포스트잇을 '나의 꿈' 활동지에 보기 좋게 정리해서 붙이고 친구들이 써 준 직업을 살펴보세요.

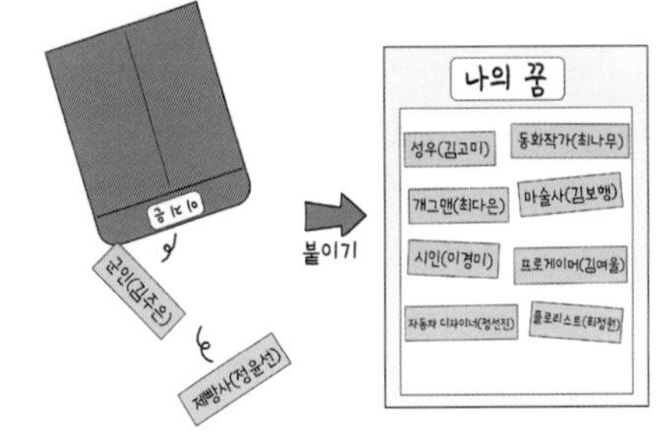

● 의외의 직업을 써 준 친구에게 물어 보기

- '왜 이 직업을 선물해 주었지?' 하고 궁금해지는 직업이 있나요? 그렇다면 그 꿈을 선물해 준 친구에게 직접 물어보는 시간을 가지겠습니다. 친구가 나에게 질문을 하면 최대한 성실하게 답해 주세요.

tip 전체 앞에서 두세 명의 아이들이 서로 묻고 답하는 시간을 먼저 가지면 좋습니다. 교사가 성실하게 답하는 아이들의 모습을 크게 칭찬하면 전체 아이들이 만날 때 좀 더 진지한 태도가 형성될 수 있습니다.

● 나의 꿈 발표하기

- 나의 꿈을 발표하는 시간입니다. 친구들에게 선물 받은 꿈 중에서 가장 마음에 드는 꿈 하나를 정하여 "나의 꿈은 ~입니다."라고 발표해 주세요. 꼭 친구들에게 받은 꿈 중에 선택하지 않아도 됩니다.

tip 시간이 넉넉하다면 반 전체가 돌아가며 발표하고, 시간이 부족하면 모둠이나 짝끼리 발표합니다.

tip 간단하게 릴레이 발표!

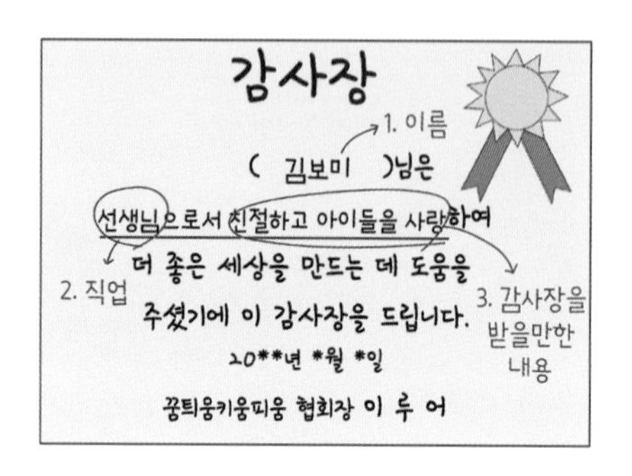

● 20년 후 꿈을 이룬 나에게 주는 감사장 만들기

• 20년 후에 꿈을 이루었다고 상상하고 나에게 주는 감사장을 만들어 보겠습니다. 감사장에는 이름, 직업, 감사장을 받을 만한 내용이 들어가는데, 이 부분은 여러분이 직접 작성합니다. 감사장의 문구 중에 '~ 하여'는 꼭 맞추지 않아도 됩니다. 그럼 지금부터 감사장을 만들어 볼까요?

● 감사장 수여하기

• 모두 눈을 감고 선생님의 이야기를 상상해 보세요.

> 우리는 20년 후로 갑니다. 지금은 (2038)년입니다.
> 나는 마침내 꿈을 이루었습니다. 오늘은 꿈을 위해 묵묵히 노력한 내가 감사장을 받는 날입니다. 무대에서 나의 이름을 부릅니다. 나는 한 걸음 한 걸음 무대로 올라갑니다. 무대 아래 사람들이 보이네요. 눈 인사를 해 봅니다.
> 자, 이제 단상 앞에 섰습니다. 나를 향한 사람들의 따뜻한 눈빛, 격려의 박수가 어려운 길을 열심히 걸어 온 나의 고단함을 씻어 주는 것 같습니다.

• 모두 눈을 뜨고 오늘이 그 20년 후라고 상상하면서 감사장을 수여하겠습니다. 먼저 선생님이 시범을 보일게요(감사장 수여 시범). 가장 중요한 것은 진심 어린 마음으로 읽어 주고 축하의 박수를 쳐 주는 것입니다.
• 자리에서 일어나서 짝끼리 마주 보세요. 시작하겠습니다.

마무리하기

● 활동 후 소감나누기

• 이 시간을 통해 나 자신 또는 친구들에 대해 새롭게 알게 된 점이나 나에게 도움이 된 부분이 있나요?
• 친구들이 선물해 준 나의 꿈을 보고 달라진 점이 있는지 이야기하여 봅시다.

'Dream 드림' 놀이를 통하여 친구들에게 진지하게 꿈을 선물하고 감사장을 수여하는 모습을 보면서 선생님의 마음이 따뜻하고 훈훈해졌습니다.
이 시간처럼 다른 사람들이 발견하는 나의 장점에 귀를 기울이고, 내가 어떤 사람인지 알기 위해 다양하게 시도하고 경험하면서 여러분의 소중한 꿈을 찾아가길 바라요.

놀이를 배움으로 up!

코칭 하나 의외의 직업을 써 준 친구에게 물어보는 시간을 통해 자신의 세계가 확장될 수 있도록 해 주세요.

친구들이 써 준 직업 중에 전혀 생각하지 못했던 꿈의 직업을 발견하면 아이들은 그 직업을 받아들고 좋아하기도 하고 놀라기도 하면서 어쩔 줄을 몰라 합니다. 그러면서도 '왜 나한테 이 직업을 써 줬지?' 하고 생각하며 상기된 얼굴로 고개를 연신 갸웃대기도 합니다. 그럴 때 그 직업을 선물한 친구에게 직접 가서 물어보는 시간을 주면 아이들은 친구들이 관찰하고 발견해 준 자신의 의외의 강점을 듣게 됩니다. 예를 들면, '판사'를 선물받고 친구에게 이유를 물었더니, "저번에 독서 토론 시간에 판정인 역할을 할 때 친한 친구 편을 안 들고 중립적으로 잘 해서."라는 이야기를 듣게 되면 아이는 친구가 발견해 준 강점으로 자존감이 높아지고, 자신의 세계가 확장되는 경험을 하게 되어 집단 속에서 큰 역동이 일어나게 됩니다.

코칭 둘 혹시 아이가 마음에 들지 않는 직업을 받고 마음이 상해할 때는 공감하고 지지하면서 선택의 주인은 자신이라고 말해 주세요.

간혹 친구가 선물해 준 직업을 받고 오히려 감정이 나빠지는 경우도 생길 수 있습니다. 바로 사회적으로 인정받거나 중요한 직업이 아니라고 본인이 느낄 때입니다. 이 경우는 꿈의 직업을 선물로 받았다고 생각하지 않고, 오히려 무시당했다고 생각할 수도 있습니다. 그럴 때는 먼저 아이의 강점을 충분히 끌어내어 지지해 주는 작업이 필요합니다. 예를 들어, 어떤 아이가 '계산원'이라는 직업을 선물받았는데 마음이 상해 있다면 그것을 써 준 친구에게 이유를 물어보게 합니다. 수학시간에 계산을 잘해서라고 대답했다면, 교사는 "친구가 너의 수학 능력을 보고 그 직업을 추천했던 거 같네. 친구 마음을 알고 나니 어때?"라고 마음을 연결하고 지지해 줍니다. 그리고 아이들이 알고 있는 직업 정보가 제한적일 수 있으므로 수학과 관련된 다른 직업을 알아보는 직업 탐색으로의 연계도 한 가지 방법이 될 수 있습니다. 마지막으로 이것은 친구의 마음과 의견일 뿐이니 참고로 받아들이고 선택은 언제나 자신이 하는 것이라고 말해 줄 수도 있습니다.

현장적용 Q&A

Q : 직업 선물하기, 감사장 수여하기 등에서 장난처럼 대충하는 아이들 때문에 전체 분위기가 흐려지면서 활동이 잘 이루어지지 않습니다. 어떻게 할까요?

A : 이 놀이의 진행에 있어 가장 중요한 열쇠는 바로 진지한 분위기를 형성하는 것입니다. 장난으로 하거나 대충하는 분위기 속에서는 직업을 선물하고 감사장을 전달하는 것은 의미가 퇴색됩니다. 따라서 진지하게 참여하는 분위기를 만들도록 활동 단계마다 계속적으로 강조하고 반복하는 것이 필요하

며, 교사의 시범을 통해 아이들이 보고 따라 할 수 있도록 하는 것이 가장 중요합니다. 활동하는 동안 잔잔한 음악을 들려주는 것도 분위기 형성에 도움이 됩니다.

Q : 아이들이 직업을 찾아 쓰는 속도가 일정하지 않아 기다리다 보면 계속 지체됩니다. 어떻게 할까요?

A : 아이들은 친구의 직업을 고를 때 매우 신중하게 생각하고 고르기 때문에 예상 시간보다 지체되는 경우가 많습니다. 따라서 아이들과 약속 신호를 미리 정해 놓는 것이 가장 중요합니다. 종, 악기, 박수, 멘트 등의 신호를 아이들과 미리 정해 놓고, 신호가 들리면 오른쪽으로 바로 건넬 수 있도록 연습하는 것이 좋습니다. 또 직업에 대한 정답은 없으므로 그 친구를 생각하면 떠오르는 바로 그 직업을 쓰도록 이야기합니다. 만약 시간적 여유가 있다면 아예 처음부터 2시간 정도를 넉넉하게 확보하여 아이들에게 충분히 시간을 주면서 활동한다면 더욱 깊이 있는 체험의 시간이 될 것입니다.

우리들의 성장스토리

나는 경찰이 되고 싶은 꿈을 가지고 있었다. 그렇지만 경찰이 아닌 다른 직업에도 관심이 있고 미련이 생겨서 고민스럽기도 했다. 오늘 Dream 드림 활동을 하면서 친구들이 나에게 멋진 꿈을 많이 선물해 주었을 때 너무 기분이 좋았고 놀랍기도 했다. 그런데 나는 이제 확신이 선다. 다른 직업 선물을 받아 보니 그런 것은 멋지게 보이지만 내가 원하는 것은 아니라는 것을 느꼈다. 경찰이라는 내 꿈이 얼마나 간절한지 알게 되었다. 나는 꼭 경찰이 될 것이다.

"친구야! 꿈꿔도 돼!"

자신을 긍정적으로 보는 사람은 누구의 영향도 받지 않고 발전적으로 행복한 삶을 살아가지만, 자신을 부정적으로 보는 사람은 자신의 약점에 초점을 두고 행복할 수 있는 다른 꿈을 꾸어 볼 용기조차 갖지 못하는 경우가 많습니다. 사람들은 주위에 있던 어떤 한 사람의 말 때문에 훌륭한 사람이 되기도 하고, 꿈을 꾸기도 하며, 꿈을 잃어버리기도 합니다. 어떻게 세상을 살아갈지 아직 잘 모르는 미완성의 아이들은 자신에게 주어진 세상 속에서 다른 세상을 꿈꾸어 보는 기회가 적습니다.

이 활동을 통해 친구들이 적어 준 직업을 보고 아이들은 자기 속에 있는 가능성을 찾아내기 시작합니다. 남들이 하니까, 부모님께서 하라고 하니까 피동적으로 받아들였던 직업을 능동적으로 관심 있게 알아보기 시작합니다. 친구들은 아이들에게 마음껏 꿈꾸라고 말해 줍니다.

[활동지 7-4]

나의 꿈

꼭 이루어집니다

[활동지 7-5]

직업 목록표(저학년용)

대통령	동물사육사	헤어 디자이너
교수	애완동물 미용사	패션 디자이너
교사	과학자	캐릭터 디자이너
검사	로봇 개발자	제빵사
변호사	우주비행사	아나운서
판사	비행기 조종사	(신문, 방송) 기자
경찰관	스튜어디스	성악가
경호원	동화 작가	가수
군인	시인	피아니스트
약사	운동선수	악기 연주자
의사	119 구조대원	발레리나
간호사	기관사	댄서
수의사	자동차 정비원	영화 감독
농부	화가	연기자
어부	만화가	모델
건축가	공예가 (종이접기, 유리, 도자기 등)	마술사
운전사	은행원	개그맨

[활동지 7-6]

직업 목록표(고학년용)

국회의원	동물학자	119 구조대원	가수
대통령	동물사육사	해변 안전요원	성악가
외교관	애완동물 미용사	사회복지사	피아니스트
공무원	환경학자	기관사	악기 연주자
교수	고고학자	자동차 정비원	발레리나
교사	과학자	자동차 디자이너	댄서
검사	과학수사요원	화가	영화 감독
변호사	로봇 개발자	만화가	영화 배우
판사	우주비행사	공예가(종이접기, 유리, 도자기 등)	연기자
경찰관	비행기 조종사	플로리스트	모델
경호원	스튜어디스	메이크업 아티스트	마술사
군인	동화 작가	네일 아티스트	개그맨
약사	시인	헤어 디자이너	성우
한의사	도서관 사서	캐릭터 디자이너	종교인 (목사, 신부, 스님 등)
수의사	수영선수	패션 디자이너	운전사
치과의사	야구선수	코디네이터	사업가
외과의사	축구선수	제빵사	판매원
간호사	육상선수	바리스타	은행원
농부	PD(프로듀서)	음식 연구가	프로게이머
어부	아나운서	사진 작가	소프트웨어 개발자 (프로그램, 앱 등)
건축가	(신문, 방송) 기자	관광 가이드	통역사

[활동지 7–6]

감 사 장

_______________님은

_______________________________하여

더 좋은 세상을 만드는 데 도움을

주셨기에 이 감사장을 드립니다.

년 월 일

꿈틔움키움피움 협회장 (인)

넷째 주

내 꿈아 날아라!

#목표 세우기 #풍선 띄우기
#꿈 #협력 #소통

한눈에 보는 활동과정

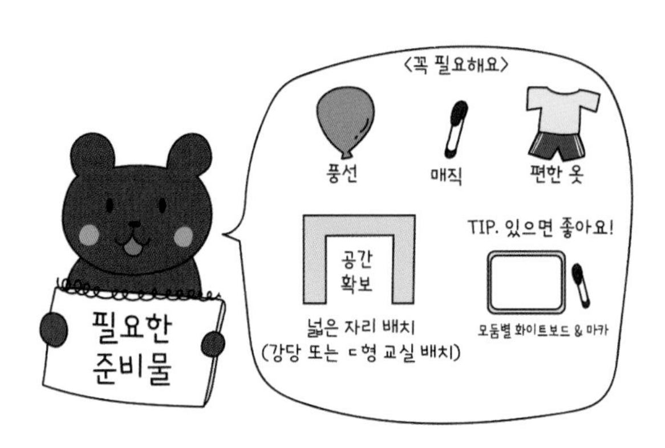

① 6인 1조(또는 5인 1조)로 모둠을 구성하여 원형으로 앉는다.

② 풍선에 각자 자신의 꿈을 적는다. (개별 또는 2인 1개)

<꿈 풍선 만들기>

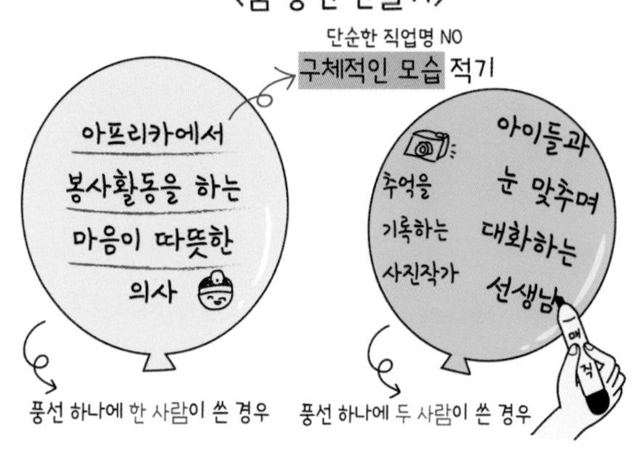

TIP. 꿈이 아직 없는 아이들에게는 20년 후 자기가 되고 싶은 성격이나 모습을 떠올릴 수 있도록 말해줍니다.

리더십 있고
용감한
멋진
여자

다른 사람을
행복하게
만들어주는
남자

③ 각자 자신의 꿈에 대해 이야기를 나눈다.

④ 5명은 손을 잡고 안쪽으로 바라보며 둘러선다.
원 밖에서 안쪽으로 풍선을 넣어주는 '꿈띄우미' 1명을 정한다.

〈꿈 띄우미의 역할〉

1. 풍선 넣어주기
2. 구호 시작하기
3. 떨어질 풍선
   적극적으로 살리기
4. 풍선을 몇 번
   치는지 확인하기
5. 친구들의 안전 살피기

⑤ 꿈띄우미가 "내 꿈아~"라고 외치면 모둠원이 "날아라!"라고 외치고, 꿈띄우미는 풍선을 1개 넣어준다.

⑥ 모둠원은 손과 몸을 이용하여 풍선(꿈)이 바닥에 떨어지지 않도록 띄운다.

⑦ 풍선을 띄우는 데 익숙해지면
다른 풍선을 추가로 넣고 계속 띄운다.

⑧ 풍선 띄우기에 능숙해지면 모둠 목표를 정한다.

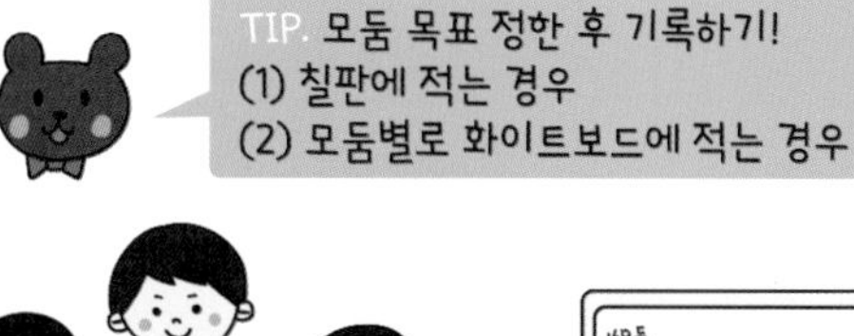

의논
하기

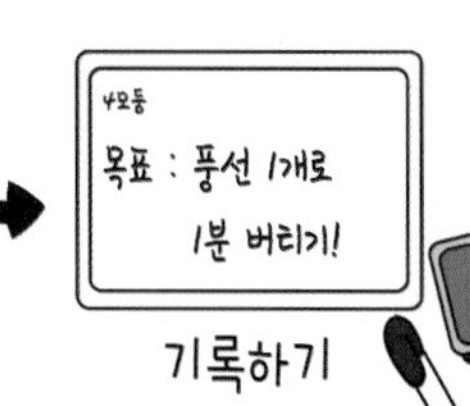

기록하기

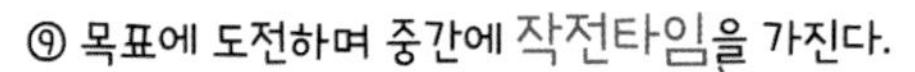

놀이진행하기

들어가기

- 풍선으로 무엇을 해 볼 것 같아요?
- 내 꿈을 풍선에 적어 보고, 띄워 보는 시간을 가져 봅시다.

놀이하기

● 풍선에 꿈 적기

- 여섯 명이 한 모둠이 되어 안쪽을 바라보며 둥글게 앉아 보세요.
- 두 사람이 한 개의 풍선을 사용하여 각자 자신의 꿈을 적어 보겠습니다.
- 20년 뒤 나의 꿈을 머릿속에 그리며 '아프리카에서 봉사활동을 하는 마음이 따뜻한 의사' '아이들과 눈 맞추며 대화하는 선생님'처럼 구체적으로 적어 봅시다.
- 꿈이 아직 없는 친구는 20년 후 자기가 되고 싶은 '모습'을 떠올려 보세요. 예를 들면, '여러 사람을 이끌어 가는 리더십 있는 사람' '다른 사람을 행복하게 만들어 주는 사람' 등이 있겠지요?

<꿈 풍선 만들기>

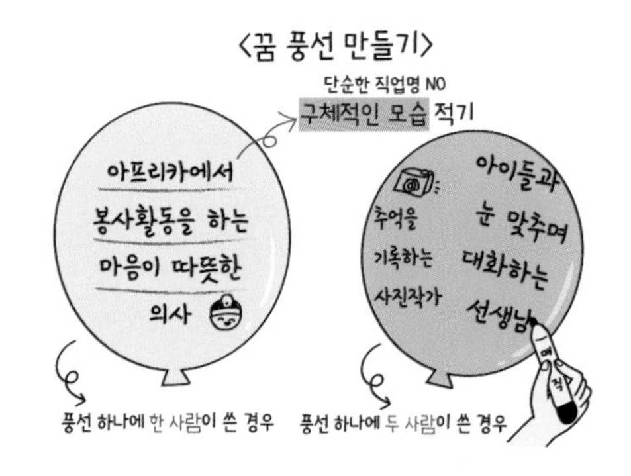

TIP. 꿈이 아직 없는 아이들에게는 20년 후 자기가 되고 싶은 성격이나 모습을 떠올릴 수 있도록 말해줍니다.

● 모둠에서 자기가 적은 꿈 이야기 나누기

• 모둠에서 자신의 꿈에 대한 이야기를 나눠 봅시다.

● 모둠별로 손 잡고 꿈풍선 띄워 보기

• 이제 꿈을 함께 띄워 보겠습니다. 한 모둠이 앞으로 나와 활동 방법을 보여 주겠습니다(6인 1조).
• 다섯 명은 손을 잡고 안쪽을 바라보며 서세요.
• 나머지 한 명은 '꿈띄우미'가 되어 원 밖에서 안쪽으로 꿈풍선을 띄워 줍니다.
• '꿈띄우미'는 다양한 역할을 갖고 있습니다. 첫째, 풍선을 넣어 줍니다. 둘째, 구호를 시작합니다. 셋째, 떨어질 풍선을 적극적으로 살려냅니다. 넷째, 풍선을 몇 번이나 띄웠는지 수를 셉니다. 마지막으로 친구들의 안전도 살펴봐야 합니다.

• 꿈띄우미가 "내 꿈아~"라고 외치면 나머지 모둠원은 "날아라!"라고 답하며, 꿈띄우미가 풍선 하나를 원 안쪽으로 넣어 줍니다.
• 우리 모두 구호 연습을 한 번 해 볼까요? "내 꿈아~" "날아라!"
• 나머지 친구들은 손과 몸을 이용해서 풍선이 떨어지지 않도록 띄워 주면 됩니다.
• 앞에 나와 있는 친구들이 한 번 해 보겠습니다.

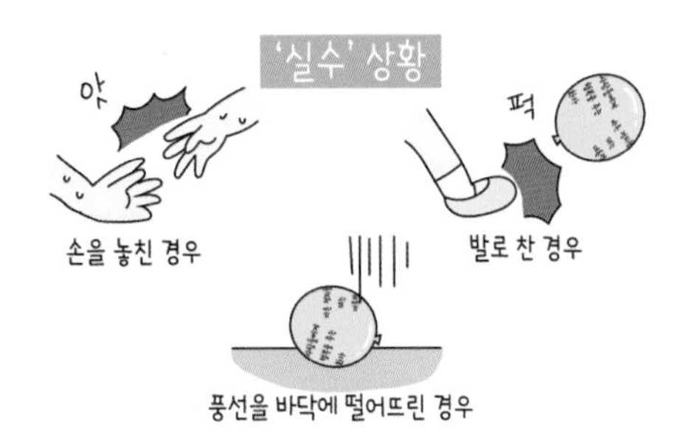

• 마주 잡은 손이 떨어지거나, 발을 사용하거나, 풍선이 땅에 닿으면 '실수' 상황이에요.

• 이때 실수를 발견한 사람이 "실수"라고 외치고 모둠원은 "오케이!"라고 대답합니다.
• 구호 연습을 한 번 해 볼까요? "실수" "오케이!"
• 실수 상황에서는 구호를 크게 외친 뒤 힘을 모아 다시 도전하면 됩니다.

실수를 발견한 사람이 "실수!"라고 외치면

• 모두 다 함께 꿈 띄우기를 연습해 봅시다.
• 하나의 풍선이 익숙해졌다면 이번에는 두 개, 세 개까지 풍선을 추가해 보세요.
• 두 개, 세 개의 풍선이 모두 떨어지지 않도록 집중해야 합니다.
• 모둠별로 한 번 해 보세요.

● 모둠별로 목표 정해서 도전하기

• 이제 모둠의 목표를 한 번 정해 보겠습니다.
• '풍선 한 개로 1분 버티기' '풍선 두 개로 30초 버티기' 등 모둠에서 도전할 수 있는 각자의 목표를 정하고 칠판에 써 보세요.
• 목표는 언제든 수정이 가능합니다.

(1) 목표에 도달할 수 있는 방법에 대한 협의 시간

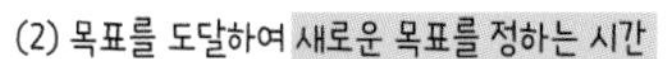

(3) 달성하지 못한 목표를 알맞게 조절하는 시간

● 모둠별로 목표한 것을 어떻게 이루었는지 발표하기

• 각 모둠의 도전 이야기를 들어보겠습니다.

마무리하기

● 활동 후 소감나누기

• 풍선에 꿈을 적고, 친구들에게 소개해 보고, 꿈을 띄워 보기도 했습니다. 이 활동을 통해 새롭게 알게 된 점이나 도움이 된 부분이 있나요?

이런 질문도 해 보세요!

• 나의 꿈을 친구들과 함께 띄워 보며 어떤 생각이나 느낌이 들었나요?

• 놀이를 꿈을 이루는 과정과 연결하여 생각해 봅시다. 무엇을 알게 되었나요?

오늘 여러분이 함께 꿈을 이루기 위해 노력하는 모습을 보니 정말 자랑스럽고 대견했습니다. 꿈을 이루려면 이렇게 여러 사람의 도움이 필요하답니다. 어려움이 생겼을 때는 툭툭 털고 다시 도전하고, 차근차근 목표를 설정하여 앞으로 나아가 여러분의 꿈을 이루길 바랍니다.

놀이를 배움으로 up!

코칭 하나 풍선놀이를 꿈과 연결시켜 보세요.

'아프리카에서 봉사활동을 하는 마음이 따뜻한 의사!' 이렇게 아이들의 꿈을 풍선에 쓰게 하면 그 순간부터 아이들은 놀이 내내 풍선을 자기 꿈처럼 소중하게 다룹니다. 놀이가 끝난 풍선을 교실에 전시하면 서로의 꿈을 함께 나눌 수 있고, 즐거웠던 놀이의 추억을 떠올리는 자료로도 활용할 수 있습니다.

코칭 둘 모둠별로 목표를 정해서 이루어 보세요(경쟁보다는 협력!).

이 놀이에는 두 가지의 중요한 목표가 있습니다.

첫째, 각 모둠의 목표입니다. 모둠은 각각 목표를 정하고 그 목표에 도달하기 위해 힘을 모아야 합니다. 모둠 목표는 칠판이나 미니 보드에 적고 목표를 달성하면 동그라미로 표시합니다. 목표는 도중에 얼마든지 수정이 가능합니다. 이렇게 공개적으로 목표를 공유하면 도전 의식이 생기고 모둠 간 긍정적인 자극이 됩니다.

둘째, 학급의 모든 모둠이 목표에 도달해야 합니다. 우리 모둠만 목표에 도달하고 끝이 난다면 그것은 또 다른 모둠별 경쟁이 될 수도 있습니다. 각 모둠의 성공이 학급 전체의 성공으로 이어질 때 단합과 협동을 경험할 수 있습니다.

코칭 셋 어떻게 목표를 이루었는지 꼭 발표하게 해 주세요.

모둠별로 목표를 정해서 풍선놀이를 하고 난 뒤 각 모둠이 어떻게 목표를 이루었는지 이야기해 보도록 합니다. "처음에 너무 높은 목표를 잡아서 하다 보니 어려웠어요. 하지만 목표를 수정해서 성공했어요." "쉬운 것부터 차근차근하게 목표를 이루어 ○○까지 하게 되었어요." "저희 모둠은 풍선을 천천히 쳤더니 오랜 시간 동안 띄울 수 있었어요." 등 다양한 성공 이야기와 비법이 나옵니다.

목표를 정하고 함께 이루어 나가면서 겪게 되는 다양한 이야기를 꿈을 이루는 과정과 연결 지어 보세요.

현장적용 Q&A

Q : 풍선 띄우기 활동이 끝난 후 풍선은 어떻게 처리하나요?

A : 자신의 꿈이 적힌 풍선은 아이들에게 나름대로 의미가 있는 것입니다. 게시판 위에 붙여서 전시를 하면 아이들의 꿈을 볼 수도 있고 환경 정리도 되는 1석 2조의 효과가 있습니다. "꿈풍선을 전시해 두니까 어떤가요?"라고 물어보면, "친구들의 꿈이 다양한 것을 알아서 친근해요." "내 꿈이 이루어지면 좋겠고, 미래에 친구들의 꿈도 꼭 이루어지면 좋겠어요."라면서 매우 뿌듯해합니다. 그런데 이 풍선은 하루이틀 시간이 지나면서 바람이 빠집니다. 아이들이 놀라고 실망한 듯하지만, "바람 빠진 풍선을 보니 어떤 생각이 드나요?"라고 물으면, "작은 희망이라도 남아 있잖아요." "꿈풍선은 작아졌지만 내 꿈을 포기하는 일이 없었으면 좋겠어요."라고 말합니다. 아이들의 마음이 단단해지는 것 같았습니다.

Q : 꿈 활동과 관련지어서 피드백이 나오지 않고, "협동해서 좋았어요." "노력하면 성공할 수 있다는 걸 알았어요."라고 말할 때 어떻게 하면 꿈과 관련지어 말하게 할 수 있을까요?

A : 우선 아이들의 어떤 대답도 수용해 주는 것이 좋습니다. "지금 네가 한 발표를 꿈을 이루어 가는 과정과 연결시켜 다시 말해 볼래?"라고 질문해 보세요. "내 꿈을 이루려면 다른 사람의 도움도 필요하다는 것을 알게 되었어요." "꿈풍선이 떨어져도 다시 시작하는 것처럼 꿈을 이루는 과정에서 실패할지라도 다시 시작하면 된다는 것을 알게 되었어요."라는 피드백으로 전환될 수 있답니다.

Q : 다른 사람들과 경쟁하지 않고 자신의 목표를 향해 노력하는 것이 중요함을 알게 해 주려면 어떤 질문이 좋을까요?

A : 먼저 "각자가 세운 목표를 이루기 위해 모두 열심히 했는데, 누가 가장 잘했다고 생각하나요?"라고 물어봅니다. 그러면 대부분의 학생들은 자신의 모둠이 제일 잘했다고 말합니다. 이번에는 "자신의 모둠이 가장 잘했다고 생각하는 이유는 뭔가요?"라고 다시 물어봅니다. 학생들은 "목표한 것을 이루었기 때문입니다." "협동을 잘 했기 때문입니다." "실수해도 다시 도전했기 때문입니다." 등으로 발표합니다. "그렇군요. 우리는 모두 잘한 거네요. 남과 경쟁하지 않고 스스로가 정한 목표에 도전해서 배려하고 협력하는 그 과정 자체가 중요하다는 것을 여러분이 알게 되어 정말 기쁩니다."라고 마무리해 보세요.

우리들의 성장스토리

다문화 친구와 하나 되는 시간

○○는 다문화가정 학생으로 체격이 크고 행동이 느리며 수업시간 참여도가 매우 낮았습니다. 학업성취도 부진한 편이라 모둠 활동을 하면 가만히 앉아 있기만 해서 다른 친구들이 답답해하는 편이었습니다. 그런데 이 활동에서 ○○는 꿈띄우미 역할을 적극적으로 잘했습니다.

○○가 어떻게 잘했는지 아이들에게 물었더니, "꿈풍선을 친구들 머리 가까이 던져 주어 풍선을 잘 치도록 만들어 줬어요. 그래서 계속 잘할 수 있었고, 고마웠어요."라고 말했습니다. 이 말을 들은 ○○의 얼굴에 미소가 가득했습니다. 이후 ○○는 다른 놀이활동에서도 가끔 놀랄 만한 민첩함을 보이면서 친구들과의 친밀감을 높여 갔습니다.

모두의 목표를 이루는 뿌듯함

△△는 반장입니다. 자신의 의견을 조리 있게 잘 표현하고 똑소리 나는 학생이지요. 어떤 활동에서도 뛰어난 역량을 선보였습니다. 하지만 가끔 잘 해내겠다는 생각이 앞서 친구들과 작은 다툼이 일어나거나 스스로 마음의 불편함을 느끼기도 했습니다. 활동 후 △△는 "오늘은 평소보다 더 기쁜 것 같아요. 모두가 성공하는 기분도 남달랐어요."라고 말했습니다. 우리 모둠의 목표를 위해서 열심히 노력하고, 동시에 다른 모둠과도 경쟁을 넘어선 지지와 응원의 마음으로 활동의 즐거움을 만끽했습니다.

함께 나아가는 우리들의 행복한 순간

"저희 모둠은 잘해서 계속 목표를 높였어요. 할 때마다 성공하니까 정말 신이 났어요. 도전이 계속되니 무엇이든 할 수 있다는 자신감이 생겼어요!" 얼마나 반갑고 뭉클한 한마디인지. ○○이의 모둠에서 생각지도 못한 피드백을 듣고 마음이 벅차올랐습니다. ○○이는 또래 친구들보다 감정 통제가 어렵고, 작은 일에도 큰 좌절을 느끼며 마음의 불편함을 괴성으로 표현하는 학생입니다. 오늘도 아이들은 ○○이가 소리를 지르며 짜증을 내니 힘들어했지만, 계속 구호를 연습하고 작전 타임을 가지며 자신들만의 해결방법을 찾아 나갔습니다. 그리고 목표를 차근차근 높여 가기 시작했다. 성공할 때마다 기분이 좋아진 ○○이가 소리를 질렀지만, 실패했을 때의 반응과 사뭇 달랐습니다. 성공 후 다 같이 기쁨의 박수를 치는 아이들을 보며 나 또한 마음의 울림이 커졌습니다.

오늘의 MVP가 된 ○○이와 친구들에게 활동 모습을 사진으로 담아 선물로 주었습니다. 알록달록 풍선 못지않게 예쁘게 피어나는 아이들의 마음이 담긴 모습은 나에게도 소중한 선물이었습니다.

9월

도전

첫째 주

러닝맨! 꼬리를 잡아라

#모두 술래 #꼬리잡기 #협력 #발산

한눈에 보는 활동과정

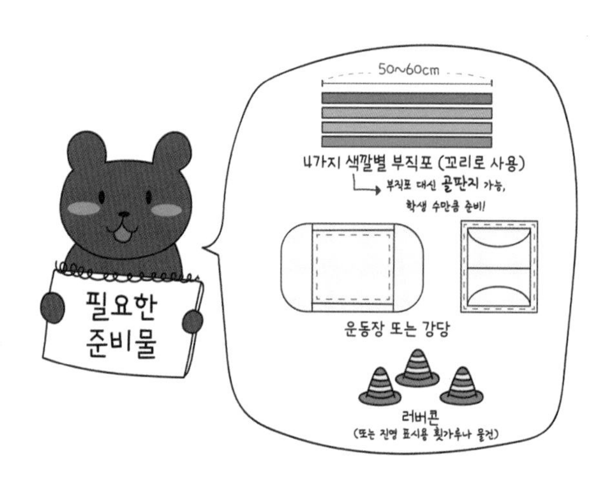

① 4개의 팀으로 나누고 각 진영으로 이동한다.

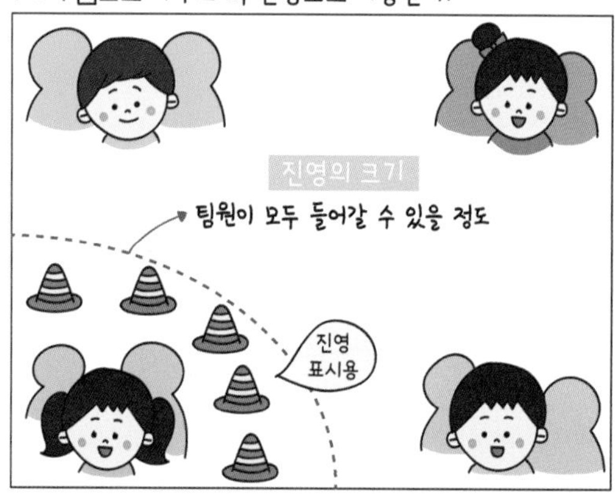

② 꼬리를 달고 놀이 규칙을 익힌다.

③ 안전한 놀이를 위한 주의사항을 몸으로 설명한다.

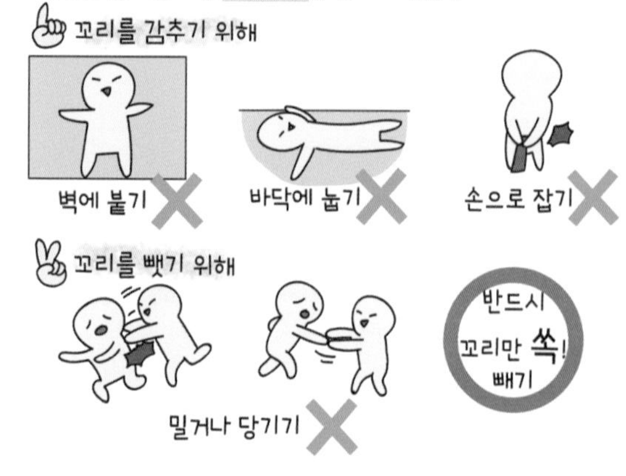

④ 선생님의 신호에 따라 모두 진영 밖으로 나가 꼬리를 빼앗는다.

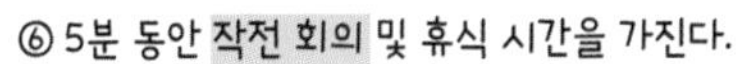

⑤ 선생님의 신호에 따라 모두 자기 진영으로 돌아가 중간 결과를 확인한다. (확인 후 꼬리는 다시 가져간다.)

⑥ 5분 동안 작전 회의 및 휴식 시간을 가진다.

⑦ 작전 회의 후 선생님의 신호와 함께 후반전 놀이를 시작한다.
⑧ 놀이 후 최종 결과를 확인하고 발표한다.

놀이진행하기

들어가기

• 꼬리를 달고 팀끼리 서로 협력하여 단체 꼬리 뺏기 놀이를 해 봅시다.

놀이하기

● 놀이 방법 알아보기

• 전체를 네 팀으로 나누겠습니다.
• 부직포 조각을 절반 정도만 바지 속으로 넣고 남은 반은 허리 아래로 떨어뜨려 꼬리처럼 보이게 합니다.
• 선생님이 표시한 네 개의 진영 안에 한 팀씩 들어갑니다.
• 선생님의 신호에 따라 모두 진영 밖에 나와서 우리 팀을 제외한 다른 세 팀의 꼬리를 빼앗으면 됩니다.
• 꼬리를 빼앗긴 친구는 자기 팀 진영으로 돌아가 앉아 있도록 합니다.
• 꼬리를 잡아 빼는 데 성공하면 "○○ 아웃!"이라고 외쳐 꼬리가 사라졌음을 알려주세요.
• 빼앗은 꼬리는 우리 진영 안의 팀원에게 갖다 줍니다.

● 주의사항 확인하기

① 꼬리를 빼앗을 때–밀거나 당기지 않기
② 팔이나 옷 붙잡는 행위 금지
③ 꼬리를 감추기 위해 벽에 붙거나 바닥에 눕지 않기
④ 꼬리를 빼앗기지 않으려고 손으로 잡거나 가리지 않기

• 반칙 행위가 반복되면 해당 학생을 1분간 퇴장시키거나 심판이 두 팀의 꼬리 하나를 빼앗을 겁니다.

● 꼬리잡기 활동 실제로 해 보기

- 선생님이 호루라기를 불면 뛰어나와 신나게 꼬리잡기 활동을 하면 됩니다. 약 5분 정도의 시간이 지나면 호루라기로 다시 신호를 보내겠습니다. 그때는 각자 집으로 돌아가도록 합니다.

  tip 신호와 함께 전반전 놀이 시작! 아이들의 지친 정도를 살피며 5~10분 정도의 시간을 준다.

모든 학생들은 자신의 진영으로 돌아가 주세요~

- 각 팀의 대표는 획득한 꼬리를 모아서 선생님에게 가져오세요. 선생님이 숫자를 기록해 두고 다시 원래의 각 팀에게 꼬리를 돌려주겠습니다.

  tip 모둠별 꼬리 개수 발표하기

- 5분 정도 작전 타임 및 휴식시간을 주겠습니다. 두 번째 경기 전에 어떻게 하면 더 많은 꼬리를 획득할 수 있을지 의논해 보세요.

  tip 각 팀을 돌며 적절한 조언과 갈등 중재하기

- 두 번째 놀이를 시작하겠습니다. 작전 타임 동안 의논한 대로 하여 더욱 많은 꼬리를 획득해 보세요.

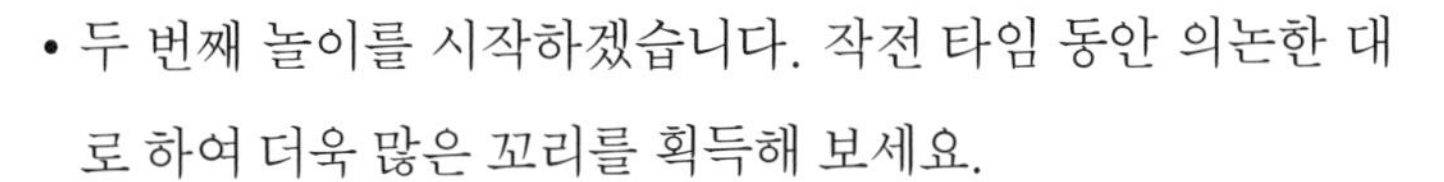

  tip 호루라기 신호와 함께 후반전 놀이 시작하고 약 5분 뒤 다시 신호를 주어 집으로 복귀시키고, 꼬리 수 확인하기

- 모두 한곳으로 모이겠습니다.

  tip 강당이나 운동장의 네 귀퉁이에 모여 있던 학생들을 마무리 활동을 위해 모음

- 후반전을 마친 결과, 각 모둠별 꼬리 수를 발표하겠습니다!

마무리하기

● 활동 후 소감나누기

• 이번 시간에는 꼬리잡기 놀이를 해 보았습니다. 활동을 통해 새롭게 알게 된 점이나 도움이 된 점이 있나요?

• 특히 도움이 된 친구나 작전이 있었나요?

여러분이 재미있게 놀이를 하면서 서로를 위해 정한 규칙을 잘 지켜 줘서 너무 고맙고 뿌듯합니다. 작전 타임 때 친구들과 의견을 주고받고 놀이 과정에서 서로 협동하는 모습에서 여러분이 생각하고 느낀 것들을 잊지 않고 생활 속에서 실천해 보는 건 어떨까요.

이런 질문도 해 보세요!

• 작전 타임이 성공한 팀이 있나요?
–어떻게 하였더니 꼬리를 더 얻는 데 도움이 되었나요?

• 다음에 또 해 본다면 어떤 부분을 다르게 해 볼 건가요?

놀이를 배움으로 up!

코칭 하나 팀과 함께하는 활동임을 강조해 주세요.

일반적인 술래잡기는 술래도 개인이고 다른 아이들도 개인으로 하는 활동입니다. 그러나 꼬리잡기는 서로 협력하여 문제를 해결하고, 팀원의 존재 가치를 느낄 수 있는 팀 활동입니다. 나의 꼬리도 지켜야 하지만 팀 친구의 꼬리도 함께 지켜 주어야 승리할 수 있으므로 격려하여 자연스럽게 협동이 일어나게 합니다.

코칭 둘 중간 작전 타임 시간을 충분히 주어 토의 활동이 일어나도록 도와주세요.

아이들은 더 많은 꼬리를 잡기 위해 나름의 생각을 열심히 모둠원들과 나눕니다. 엉뚱한 생각도 하고, 친구들에게 핀잔을 듣기도 합니다. 하지만 의논을 활발히 한 모둠일수록 후반전에서 자신들이 정한 작전을 수행하기 위해 매우 노력하는 모습들이 보입니다. 때로는 작전이 합리적이지 못하고 엉뚱한 곳에서 작전 실패가 나오기도 합니다. 하지만 이렇게 즐겁고 신나는 놀이활동에서 아이들이 서로 생각을 나누고, 다른 사람의 의견을 경청하며, 공동의 합의된 목표를 위해 노력하는 모습은 그 자체로 아름다운 모습이 아닐까요?

코칭 셋 전체 피드백을 통해 아이들의 불만을 수용하고 놀이에 적용시켜 주세요.

활동을 하면서 여러 반칙들이 있다고 여기저기서 성토를 하는 상황이 생깁니다. 상의를 깊이 넣지 않은 경우 꼬리가 안 보였다고도 하고, 팔을 잡아끌었다고도 하고, 쓰러뜨리고 꼬리를 빼 갔다고 하기도 합니다.

반칙 때문에 졌다고 생각하면 아이들은 수긍하지 않으며 놀이는 불만으로 끝이 나게 됩니다. 이때 전체 피드백을 통해 모두 다 상의를 깊숙이 넣기를 약속하고, 반칙에 해당하는 행위를 다시 명확히 할 수 있으며, 때로는 교사가 미처 생각하지 못한 반칙에 대해서도 이야기 나눌 수 있습니다.

현장적용 Q&A

Q : 다른 사람이 자기 꼬리를 못 건드리게 손으로 꼬리 가리기, 주저 앉기, 벽에 붙기 같은 행위가 나옵니다. 아무리 지도하여도 반칙을 하는 아이들이 많이 생기는데, 좋은 방법이 있을까요?

A : 앉거나 벽에 붙는 행위는 강하게 금지하고, 그런 행위가 발생하면 다른 아이들이 몸의 아무 곳이나 터치하는 것만으로 그 학생의 꼬리를 빼앗을 수 있도록 하면 됩니다. 단체 놀이에서 반복적으로 반칙을 하는 학생은 수차례 주의를 주다가 놀이에서 배제시키는 경우가 많습니다. 그보다는 1분 퇴장 등의 제도를 이용하면 효과적으로 반칙 행위를 막을 수 있습니다.

Q : 반드시 부직포로만 꼬리를 이용하나요? 다른 도구로 가능한 것은 없나요?

A : 부직포가 활동에 아주 적합하지만 다른 대용품도 얼마든지 있습니다. 수건이나 붕대, 버려진 플래카드천, 색도화지, 골판지, 색마분지, 리본 등도 가능합니다. 같은 색상의 재료보다는 모둠별로 다른 색깔로 준비해 주는 것이 더욱 좋습니다.

Q : 꼬리를 잡히지 않으려고 여럿이 뭉쳐서 한곳에 손을 잡고 서 있는 경우가 있습니다. 이럴 땐 어떻게 해야 할까요?

A : 계속 방어만 하고 공격에 적극적으로 참여하지 않는 경우에는 패널티를 적용하거나 가만히 서 있는 경우 교사가 꼬리를 뗄 수 있음을 알리고, 양팀의 소극적인 아이에게 접근하면 훨씬 큰 역동이 일어납니다.

Q : 활동을 하다 보면 지쳐서 활동의 재미가 반감하거나, 반대로 너무 과격해질 때가 있어요. 어떻게 해결할까요?

A : 활동 장소의 넓이와 시간의 조절이 필요한 것 같습니다. 매우 넓은 운동장에서는 아이들이 더 많은 거리를 뛰어야 하기 때문에 빨리 지치고 활동성이 떨어지게 됩니다. 학급의 인원이 20명대이면 넓이를 줄이고, 30명이 넘어가면 더 넓혀 주어야 충돌 등의 사고가 줄어들겠죠. 경기 시간도 중요한데요. 한 경기에 5분 이내가 적당하며 강당 같은 소규모 장소에서는 1회의 활동 시간을 더욱 단축하고 여러 번의 경기를 하는 것이 좋습니다.

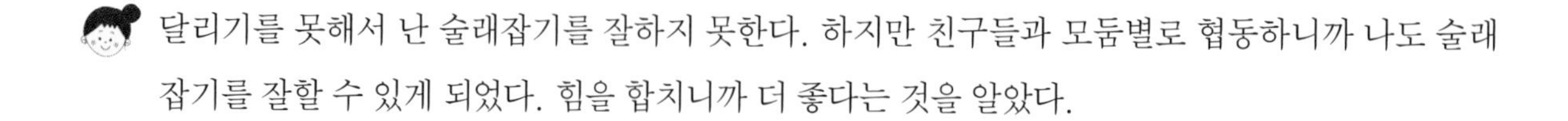

우리들의 **성장스토리**

달리기를 못해서 난 술래잡기를 잘하지 못한다. 하지만 친구들과 모둠별로 협동하니까 나도 술래잡기를 잘할 수 있게 되었다. 힘을 합치니까 더 좋다는 것을 알았다.

술래잡기는 개인별로 하는 놀이인줄 알았는데 팀별로 해서 신기했다. 친구들이 내 꼬리를 보호해 주려고 노력하고, 나도 우리 팀들의 꼬리를 보호하려고 노력했다. 술래잡기인데도 친구들의 소중함을 생각하게되는 멋진 협동놀이인 것 같다.

협동이 필요하다고 체육 선생님이 말해서 속으로 달리기 잘하는 애들이 많은 팀이 이길 거라고 생각했다. 그래서 '협동할 게 뭐 있나?' 했는데 친구들이 내 뒤에서 "야 뒤에 뒤에!" 하고 말해 줘서 잘 피했다. 그래서 작전 타임을 하고 나서 막 몰려다니면서 소리쳐 주기로 했는데 1등을 하게 되었다.

아이들의 즐거움, 교사의 보람

3학년 여학생 중에 굉장히 부정적이고 뭔가 냉소적인 반응으로 일관하는 학생이 있습니다. 교사로서 나름 알차게 수업을 준비하여도 그 학생의 입에서는 늘 "시시해요." 혹은 "아, 재미없네!"라는 말이 튀어나오고, 그 말들은 나의 가슴에 못을 박습니다. 대부분의 아이들이 좋아하고 있다는 것을 알지만, 그 아이의 한마디가 교사로서의 자존감을 떨어뜨리곤 합니다. 그런데 공개 수업을 준비하면서 기획한 '러닝맨! 꼬리를 잡아라' 활동 적용 수업을 한 직후였습니다. 종이 치고 교실로 올라가면서 그 아이가 나에게 한마디 슬쩍 던졌습니다. "샘~! 오늘은 쫌 재미있었어요. 신경 좀 썼네요~."

남자 대 여자, 도전하게 하는 놀이

보통 체육 시간에는 남자 대 여자로 편을 나누기가 쉽지 않습니다. 아예 상대가 되지 않을 만큼 체력이나 기술이 많이 차이 나기 때문에 그렇게 편을 나눌 경우 시시해하고 재미없어 하지요. 그런데 어쩐 일인지 러닝맨 놀이에서는 여자아이들이 아주 자신감을 보입니다. "편을 어떻게 나누어 볼까?" 하는 물음에 여자아이들이 여자 대 남자로 편을 나누어 해 보자는 겁니다. "정말? 진짜? 자신 있어?" 몇 번을 물어도 아주 큰 소리로 "예." 하고 대답합니다. 결과는 물론 여자아이들의 완패로 끝났지만, 여자아이들의 패기와 도전의식만큼은 대단했습니다.

놀이 속의 진짜 토의

아이들과 토의 수업을 하면 모든 학급의 아이들이 절차와 규칙에 맞게, 그리고 열성적으로 토의에 참가하는 것을 보기는 쉽지 않습니다. 자신감이 없거나 말주변이 부족한 아이는 나서지도 못하고, 모둠에서 일부 언어 능력이 우수한 아이들이 돋보이기도 합니다. 또한 수업시간에 이루어지는 토의 주제들이 그만큼 아이들에게 와닿지 않는지도 모르겠습니다. 하지만 이 놀이의 작전 타임 시간에 이루어지는 토의 장면들은 놀랍습니다. 어느 누구 못지 않게 열성적으로 자신의 의견을 얘기하고, 하나의 의견으로 모아 가는 활동은 치열하기도 합니다. 모두가 자신의 방법을 관철하기 위해 노력합니다. 또한 모둠에서 선정된 방법은 잠시 후 바로 그 적절성이 확인됩니다. 토의의 결과가 바로 현실에서 적용되는 수업은 교사로서 긍정적인 경험이었습니다.

어떠한 과목 수업에서보다 살아있고 실제적인 토의 수업이 꼬리잡기라는 간단한 놀이로 완성된 것입니다.

둘째 주

바람 나르기

#도전 #구슬 #길 #공동의 목표

한눈에 보는 활동과정

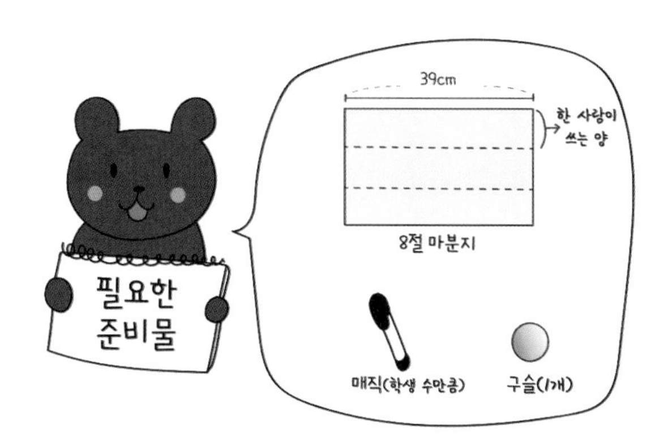

① 자신의 마분지를 가로로 3등분하여 이름, 내가 할 수 있는 행동, 공동의 바람을 적는다.

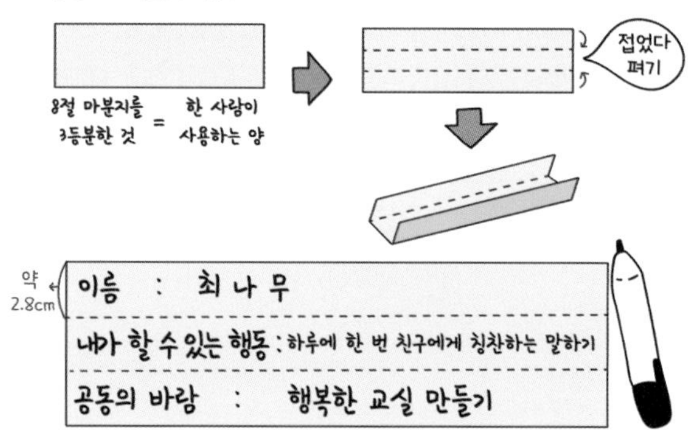

시범 보이기  바람 구슬 나르기 (②~⑤)

② 7명이 한 줄로 옆으로 서서 마분지를 연결한다. (한 팀은 8명)

③ 처음 사람이 마분지에 구슬을 굴려준 후, 줄의 맨 뒤로 가서 마분지를 연결한다.

④ 처음 사람이 구슬을 다음 사람에게 굴려주고 맨 뒤로 가서 마분지를 연결하는 구슬 옮기기 과정을 반복한다.

⑤ 구슬을 떨어뜨리면 그 사람부터 처음 시작한 자리로 돌아가서 다시 구슬 옮기기를 시작한다.

⑥ 작전 타임을 가진 후, 바람 구슬 나르기를 반복한다.

⑦ 학급 전체를 한 팀으로 하여 공동의 바람을 크게 한 번 외치고 바람 구슬 나르기를 한다.

출발지와 목적지를 함께 정한 후 시작해요.

놀이진행하기

들어가기

- 여러분, 우리 반이 어떤 반이 되면 좋을지 한 번 말해 볼까요? (예: 행복한 교실 만들기)
  –'행복한 교실 만들기'라는 우리 반 친구들의 공동의 바람이 있군요.
- 여기 보이는 이 구슬은 우리 반 친구들의 바람을 담은 구슬입니다. 여러분이 바람길을 만들어 이 바람구슬을 목적지까지 옮기는 활동을 해 봅시다.

놀이하기

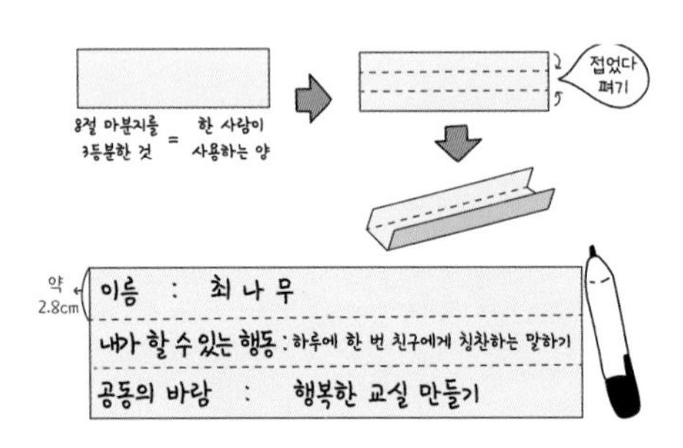

● 공동의 바람과 내가 할 수 있는 행동 적기

- 각자 자신의 마분지에 이름과 공동의 바람, 바람을 이루기 위해서 자신이 할 수 있는 행동을 구체적으로 적어 봅시다. 예를 들면, 내가 할 수 있는 행동에는 '하루에 한 번 친구에게 칭찬하는 말하기'를, 공동의 바람에는 '행복한 교실 만들기'를 적으면 됩니다.

● 바람구슬 나르기 활동 방법 안내

- 여러분은 구슬에 바람을 실어서 목적지까지 가져가 보는 활동을 할 겁니다.
- 먼저 8명이 한 팀이 되어서 자리에 앉아 봅시다.
- 선생님이 활동하는 방법을 설명하겠습니다. 시범을 보일 8명 친구들은 앞으로 나옵니다.

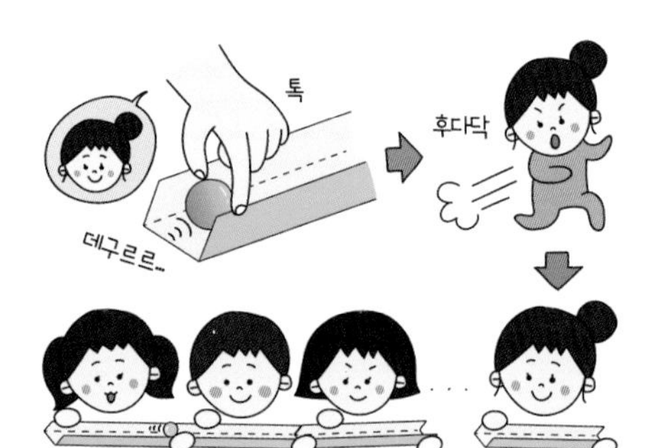

활동 안내

① 바람구슬을 전달하기 위해 8명이 옆으로 한 줄을 서서 마분지를 관처럼 연결해요.

② 처음 서 있는 사람이 구슬을 다음 사람에게 굴려 주고, 구슬을 굴려 준 사람은 맨 뒤에 가서 다시 마분지를 연결해요. 그런 방법으로 반복해서 목적지까지 갈 거예요.

③ 마분지를 따라 구슬 옮기기를 반복하다가 만약 떨어뜨리면 "실수, OK"라고 크게 외치며 떨어뜨린 사람부터 처음 시작한 자리로 돌아가서 다시 구슬을 옮기면 됩니다.

● 8인 한 팀이 되어 바람구슬 나르기

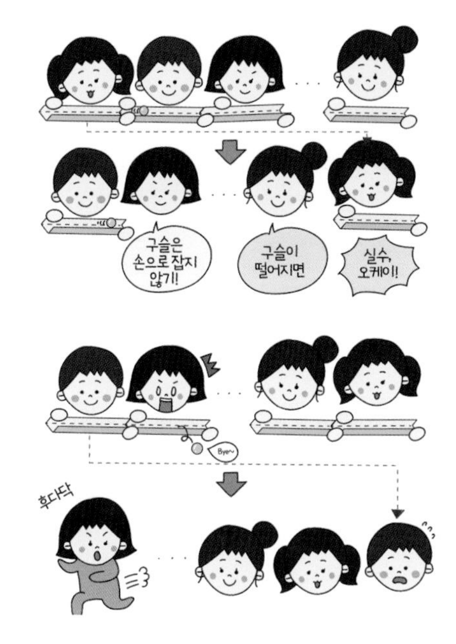

- 8명 모둠 친구들이 각 모둠별로 목적지를 정해 봅시다.

  tip 예를 들면, 목적지는 '강당의 무대 앞 부분에서 강당 끝 출입문' 이렇게 정할 수 있습니다.

- 모둠별로 목적지를 다 정했으면 바람구슬 나르기를 시작하겠습니다. "바람길 여행을 떠나요~"라고 함께 외쳐 주세요.

● 작전 타임 후 바람구슬 나르기

- 구슬에 담긴 우리 공동의 바람을 옮기는 것이 마음처럼 쉽지 않지요? 어떻게 하면 구슬을 떨어뜨리지 않고 잘 전달할 수 있을지 친구들과 작전을 짜 봅시다.

  tip 구슬의 움직이는 속도 조절 및 마분지를 잡는 위치 등에 대해 학급 아이들이 스스로 연구하여 방법을 찾도록 시간을 줍니다. '지그재그로 서기' '속도 조절하기' '한 줄로 설 때 막아서지 않기' '경사 완만하기' 등 다양한 작전이 나옵니다.

- 작전 타임 후 8명이 다시 바람구슬 나르기 활동을 해 봅시다.
- 적당히 여러 모둠이 성공하면 활동을 멈추게 합니다.

● 전체 한 팀으로 바람구슬 나르기

- 여러 모둠들이 방법을 익혔고, 성공도 해 보았네요. 이제 그러면 다시 모여 앉아 봅시다.
- 이번에는 우리 반 전체가 한 팀이 되어 도전해 봅시다. 목적지도 친구들과 함께 정해 보세요.
- 우리 공동의 바람을 크게 한 번 외치고 활동을 시작합니다.
- 목적지에 도달한다면, 다 함께 환호합니다.

  tip 만약 실패한다면, 먼저 "그때의 감정은 어땠나요?"라는 질문 후 아이들의 감정을 듣습니다. 그리고 아이들이 원한다면 목표를 수정해서 다시 도전해 보는 것도 가능합니다.

마무리하기

● 활동 후 소감나누기

- 성공했을 때와 실패했을 때 나는 어떻게 행동하였나요?
- 바람구슬이 내가 할 수 있는 일을 적어 놓은 바람길을 지나갈 때 어떠했나요?

구슬이 떨어질 때마다 응원하며 다시 도전하여 우리 반이 원하는 것을 이루기 위해 함께 노력한 그 과정이 참 기특했어요. 바람 나르기가 쉽지 않았지만 포기하지 않고 끝까지 해낸 여러분을 칭찬합니다.

이런 질문도 해 보세요!

- 실패해서 좌절될 때 힘이 되는 말이나 도움이 되었던 친구가 있다면 누구인가요?

놀이를 배움으로 up!

코칭 하나 공동의 바람을 이루기 위하여 내가 할 수 있는 일들을 적어 보게 해 주세요.

이 활동은 마분지에 '바라는 우리 반'을 만들기 위해 '내가 할 일'을 적는 것입니다. 아이들에게 "왜 마분지에 각자가 실천할 수 있는 것을 적을까요?"라고 물어보면 아이들 스스로 "우리 모두가 노력해야 우리가 바라는 반을 만들 수 있어요."라는 답을 찾아냅니다. 아이들은 마분지 위를 굴러가는 구슬을 보며 공동의 바람을 이루기 위해 자신이 실천할 수 있는 행동들을 생각하고 다짐합니다. 또 자신의 마분지에서 구슬이 떨어지면 바람을 이루는 그 과정이 힘들다는 것을 스스로 알게 되며, 활동에 집중하여 떨어뜨리지 않으려고 노력합니다.

그리고 활동을 하면서 좀 더 쉽게 구슬이 굴러가는 방법, 구슬의 속도를 조절하는 방법, 마분지를 잡는 방법 등을 아이들끼리 서로 알려 주게 됩니다. "왜 쉽게 가는 방법을 친구들에게 알려 주었나요?"라고 물어보면 친구들이 성공해야 나뿐만 아니라 우리 반 전체가 성공할 수 있기 때문이에요."라고 말합니다. 이렇듯 산에 길이 생기려면 한 사람, 두 사람, 여러 사람이 그 길로 간 뒤에 길이 생기듯이, 함께 만들어 가며 공동의 바람을 이루게 되는 것을 놀이를 통해 알게 됩니다.

코칭 둘 '끝까지 해 보는 것'에 마음을 모아 보세요.

아이들은 구슬을 전달하는 과정에서 여러 차례 구슬을 떨어뜨리게 됩니다. 처음에는 익숙치 않아서 떨어뜨리게 되고, 목적지에 거의 다 왔을 때 구슬을 떨어뜨리는 경우도 생깁니다. 그러면 바람구슬을 떨어뜨린 아동은 미안해지고, 자신의 탓인 것만 같아 의기소침해지는 기분을 느낄 수도 있습니다. 그리고 바람구슬을 잘 전달한 아이는 떨어뜨린 아이에게 '좀 조심하지.' '좀 잘하지.' 하는 속마음도 생깁니다. 하지만 활동을 하다 보면 구슬을 떨어뜨리는 순간들이 수시로 일어나게 되고 잘해 보려고 했지만 의도하지 않게 떨어뜨렸을 때, "실수, OK!"라고 외쳐 주는 친구들 목소리가 얼마나 힘이 되는지 경험하게 됩니다. 그러면 아이들은 서로에게 더 큰소리로 "실수, OK!"를 외쳐 주게 됩니다.

거의 목적지에 다 왔을 때 바람구슬이 떨어져도 같은 바람으로 함께하는 친구의 "실수, OK!"라는 말은 좌절을 딛고 다시 도전할 수 있는 힘이 되어 줍니다. 그럴 때 아이들은 그 좌절을 떨쳐 내고 극복하면서 새롭게 도전해 가는 것을 배우게 됩니다. 그럼에도 활동을 하다 보면 좌절을 떨쳐 내지 못하고 감정을 처리하지 못하여 "지쳐서 그만두고 싶다."라고 말하는 친구가 있을 수 있습니다. 그때 아이에게 '왜 그런지' 이유를 물어봐 주고 아이의 의견을 존중해 줍니다. 그리고 나서 다시 참여할 수 있는 여지를 남겨 둡니다. 그러면 끝까지 최선을 다해 바람구슬을 전달하는 친구들의 모습을 보던 아이가 자발적으로 다시 참여하는 모습을 볼 수도 있습니다. 아이가 스스로 좌절감을 떨쳐 버리고 친구들과 인내하며 공동의 목표를 향해 끝까지 노력하는 모습이 성장으로 다가오는 순간이 되는 겁니다.

현장적용 Q&A

Q : 바람길을 만드는 도구나 구슬은 어떤 것들을 쓸 수 있을까요?

A : 바람길을 만드는 도구로 손쉽게 구할 수 있는 재료는 마분지를 3등분한 것입니다. 가로: 마분지 가로(약 39cm), 세로: 마분지 3등분한 후 자르고, 자른 것을 다시 3등분으로 접어서 사용할 수 있습니다(한 칸의 폭: 약 2.8cm).

이름
내가 할 수 있는 행동
공동의 바람

마분지를 이용하면 구슬의 속도나 바람길의 각도 등을 아동들이 조절하기가 용이합니다.
구슬은 보통 유리구슬을 사용하는데, 쇠구슬을 사용하면 무게 때문에 성공 확률이 더 높습니다.

Q : 모둠 구성을 다양하게 적용하는 방법은 어떤 것이 있을까요?

A : 기본안은 8명을 기본 모둠으로 하여 바람구슬 나르기 활동을 한 후 학급 전체 아동으로 구성하여 바람구슬 나르기를 하는 것입니다. 그런데 학급의 인원과 학년 발달 단계, 활동을 하는 공간에 맞추어 모둠은 다르게 편성할 수 있습니다. 강당, 운동장 같은 넓은 공간이 없는 경우에는 교실 안에서 학급 전체를 한 팀으로 구성하는 대신, 두 개의 팀으로 나누어 팀의 양쪽 끝에서 시작하도록 합니다. 이 경우 두 개의 구슬이 만나는 지점이 바로 목적지가 됩니다.

우리들의 성장스토리

○○가 내가 실수했을 때 "괜찮아."라고 해 주었을 때 고마웠고, "괜찮아."라는 말이 다른 사람을 감동받게 해 준다는 것을 깨달았다. 친구한테 배운 점은 다른 사람이 실수했을 때 "괜찮아."라고 해 주면 그 친구는 포기하지 않고 다시 할 수 있게 되고, 실수한 친구에게 나쁜 말을 하게 되면 그 친구는 힘이 빠지고 갑자기 포기하고 싶은 마음이 생긴다는 것이다.

이 활동으로 우리 반이 행복해지려면 어떻게 해야 할지 알았다. 우선 내가 알고 있는 꿀팁 정보는 서로 공유하고 실수해도 서로 이해하고 위로해야 한다는 것도 알았다. 그리고 이 놀이를 하면서 실수를 하는 것이 오히려 서로를 더 이어 주고 붙여 준다는 것을 경험하였다. 마지막까지 많은 실수를 했지만 서로 도와주고 끝까지 해서 성공할 수 있어서 기뻤다.

다른 친구가 떨어뜨렸을 때 짜증이 좀 났지만, 내가 떨어뜨렸을 때 그 친구의 심정을 알 것 같았다. 너무 미안하였다. 떨어뜨려도 다 같이 "실수, OK"라고 외쳐 주고 괜찮다고 해 주어 고맙고 미안하였다. 아이들 목소리가 그렇게 큰 줄은 몰랐다. 다 같이 협동하고 배려해야만 목적지까지 도착할 수 있다는 것을 깨달았다. 포기하는 아이들 없이 끝까지 노력해서 목적지까지 도착하니 기분이 좋고 고맙고 정말 뿌듯하였다. 역시 우리 반은 포기를 모르는 것 같다.

이 놀이를 하면서 웃은 건 많이 없지만 느낀 점이 많다. 친구들이랑 마음 맞춰서 나르고 친구들과 손발을 맞추어야만 하는 놀이인 것 같았다. 친구들이 마음을 잘 맞추는 것을 알겠다. 나는 솔직히 이기적이다. 친구 말은 잘 안 듣고 나 중심으로 생각하지만, 이 놀이를 하고 나서 친구들끼리는 협동하는 게 좋다는 생각이 들었다. 이 놀이는 협동심으로 하는 놀이라서 협동을 잘할 수 있겠다. 이 놀이에서 얻은 교훈은 상대방을 배려하고 협동하라는 것 같다.

나만의 'T익스프레스'의 속도가 아니라 상대방의 속도를 배려하며

처음에는 너무 쉽게 생각하는 눈치였습니다.

"한 번에 끝나면 뭐해요?"

"그렇게 빨리 끝날 것 같아? 자신만만해 보이네."

"예~~"

그렇게 시작하던 아이들은 한 번이 두 번 되고, 세 번, 네 번으로 이어지니 점점 지쳐 가는 기색이 역력했습니다. '바이킹 전법', 'T익스프레스 전법'이라며 신나게 도전하고 실패해도 깔깔대더니 실수가 반복되고 거의 도착점 직전에 떨어뜨리는 일이 생기니 얼굴빛이 어두워졌습니다. "실수, OK"를 외치는 목소리에도 오기가 섞여서 친구들을 위로하는 말인지 스스로에게 외치는 주문인지, 어느 사이 기합 소리만큼이나 커졌는데 아마 똑소리 나게 외쳐 주는 예쁜 우리 반 여학생들이 없었다면 남학생들은 벌써 와해되고 붕괴되었을지도 모릅니다. 아이들이 외치는 그 소리에는 중독성이 있었습니다. 그만하자거나 뒤로 슥 빠지거나를 감히 못하게 합니다. 그래서 결국 아이들은 해내고야 말았습니다. 아이들의 환호와 함성은 대단했습니다. 이 놀이의 끝에는 '구슬이 어떻게 하면 T익스프레스처럼 빨리 굴러 가게 할까?'가 아니라 구슬이 최대한 천천히 굴러 가도록 속도를 조절하고, 또한 다음 사람이 안전하게 받았는지 확인한 후에 이동해야 한다는 것을 아이들은 몸으로 함께하며 배웠습니다.

셋째 주

도전! 다리 만들기

#인간의자 #목표 세우기
#후들후들 #버티기

한눈에 보는 활동과정

놀이 1 발끝에 힘을 모아

① 혼자서 무릎을 세워 앉은 채로 일어난다.

② 같은 자세로 옆에 앉은 친구와 둘이서 마주 앉은 채 "하나 둘 셋" 구호에 맞춰 일어난다.

③ 모둠별로 원을 만들어 ①, ②와 같은 방법으로 일어난다.

놀이 2 **도전! 다리 만들기**

① 다리 밑에 의자가 있다고 상상하며 기마 자세를 연습한다.

② 한 줄로 서서 맨 앞에 앉은 학생은 의자에 앉고, 나머지 학생들은 친구의 다리를 의자처럼 걸터앉아 일자다리를 만든다.

tip ① 같은 성별끼리 팀 짜기 ② 의자 대신 벽에 기대도 OK!

③ 원형다리를 만들기 위한 작전 타임 시간을 가진다.

④ 함께 구호를 외치며 원형다리를 만든다.
→ 최소 10명의 인원 필요

tip ① 고학년의 경우, 같은 성별끼리 팀 짜기 ② 경쟁보다 협력에 초점!

⑤ 한 번 더 작전 타임 후, 목표를 정한다.

⑥ 목표 달성을 위해 다시 한 번 도전하고 성공하면 만세를 외친다.

놀이진행하기

들어가기

- 한자로 사람을 어떻게 쓸까요?
- ('人'을 칠판에 그리거나 보여 주며) '사람인(人)'은 혼자서 설 수 없고, 서로 도우면서 살아갈 수 있다는 것을 의미합니다. 이 의미처럼 친구들과 서로를 받쳐 주고 설 수 있도록 도와주는 놀이를 해 보겠습니다.

놀이하기

놀이 1. 발끝에 힘을 모아

● 발끝에 힘을 모아 혼자서 손 짚지 않고 일어나기

- 모둠별로 교실 바닥에 앉아 봅니다.
- 무릎을 세워 교실 바닥에 앉아 볼까요?
- 바닥에 손을 대지 않고 일어서 봅시다.
- 혼자 일어서는 것이 어땠나요?
- 쉽게 일어난 친구도 있지만, 어렵게 일어난 친구도 있네요.

- 이번에는 옆에 있는 친구와 마주 앉아 봅니다. 처음 동작처럼 무릎을 세워 발가락 끝이 마주 볼 수 있도록 앉아 보세요.
- 하나~ 둘~ 셋! 하면 친구의 손을 잡고 일어나 보겠습니다. 하나~ 둘~ 셋!

- 이번에는 모둠별로 원을 만들어 일어나 봅시다. 하나~ 둘~ 셋!
- 이제 1 · 2모둠, 3 · 4모둠, 5 · 6모둠끼리 원을 만들어 봅니다. 같은 방법으로 일어나 보겠습니다.
- 혼자서 일어날 때와 여럿이서 일어날 때를 비교해서 얘기해 봅시다.

놀이 2. 도전! 다리 만들기

● 기마자세 연습하기

- 이번에는 선생님을 따라 기마자세를 해 볼까요? 다리가 후들후들 아프지요?
- 그런데 다리 밑에 의자가 있다고 생각하면 어떨까요? 편하겠죠? 이번엔 여러분이 친구의 의자가 되어 주고, 친구다리 의자에 앉아도 볼 거예요.
- 친구 사이에 믿음이 있어야 튼튼한 의자가 됩니다.

● 일자 다리 만들기

tip ① 같은 성별끼리 팀 짜기 ② 의자 대신 벽에 기대도 OK!

- 먼저 선생님과 함께 '일자 다리 만들기'를 해 볼 거예요. 여학생은 여학생끼리, 남학생은 남학생끼리 한 줄로 서 볼까요?
- 맨 앞에 앉은 학생은 의자에 앉습니다. 나머지 친구들은 친구의 다리가 의자라고 생각하고 앉아 봅니다. 하나~ 둘~ 셋!

● 작전 타임 후 원형 다리 만들기

- 이번에는 '원형 다리 만들기'를 도전해 볼 거예요. 원형 다리를 만들기 위해 동그랗게 서 봅니다. 어떻게 하면 원형 다리가 잘 만들어질지 2분 동안 작전 타임을 갖겠습니다.

- 작전 타임이 끝났습니다. 먼저 남학생(혹은 여학생)부터 원형 다리를 도전해 보겠습니다! 먼저 구호 연습부터 해 볼까요? 선생님이 "친구야~!"라고 하면, 여러분은 "믿는다~!"라고 외치며 앉겠습니다.

tip ① 고학년의 경우, 같은 성별끼리 팀 짜기 ② 경쟁보다 협력에 초점!

- 원형 다리 만들기는 최소 10명의 인원은 있어야 가능한 놀이입니다.
- 남학생과 여학생으로 나뉘어 다리를 만들어 보도록 합니다.
- 경쟁보다는 협력과 목표 달성에 초점을 맞추어 놀이를 진행합니다.

● 한 번 더 작전 타임 후 목표 정하기

- 이번에는 각자 팀별로 목표를 정해 봅시다. 1분 동안 작전 타임을 주겠습니다. 시~작!

- 여학생 팀은 2분 동안 버티는 게 목표네요. 그러면 다시 한 번 목표 달성을 위해 도전해 볼게요.

- 목표를 달성했다면 함께 만세 삼창을 외칩니다.
- 여학생 팀이 끝났다면 남학생 팀이 해 봅니다.

마무리하기

● 활동 후 소감나누기

- 친구가 내 의자가 되어 주었을 때 어땠나요?
- 목표를 성공하였을 때 어떤 생각이 들었나요?

> 이렇게 친구에게 의지하며 배려하는 모습을 보니 선생님 마음이 흐뭇해집니다. 우리 반 친구들도 오랫동안 서로를 믿고 의지하며 지내면 좋겠어요.

이런 질문도 해 보세요!

- 여러분은 오늘 친구가 내 의자가 되어 준 것처럼 친구가 힘이 된 적이 있나요?

놀이를 배움으로 up!

코칭 하나 '발끝에 힘을 모아'를 할 때, 혼자서 일어나기 어려웠던 학생을 기억하세요.

몇몇 아이들에게는 무릎을 굽힌 자세에서 땅을 짚지 않고 일어나는 것이 꽤 어려운 활동입니다. 특히 몸집이 큰 학생은 더욱 힘들어하지요. 그런 아이들을 미리 봐 두었다가 두 명이서 일어날 때 혹은 여럿이서 일어날 때 잘 보십시오. 아마 친구가 앞에서 손을 잡고 일으켜 세워 주면 혼자 일어날 때보다 더 쉽게 일어날 것입니다. (물론 그것마저도 어려워하는 학생도 간혹 있습니다.) 도움을 받아 일어난 아이들에게 꼭 물어봐 주세요. 이런 느낀 점을 공유하다 보면 협동의 힘이 얼마나 큰지 아이들이 스스로 알게 될 것입니다. "혼자 일어나기 어려웠던 ○○는 아까 둘이서 (혹은 여럿이서) 일어날 때 어땠어?" "○○가 친구의 도움을 받아 일어났을 때 마음이 어땠니?" "○○를 도와 친구를 일으키는 데 성공한 □□는 그때 마음이 어땠어?" 이런 순서로 물어볼 수 있습니다.

코칭 둘 다리 만들기를 할 때 불안해하는 아이들에게 '신뢰'가 중요하다고 말해 주세요.

키나 몸집이 큰 아이들은 친구들에게 짐이 될까 봐 미안해할 수 있고, 그 친구들 뒤에 서 있는 아이들 또한 부담을 가지거나 어려워할 수 있어요. 그래서 교사가 사전에 이 놀이는 친구를 믿어야 앉을 수 있고, 친구가 나를 믿게끔 신뢰를 주어야 성공함을 강조하여야 합니다. 특히 '원형 다리 만들기'를 할 때 엉거주춤하고 불편하게 앉아 있는 아이가 생깁니다. 이럴 때에는 옛날 다리 모양을 예로 들어서 돌과 돌이 서로 다른 모양이지만 가깝게 맞물려 있기에 몇 백년이 지나도 다리가 무너지지 않았음을 강조해 주어도 좋습니다. 자신이 불안해서 불편하게 앉아 있으면 뒤에 있는 친구 역시 불안함을 느낄 수 있습니다. 편하게 친구의 다리가 의자라 생각하고 앉아야 함을 알려 주세요.

코칭 셋 아이들이 서로 소통할 수 있도록 작전 타임 시간을 주세요.

앉는 것을 두려워하는 아이가 있는 모둠에서는 자칫 잘못하면 모든 화살이 그 아이에게로 갈 수 있습니다. 이럴 경우, "이렇게 앉아 보아라." "저렇게 앉으면 더 편하지."라는 교사의 말은 모둠원에게도, 앉기를 두려워하는 아이에게도 부담이 될 수 있습니다. 이때 아이들에게 그 해결책을 찾도록 해 보는 것은 어떨까요? 아이들의 입에서 그 해답이 나올 수 있습니다. 아이들이 생각한 것이 정답이 아니더라도 불편한 아이가 있는지 관찰하고, 그 아이를 배려하는 마음이 소통을 통해 확인된다면 그 역시 배움이 되겠지요. 작전 타임이 원활히 이루어지지 않을 때는, "우리 모두가 편안하게 앉을 수 있는 방법은 어떤 것이 있을까?"라고 물어만 보고 아이들끼리 소통할 수 있도록 기다려 주세요.

현장적용 Q&A

Q : 아무리 친구에 대한 신뢰를 강조해도, 몸집이 큰 학생들이 놀이에 참여하는 것을 어려워하네요. 어떻게 해야 할까요?

A : 친구를 믿으라고 해도 못 믿고 겁먹은 아이들을 어떻게 참여시킬지 고민이시군요. 아이들은 신체 전부를 친구의 몸에 기대야 한다는 것에 큰 부담을 느낄 수 있습니다. 특히 신체적인 콤플렉스가 있는 아이들에게는 공포스러운 활동이 될 수 있습니다. 우선 '일자 다리 만들기'를 할 때는 그런 학생들을 선두에 세워서 벽에 기대는 역할이나 의자에 앉는 역할을 줍니다. '원형 다리 만들기'를 할 때는 밖에서서 힘들어하는 친구는 없는지 살펴보는 관찰자의 역할이나 초시계로 시간을 재어 주는 역할도 좋습니다.

Q : 작전 타임을 해도 아이들이 원형 다리 만드는 것을 어려워합니다. 원형 다리를 안정감 있게 잘 만들 수 있는 팁을 주고 싶습니다.

A : 아이들이 너무 어려워하거나, 혹은 대상이 저학년일 경우 교사가 다음과 같은 팁을 안내해 주어도 좋습니다.

－내 엄지발가락이 앞사람의 발뒤꿈치에 붙을 수 있도록 밀착합니다. 실내화나 발이 다닥다닥 연결되는 느낌이 들도록 가까이 서야 합니다.

－앞사람의 어깨에 손을 두고 몸을 기댑니다.

－원 안을 바라보면서 동그랗고 예쁜 원이 되도록 만듭니다.

－뒷사람의 무릎이 아닌 허벅지에 안정적으로 앉아야 합니다.

Q : 아이들이 원형 다리 만드는 것을 쉽게 성공했습니다. 수업 시간이 많이 남았는데, 조금 더 재밌고 동적인 활동은 없을까요?

A : 아이들의 특성이나 학년에 따라 편차가 큰 활동입니다. 어떤 반은 가까스로 원형 다리를 만드는가 하면, 어떤 반은 아주 쉽게 다리를 만드는 데 성공하지요. 시간이 남거나, 원형다리 만드는 것이 잘 된다면 다음의 예시처럼 모션을 추가한 목표를 설정해도 좋습니다.

－왼발, 오른발 한 발씩 앞으로 걷기, 뒤로 걷기
－율동과 함께 노래 부르기
－선생님께 "사랑해요~!"라고 외치며 팔로 하트 만들기 등

Q : 학급 아이들 간 체격 차가 큽니다. 이럴 경우 어떻게 모둠을 이뤄 주어야 할까요?

A : 모둠끼리 일어나기와 일자 다리 만들기는 아무래도 체격 차이가 큰 친구들과 함께하는 아이들은 부담을 느끼기도 합니다. '키'를 기준으로 비슷한 체격의 아이들을 한 모둠으로 구성하는 것도 한 방법입니다. 이렇게 하면 자기 모둠에 덩치 큰 친구가 있어서 불편하거나 잘 되지 않는다는 불평을 피할 수 있습니다. 일자 다리 만들기를 연습할 때도 가능하다면 안전사고 등을 고려하여 체격이 큰 친구가 제일 뒤쪽에서 벽에 등을 대고 지지합니다. 이러면 아이들도 안정감을 느끼고 훨씬 수월하게 앉을 수 있습니다. 이 활동으로 자신감을 얻어 원형 다리 만들기를 한다면 자신의 자리 앞 · 뒤의 친구들을 불편해하기보다 서로 동질감을 느끼면서 훨씬 편하게 도전할 수 있습니다. 또 앞뒤 자리의 체격 차이가 너무 많이 나거나 남녀가 함께여서 불편한 경우가 생긴다면 선생님이 그 가운데의 자리에 함께 참여하여 도움을 주도록 합니다. 미션을 성공한 후 아이들끼리도 할 수 있다는 믿음을 준다면 아이들은 어느새 스스럼 없이 서로를 믿고 의지하며 완성된 다리를 만들 수 있을 것입니다.

우리들의 성장스토리

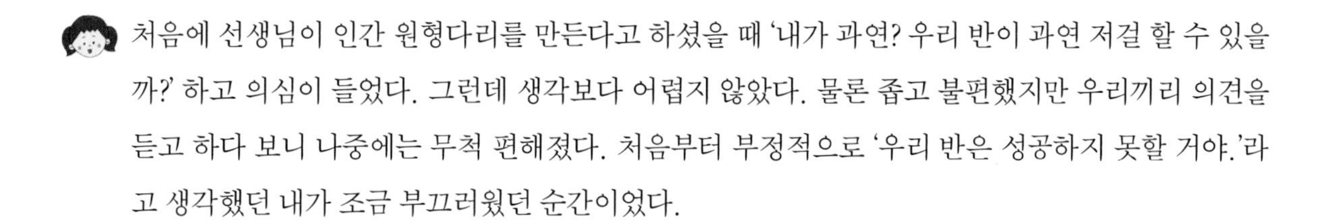

처음에 선생님이 인간 원형다리를 만든다고 하셨을 때 '내가 과연? 우리 반이 과연 저걸 할 수 있을까?' 하고 의심이 들었다. 그런데 생각보다 어렵지 않았다. 물론 좁고 불편했지만 우리끼리 의견을 듣고 하다 보니 나중에는 무척 편해졌다. 처음부터 부정적으로 '우리 반은 성공하지 못할 거야.'라고 생각했던 내가 조금 부끄러웠던 순간이었다.

'나만 잘하면 될 것 같다'고 생각했는데 하면서 보니 우리 모두가 함께 잘해야 성공할 수 있다는 것을 알게 되어 좋았다. 또 우리 반이 다리 만들기가 잘되는 것을 보니 왠지 1년이 잘 굴러갈 것 같은 느낌이 들었다.

내가 튼튼하게 잘 받쳐 주면 나도 편하게 앉을 수 있어서 신기하고 재밌었다. 진짜 친구 사이에 '믿음'이 중요하다는 걸 몸으로 체험했다. 친구 간에 무슨 일이 생기더라도 나부터 먼저 굳건하게 친구를 믿어 준다면 친구와의 사이가 더 돈독해질 것 같다.

나는 몸이 무거워서 혹시나 뒤에 있는 친구가 나 때문에 아파할까 봐 너무 무서웠고 미안했다. 그래서 제대로 앉지 못했다. 그런데 작전 타임을 할 때, 내가 불편하게 앉았다는 것을 친구들이 알아주고 나를 위해 내 뒤에 앉은 친구가 "괜찮다~! 너 별로 안 무겁다!"라고 말해 주었다. 나는 친구의 그 말 한 마디 덕분에 자신감을 갖고 다시 도전했다. 그 친구에게 너무 고맙다. 말 한 마디의 가치가 이렇게 크다는 것을 오늘에서야 알게 되었다.

한 달에 한 번씩 해 보았어요!

처음 다리 만들기 놀이를 한 이후, 반 아이 중 한 명이 "선생님, 이거 매달 해 보는 것은 어때요? 기록을 늘려 보고 싶어요~!"라고 하더군요. 아이들의 단합과 도전정신이 기특해 한 번 해 보기로 했습니다. 그런데 정말 신기하게도 조금씩 조금씩 아이들의 기록이 늘어났습니다. 교실 뒤쪽의 게시판에 매달 다리 만들기 시간이나 목표를 누가 기록해도 좋습니다. 아이들은 자신들의 갱신된 기록을 오며 가며 보면서 뿌듯해했습니다. 한 시간에 끝내도 좋은 활동이지만, 하나가 되어 목표를 이뤄 가는 장기적인 과정이라면 아이들에게도 더 의미 깊은 활동이 될 것입니다.

실패는 성공의 어머니

이 놀이는 처음부터 성공하기가 어려운 놀이입니다. 몇 번의 거듭된 실패에도 굴하지 않고 계속 하다 보니 아이들이 요령이 생기더랍니다. 아이들과 소감나누기를 하며, "포기하지 않으니까 결국 되었다."는 말을 하는 친구들이 많아지다 보니 자연스럽게 분위기가 훈훈해지는 것을 느꼈습니다. 추가로 제시된 안내처럼 아이들이 스스로 목표를 정하고 또 도전하고자 하는 의지를 보면서 어느새 아이들이 서로를 진심으로 믿고 좋아하고 있다는 것이 느껴져서 무척 보람되었습니다. 이 놀이는 짧은 시간 안에 서로 해내었다는 성취감을 느낄 수 있게 해 줍니다. 또한 서로 도와가며 의지하면 어느새 우리 모두 하나의 공동체에 도달했다는 마음이 저절로 들게 합니다.

넷째 주

Power up!

#컵 쌓기 #응원 #릴레이 #조합

한눈에 보는 활동과정

① '가위바위보'로 두 팀으로 나누고 팀별로 한 줄씩 앉는다. 각자 종이컵에 '나에게 힘 주는 말'을 적고 꾸민다.

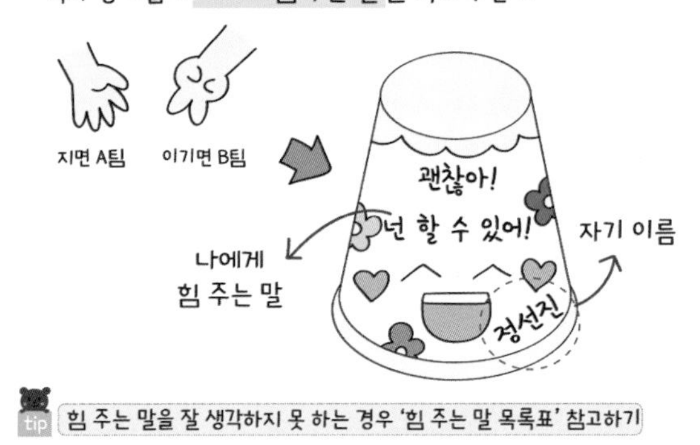

tip 힘 주는 말을 잘 생각하지 못 하는 경우 '힘 주는 말 목록표' 참고하기

② '나에게 힘 주는 말'을 돌아가며 발표한다.

아이들과 약속해요! 힘 주는 말을 발표하면 다른 친구들은 크게 따라 외쳐요.

놀이 1 힘 주는 말로 컵 쌓기 ver1. 빨리 쌓기

① 팀별로 한 명씩 릴레이로 달려가 종이컵끼리 빈틈없이 쌓는다.

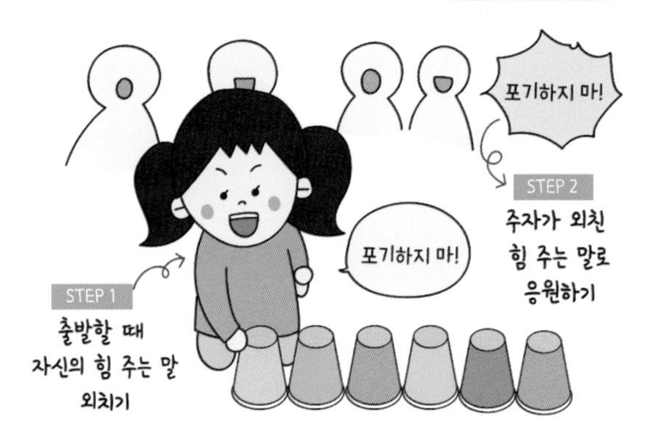

② 컵을 쌓고 돌아섰는데 컵이 쓰러지면 다시 뛰어가서 바르게 쌓고 돌아온다.

아이들과 약속해요!
실수를 하면 "실수 OK!"라고 외쳐 용기를 줘요.

놀이 1 힘 주는 말로 컵 쌓기 ver2. 안전하게 높이 쌓기

① 작전 타임을 통해 컵을 가장 높이 쌓을 수 있는 방법을 의논한다.

② 팀별로 한 명씩 릴레이로 달려가 컵을 더 높이 쌓으면 승리한다.

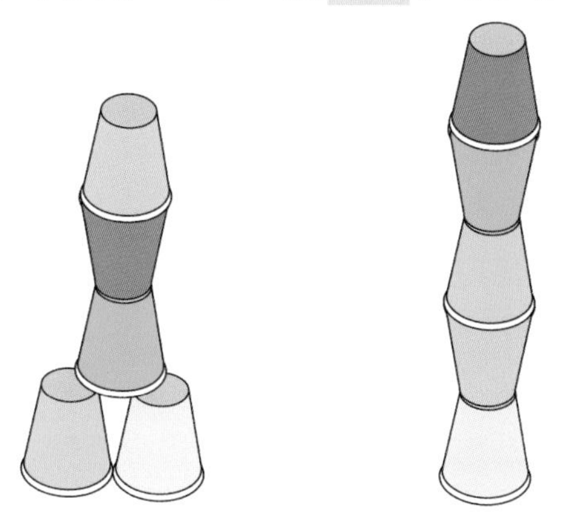

놀이 2 힘 구호 완성하기

① 팀원들의 힘 주는 말을 조합해서 10글자로 된 힘 구호를 만든다.

② 마분지 한 장에 한 글자씩 힘 구호를 크게 쓴다.

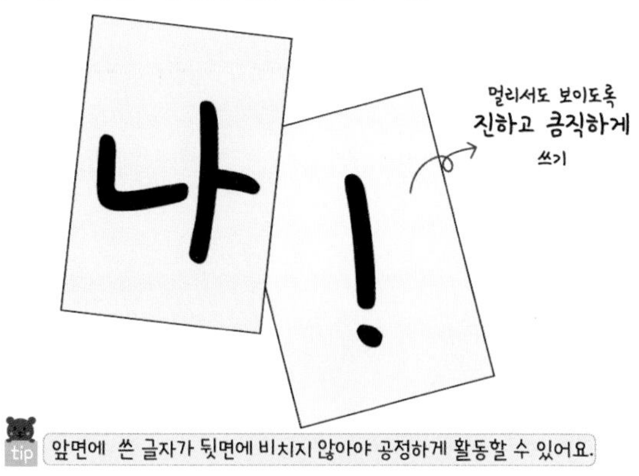

tip 앞면에 쓴 글자가 뒷면에 비치지 않아야 공정하게 활동할 수 있어요.

③ 선생님이 힘 구호 글자판을 맞은편 바닥에 뒤집어 섞어 둔다. 첫 번째 주자가 뛰어가서 글자판을 들어 팀원들에게 보여준다.

아이들과 약속해요!
주자는 글자판을 볼 수 없어요.

④ 팀원들은 글자판이 힘 구호의 순서에 맞는지 몸으로 O, X를 표시해서 알려준다. (말로 표현하지 않는다.)

맞으면 글자판 들고 오기

틀리면 글자판 그대로 두고 오기

⑤ 순서대로 힘 구호를 먼저 모아서 구호를 외치면 승리한다.

놀이진행하기

들어가기

• 자신에게 힘을 주는 말은 어떤 말이 있을까요? 힘을 주는 말로 즐겁게 놀이를 해 봅시다.

놀이하기

놀이 1. 힘 주는 말로 컵 쌓기

● 힘 주는 말로 컵 꾸미고 발표하기

• '가위바위보'를 하여 두 팀으로 나누고 팀별로 앉으세요.

• 각자 종이컵과 힘 주는 말 목록표를 한 개씩 가지고 자신에게 힘을 주는 말을 생각해 봅시다.

• 자신의 이름과 자신에게 힘을 주는 말로 종이컵을 꾸며 봅시다.

• 이제 자신에게 힘을 주는 말을 돌아가며 발표해 봅시다. 친구가 힘 주는 말을 발표할 때 다른 친구들은 잘 듣고 크게 따라 외쳐 주세요.

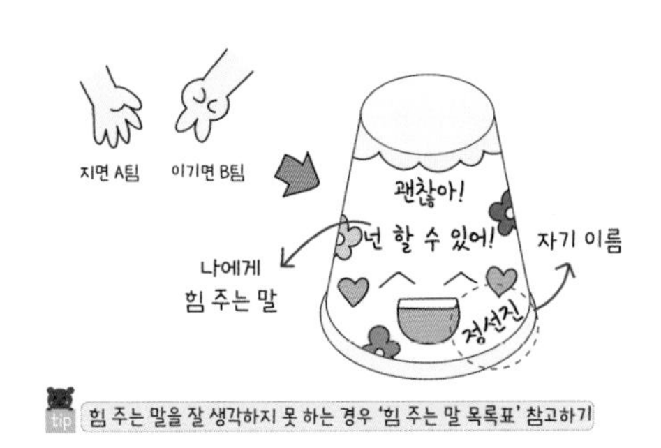

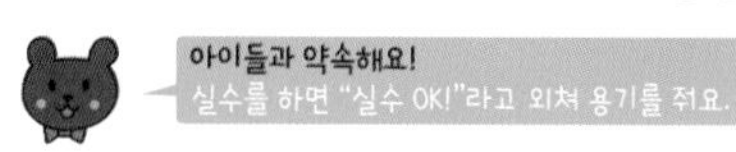

● 힘 주는 말로 컵 쌓기 1

- 팀별로 한 명씩 주자가 되어 릴레이로 달려가 팀별 컵 쌓기 시합을 합니다.
- 먼저 '빨리' 쌓기 게임을 합니다. 주자는 자신의 힘 주는 말을 크게 외치면서 출발하세요. 기다리는 팀원들은 주자가 외친 힘 주는 말을 잘 듣고 주자의 힘 주는 말로 크게 응원해 주세요.
- 종이컵을 쌓을 때 종이컵끼리 서로 연결되어야 하고, 1층의 컵의 개수는 팀원 전체 개수의 1/2을 넘지 못합니다.
- 컵을 빨리 쌓다가 쓰러지면 주자는 다시 뛰어가 바르게 쌓고 와야 합니다. 이때 다른 팀원들은 "실수, OK'를 크게 외쳐 용기를 주세요. 한 번 연습해 봅시다. "실수, OK"

● 작전 짜기

- 다음은 '안전하게 높이 쌓기'를 하려고 합니다. 어떻게 하면 잘할 수 있을지 팀끼리 잠시 의논해 봅시다.

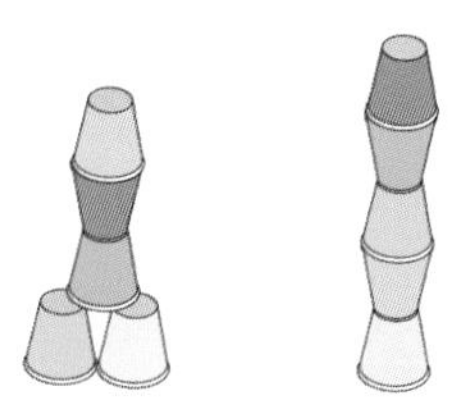

● 힘 주는 말로 컵 쌓기 2

- 주자가 출발할 때 힘 주는 말을 외치면서 출발하는 규칙은 같습니다. 기다리는 친구들은 꼭 힘을 주는 말로 크게 응원합니다. 그럼 시작!

놀이 2. 힘 주는 말로 힘 구호 완성하기

● 힘 주는 말로 팀별 힘 구호 만들기

- 각자의 힘 주는 말을 조합하여 팀별 힘 구호를 만들어 봅시다. 힘 구호는 팀원 각자의 힘 주는 말들을 섞어 열 글자로 만드는 것이 규칙입니다.
- 열 글자를 만들 때 느낌표, 쉼표 등의 문장부호도 넣을 수 있는데 부호는 글자 한 개로 취급합니다. 띄어쓰기는 하지 않습니다.

  tip 구호 예시: 힘내라! 우리가 최고!

- 팀 구호가 완성된 팀은 팀 구호를 크게 외칩니다. 시작!

● 도화지에 팀별 구호 크게 쓰기

• 팀 구호를 한 장의 종이에 한 글자씩 크게 적어 봅니다. 예쁘게 꾸미는 것이 아니라 멀리서도 보이도록 크고 진하게 씁니다.

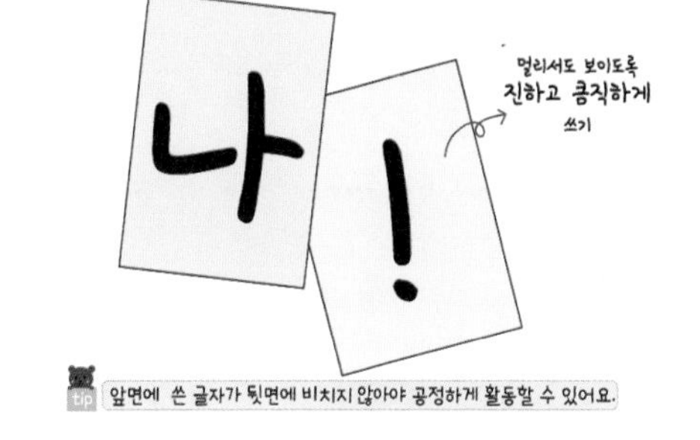

● 힘 구호 완성하기 놀이하기

• 완성된 팀의 힘 구호로 힘 구호 완성하기 놀이를 하겠습니다. 놀이 방법을 소개하겠습니다.

① 선생님이 모둠별 글자판 열 장을 건너편 바닥에 뒤집어 펼쳐 놓습니다.

② 팀의 한 사람씩 달려가 힘 구호 글자를 순서대로 한 글자씩 가져와 문장을 완성해야 합니다.

③ 주자는 뛰어가서 뒤집어진 글자판을 보지 않고 팀원들이 볼 수 있도록 자신의 머리 위로 높이 듭니다.

④ 이때 건너편에 서 있는 같은 팀원들이 순서에 맞는 글자인지 몸짓으로만 알려 줍니다. 절대 말은 하지 않고 손짓 등의 몸짓으로만 알려 주어야 합니다.

맞으면 글자판 들고 오기

틀리면 글자판 그대로 두고 오기

⑤ 들었던 글자가 순서에 맞으면 들고오고, 순서에 맞지 않으면 그 자리에 그대로 내려놓고 돌아옵니다. 건너편의 팀원들은 그 글자와 내려 둔 자리를 기억해 두어야 합니다. 왜냐하면 그 글자의 순서가 되었을 때 쉽게 가져올 수 있기 때문입니다.

⑥ 주자는 글자판을 내려놓을 때 뒤집어지거나 날아가지 않도록 조심해서 내려놓도록 합니다.

⑦ 순서대로 힘 구호가 완성되면 팀원들이 글자판을 한두 장씩 순서대로 힘 구호를 크게 외치면 승리합니다.

• 이제 지금부터 힘 구호 완성하기 놀이를 시작하겠습니다. 출발!

마무리하기

● 소감나누기

- 힘 주는 말로 컵 쌓기 힘 구호 만들기 놀이를 해 보았는데, 소감을 나누어 봅시다.
  –컵 쌓기를 하면서 어떤 감정이 들었나요?
  –친구들이 자신의 힘 주는 말을 외칠 때 어떤 감정이 들었나요?

친구들이 힘 주는 말로 응원하는 모습을 보니 선생님도 힘이 저절로 났습니다. 평소에도 힘 주는 말로 친구들을 서로서로 응원하며 힘이 되어 주는 친구 사이가 되길 바랍니다.

이런 질문도 해 보세요!

- 나에게도 힘을 주는 친구의 힘 주는 말은 어떤 것이 있었나요?
- 팀의 힘 구호를 빨리 완성하려면 어떻게 해야 했나요?

놀이를 배움으로 up!

코칭 하나 힘 주는 말을 생각해 보게 할 때 힘 주는 말 목록표나 좋은 예시를 보여 주세요.

힘 주는 말을 생각해 보게 할 때 저학년의 경우는 힘 주는 말을 스스로 떠올리기 어려워하기도 하고, 고학년의 경우에도 장난 섞인 말들을 하는 경우가 가끔 있습니다. 부모님으로부터 "게임해도 된다."라는 말에 힘이 난다고 하거나, 간혹 '지~익' 같은 의성어로 표현하기도 하기도 합니다. 이때 교사는 마음이 불편해지기도 합니다. 그렇지만 먼저 아이의 마음을 수용합니다. 예를 들어, '지~익'이라는 말을 힘 주는 말로 쓴 아이가 있다면 어떤 의미인지 물어봐 주면서 아이의 마음을 들어줍니다. 아이의 마음을 충분히 인정해 준 뒤 힘 주는 말을 하나 더 적어 보게 하는 활동으로 연결시키면 좋습니다. 그리고 이 놀이를 좀 더 의미 있는 방향으로 이끌기 위해서 교사가 먼저 힘 주는 말의 좋은 예시를 소개해 아이들의 생각을 확장시키는 것이 좋습니다. 힘 주는 말 목록표나 좋은 예시를 통해 힘 주는 말을 떠올려 보는 과정에서 아이들은 힘 주는 말이 다른 사람들로부터 자신이 듣고 싶었던 말이라는 사실을 알아차리는 순간이 되기도 합니다. 이런 알아차림의 과정을 통해 일상에서도 친구와 힘 주는 말로 서로 격려하며 긍정적인 관계로 변화되기도 합니다.

힘 주는 말 목록

힘내라 힘!	좋아 좋아	오~ 잘했어
항상 널 응원할게	네가 필요해	역시! 멋지다
포기하지 마	네가 자랑스러워	앞으로 기대할게

아자 아자! 화이팅!	네가 있어 참 좋아	바로 그거야
수고 많았어	네 덕분이야	영차 영차
실수 오케이	사랑해	와~ 놀라워
괜찮아, 괜찮아	장하다 ○○○	넌 할 수 있어
걱정마 잘 될 거야	네 옆에 내가 있어 줄게	너를 믿어
난 언제나 네 편이야	힘들면 도와줄게	이해해

코칭 둘 힘 구호 완성하기 놀이를 할 때 몸짓이나 눈빛으로 OX를 알려 주도록 하세요.

팀별 힘 구호 완성하기 놀이는 몸짓과 눈빛으로 친구를 돕는 활동입니다. 주자가 되어 달려가서 '이게 맞니?' 하는 마음으로 힘 구호 종이를 들고 같은 팀원들에게 뭔가 알고 싶은 눈빛을 보낼 때 팀원들 모두가 다른 곳을 쳐다보고 있다면 참 난감하고 힘들 것입니다. 그러나 힘 구호 종이를 한 장 들었을 때 모든 팀원들이 일제히 '맞다, 아니다' 의미의 눈빛이나 몸짓을 보낼 때 서로 마음이 자연스럽게 통하는 것을 경험하게 됩니다. 의사소통은 말로만 하는 것이 아니라 눈빛으로, 몸짓으로 할 수 있음을 자연스럽게 알 수 있도록 힘 구호 완성하기 놀이를 할 때 몸짓이나 눈빛으로만 OX를 알려 주도록 해 주세요.

현장적용 Q&A

Q : 빨리 쌓기와 높이 쌓기 놀이를 할 때 힘 주는 말로 응원하는 것은 어떤 의미인가요?

A : 컵 쌓기와 힘 구호 완성하기 놀이에서 서로에게 힘 주는 말을 외치는 과정이 매우 중요한데 아이들이 놀이의 승패에만 집중할 때가 있습니다. 그럴 경우 놀이의 시작 부분에 힘 주는 말로 응원하고 팀끼리의 협동하는 마음이 중요하다는 것을 크게 강조할 필요가 있습니다. 특히, 처음 힘 주는 말을 한 명씩 발표할 때 다른 학생들이 다 같이 크게 따라 말해 보게 하거나, 놀이 중에 함께 응원하듯이 크게 외치도록 하면 자연스럽게 힘 주는 말의 힘을 느끼게 되고 응원하는 모습도 볼 수 있습니다.

Q : 종이컵 개수, 종이 두께를 어떻게 조절해야 하나요?

A : 학생 수가 적다면 한 학생이 종이컵 2개를 가지고 활동에 참여하도록 합니다. 종이컵이 탑처럼 만들어지고, 놀이에 약간 긴장감을 주고 활동성을 높이려면 한 팀당 13~15개 정도가 적당합니다. 팀이 이루어지기 힘든 소인수 학급의 경우, 학생 한 명이 종이컵 2개 이상을 사용하여 컵 쌓기를 하면 좋습니다. 또, 한 번 사용한 종이컵을 버리기 아까운 마음이 들 수도 있습니다. 그럴 경우, 미술시간에 힘 주는 말이 적힌 종이컵으로 꾸미기 활동을 한 후 환경판에 게시하면, 활동 후에도 힘 주는 말을 기억할 수 있고 종이컵 한 번만 사용하고 버리는 아쉬움도 해소할 수 있습니다.

종이의 두께나 매직의 굵기는 힘 구호 완성하기 놀이에서 염두에 두어야 할 부분입니다. 종이의 두께가 얇거나 매직의 굵기가 너무 두껍다면 앞면에 쓴 글자가 뒤에 비치므로 팀 대결에서 논란이 될 수 있습니다. 그러므로 활동을 준비하시는 선생님은 글자가 비치지 않는지 점검해 두시는 것이 도움이 됩니다.

Q : 몸이 불편한 학생은 어떻게 참여시킬 수 있을까요?

A : 학급에 몸이 불편한 학생이 있으면 즐거운 놀이를 하더라도 마음이 많이 쓰입니다. 다쳤거나 몸이 불편한 학생들에게는 출발선 지킴이 역할이나, 힘 구호 종이 뒤집기를 할 때 뒤집힌 종이를 정리하는 역할을 부여하면 좋을 것 같습니다. 이 놀이는 '다 함께'에 의미를 두어 소외된 학생이 없도록 배려하면 좋습니다.

우리들의 성장스토리

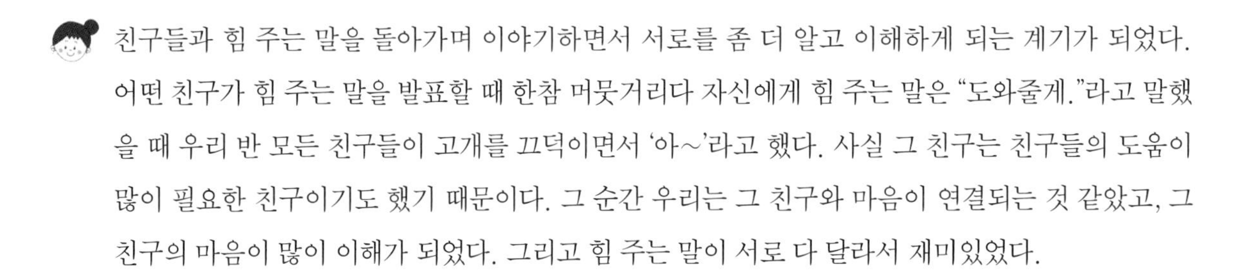

친구들과 힘 주는 말을 돌아가며 이야기하면서 서로를 좀 더 알고 이해하게 되는 계기가 되었다. 어떤 친구가 힘 주는 말을 발표할 때 한참 머뭇거리다 자신에게 힘 주는 말은 "도와줄게."라고 말했을 때 우리 반 모든 친구들이 고개를 끄덕이면서 '아~'라고 했다. 사실 그 친구는 친구들의 도움이 많이 필요한 친구이기도 했기 때문이다. 그 순간 우리는 그 친구와 마음이 연결되는 것 같았고, 그 친구의 마음이 많이 이해가 되었다. 그리고 힘 주는 말이 서로 다 달라서 재미있었다.

컵을 높이 쌓기를 하는데 내 차례가 거의 끝쪽이라 달려갈 때부터 실수로 팀의 종이컵 탑을 무너뜨릴까 봐 조마조마했다. 너무 떨려서 컵을 조심히 올렸는데 몇 개가 아래로 떨어져 버렸다. 너무 놀라고 속상했다. 그때 팀 친구 몇 명이 "괜찮아." "실수, OK"를 외쳐 주었다. 그때 좀 안심이 되어 손이 떨렸지만 다시 컵을 쌓고 돌아왔다. 이제 다른 사람이 실수했을 때 "괜찮아."라고 말해 줄 수 있을 것 같다.

친구의 힘 주는 말을 기억해 내어 서로 돌려주는 모습을 볼 수 있어요.

종이컵에 힘 주는 말을 쓰고 친구들과 그 힘 주는 말이 무엇인지 이야기를 나누면서 서로가 어떤 말을 듣고 싶어 하는지 알게 되었나 봅니다. 컵 쌓기가 끝나고 팀별 힘 구호를 정해서 한 글자씩 적을 때의 일입니다. 우리 반 철수는 장난기가 많고 호기심이 많다 보니 다소 산만하여 활동을 하다 보면 다른 친구들에게 한소리 듣는 일이 종종 있습니다. 그런데 철수는 사물의 특징을 살려 그리기를 잘합니다. 철수네 팀이 힘 구호를 한 글자씩 쓰면서 아이들이 둥그렇게 앉아 철수에게 "너는 미술을 참 잘하는 것 같아." "글자도 그림 글자로 만들었네. 참 멋있다." "글자의 특징을 잘 나타냈어." 등 철수가 자신에게 힘 주는 말이라고 발표했었던 말과 비슷한 말을 여러 명이서 자유롭게 해 주는 모습을 보았습니다. 그 말을 들은 철수는 쑥스러운 미소를 담고 뿌듯해하는 얼굴로 한 글자를 쓰는데도 엄청나게 집중하는 모습을 보였습니다. 그리고 자신에게 힘 주는 말을 해 준 친구들에게 그 친구들의 힘 주는 말을 기억해 내어 돌려주는 모습을 보았습니다.

컵 쌓기, 힘 구호 완성하기 등의 주요 활동들이 있었지만, 교사인 나의 기억 속에는 옹기종기 앉아 글자를 쓰면서 서로에게 힘 주는 말을 자연스럽게 전하는 그 모습이 더 오래도록 기억에 남습니다.

응원의 말, 격려의 말, 말이 주는 힘을 느껴요!

말이 주는 힘을 알고 있지만 그 힘을 주는 한 마디의 말을 하지 못해 서로에게 상처를 주기도 하고 분노를 일으키기도 하며, 급기야 잘못된 선택을 하기도 합니다. '아이들에게 힘을 주는 말은 무엇일까?' 생각해 보면 그것은 칭찬과는 구분이 됩니다. 내가 무엇인가 잘했을 때 그것의 대가로 받는 칭찬이나 내가 잘하는 부분에 대한 칭찬과는 다르게 이유 없이 온전히 수용받는 느낌이 드는 말이나 그저 이겨 내길 바라는 응원의 마음이 담긴 말, 또 수고에 대한 진심이 담긴 격려의 말은 또 다시 힘을 내는 계기가 되지 않을까 생각합니다.

이 놀이의 중심은 힘을 주는 말입니다. 과거 힘을 주는 말을 들었던 경험을 기억하고, 친구들의 서로 다른 힘을 주는 말을 알게 되며, 놀이하면서 친구에게 힘을 주는 말을 큰소리로 할 수 있는 경험을 하게 하는 놀이였습니다. 말은 듣는 이에게 들림으로써 의미가 됩니다. 독백조차도 대상인 자신에게 들리도록 하는 것입니다. 이 놀이를 통해 어떤 말을 듣고 싶은지 생각해 보는 계기가 되었고, 또 그것은 어떤 말을 해야 할지 깨닫는 시간이 되기도 했습니다.

줄다리기를 할 때 '영차 영차' 하는 응원 소리와 줄을 당기는 사람들끼리 함께 보조를 맞추어 외치는 소리에 더 힘을 내고 마음을 모으는 것처럼, 힘을 내는 말들로 우리 반 아이들이 서로를 세우고 성장시킬 수 있기를 마음으로 소망해 봅니다.

10월

성장

첫째 주

알에서 봉황까지

#레벨 업 #겨루기

한눈에 보는 활동과정

놀이 준비 각 단계별 동작 익히고 연습하기

① '알' 동작을 연습한다.

② '병아리' 동작을 연습한다.

알보다 몸을 조금 높게 하며 두 팔로 작은 날개를 만든다. 동작을 하며 "삐약삐약삐약"이라고 외친다.

③ '닭' 동작을 연습한다.

④ '봉황' 동작을 연습한다.

놀이 '알에서 봉황까지' 놀이 시작

① '알' 동작을 하며 돌아다니다가 상대를 만나면 가위바위보를 한다. 가위바위보를 하기 전, 동작과 구호를 세 번씩 외친다.

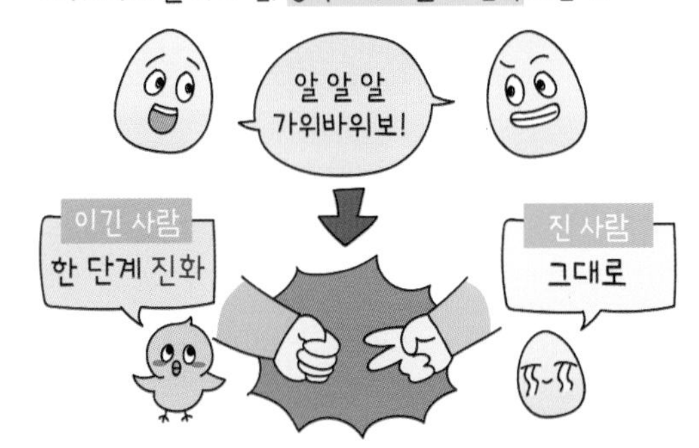

② 같은 단계의 친구를 찾아 가위바위보를 한다.

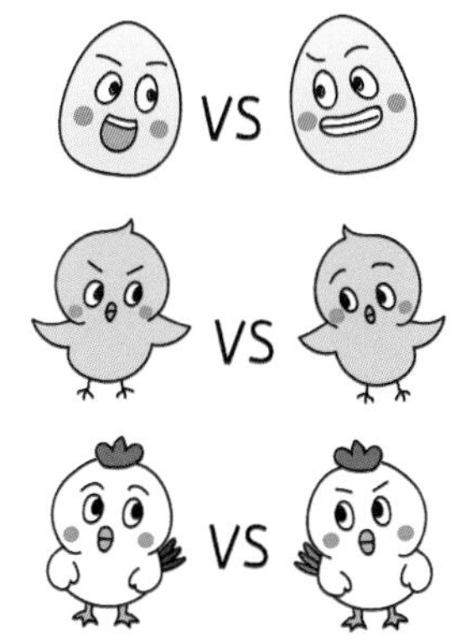

③ 봉황이 되면 의자 위로 올라가 우아하게 날갯짓을 하며 아래를 내려다본다.

tip 강당에서 할 경우, 의자 대신 강당 무대 위에 올라갑니다.

④ 어느 정도 놀이가 진행되면 업그레이드 버전으로 놀이를 한다. (모두 '알'단계에서 다시 시작한다.)

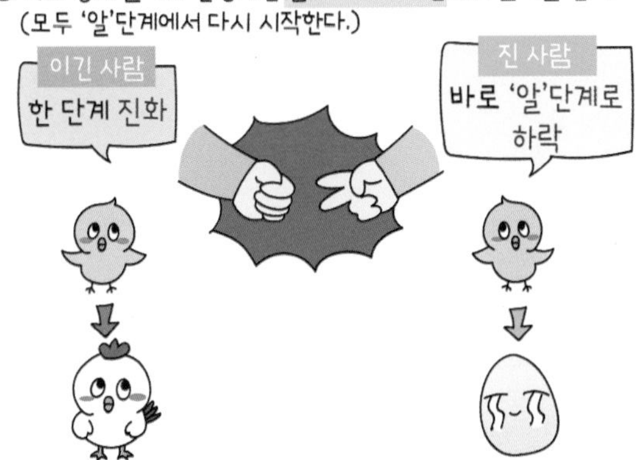

⑤ 같은 단계의 무리별로 앉아서 톡!톡! 속마음 표현 시간을 가진다.

놀이진행하기

들어가기

- '알에서 봉황까지'는 알, 병아리, 닭, 봉황으로 점점 레벨 업이 되면서 내 마음의 변화를 느껴 보는 놀이입니다.

놀이하기

● 알, 병아리, 닭, 봉황 동작 익히기

- 먼저 선생님의 시범 동작을 본 후에 각 동작을 따라합니다.
- 알은 오리걸음 자세로 두 팔로 머리 위에 알 모양을 만들고 "알, 알, 알" 하고 외칩니다.
- 병아리는 알보다 몸을 조금 높게 하고 두 팔로 작은 날개를 만들어 "삐약, 삐약, 삐약" 하고 외칩니다.
- 닭은 무릎을 살짝 구부리고 손은 닭 벼슬과 꼬리를 만들어 "꼬꼬댁, 꼬꼬댁, 꼬꼬댁" 하고 외칩니다.
- 마지막으로 봉황은 꼿꼿하게 서서 소리 없이 우아하게 날갯짓을 합니다.
- 이제 동작을 따라 해 볼까요?

알 알 알
가위바위보!
이긴 사람
한 단계 진화
진 사람
그대로

● 모두 알부터 시작

- 모두가 알에서 시작을 합니다.
- 알 동작을 하면서 돌아다니다가 겨루기 할 상대를 만납니다.
- 먼저 "알, 알, 알" 하고 세 번 인사 동작을 한 다음 가위바위보를 합니다.
- 이긴 사람은 한 단계 올라가 병아리가 되고, 진 사람은 계속 알로 남습니다.

● 같은 단계를 찾아라!

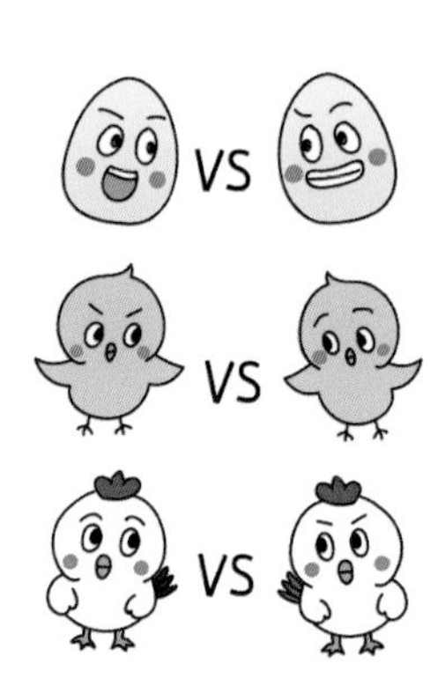

- 같은 단계의 친구를 찾습니다. 알은 알을 만나고, 병아리는 병아리를 만납니다.
- 세 번 인사 동작을 하고 가위바위보를 합니다. 이긴 사람은 닭이 되고, 진 사람은 병아리로 남습니다. 예를 들어, 닭끼리 만나 가위바위보를 하면 어떻게 될까요?
  이기면 봉황이 되고, 지면 그대로 닭으로 남습니다.
- 같은 방법으로 자기와 같은 단계의 친구를 만나 계속 겨루기를 합니다.

- 드디어 봉황! 봉황은 더 이상 겨루지 않고 의자(강당이면 무대) 위에 올라가서 아래를 내려다보며 우아하게 날갯짓을 하면 됩니다.
- 이제 시작해 보겠습니다.
- 알! 알! 알! 가위바위보!

  tip 분위기가 과열되면 선생님의 진행 멘트가 잘 전달되지 않으므로 멈춤 신호를 정해 놓으면 좋습니다(예: 종소리, 박수 세 번, 음악 등).

● 업그레이드 버전으로 놀이하기

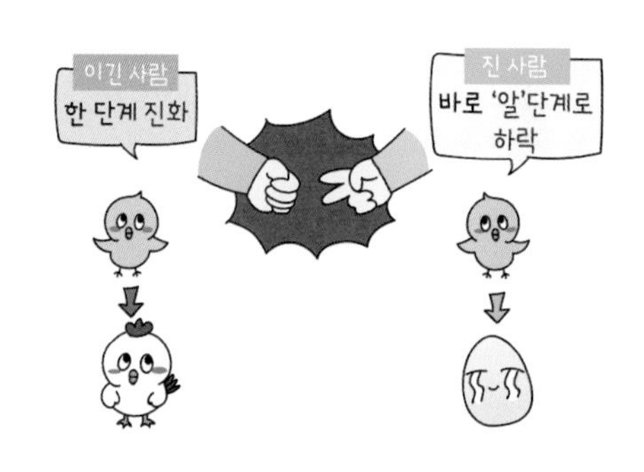

- 업그레이드 버전에서는 가위바위보에서 이긴 사람은 한 단계 올라가고, 진 사람은 바로 알로 내려옵니다. 예를 들어, 닭끼리 가위바위보를 했다면 어떻게 될까요?
  이기면 봉황이 되고, 지면 알이 됩니다.

tip 봉황이 선생님을 이기면 불사조가 되기, 봉황끼리 세 번 겨루기 해서 지면 알로 추락하고 이기면 왕좌 등극하기 등으로 변형할 수 있어요.

● 톡! 톡! 속마음 표현 시간 가지기

- 봉황은 봉황끼리, 알은 알끼리, 병아리는 병아리끼리, 닭은 닭끼리 모여 주세요.
- 같은 단계의 친구들과 함께 우리의 속마음을 시원하게 털어놓는 톡! 톡! 속마음 표현 시간을 가지겠습니다.
- 어떻게 이 단계에 머무르게 되었는지, 또 지금 내 심정이 어떤지 털어놓고, 친구의 이야기도 들어보세요.

• 어떤 이야기들이 오고 갔는지 봉황–알–닭–병아리 순서대로 발표해 보겠습니다.

tip 봉황 다음에 바로 알의 이야기를 들으면 가장 대비되는 두 입장의 속마음을 들으며 관점의 전환을 경험할 수 있어 좋습니다.

마무리하기

● 활동 후 소감나누기

• 우리는 알에서 봉황이 되기 위해 신나게 도전해 보고, 마음속 생각과 감정을 함께 나누는 시간을 가졌습니다.
  – 여러분은 알, 병아리, 닭, 봉황 중에서 어느 단계에 있는 것 같아요? 왜 그렇게 생각하나요?
  – 이 시간을 통해 나 자신이나 친구들에 대해 새롭게 알게 된 점이나 나에게 도움이 된 부분이 있나요?

알에서 봉황이 되기 위해 끝까지 포기하지 않고 부지런히 도전하는 여러분의 모습이 멋졌습니다. 이 모습처럼 목표를 향해 포기하지 않고 실패해도 용기 내어 다시 도전하는 여러분이 되길 바랄게요.

이런 질문도 해 보세요!

• 병아리나 닭에서 다시 알이 되었을 때 느낌이 어땠나요?
• 다시 해 본다면 어떤 방법으로 해 보고 싶나요?

놀이를 배움으로 up!

코칭 하나 톡! 톡! 속마음 표현 시간을 꼭 가져 보세요.

톡! 톡! 속마음 표현 시간에 이야기를 나눌 때 알은 주로 '아쉽다, 안타깝다, 속상하다'고 하고, 봉황은 '뿌듯하다, 신나다, 자랑스럽다'고 합니다. 봉황이 되지 못한 친구들은 자신의 가위바위보 실력을 탓하기도 하고, 운이 없음을 슬퍼하기도 합니다. 그럴 때 "봉황이 되어서 정말 신나고 즐거웠네요. 신나고 즐거운 마음 외에 혹시 다른 생각을 하거나 감정을 느낀 친구는 없나요?"라고 물어보거나, "알이 되어서 정말 속상했지요? 계속 가위바위보에 져서 재미도 없었을 거 같아요. 그렇지만 속상하고 억울한 마음 외에 다른 감정이나 생각을 한 친구가 있을까요?"라고 물어보면, 봉황 중에는 "날갯짓이 힘들고, 놀이에 더 이상 참여하지 못해서 심심해요."라는 이야기가 나오기도 하고, 반대로 알은 "더 이상 내려갈 곳이 없어 차라리 마음이 편하고 즐거웠어요."라고도 합니다. 행복하기만 할 줄 알았던 봉황과 불행하기만 할 줄 알았던 알의 다른 이야기를 대비해서 들으며 관점의 전환이 일어나고, 정상의 자리를 눈앞에서 놓친 가장 안타까운 닭의 마음과 병아리의 복잡한 심정 등을 공감해 줄 수 있습니다. 이렇게 될 때 어느 단계에서나 밝은 면과 어두운 면은 함께 존재한다는 것을 이해하면서 현재의 나를 긍정적으로 생각하고, 따뜻하게 바라볼 수 있는 시선이 생기게 됩니다.

코칭 둘 알들의 발표가 끝나면 정직했던 알들을 충분히 지지해 주세요.

끝까지 알로 남아 있는 친구들은 좌절과 실망이 큰 것이 사실입니다. 이런 감정으로 놀이가 끝날 경우 알에게는 주로 패배감과 씁쓸함만이 남게 됩니다. 그러므로 알들의 발표가 끝나면 다음과 같이 알들을 충분히 지지해 주는 작업이 꼭 필요합니다. "너희는 실패해도 도전하고 또 도전하면서 아주 정직하게 그 자리를 지키고 있었구나. 그리고 가장 낮은 위치에 있는데도 어쩜 그렇게 밝은 표정을 지을 수 있니? 너희의 정직함과 현재를 즐기는 그 모습을 크게 칭찬해 주고 싶구나. 큰 박수를 보낸다." 이렇게 알의 긍정적인 부분을 선생님이 끌어내어 충분히 지지해 줄 때 가장 낮은 곳에 있는 알의 자기 존중감이 향상되고, 모두가 최선을 다해 노력한 그 자체가 아름다움이라는 것을 느끼면서 따뜻하게 마무리될 수 있습니다.

현장적용 Q&A

Q : 동작은 하지 않고 가위바위보만 집중해서 하는 아이들로 진행이 어려워요. 어떻게 할까요?

A : 놀이 방법 배우기의 맨 처음에 전체가 단계별 동작을 큰 몸짓으로 연습해 보게 합니다. 그다음 실제 겨루기 직전 단계에서도 한 번 더 연습을 하도록 합니다. 또 첫 활동을 마무리한 후 성실하게 동작을 한 친구를 칭찬해 주는 시간을 가집니다. "○○는 동작을 크고 정확하게 표현해 줘서 다른 친구들이 어떤 단계인지 잘 알 수 있도록 해 줬어요. ○○처럼 한다면 친구들이 자기와 같은 단계를 찾기가 정말 쉽겠어요."라고 말하고 나서 활동을 한 번 더 하게 합니다.

Q : 톡! 톡! 속마음 표현 시간에 아무 이야기도 오가지 않고 정적만 흐르는데 어떻게 해야 할까요?

A : 아이들의 침묵 또한 그대로 수용해 주는 것이 좋습니다. 아이들이 선생님이 생각하는 정답(?)을 이야기해야 한다고 생각하면 선생님과 아이들 모두에게 스트레스가 됩니다. 꼭 표현하지 않아도 아이들은 나름대로 느끼고 생각하는 힘을 갖고 있습니다. 또 친구들에게 발표할 때 부끄러움이나 자신이 없을 수도 있지요. 아이들이 침묵할 때는 대답을 강요하지 않는 것이 좋습니다. 전체 발표에서 이야기가 활발히 이루어지지 않을 때는 모두 돌아가며 간단히 한 마디씩 하게 할 수도 있고, 놀이가 끝난 후에 개인별 활동지에 느낀 점을 적어 보는 시간을 갖는 것도 좋습니다. 혼자만의 정리를 통해 아이들의 생각과 감정을 읽을 수 있습니다.

Q : 진화 게임과 비슷해 보이는데, 다르게 활용할 수 있는 방법에는 무엇이 있을까요?

A : 가위바위보를 활용한 여러 가지 진화형 게임 '아기-어린이-어른-노인', '알-애벌레-번데기-나

비', '쥐–고양이–늑대–호랑이' 등으로 변형하여 놀이할 수 있습니다.

예) 아기–어린이–어른–노인 게임: 아기(바닥 기어다니기) → 어린이(폴짝폴짝 뛰기) → 어른(뒷짐 지고 천천히 걷기) → 노인(허리 구부리고 다니기)

아이들에게 아이디어 내기를 제안하면 때로 선생님도 생각하지 못한 다양하고 창의적인 방법이 나온답니다. 또 알, 병아리, 닭, 봉황의 재잘거리는 소리가 너무 시끄럽고, 옆 반에 피해가 되면 소리 없이 동작만으로 흉내를 내며 놀이를 하는 것도 좋습니다. 소리가 없으니 동작은 더 커지고, 서로서로 눈빛으로 소통하는 시간을 만들 수 있습니다.

우리들의 성장스토리

알은 시작으로 끝날 수도 있고, 그 시작의 끝이 될 수도 있다. 좌절을 할 수도 있고, 희망을 얻을 수도 있다. 병아리는 그럭저럭 좌절도 하지 않고 그렇다고 환호도 하지 않는 단계. 닭은 두근두근. 곧 봉황이 될 거라는 희망을 안고 있지만 좌절도 제일 크다. 봉황은 기분 최고조! 질까 봐 불안하지도 않고 아래를 내려다볼 수 있다. 그러나 별 거 없다.

낮아도 하찮지 않다는 것을 다시 한 번 깨달았다. 나와 같은 알 친구들이 많고 즐겁게 이야기하니 낮아도 속상하지 않았다.

봉황이 되어서 모든 것이 좋다고 느꼈는데 팔을 계속 젓고 있으니 팔이 너무 아파서 나쁜 점도 있다는 것을 오늘 알게 되었다. 그래서 가장 낮은 알도 좋다는 것을 알게 되었다

너와 나의 재발견

6학년 1반과 2반이 함께 모여 협동디모임 시간에 '알에서 봉황까지'를 하였습니다. 옆 반 별이라는 친구는 평소 표정 없는 얼굴에, 이름을 불러도 대답은 물론 눈조차 마주쳐 주지 않는 여자아이입니다. 하루 종일 한 마디 없이 홀로임에 너무 익숙해져 버린 그런 아이. 그런 별이가 이 활동을 힘들어하지 않을지 내심 걱정스러운 마음이 컸습니다. 아, 그런데 시작하는 출발 신호와 함께 별이를 바라본 순간, 아이의 표정이 이렇게 환할 수가 없었습니다. 환호하고, 기뻐하고, 안타까워하고, 실망하는 온갖 표정들이 얼굴에 고스란히 묻어났습니다. 목소리는 또 얼마나 카랑카랑하던지. 어디에서 그런 에너지가 숨어 있었는지 놀라서 한참을 멍하니 바라보았습니다. 언제 아이가 이렇게 생기 띠며 웃어 본 적이 있었을까? 친구들과 눈을 마주보며 소리를 질러 대고 눈빛으로 행동으로 교감한 적이 있었을까? 끝나고 교실로 가면서 슬쩍 나를 곁눈질하며 겸연쩍게 웃어 보이던 별이가 봉황처럼 빛나 보였습니다.

둘째 주

Change! Change!

#역할 #변신 #스타
#지지 #꼬리 잇기

한눈에 보는 활동과정

놀이 1 스타와 매니저

① 두 명이 가위바위보를 하여 이긴 사람은 '스타', 진 사람은 '매니저'가 된다.

② 매니저는 스타가 준 미션을 수행한다.

미션 (예)

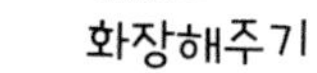

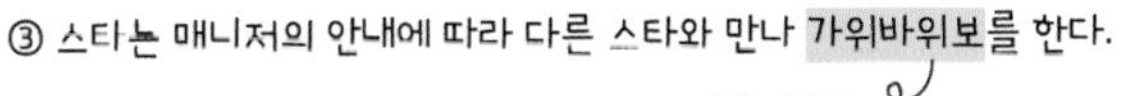

③ 스타는 매니저의 안내에 따라 다른 스타와 만나 가위바위보를 한다.

④-ver.1 이긴 스타&매니저의 역할은 그대로이고, 진 스타&매니저는 서로의 역할을 바꾼다.

④-ver.2 이긴 스타&매니저는 둘 다 스타가 되고, 진 스타&매니저는 모두 매니저가 되어 새로운 스타&매니저의 짝을 이룬다.

놀이 2 우리 반 톱스타

① 두 명이 가위바위보를 하여 이긴 사람은 '스타', 진 사람은 '팬'이 된다.

② 팬은 스타가 원하는 응원 동작과 구호로 스타를 지지하며 뒤따른다.

tip 스타도 자신만의 독특한 포즈를 연습해요.

③ 음악이 멈추면 스타끼리 만나 가위바위보를 한다. 이때, 진 스타의 팬은 이긴 스타의 팬으로 흡수되고 진 스타는 이긴 스타의 보디가드가 된다.

④ 교실에 남은 스타가 2명이 되었을 때, 스타 인터뷰와 팬 응원전을 한다. 마지막으로 가위바위보로 톱스타 1명을 가린다.

tip (1) 스타가 듣고 싶은 응원을 해요.
(2) 가위바위보는 삼세판으로 긴장감을 높여요!

⑤ 톱스타가 듣고 싶어하는 응원을 다 함께 외친다.

놀이진행하기

들어가기

• 여러분이 스타가 되었다고 상상해 보세요. 스타가 되면 어떤 기분일까요?
• 놀이를 통해 스타가 된 것 같은 기분을 마음껏 느껴 봅시다!

놀이하기

놀이 1. 스타와 매니저

● 활동 순서 및 방법 익히기

• 처음으로 눈이 마주친 친구와 두 명씩 짝을 이룹니다.
• 가위바위보를 해서 이긴 친구는 스타가 되고, 진 친구는 매니저가 됩니다.

• 스타는 매니저에게 원하는 미션을 시킬 수 있습니다. 예를 들어, 운전기사처럼 편하게 업어 주기, 보디가드처럼 나를 보호해 주기, 코디가 되어 화장해 주기 등 매니저가 할 수 있는 다양한 미션을 시킬 수 있습니다.
• 매니저는 스타가 원하는 미션을 열심히 수행하며, "우리 스타님, 나가실게요~!"라고 말하며 길을 안내해 줍니다.

tip 매니저의 활동 모습은 교사 또는 학생의 시범을 보여 주면 좋습니다.

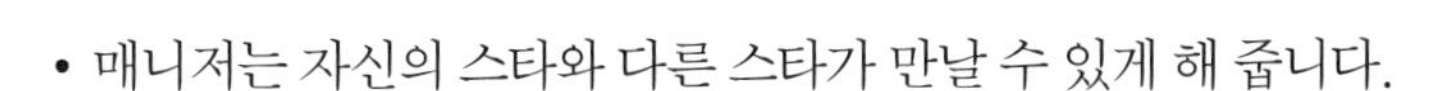

• 매니저는 자신의 스타와 다른 스타가 만날 수 있게 해 줍니다.
• 스타끼리 만나면 가위바위보 대결을 합니다.

- 스타끼리 가위바위보를 해서 이기면 스타와 매니저의 역할은 변화가 없습니다.
- 만약 스타가 가위바위보에서 졌다면 매니저는 스타에게 "내가 이제 우주대스타다!"라고 호통을 치며 스타와 매니저의 역할이 바뀌게 됩니다.

● 스타와 매니저 놀이하기

- 스타가 되었을 때 나는 어떤 미션을 받고 싶은지 생각해 봅시다.
- 지금부터 실감나게 스타와 매니저 연기를 해 볼까요?

● 버전 바꾸어 실시하기

- 이번에는 방식을 바꿔 보겠습니다.
- 가위바위보에서 스타가 이기면 두 사람 모두 스타가 되고, 지면 두 사람 모두 매니저가 됩니다.
- 상대편 친구 중 한 명과 만나 서로 스타와 매니저로 짝을 이루면 됩니다.
- 새로운 버전으로 계속해 볼까요?

놀이 2. 우리 반 톱스타!

● 활동 순서 및 방법 익히기

- 이번에는 스타 중의 스타, 우리 반 톱스타를 뽑아 보도록 하겠습니다.
- 처음으로 눈이 마주친 친구와 두 명씩 짝을 이룹니다.
- 가위바위보를 해서 이긴 친구는 스타가 되고, 진 친구는 이긴 친구의 팬이 됩니다.
- 처음 가위바위보에서 지면 스타가 될 수 있는 기회는 없답니다. 한 번 팬은 영원히 팬이 되는 거죠. 첫 판이 얼마나 중요한지 알겠죠?
- 팬은 스타의 뒤에서 스타 이름을 큰 소리로 외치며 환호를 해 줍니다. 예를 들어, ○○○이 이겼다면 "우윳빛깔 ○○○!"이라며 크게 외치고 몸동작도 함께 하며 그 친구를 열렬히 응원해 줍니다.

tip 스타도 자신만의 독특한 포즈를 연습해요.

- 스타가 된 친구도 어색하지 않도록 자신만의 스타 포즈를 연습하면 좋아요. 예를 들면, 미스코리아처럼 한쪽 손은 허리에 올리고 다른 손으로는 손을 흔들어 주는 동작을 해 보는 것도 재밌겠죠?

  tip 응원하는 모습이나 스타의 포즈 등은 교사 또는 학생의 시범을 보여 주면 좋습니다.

- 음악이 멈추면 스타끼리 만나 가위바위보를 합니다.
- 가위바위보에서 진 스타의 팬은 변심해서 이긴 쪽 스타의 팬이 됩니다. 가위바위보에서 진 스타는 이긴 스타의 보디가드가 되어 앞에서 스타를 보호해 주며 길을 안내해 줍니다.
- 다 함께 우리 스타를 응원하며 다른 스타와 대결하러 갑니다.
- 우리 스타가 다른 스타와 대결할 때마다 매번 호응을 해 줘서 힘을 불어넣어 주는 것이 좋겠죠?
- 만약 스타가 홀수라면 이전에 가위바위보에 참여하지 않았던 스타는 다음에는 반드시 참여해야 합니다.

● 우리 반 톱스타! 놀이하기

- 과연 우리 반 톱스타는 누가 될까요?
- 지금부터 우리 반 톱스타! 놀이를 시작하겠습니다.

  tip 스타가 두 명이 될 때까지 실시합니다.

● 우리 반 톱스타 뽑기

- 우리 반에 스타가 두 명 생겼네요.
- 이제 팬들의 응원을 들어보고 우리 반 최고 톱스타를 뽑도록 하겠습니다.
- 혹시 스타들, 듣고 싶은 응원이 있나요?
- 먼저 ○○○ 스타 팬들의 응원부터 들어보겠습니다.
- 다음 □□□ 스타 팬들 응원 시작합니다!
- 두 팀 모두 자신의 스타를 열렬히 좋아하는 것이 느껴집니다.
- 세기의 대결을 시작하기 전에 각 팀 스타들의 이야기를 들어보고 싶은데요, 지금 기분이 어떤가요?
- 기다리고 기다리던 세기의 대결, 지금부터 시작합니다.

- 세기의 대결인 만큼 삼세판을 해서 두 번 먼저 이긴 쪽이 우리 반의 톱스타가 되겠습니다.
- 자, 다 같이 가위바위보!
- ○○○이 우리 반의 톱스타가 되었습니다!
- 다 같이 격렬하게 환호한다는 의미로 최대한 동작을 크게 해서 톱스타의 이름을 세 번 외쳐 줍시다!
- 톱스타는 혹시 듣고 싶은 응원 있나요?
- 다 같이 외칩니다! 살인미소! ○○○! 무한긍정! ○○○! 웹툰화가! ○○○!

마무리하기

● 활동 후 소감나누기

- 이번 시간에는 스타와 매니저의 역할을 경험해 보았는데요. 각각의 역할이 되었을 때 어떤 생각이나 느낌이 들었나요?
- 오늘 우리 반 톱스타가 된 ○○○ 학생은 친구들의 응원을 받을 때 또는 톱스타가 되었을 때 어떤 느낌이었나요?

여러분이 역할에 충실하며 서로를 지지해 주고 지지받는 모습을 보니 선생님은 마음이 참 즐겁고 행복했답니다. 앞으로 평소에도 서로가 서로를 지지하고 응원하며 우정을 돈독하게 쌓아 가길 바랄게요.

이런 질문도 해 보세요!

- 여러분은 오늘 스타가 된 것처럼 생활 속에서 지지받고 응원받아 본 경험이 있나요?
- 오늘 활동의 제목이 무엇이었죠? 우리 생활과 관련지어 말해 본다면?

놀이를 배움으로 up!

코칭 하나 다양한 표현의 스타 응원 구호를 알려 주세요.

우리 반 톱스타 놀이의 절정은 바로 응원 구호라고 볼 수 있습니다. 대부분의 학생들이 응원 구호를 무엇으로 할지 망설이곤 하는데요. 그 친구의 장래희망이나 장점 위주로 문구를 만들면 더욱 훈훈한 시간이 됩니다. 길동이가 달리기를 잘한다면 '우사인볼트 홍길동'으로, 장래희망이 과학자라면 '한국의 에디슨 홍길동' 등으로 안내해 주면 됩니다. 미소가 아름다운 친구는 '미소천사', 항상 친구들에게 친절하고 상냥한 친구는 '최강매너', 재치 있는 입담으로 즐거움을 주는 친구는 '개그천재' 등 예시를 다양하게 들어 줄수록 좀 더 쉽게 접근할 수 있고 친구에게 맞는 응원 구호를 지어 줄 수 있습니다.

코칭 둘 음악이 멈추면 스타끼리 가위바위보를 하게 해 주세요.

음악을 사용하지 않고 진행해 보면 계속 스타로 있고 싶어서 가위바위보를 하지 않는 학생도 있습니다. 한 명의 팬과 돌아다니며 의도적으로 가위바위보를 피하는 학생이 있길래 다가가서 이유를 물어보니, "선생님, 저는 꿈이 연예인이에요. 그래서 제 팬이 한 명이라도 있는 지금이 좋아요."라고 대답한 경우도 있었습니다. 그 아이의 진심이 느껴졌고 그대로 수용해 주었습니다. 하지만 이런 학생을 따라 하거나 불만을 제기하는 경우 놀이가 공정하게 진행되기 어려우므로 음악을 활용하는 것이 좋습니다. 음악이 멈추면 두 명의 스타가 만나서 가위바위보를 하도록 하고, 만약 스타가 홀수일 경우에는 참여하지 않았던 스타는 반드시 다음 가위바위보에는 참가할 수 있도록 합니다.

코칭 셋 우리 반 톱스타를 뽑기 전에 인터뷰로 마음을 표현하는 시간을 가져 보세요.

아이들은 친구들의 지지와 응원을 듬뿍 받을 수 있는 우리 반 톱스타가 되고 싶어 합니다. 하지만 최종 2인이 되었을 때 내 이름을 열렬히 외치는 친구들의 모습을 보면 꼭 이겨서 친구들을 실망시키지 말아야겠다는 심리적 부담감이 커지는 것도 사실입니다. 그래서 최종 가위바위보를 하기 전에 아이들에게 "지금 기분이 어떤가요?"라고 물어보면 "엄청 좋아요."라고 말하는 아이들도 있는 반면에, "부담스러워요. 질까 봐 두려워요."라고 말하는 아이들도 있습니다. 마냥 좋지만은 않은 아이들의 마음을 그대로 수용해 주세요. 그러고 나서 마무리 부분에서 "많은 사람들의 관심과 사랑을 한몸에 받는 유명인들이 마냥 행복하기만 한 것은 아니랍니다. 사랑을 받는 만큼 부담감도 크고 기대를 충족시켜야겠다는 의무감도 있지 않을까요?"라고 이야기하며 아이들의 경험담을 나눠 보는 것도 좋아요.

많은 사람들의 반짝이는 스타가 되고 싶은 마음. 누구에게나 있는 걸까요? 인터뷰를 해 보니 의외로 톱스타가 된 것에 대해 민망함과 쑥스러움을 느끼는 친구들이 많았답니다. 놀이가 끝난 후 톱스타가 되지 못했지만 되고 싶었던 사람이 있다면 손을 들어 보라고 하여도 몇몇 친구들은 손을 들지 않았습니다. 누군가의 앞에서 돋보이는 역할 이외에도 묵묵하게 받쳐 주는 역할이 있다는 것에 대해 이야기해 보는 시간을 가져 보세요.

코칭 넷 역할보다는 '변화'에 초점을 맞춰 보세요.

우연적 요소와 흥미적 요소가 있는 놀이는 대부분의 아이들이 좋아합니다. 이 놀이 역시 가위바위보라는 우연적 요소를 지니고 있을 뿐 아니라 친구들의 지지를 받는 역할이 되었을 때의 경험이 흥미적 요소로 작용되어 아이들이 무척 좋아하는 놀이입니다.

하지만 이 놀이에는 '변화'라는 핵심 가치가 담겨 있습니다. 스타와 매니저의 역할이 바뀌듯 누구에게나 고정적인 역할은 없으며, 언제나 변화할 수 있다는 의미로 연결 지을 수 있는 놀이입니다. '변화'에 초점을 맞춤으로써 배움과 연계시켜 보세요.

현장적용 Q&A

Q : 저학년에게도 적용 가능할까요?

A : 네, 가능합니다. 저학년의 경우에는 최대한 동작과 멘트를 간단하게 줄이는 것이 좋습니다. 만약 매니저에게 받고 싶은 미션을 생각해 내는 것을 어려워한다면 어깨 주물러 주기처럼 선생님이 동작을 정해서 알려 줄 수도 있습니다. 또한 저학년은 선생님이 시범을 보여 주고 전체가 따라 하는 연습을 각 단계별로 하는 것이 좋습니다. 저학년 아이들은 시범을 보여 주는 정도로는 와닿지 않기 때문에 선생님의 동작과 멘트를 여러 차례 따라 하며 익힌 뒤 놀이에 임한다면 잘 진행하실 수 있습니다.

Q : 톱스타 탄생 이후 조금 허전한데 후속 활동은 없을까요?

A : 친구들의 열렬한 응원 속에 톱스타가 된 친구의 기분은 몹시 들떠 있을 것입니다. 하지만 톱스타도 팬을 위해 무언가 팬서비스를 해 주어야 한다는 반전의 기회를 주는 것도 좋습니다. 감사의 인사나 팬들을 위해 본인이 할 수 있는 것 중에서 무엇을 해 줄 것인지 물어봐 주면 되겠지요.

우리들의 성장스토리

스타가 되었을 때 매니저가 어깨를 주물러 주니 시원하고 기분이 좋았어요. 내가 시키는 것을 열심히 하는 매니저를 보며 평소에도 매니저 같은 존재가 있으면 좋겠다고 느꼈어요.

갑자기 스타에서 매니저가 되었을 때 뚝 떨어지는 느낌에 속상하고 안타까웠어요. 가위바위보를 할 때 마음속으로 내 스타가 져서 다시 스타가 되었으면 좋겠다고 생각했어요.

친구들이 저를 '전지현'으로 불러 주었는데 기분이 무척 좋았어요. 전지현 씨한테 살짝 미안했지만요.

친구들과 더 친해질 수 있어서 행복했습니다.

5세 때부터 ADHD로 정신과 치료를 받아 왔으며 물건을 빨고 화가 나면 욕설이나 폭력적인 행동을 자주 해 1학년 때부터 친구들 사이에서 왕따로 지내 온 6학년 한 남학생이 있었습니다. 그 학생은 우리 반 톱스타! 놀이를 하던 중에 우리 반 톱스타가 되었고, 모든 친구들의 열렬한 환호를 받으면서 지금껏 받아 보지 못했던 친구들의 온전한 지지를 받게 되었습니다. 그리고 이 아이는 전체 친구들 앞에서 "친구들과 더 친해질 수 있어서 행복했습니다."라는 뭉클하고 감동적인 소감을 나누어 주었습니다. 이 놀이는 모두가 함께 즐겁게 참여할 수 있다는 점에서도 좋고, 친구들 사이에서 인정이나 지지를 받은 경험이 부족한 학생들이 스타로서 지지를 받게 된다면 자신의 존재를 인정받는 특별한 경험을 하게 될 수 있어서 좋습니다.

셋째 주

바람경매

#바람 찾기 #경매하기
#성장 #나눔

한눈에 보는 **활동과정**

경매 준비

① 경매에 대해서 알아본다.

tip Youtube에서 경매 관련 동영상을 보여주면 좋아요. (예)무*도전 경매편

② 바람경매 활동지에 자신이 사고 싶은 바람을 체크한다.

바람경매 활동지

바람의 종류	이 바람을 얻게 되면	사고 싶은 것 (체크)	낙찰 금액 (원)
꿈을 이루기를 바라나요?	-원하는 꿈을 모두 이룰 수 있음. -꿈을 이룰 수 있는 방법을 알게 됨.	✓	
새로운 도전을 하고 싶나요?	-늘 흥미진진하게 살 수 있음. -도전하고 싶은 일을 잘 찾게 됨.		
존중받고 싶나요?	-원하는 사람에게 언제나 존중받을 수 있음.	✓	
⋮			

각자 10억 배당금으로 경매 참여!

활동 상황에 맞게 배당액은 다양하게 바꿀 수 있음!

경매 시작

③ 경매사는 경매 분위기를 북돋우며 경매를 진행한다.

↳ 처음 경매사는 원하는 사람이 하기!

⑭ 자신이 원하는 바람이 나오면 자신의 이름과 경매가를 크게 외친다.

⑤가장 높은 금액을 외친 사람에게 바람이 낙찰된다.

⑥ 바람을 낙찰받은 친구에게 모둠원 전체가 박수를 치며 축하한다.

⑦ 낙찰자가 그다음 경매사가 되어 경매를 진행한다.

놀이진행하기

들어가기

- 살아가면서 어떤 것을 바라는지 말해 보세요.
- 많은 바람들이 있군요. 여러분이 바라는 바람을 경매라는 놀이를 통해 찾아볼 거예요.

놀이하기

● 경매가 무엇인지 알아보기

- 경매란 사겠다는 사람이 두 명 이상일 때, 팔고 싶은 것의 값을 가장 많이 부르는 사람에게 파는 제도를 말해요.

tip 유튜브에서 경매 동영상을 찾아 보여 주면 좋습니다.

● 바람경매 방법 배우기

- 개인당 활동지를 한 장씩 받습니다.
- 지금부터 활동지를 읽어 보고 본인이 사고 싶은 바람을 체크합니다.
- 활동지 아래에 보이듯이 1인당 10억의 배당금을 나누어 줬어요.

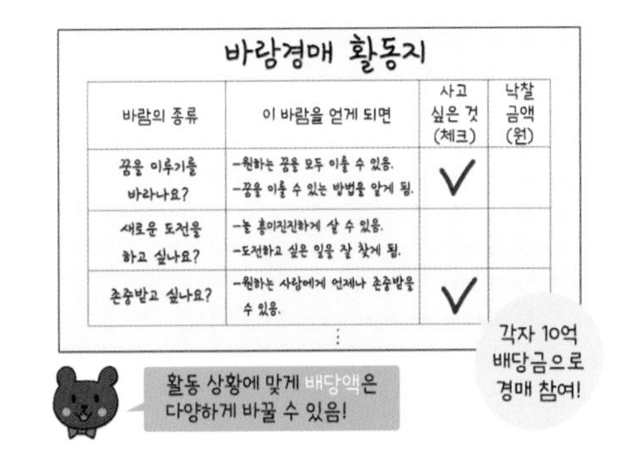

바람경매 활동지

바람의 종류	이 바람을 얻게 되면	사고 싶은 것 (체크)	낙찰 금액 (원)
꿈을 이루기를 바라나요?	-원하는 꿈을 모두 이룰 수 있음. -꿈을 이룰 수 있는 방법을 알게 됨.	✓	
새로운 도전을 하고 싶나요?	-늘 흥미진진하게 살 수 있음. -도전하고 싶은 일을 잘 찾게 됨.		
존중받고 싶나요?	-원하는 사람에게 언제나 존중받을 수 있음.	✓	
⋮			

- 그럼 경매게임 방법을 함께 알아볼까요?

① 경매사는 모든 바람카드를 책상 위에 펼쳐 두고 팔고 싶은 것을 한 장 골라 경매를 시작합니다.

② 경매사는 바람카드를 보여 주면서 해당 바람을 얻게 되면 좋은 점을 이야기하며 경매의 분위기를 북돋워 줍니다.

③ 경매가를 외치는 방법은 "△△△! ○억!"처럼 이름을 외치는 것입니다. 어색함을 없애도록 같이 한 번 연습해 봅시다. "자기 이름! ○억!"

④ 경매가는 1억에서 출발하고 억 단위로 금액이 올라갈 수 있습니다. 예를 들면 '1억' 다음에 '1억 5천만 원'과 같은 금액은 안 되고 '2억'이나 '3억' 이렇게 배당금액을 올립니다.

⑤ 가장 높은 금액이 나온 뒤 경매사가 '하나, 둘, 셋'까지 세면 그 즉시 가장 높은 금액을 외친 친구에게 바람이 낙찰되고, 해당 경매는 종료됩니다.

⑥ 바람을 낙찰받은 참가자에게 "△△아, 축하해!" "너는 꿈을 이룰 거야." 하며 모둠원 전체가 축하의 박수를 쳐 줍니다. 그러면 더 훈훈한 분위기에서 경매를 진행할 수 있습니다.

⑦ 처음 경매사는 모둠원 중에서 원하는 사람이 되고, 그 이후부터는 낙찰자가 그다음 경매사가 되어 진행합니다. (경매사는 물건을 경매만 할 뿐 사지는 못합니다.)

● 경매 활동 하기

- 각 모둠에서 한 명씩 나와서 바람카드를 가져가세요.
- 경매사는 바람카드를 가운데 모두 펼쳐 두고 원하는 카드를 골라 경매를 시작합니다.
- 제한된 시간(대략 20분 정도) 안에 경매를 진행하고, 경매가 끝난 모둠에서는 활동지 아래에 있는 질문들을 하나씩 돌아가면서 나누어 보세요.

tip 선생님은 순회를 하면서 적절하게 분위기를 띄우며 바람잡이 역할을 하는 것이 좋습니다.

마무리하기

활동을 통해서 가장 바라는 것이 무엇인지 찾은 여러분 축하합니다. 바람이 더 빨리 이루어지도록 행동하겠다는 여러분의 모습이 무척 반갑고 기쁘네요.
원하는 바람을 이루기 위한 작은 행동을 오늘부터 바로 실천해 보길 바랍니다. 그리고 그 바람들이 여러분의 삶에서 이루어져 더 행복해지길 진심으로 바랍니다.

● 활동 후 소감나누기

- 바람경매를 하고 나서 어떤 생각이나 느낌이 들었나요?

이런 질문도 해 보세요!

- 바람경매의 결과 내가 찾은 가장 바라는 바람은 무엇인가요?
- 내가 가장 바라는 바람이 조금 더 빨리 이루어지도록 하기 위해 지금 바로 어떤 행동을 해 볼 수 있을까요?

놀이를 배움으로 up!

코칭 하나 낙찰의 순간에 응원과 축복의 말을 해 주세요

경매를 통해 원하는 바람카드가 낙찰되었을 때, 그 바람이 이루어지길 바라는 간절한 소망이 한 발을 내딛은 것입니다. 이때 바람이 낙찰된 친구에게 "길동아, 축하해!" "너는 꿈을 이룰 거야." 하며 모둠원들이 축하의 말을 건넵니다. 함께 축하의 박수를 쳐 주면 바람카드가 낙찰된 친구는 마치 그 꿈이 이루어진 듯한 기쁨을 느끼게 되고, 그 꿈을 이루고 싶은 더 강한 소망과 동기를 가지게 됩니다. 이러한 축하의 말은 이후 그 바람을 이루기 위한 더 적극적인 행동으로 옮겨질 수 있으니 친구들의 격려와 축하는 더 없이 아름다운 말이라 할 수 있습니다.

코칭 둘 경매사가 되는 경험을 모두 경험하게 해 보세요

바람경매에서는 낙찰된 학생이 경매사가 됩니다. 그러다 보면 적극적인 학생은 계속해서 활동에 참여하며 더 많은 카드를 낙찰하게 되고, 중복해서 경매사가 되는 경우가 있습니다. 모두가 공평하게 경매사가 될 수는 없지만 정해진 시간이 지나가면 10억이라는 돈은 사라져 버리고 남은 바람카드는 더 이상 살 수 없으니, 학생들에게 자신이 정말 원하는 바람을 사고 싶다고 경매사에게 당당하게 요청하고, 바라는 바람은 꼭 살 수 있게 적극적으로 참여하도록 미리 지도하는 것이 좋습니다. 그러면 대부분의 학생들이 바람이 낙찰된 후에 경매사 경험을 하게 됩니다. 그리고 경매사를 여러 번 한 친구에게는 한 번도 하지 않은 친구를 위해 경매사를 양보하도록 격려하는 것도 좋은 방법입니다.

코칭 셋 가장 바라는 바람을 행동계획으로 연결시켜요

바람경매는 활동을 하면서 내가 진짜로 바라는 바람은 무엇일까를 생각해 보고 또 알아차리는 시간이 됩니다. 바람경매 후 활동의 마무리 시간에 "친구들과 더 친하게 지내고 싶다면, 여러분은 오늘 무엇을 해 보겠어요?" "매일 한 가지씩 친구를 칭찬해 주겠어요."와 같이 간단하고 구체적이며 실천 가능한 계획으로 연결시키는 것은 정말 유용합니다. 그리고 평소에 상담이 필요하다고 생각한 학생과 별도의 상담시간을 가지고, 학생의 바람을 이루기 위한 계획을 함께 세워 보는 것은 학생의 변화와 성장에 큰 도움이 될 것입니다.

현장적용 Q&A

Q : 경매를 하면서 카드를 더디게 파는 모둠들이 있어요. 어떻게 하면 좋을까요?

A : 똑같은 수의 바람카드를 주었음에도 불구하고 어떤 모둠은 모든 바람카드가 낙찰되고 소감나누기까지 하는가 하면, 어떤 모둠은 낙찰되지 못한 바람카드가 있어 서운해하는 경우도 있습니다. 따라서 선생님께서는 속도가 느린 모둠의 바람경매 과정을 지켜봐 주며 "이 바람을 얻게 되면 원하는 꿈은 뭐든 이룰 수 있어."와 같이 바람잡이 역할을 하며 흥을 북돋워 주는 것이 좋습니다. 또한 경매가가 불리고 경매사가 '하나, 둘, 셋' 센 후에는 기다리지 않고 바로 낙찰되도록 하는 것이 좋습니다. 바람경매는 어느 정도 속도가 필요하며, 되도록 많은 바람카드가 경매에 붙여지고 낙찰되었을 때 더욱 즐거운 시간이 될 수 있습니다. 그리고 그 과정을 통해 학생들은 자신이 가장 바라는 바람을 더 명확하게 찾게 됩니다.

Q : 초등학생에게 배당금 10억은 너무 많지 않나요?

A : 초등학생에게 10억이라는 돈은 큰돈이지요? 배당금을 10억으로 한 이유는 첫째, 10억이라는 돈은 더하고 빼는 계산을 쉽게 할 수 있어서 저학년 학생들도 쉽게 경매를 하면서 돈을 관리할 수 있다는 장점이 있습니다. 둘째, '1억, 2억, 3억…….' 이렇게 억 단위로 경매가를 부르다 보면 경매시간이 줄어들어서 제한된 시간 안에 많은 친구들이 거의 모든 바람카드를 낙찰할 수 있다는 장점이 있습니다. 그런데 100만 원과 같은 돈을 배당금으로 주면 '12만 원, 13만 원, 14만 원……'과 같이 작은 단위로(만원) 경매가를 부르게 되고, 시간 안에 바람카드를 조금밖에 살 수 없어서 결국 사고 싶어도 사지 못하는 학생들이 생기게 되는 단점이 있습니다. 셋째, 큰 돈으로 바람카드를 산 만큼, 그 바람카드의 값어치가 더 올라가는 효과도 있습니다. 그럼에도 불구하고 학급에는 여러 가지 상황이 있고 선생님께서 추구하는 가치가 서로 다를 수 있으니, 활동 상황에 맞게 배당액을 100만 원이나 10만 원 등 다양하게 바꾸어서 하셔도 됩니다.

Q : 10억을 한 번에 다 써도 되나요?

A : 학생들 중에는 사고 싶은 바람을 한 가지만 정하고 그 바람에 가진 돈을 모두 쓰는 친구들도 있습니다. 10억을 한 번에 다 쓰는 것은 가능합니다. 대신 소감나누기 시간에 한 가지 바람에 돈을 모두 사용한 학생에게 그 바람을 소개하는 시간을 주고, 그 바람을 구체적으로 표현하도록 질문을 해 주면 좋습니다. 예를 들어, "존중받고 싶나요."라는 바람카드를 10억에 산 학생에게 "존중받는 것이 너에게 정말 중요한가 보구나. 친구나 부모님, 선생님 등 누가 너에게 어떻게 해 주면 존중받는 느낌이 들겠니?"라고 물어봅니다. "친구들이 나를 무시하지 않았으면 좋겠어요."와 같이 그 친구가 선택한 바람이 얼마나 간절한지를 모두 함께 생각해 보는 시간을 가지는 것은 매우 유익합니다.

Q : 학교현장에서 '경매' 괜찮은가요?

A : 학교현장에서 경매 또는 10억이라는 큰 돈으로 경매하는 것이 교육상 좋지 않다고 염려하시는 선생님이 있으십니다. 이때는 학생들과 함께 수산시장에서의 경매, 미술품 경매 등에서 경매사의 역할을 알아보는 활동을 통해 경매사가 경제활동에서 중요한 직업 중에 하나라는 것을 알려 주시면 좋습니다. 더 나아가 사회 시간에 경제활동과 관련 지어 물건 가격은 사고자 하는 사람이 많을수록 점점 더 값이 오른다는 것 등을 함께 나누어도 좋습니다. 그리고 경매를 활용해서 자신이 소중하게 여기는 가치는 무엇인지 알아보는 가치관 경매와 같은 집단 프로그램들이 이미 개발되어 있습니다. 바람경매는 자신이 가장 바라는 것이 무엇인지 경매라는 놀이를 통해 찾아볼 수 있는 즐거운 활동입니다.

Q : 바람카드를 저학년에게 적용할 수 있나요?

A : 저학년에게는 바람카드의 문장이 어렵게 느껴질 수 있습니다. 따라서 막연한 바람보다는 좀 더 구체적인 상황에 맞는 바람을 찾아보도록 하는 것이 좋습니다. 예를 들면, "방학 동안에 너희들이 가장 바라는 것이 무엇인지 생각해 보고, 그것을 이룰 수 있는 바람을 구매해 보자." "학교생활을 하면서 가장 원하는 것이 무엇인지 생각해 보고, 그것을 이룰 수 있는 바람을 구매해 보자."와 같이 말하면서 활용할 수 있습니다.

우리들의 성장스토리

이 바람경매로 진짜 내가 원하는 것을 얻어서 유익했다. 그리고 내가 뽑은 바람이 이루어질 것이라는 믿음이 생기고 새 희망도 생긴 것 같아서 더욱 재미있었다. 그 대신에 나의 목소리 톤을 들켰다. 낙찰도 하면서 돈도 얻고 큰 소리로 광고도 하다 보니 한층 더 자신감 있게 말할 수 있어서 좋았다. 그리고 이 바람경매는 내 모둠 친구들과도 친해지고 나의 장점뿐 아니라 모둠 친구들의 장점도 알게 되어 좋은 추억으로 남을 것 같다.

이 바람경매를 하면서 처음에는 자기가 사고 싶은 것을 사기 위해서 노력을 해야 했는데, 이렇게 하면서 내가 얻고 싶은 게 무엇인지 알게 되고, 친구들도 그것을 사기 위해서 노력을 한다는 것을 알게 되었다. 경매를 하면서 카드를 팔기 위해 설명을 하면서 내가 이런 쪽으로 재능이 있다는 것을 발견하게 되어 기분이 무척 좋았다.

지금까지 경매 같은 것은 한 번도 안 해 봤는데 오늘 하니까 정말 재미있었다. 사람들도 경매를 하면 신나게 또 재미있게 물건을 살 수 있어서 정말 좋은 것 같다. 오늘 놀이를 하면서 한 가지 아쉬운 점은 '휴식이나 잠이 필요한가요' 카드와 '어떤 일이 일어날지 미리 알고 싶나요' 카드를 사고 싶었는데, '존중받고 싶나요'라는 카드에 10억을 다 써서 다른 것은 못 산 것이다. 다음에는 좀 더 많은 돈을 나누어 주셨으면 좋겠다.

아이들을 성장으로 이끄는 바람경매

바라는 것이 많은 아이들이지만 정작 바라는 것이 무엇이냐는 질문에 대해서 아이들은 좋은 직장에 들어가고 싶다, 공부를 잘 하고 싶다, 돈을 많이 벌고 싶다 등 지극히 현실적이고 물질적인 바람이나 어른스러운 염려를 담은 바람들을 많이 이야기합니다. 그래서 집단상담을 하면서 아이들을 대상으로 바람경매를 해 보았습니다.

"보이지 않는 바람으로 경매를 할 수 있다니 놀라워요." "지루할 줄 알았는데 경매가 참 재미있어요."

활동을 하면서 아이들은 더욱 진지해지고, 자신들의 입장에서 바라는 것은 무엇인지 생각해 본 후에 경매에 참여하게 되며 다른 아이들이 사는 바람들을 보면서 진정 자신이 바라는 것이 무엇인지 한 번 더 생각해 보는 시간이 되었습니다.

"이제는 누가 나한테 원하는 바람이 뭐냐고 물으면 분명하게 말할 수 있을 것 같아요." "내가 정말로 바라는 것이 무엇인지 몰랐는데, 이제는 정확하게 알게 되었어요." "내 꿈을 이루기 위해서 오늘부터 책을 더 많이 읽겠어요."

짧은 시간이지만 이 활동을 통해서 자신이 바라는 것을 알게 되고 또 그 바람을 위해서 무엇을 해 볼지 실천 계획을 말하는 아이들을 보며 아이들이 한 뼘 더 성장하고 있음을 느낄 수 있었습니다. 자연스럽게 교사인 나의 바람은 무엇이며 그 바람을 위해서 오늘 나는 무엇을 해 볼지 곰곰이 생각해 보게 되었습니다.

[활동지 10-1]

바람경매

바람의 종류		이 바람을 얻게 되면	사고 싶은 것(체크)	낙찰금액(원)
1	꿈을 이루기를 바라나요?	-원하는 꿈은 모두 이룰 수 있음 -원하는 꿈이 무엇인지 찾게 됨 -꿈을 이루는 방법을 알게 됨		
2	새로운 도전을 하고 싶나요?	-새로운 도전을 통해 늘 흥미진진하게 살 수 있음 -도전하고 싶은 일을 잘 찾게 됨		
3	존중받고 싶나요?	-원하는 사람에게 언제나 존중받을 수 있음 -존중받는 방법을 알게 됨 -사람을 존중하는 방법을 알게 됨		
4	휴식이나 잠이 필요한가요?	-원하는 만큼 충분히 휴식하고 잠을 잘 수 있음 -휴식을 취하는 다양한 방법을 알게 됨		
5	여유롭게 지내고 싶나요?	-여유로운 시간을 충분히 가질 수 있음 -여유로운 시간을 갖는 방법을 알게 됨		
6	자유롭게 행동하고 싶나요?	-언제든 자유롭게 행동할 수 있음 -자유로운 시간을 가질 수 있음 -자유롭게 행동할 수 있는 방법을 찾게 됨		
7	즐거움을 원하는 건가요?	-항상 즐거운 삶을 살 수 있음 -즐겁게 지내는 방법을 알게 됨 -다른 사람도 즐겁게 만들 수 있음		
8	사랑을 받거나 주고 싶나요?	-누구든 좋아하는 사람의 마음을 얻을 수 있음 -마음껏 사랑받을 수 있음 -다른 사람을 더욱 사랑하게 됨		
9	능숙하게 잘했으면 좋겠나요?	-원하는 일을 능숙하게 잘할 수 있음 -능숙하게 잘해서 유능함을 인정받게 됨		
10	어떤 일이 일어날지 미리 알고 싶나요?	-어떤 일이든 무슨 일이 일어날지 알 수 있음 -일어날 일에 대해 사전에 대비할 수 있음		
각자 10억의 배당금으로 경매에 참여합니다.				

★경매가 끝나면 서로 이야기를 나누어 보세요.

1. 내가 가장 사고 싶었던 바람은 무엇이었나요?
2. 내가 실제로 산 것은 무엇인가요? 사고 싶었지만 사지 못한 바람이 있다면 무엇인가요?
3. 바람경매의 결과 찾은 내가 가장 원하는 바람은 무엇인가요? 그 바람이 이루어진다면 무엇이 달라질까요?

넷째 주

손에 손잡고

#습관 #신문지 고리
#통과 #성장 #협력

한눈에 보는 활동과정

① 고치고 싶은 버릇이나 습관을 라벨지에 쓴다.

② 습관을 적은 라벨지를 몸에 붙인다.

③ 몸에 붙인 라벨지를 손을 사용하지 않고 몸에서 떼어낸다.

④ 교실 책상과 의자를 가장자리로 치우고 모둠별로 놀이를 준비한다.

tip 학급 인원수에 맞게 모둠별 인원을 정해요.

⑤ 신문지로 고리를 만들고 각자의 습관을 고리 바깥쪽에 붙인다.

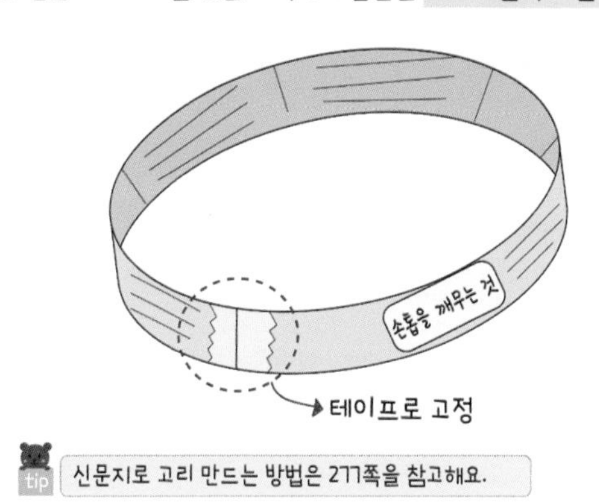

tip 신문지로 고리 만드는 방법은 277쪽을 참고해요.

⑥ 모둠원(5인 1조)이 둥글게 서서 손을 잡고 모둠 이끄미의 왼쪽 손목에 고리를 건다. 이끄미부터 고리를 통과하여 모둠원이 모두 통과하면 성공한다.

⑦ 모둠별로 작전 타임을 가지고 다시 도전한다.

tip 모둠별로 목표를 정해서 칠판에 적은 후, 도전해도 좋아요.

⑧ Upgrade 10인 1조로 2개의 신문지 고리를 통과한다.

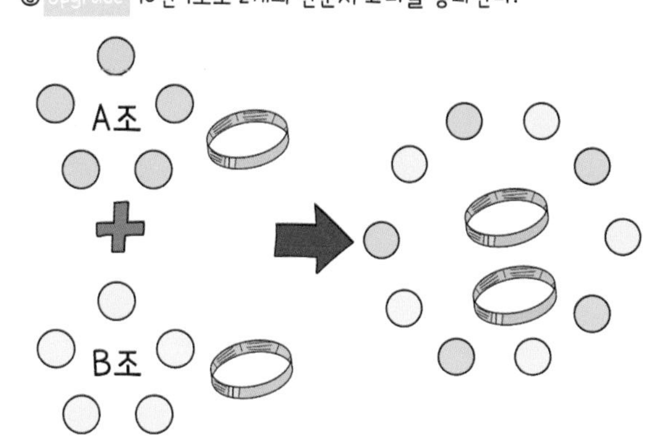

⑨ Upgrade 학급 전체가 1조가 되어 모든 신문지 고리를 통과하며 마무리한다.

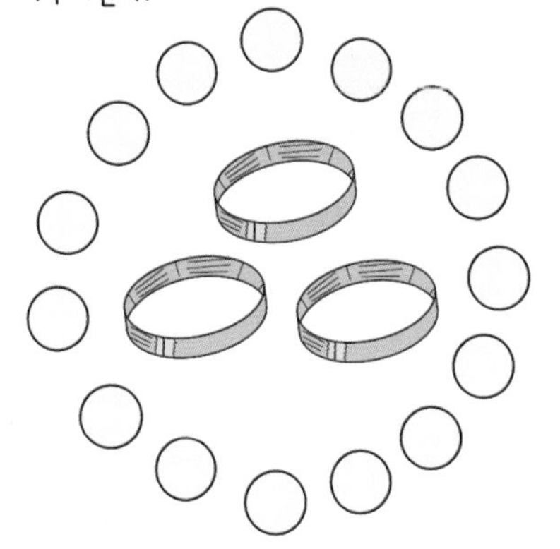

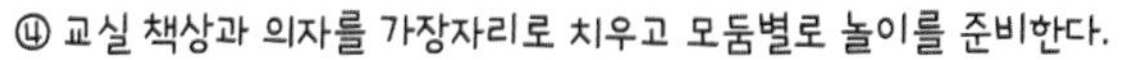

놀이진행하기

들어가기

- 여러분은 고치고 싶은 습관이나 버릇이 있나요?
- 내가 고치고 싶은 습관이나 버릇을 알아보고 함께 극복하는 활동을 해 보겠습니다.

놀이하기

● 고치고 싶은 습관이나 버릇을 내 몸에서 떼어 내기

- 고치고 싶은 습관이나 버릇을 내 몸에서 떼어 내기 활동을 해 보겠습니다. 놀이하는 방법을 알아볼까요?
- 먼저 나눠 준 라벨지에 고치고 싶은 습관이나 버릇을 적습니다. ('손톱을 깨무는 것' '학교 숙제를 미루기' 등 구체적으로 쓰도록 안내한다.)

- 습관을 적은 라벨지를 여러분의 몸 중에서 붙이고 싶은 곳에 붙입니다.
- 모두 일어나서 손은 사용하지 않고 붙은 라벨지를 떼어 봅시다.

- 몸에 붙은 습관이나 버릇을 내 몸에서 떼어 내기가 어땠나요?
- 라벨지를 몸에서 떼어 냈을 때 어떤 기분이 들었나요?
- 습관이나 버릇을 떼는 데 친구가 도와주면 어땠을까요?

● 신문지로 습관 고리 만들기(5인 1조)

- 신문지로 습관 고리를 만들겠습니다.

tip 신문지로 습관 고리를 만드는 방법은 277쪽을 참고하세요.

- 몸에 붙였던 라벨지를 나누어 주는 신문지에 붙입니다.
- 자신의 습관을 발표하고 고리를 연결합니다.
- 모둠에서 돌아가면서 한 명씩 자신의 습관을 발표해 봅시다. (같은 점이나 다른 점을 찾아볼 수 있도록 안내해 주세요.)

- 발표가 끝나면 라벨지가 붙은 신문지를 테이프로 서로 연결해서 고리를 만듭니다.
- 완성된 고리에 '습관을 극복하자.' '이겨 내자.'와 같은 다짐을 모둠에서 의논해서 씁니다. (예: '1모둠 극복하자, 파이팅!')

tip 나누어 주는 신문지의 크기는 신문지 한 장을 가로로 길게 놓고 가로로 6등분 또는 7등분으로 자른 크기가 적당합니다.

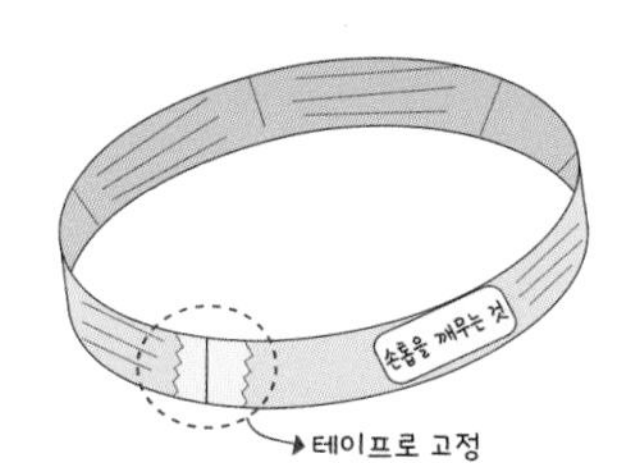

● 습관 고리 통과하기

- 완성된 고리를 친구들과 함께 통과해서 고치고 싶은 습관이나 버릇을 극복하는 활동을 하겠습니다.
- 모둠에서 태어난 달이 가장 빠른 사람을 이끄미로 합니다.
- 손을 잡고 둥글게 서서 이끄미의 왼쪽 손목에 고리를 겁니다.
- 이끄미부터 고리를 통과해서 모둠이 다 통과하면 성공입니다.
- 이때 주의할 점은 친구의 손목이나 팔이 다치지 않도록 주의합니다. 또 잡은 손이 떨어지거나 고리가 끊어지면 빨리 붙여서 이끄미부터 다시 시작합니다.
- 성공하면 걸린 시간을 확인해서 한 명이 칠판에 걸린 시간을 적고 다른 사람들은 제자리에 앉습니다.
- 다 같이 일어나서 한 번 연습해 볼까요?
- 지금부터 선생님이 '시작' 하면 힘을 모아 습관 고리를 통과해 보겠습니다.

tip 교사는 타이머를 눌러 준다.

tip 모둠별로 목표를 정해서 칠판에 적은 후, 도전해도 좋아요.

● 작전 타임을 갖고 습관 고리 통과하기

- 고리 통과하기가 쉬웠나요? 이번에는 작전 타임입니다. 고리가 끊어지지 않고 더 빨리 통과하는 방법과 목표 시간을 의논해 보세요.
- 작전이 끝나면 이끄미는 나와서 목표 시간을 칠판에 적어 보세요.
- 다 같이 일어나서 다시 도전해 볼까요?
- 작전 타임을 가진 후 고리를 통과하니까 어땠나요?
- 목표했던 시간을 성공했나요?
- 어떤 작전이 도움이 되었는지, 모둠에서 누가 도움을 주었는지 말해 볼까요?

tip 교사는 타이머를 눌러 준다.

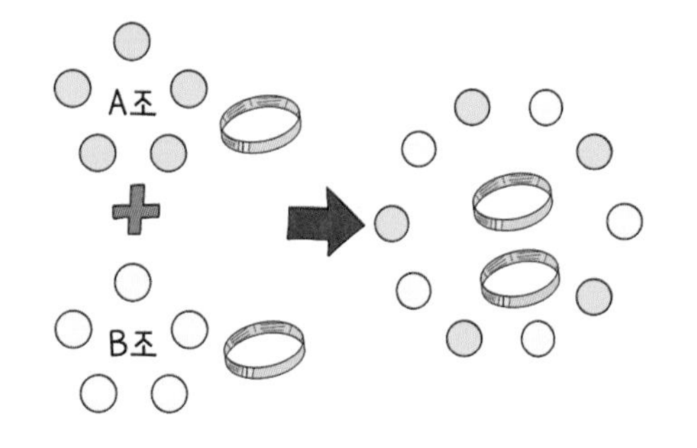

● 두 모둠씩 모여서 습관 고리 통과하기

- 두 모둠씩 모여서 고리 통과하기를 해 보겠습니다.
- 먼저 열 명이 모여 습관 고리 한 개를 가지고 통과해 봅니다.
- 성공한 모둠은 습관 고리 두 개를 가지고 통과하는데, 이때 시작은 각 모둠 이끄미부터 시작합니다. 한 명에게 고리 두 개가 한꺼번에 올 수 있으므로 이때는 친구를 재촉하는 말은 하지 않습니다.

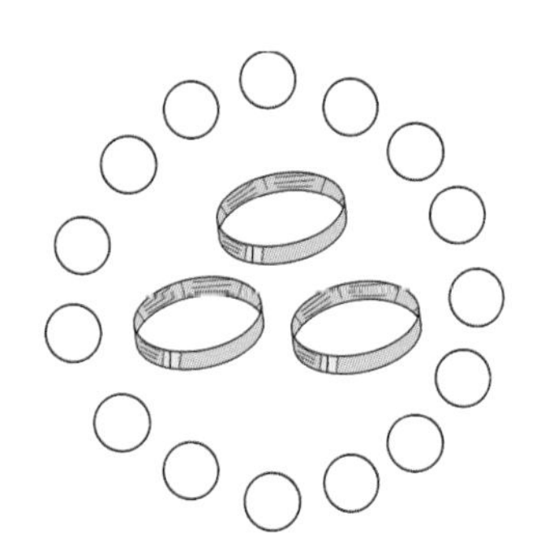

● 반 전체가 모여 습관 고리 통과하기

- 우리 반 전체가 모여서 고리 통과하기를 해 볼까요? 네 개의 고리 중에서 끝까지 끊어지지 않고 통과하는 고리가 몇 개나 있을까요?
- 지금부터 다 같이 힘을 모아서 목표한 고리가 끊어지지 않고 고리를 통과시켜 봅시다.

tip 반 전체가 할 때는 목표한 고리의 개수만큼만 넣어서 시작해도 됩니다.

마무리하기

● 활동 후 소감나누기

- 친구들과 함께 습관 고리를 통과하면서 어떤 생각이나 느낌이 들었나요?
- 습관 고리를 잘 통과하기 위해 여러분은 어떤 방법을 선택했나요?

오늘 친구들과 함께 습관 고리를 통과했던 것처럼, 어렵고 힘들었던 일이 친구들과 함께 하니 좀 더 쉽게 할 수 있다는 걸 느꼈을 겁니다. 앞으로 힘든 일이 있을 때는 서로 손을 잡아 주어 함께 가는 우리 반이 되면 좋겠습니다.

이런 질문도 해 보세요!

- 습관이나 버릇을 고친다면 여러분의 생활에 어떤 도움이 될까요?

놀이를 배움으로 up!

코칭 하나 라벨지를 몸에서 떼어 내기 활동으로 습관을 고치기가 어렵다는 경험을 하게 해 주세요.

습관이나 버릇을 라벨지에 써서 몸에 붙이고 싶은 곳에 붙입니다. 아이들에게 손을 사용하지 않고 떼어 보라고 하면 입이나 책상 모서리 또는 짝끼리 협동하여 간신히 떼기도 합니다. 어떤 아이들은 종이가 찢어질 만큼 열심히 뗄려고 합니다. 아이들이 이 활동을 통해 습관이나 버릇은 고치기 어렵다는 걸 직접 체험할 수 있도록 하였습니다. 이 활동이 끝나고 선생님은 “세 살 버릇 여든 간다는 말을 들어 본 적 있나요? 여러분의 습관이나 버릇이 몸에 붙어 있을 때 떼어 내기가 어땠나요?” 라고 물으며 습관이나 버릇을 자신의 몸에서 떼어 내기는 쉽지 않다는 걸 느끼도록 연결해 보시면 좋겠습니다. 라벨지가 몸에 붙어서 책상이나 입 등 다양한 방법으로 떼어 내려고 하면서 아이들은 ‘정말 내 몸에 딱 붙어 있네.’ ‘진짜 떼고 싶다.’라고 생각하면서 앞으로 꼭 고쳐야겠다고 다짐을 합니다.

코칭 둘 습관 고리 통과하기를 문제 해결과 연결해 보세요.

습관 고리를 만들 때 신문지를 두껍게 접어서 만들 수도 있지만, 신문지를 한 장으로 얇게 해서 습관 고리를 만들면 통과할 때 스릴이 있어 좋습니다. 습관 고리가 얇아서 다리나 손 등에 걸려 찢어지기도 하고 집중하지 않다가 장난스럽게 넘어도 찢어집니다. 그래서 소감나누기를 할 때 “쉽게 끊어지는 고리를 보니 어떤 생각이 들었나요?” “습관이나 버릇을 고치려고 계획을 세웠다가 금방 포기해 본 경험이 있나요?” 등을 아이들과 이야기하면서 자신의 마음가짐이나 꾸준함 등과 연결해 보세요. 이때 아이들의 성공담이나 실패담 등 아이들의 경험을 충분히 수용하면서 문제를 해결할 수 있는 구체적인 행동 계획도 세워 보면 좋습니다. 그리고 신문지가 쉽게 찢어지기 때문에 옆에 있는 친구들이 잘 도와주어야 한다는 것과 놀이에 대한 집중이 필요하다는 것도 배우게 된답니다.

신문지가 찢어지면 다시 붙여서 시작해야 하므로 모둠의 협력이 필요합니다. 협력이 잘 되는 모둠과 협력이 잘 되지 않아 시간이 많이 걸리는 모둠도 있습니다. 끊어진 고리를 다시 붙여 성공한 모둠에게는 "여러분은 고리를 붙이는 데 시간이 조금 더 걸렸지만, 함께 붙이고 도와줘서 결국 통과하는 데 성공했습니다. 이것처럼 포기하고 싶을 때나 힘들 때는 가족이나 친구의 도움이 필요하고, 친구나 동생이 포기하려고 할 때도 옆에서 응원해 주고 도와주면서 다시 시작할 수 있는 힘이 생기기도 한답니다."라고 말합니다. 고치고 싶은 습관이나 버릇을 혼자서 고민하지 말고 주위의 도움을 받아 함께하는 마음을 기르도록 연결해 보세요.

현장적용 Q&A

Q : 얇은 신문지를 사용하면 잘 찢어져서 저학년도 할 수 있을까요?

A : 신문지를 얇게 하는 이유는 좀 더 재미있고 끊어졌을 때 모둠 협동이 필요함을 알게 하기 위해서입니다. 그래서 저학년의 경우는 너무 쉽게 끊어지면 놀이의 흥미를 다소 잃을 수도 있으므로 두세 번 접은 신문지를 나누어 주는 게 좋습니다. 저학년은 테이프로 붙이는 데 시간도 많이 걸리고 협동하는 것도 어려울 수 있습니다. 그래서 저학년은 고리를 잘 통과하는 데 목표를 두셔도 됩니다. 신문지 대신 모둠에 훌라후프 한 개를 나누어 주고 각자 습관이나 버릇을 적은 라벨지를 훌라후프에 붙여서 훌라후프 통과하기를 해도 흥미 있어 한답니다.

Q : 이 활동에서도 작전 타임이 꼭 필요하나요?

A : 습관 고리를 통과하기는 친구의 도움이 필요한 놀이입니다. 그런데 처음에 할 때는 그 방법을 잘 모르고 넘습니다. 작전 타임을 통해 아이들은 잘 넘는 방법을 서로 나누면서 옆의 친구가 넘기 위해 내가 도와줘야 한다는 걸 알게 됩니다. 그리고 옆의 친구가 잘 넘을 수 있도록 집중해서 지켜봐야 하고 손을 함께 들어 줘야 한다는 것을 작전 타임 시간에 서로 나누면서 배우게 됩니다. 작전 타임 후에 아이들은 시간이 단축되기도 하고 전보다 더 쉽게 통과하는 것을 경험하면서 서로 도와야 한다는 것을 느끼고, 도움을 준 친구에게 감사한 마음도 갖게 됩니다.

Q : 놀이가 끝난 후 신문지 고리는 어떻게 처리하나요?

A : '스트레스 팡팡!' 놀이처럼 놀이가 끝나고 나서 신문지를 모두 뭉쳐서 가운데에 쓰레기통을 놓고 "손톱 물어뜯는 습관 사라져~"라고 말하면서 던지는 방법도 있습니다. 그러면서 아이들은 자신의 습관이나 버릇이 완전히 없어지는 것 같은 느낌이라고 말하기도 합니다. 또 다른 방법은 커팅식입니다. 습관 고리 한쪽을 잘라서 긴 줄로 만들고 모둠의 두 명이 먼저 잘라진 고리 양끝을 잡아 줍니다. 나머지 친구들은 자신의 습관이나 버릇이 적힌 라벨지 가운데를 가위로 자릅니다. 이때도 "미루는 습관 사라져~"라고 외치면서 활동을 하면 더 재미있습니다. 그리고 잘라진 종이는 모두 모아서 쓰레기통에 버립니다. 마지막 방법은 습관 고리에서 습관이나 버릇이 적힌 라벨지 부분만 가위로 오려서 각자

자기의 일기장에 붙이고 이 습관을 고치기 위한 구체적인 계획을 써 보는 시간을 가져도 좋습니다.

Q : 나쁜 습관, 버릇, 성격 등 꼭 부정적인 것만 적어야 하나요?

A : 아닙니다. 이루고 싶은 꿈, 올해의 목표, 모둠의 다짐 등 긍정적인 문구를 사용해도 됩니다. 단, 긍정적인 문구를 사용할 때는 그에 맞는 적절한 멘트를 해 주면 되겠지요. 그리고 무엇이든 혼자서 이루기보다 함께 협력하였을 때 그 꿈을 이루기가 훨씬 수월하고 좋다는 것을 몸소 체험할 수 있도록 안내하면 됩니다.

Q : 신문지로 습관 고리는 어떻게 만드나요?

가로로 길게 놓기

한 번 접기

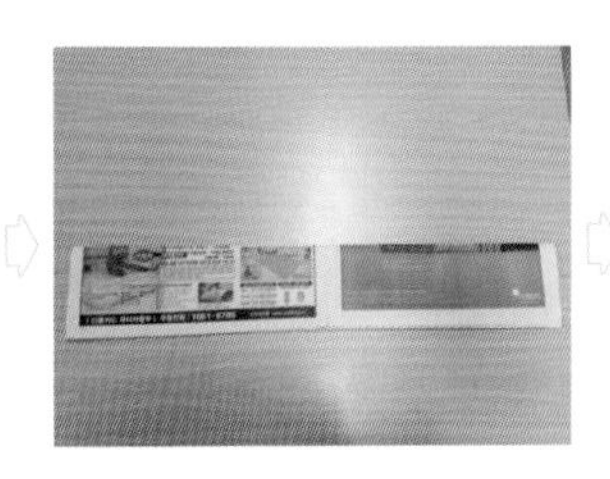

다시 한 번 더 접어서 신문지를 자르기

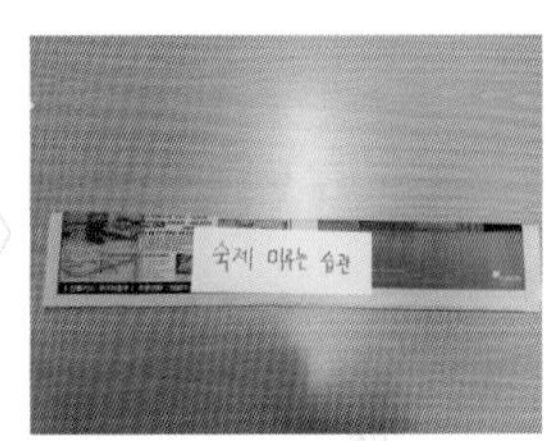

자른 신문지를 한 장씩 나누어 주고 습관을 적은 라벨지를 붙이기

우리들의 성장스토리

우리 팀 친구들이 없었다면 성공하지 못했을 것이다. 옆에 있는 친구들이 도와줘서 너무 좋았다.

전체가 도와줘서 가능했고, 나도 오늘처럼 내 버릇과 습관을 고치는 것을 포기하지 말고 친구나 가족, 선생님께 물어볼 것이다.

이 활동의 이름을 '손에 손잡고~ 습관~ 극뽁!'이라고 붙이고 싶어요. 다 함께 손잡고 습관을 극복해 가기 때문에 이렇게 붙이고 싶어요.

이 활동의 이름을 '너와 나의 연결고리'라고 붙이고 싶어요. 신문지로 만든 습관 고리가 나와 친구들을 연결해 주고 함께 습관을 이겨 내는 것 같아요.

 얇은 신문지 한 장으로 서로의 고민을 나누어요.

"△△아, 손톱 그만 뜯으렴. 그러다 손톱 다 없어지겠다."

아이들은 누구나 한두 가지 이상 고치고 싶은 버릇이나 습관을 가지고 있습니다. 그래서 재미있는 놀이를 통해 아이들의 버릇이나 습관을 고칠 수 없을까 고민했고, 그래서 이 놀이를 만들게 되었습니다.

먼저 반 아이들과 고치고 싶은 버릇이나 습관을 이야기했습니다. 친구들의 습관을 듣고 자기만 고민하는 문제가 아니라서 안심이 된다고 아이들은 말했습니다.

△△이가 라벨지에 손톱 물어뜯는 버릇이라고 적고 가슴에 붙인 후 자신의 책상 모서리를 이용해서 라벨지를 떼려고, 아니 자신의 습관을 고치려고 열심히 움직이는 것 같았습니다. 그러면서 서로를 보며 웃기도 했습니다. 아이들의 모습을 보며 '그동안 습관 때문에 힘든 점이 많았구나.'라고 느꼈습니다.

친구들과 함께 습관 고리를 통과하고 소감나누기를 하면서, 자신의 버릇이나 습관이 고쳐진다면 어떤 점이 좋아지겠냐고 묻자, △△이는 "손톱 물어뜯는 버릇이 고쳐지면 예쁜 손톱을 가질 수 있을 것 같아요. 그래서 저도 네일아트를 하고 싶어요."라고 말하며 환하게 웃었습니다. 늦은 시간 게임하는 습관을 고치고 싶다고 한 ○○는 "저는 늦게까지 게임을 해서 사실 형이랑 자주 싸워요. 그래서 이 습관이 고쳐지면 형이랑 사이가 좋아질 것 같아요."라고 말했습니다. 자신의 습관이나 버릇 뒤에 숨겨진 아이들의 바람을 알게 된 시간이었습니다.

이 활동 한 번으로 아이들의 버릇이 완전히 없어지거나 극복할 수는 없지만 작은 소망을 갖게 되었고, 그 소망을 위해 아이들은 습관이나 버릇을 고치기 위해 다른 방법도 찾을 것 같습니다. △△이나 ○○도 자신을 나쁜 습관을 가진 아이로 생각하기보다는 예쁜 손톱을 가져서 예쁘게 꾸미고 싶다는 긍정적인 마음을 가지게 되었습니다. 오늘 나와 아이들은 아주 얇은 신문지 한 장으로 좀 더 깊게 서로의 고민을 나눈 뜻깊은 시간을 갖게 되었습니다.

11월
나눔, 배려

첫째 주

의좋은 형제

#주는 기쁨 #협동
#동화 속으로

한눈에 보는 활동과정

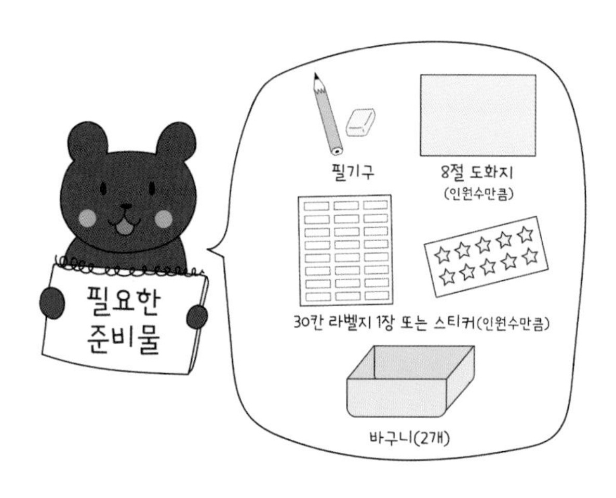

① '의좋은 형제' 이야기를 들려 준다.

tip 아이들이 동화를 잘 알면 생략 가능해요.

② 짝지랑 엄지 잡기를 하여 형님팀, 아우팀으로 나눈다.

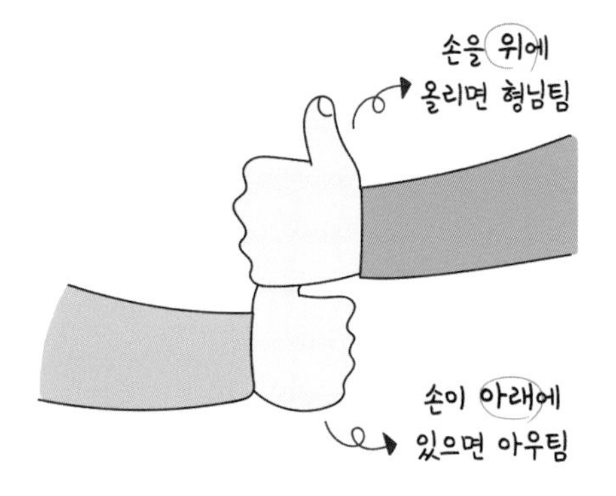

③ 홍길동을 뽑고 설명한다.

경우의 수1 팀을 나누고 전체에서 1명이 남으면 홍길동 1명, 혼자서 2팀을 다 도움.

경우의 수2 팀을 나누고 2명이 남으면 홍길동 2명, 각 팀별로 홍길동을 정해줌.

경우의 수3 남는 사람이 없으면 선생님이 홍길동이 되어 혼자서 2팀을 다 도움.

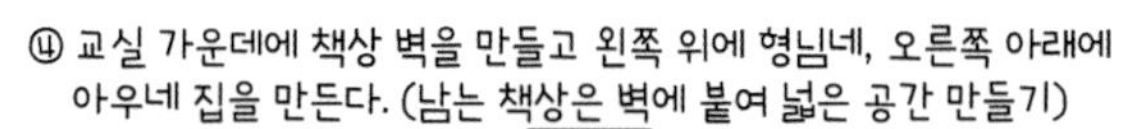
④ 교실 가운데에 책상 벽을 만들고 왼쪽 위에 형님네, 오른쪽 아래에 아우네 집을 만든다. (남는 책상은 벽에 붙여 넓은 공간 만들기)

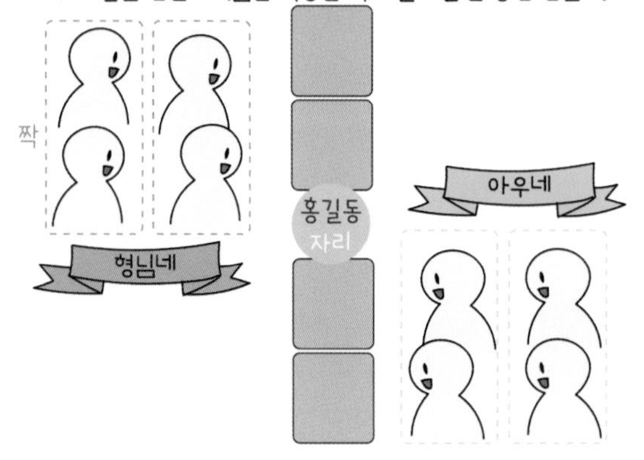

⑤ 형님팀과 아우팀은 서로 마주보며 서서 인사하며 몸을 푼다.

⑥ 배달해야 할 러브미(LOVE米)를 만든다.

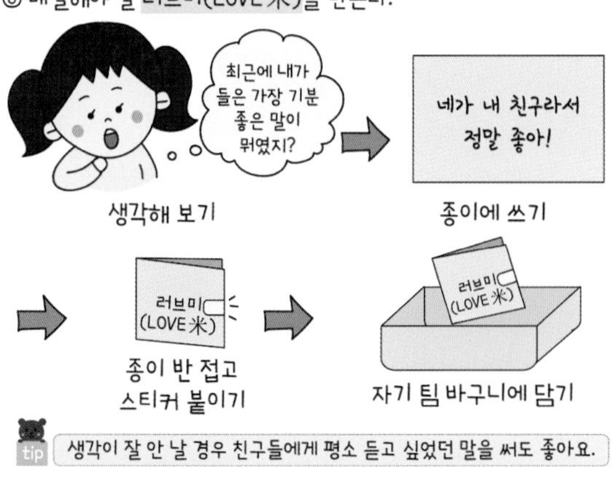

tip 생각이 잘 안 날 경우 친구들에게 평소 듣고 싶었던 말을 써도 좋아요.

⑦ 배달의 절대 규칙-1. 시작 및 이동 자세

⑧ 배달의 절대 규칙-2. 러브미를 떨어뜨리면

tip 손은 오로지 러브미를 바구니에 넣고 꺼낼 때만 쓸 수 있어요.

⑨ 러브미 배달 지도

⑩ 바구니를 홍길동에게 보내면 각 팀의 러브미를 꺼내 개수를 세고 승패를 생각해본다. 이후 러브미를 한 장씩 나눠가진다.

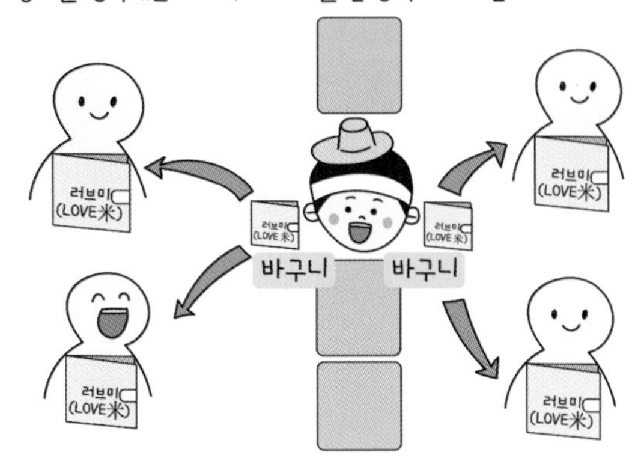

⑪ 러브미를 펼치고 안에 적힌 글을 하나씩 주거니 받거니 읽는다.

놀이진행하기

들어가기

- 여러분, '의좋은 형제' 이야기를 들어본 적 있나요? 선생님은 그 동화를 생각하면 참 마음이 따뜻해져요.
- 이 이야기를 모르는 친구들을 위해 선생님이 재밌게 들려줄게요.

〈재미와 감동은 두 배로 늘리고 내용은 반으로 줄인 '의좋은 형제'〉

옛날옛날에 찢어지게 가난하지만 우애가 아주 깊은 의좋은 형제가 살았어요. 봄 여름 배고픈 계절을 보내고 겨우 가을이 되어 쌀을 추수하게 되었지요. 추수를 마친 밤, 형과 아우는 잠을 자려고 누웠어요. 형이 누워서 생각을 해 보니 막 장가를 간 아우의 살림이 더 어려울 것 같았어요. 그래서 달이 구름에 가려진 어두운 길을 지나, 형은 쌀 한 가마니를 등에 지고 아우네 집으로 갔어요. 그 쌀을 아우네 마당에 몰래 놓고 돌아왔어요. 아니, 그런데 집에 돌아오니 마당에 쌀 한 가마니가 떡하니 놓여 있지 않겠어요. 다시 쌀을 지고 아우네 집에 가져다 두고 돌아왔죠. 세상에 이럴 수가! 마당에 쌀 한 가마니가 또 그대로 있는 거예요. 정말 귀신이 곡할 노릇이었어요. 다시 쌀을 지고 아우네로 가는데 깜깜한 길에서 누군가와 퍽! 하고 부딪혀 넘어졌어요. 그때 마침 구름에 가려졌던 달이 나타났어요. 부딪혀 넘어진 사람을 찬찬히 보았더니…… 누구였을까요? 그 사람은 바로 아우였어요! 아우가 쌀과 함께 넘어져 있었어요. 사실 착한 아우도 아기를 낳은 지 얼마 되지 않은 형의 살림이 걱정스러워 쌀을 몰래 가져다주었던 거예요. 형과 아우는 서로 얼싸안고 한참을 울고 웃었답니다.

- 이제 우리가 이 이야기 속의 형과 아우가 되어 서로에게 사랑의 러브미(Love米)를 배달해 봅시다.

놀이하기

● 형님팀, 아우팀 나누기

- 일단 형님팀과 아우팀으로 팀을 나눠 봅시다.
- 짝지랑 '여기 여기 다 붙어라!' 엄지잡기를 합니다.
- 손을 위에 올린 사람들은 형님팀, 손이 아래에 있는 사람들은 아우팀이 됩니다.

● 홍길동 뽑고 설명하기

- 팀별로 두 명씩 짝을 짓습니다.
- 짝이 없는 친구가 있나요?
- 짝이 없는 친구들은 홍길동이 됩니다.
- 홍길동은 나중에 쌀을 나를 때 바닥에 떨어진 쌀을 주워서 등에 끼워 주는 중요한 사람입니다.

tip 다양한 경우의 수에 따라 홍길동의 수와 역할이 달라집니다.

● 형님네와 아우네 집 만들기

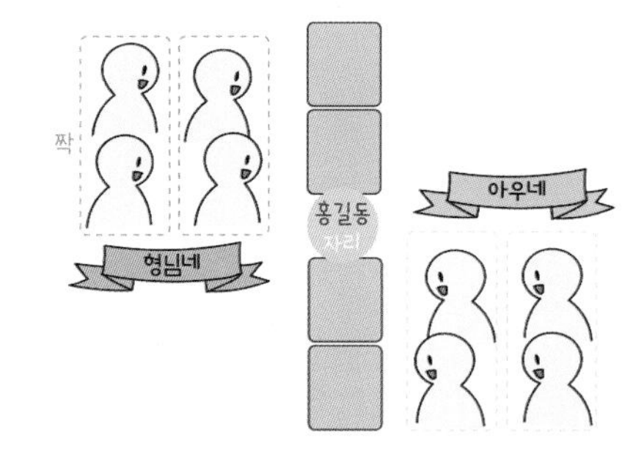

- 이제 다 함께 의좋은 형제의 집을 만들어 볼까요?
- 교실 가운데에 듬성듬성 책상 벽을 만듭니다.
- 왼쪽 위는 형님네, 오른쪽 아래는 아우네 집입니다.
- 남는 책상은 벽에 붙여서 최대한 넓은 공간을 만들어 줍니다.

● 인사하며 몸 풀기

- 인사를 하며 몸을 풀어 볼까요?
- 벽을 사이에 두고 서로 마주보고 섭니다.
- 형님은 "아우야, 반갑구나!"하고 인사하고, 아우는 "형님, 반가워요!" 하고 인사를 합니다.
- 인사하기 전 1분 동안 인사에 알맞은 동작을 팀별로 만듭니다.
- 서로 인사를 해 봅시다.

tip 동작 만들기를 어려워하면 교사가 재밌는 동작을 제시하거나 시범을 보여 주세요.

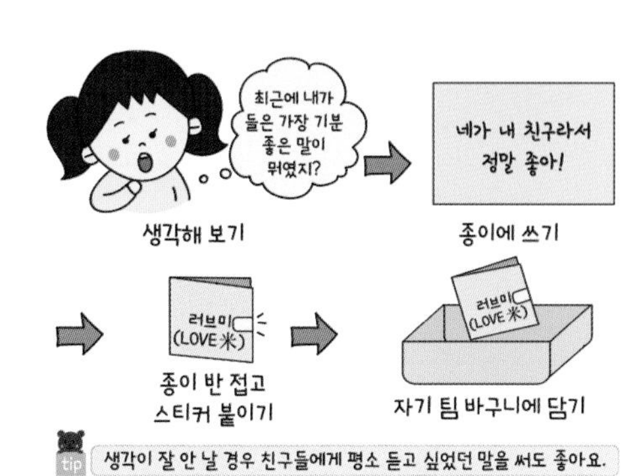

- 배달할 러브미(LOVE 米) 만들기

• 이제 우리가 배달할 쌀을 직접 만들어 봅시다.
• 우리가 배달할 쌀의 이름은 '사랑을 나눠요! 러브미(LOVE 米)'입니다.
• 러브미 종이에 이름은 쓰지 않습니다.
• 종이에는 자신이 들었던 기분 좋은 말을 구체적으로 씁니다.
• 기억이 잘 안 나면 내가 친구들에게 듣고 싶은 말을 적습니다.
• 다 쓰면 내용이 보이지 않게 반으로 접고 스티커를 붙여 주세요.
• 다 만든 러브미는 각 팀의 바구니에 넣습니다.

- 배달의 절대 규칙 1. 시작 및 이동자세

• 배달을 할 때에는 반드시 지켜야 하는 절대 규칙이 있습니다.

tip 직접 두 명을 앞으로 불러 시범을 보여 주세요.

• 두 명만 앞으로 나와서 서로 등을 맞대고 서세요.
• 등과 등 사이에 러브미를 끼웁니다. 팔은 앞으로 팔짱을 낍니다.
• 이 자세로 러브미를 나릅니다.

- 배달의 절대 규칙 2. 러브미를 떨어뜨리면

• 러브미를 떨어뜨리면 떨어뜨린 그 자리로 가서 정지합니다.
• 홍길동을 부릅니다. "도와줘! 홍길동!"
• 홍길동이 등에 러브미를 끼워 주면 다시 출발합니다.
• 손은 오로지 바구니에 러브미를 넣고 꺼낼 때만 쓸 수 있습니다.

- 러브미 배달지도

• 두 명씩 짝지어 바구니를 향해 섭니다.
• 바구니에서 러브미를 꺼내 등에 끼웁니다. 뒤에 서 있는 사람이 등에 러브미를 끼워 주면 됩니다.
• 등과 등으로 쌀을 지고 이동합니다.
• 상대팀 바구니 앞에 도착하면 손으로 러브미를 꺼내 넣습니다.

- 돌아올 때는 다음 팀에게 방해가 되지 않도록 한 줄로 벽에 붙어 이동합니다.

  tip 출발부터 도착까지 한 팀이 시범을 보이면 아이들이 쉽게 이동 방향과 순서를 이해합니다.

- 앞 팀이 상대팀 바구니에 러브미를 넣으면 다음 팀이 출발합니다.
- 이제 러브미를 배달해 봅시다. 선생님이 그만이라고 할 때까지 배달을 계속합니다.

  tip 저학년은 12~15분, 중고학년은 10~12분 정도가 적당합니다. 상황을 보며 시간을 조절할 수 있습니다.

● 배달된 러브미 한 장씩 나눠 가지기

- 배달 그만! 바구니를 홍길동에게 가져다주고 서로 마주보고 앉습니다.
- 홍길동은 각 바구니에 있는 러브미를 동시에 꺼내며 세어 주세요.
- 형님팀 러브미 ○○개, 아우팀 러브미 ○○개!
- 승패를 확인한 후에는 모두 러브미를 한 장씩 가집니다.

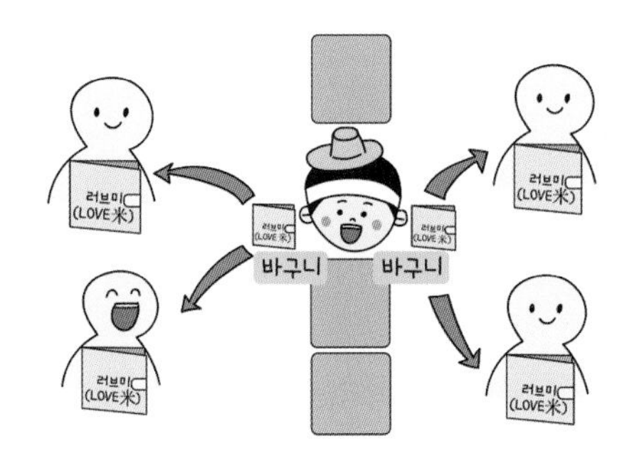

● 배달된 러브미 펼쳐서 서로에게 읽어 주기

- 러브미를 하나씩 펼쳐서 주거니 받거니 서로에게 큰 목소리로 읽어 줍니다.
- 우애를 함께 나눈 친구들에게 큰 박수를 쳐 주세요.
- 활동에 대한 생각과 느낌을 이야기해 봅시다.

마무리하기

● 활동 후 소감나누기

- 러브미를 많이 가진 팀이 이긴 걸까요? 아니면 러브미를 많이 나눠 준 팀이 이긴 걸까요?
- 다른 사람에게 무언가를 나눠 주고 기분이 좋았던 경험이 있나요?

늘 더 많이 가져야 이기는 줄 알았는데 더 많이 줄 때 이길 수도 있네요. 많이 받은 팀은 많이 받아서 기쁘고 많이 준 팀은 더 많이 줘서 기쁘지요? 더 많은 러브미를 배달하겠다고 쉬지 않고 왔다 갔다 하는 여러분을 보니 너무 행복하고 흐뭇했어요. 나누는 기쁨을 아는 우리 모두가 의좋은 형제입니다.

이런 활동도 해 보세요!

- 소감나누기 후 가운데 벽을 허물고 다 같이 둥글게 서서 구호를 외치면 더욱 훈훈해집니다. 교사가 '의좋은!' 하고 외치면 학생들은 '형제'라고 외치며 파이팅을 합니다.
- 홍길동으로 활약한 친구가 있다면 소감을 들어보고 모두 고마운 마음을 담아 박수를 보내도록 합니다.

놀이를 배움으로 up!

코칭 하나 더 많이 주는 것이 이기는 것이라는 점을 짚어 주세요.

승패와 경쟁은 놀이를 흥미롭게 만드는 중요한 요소입니다. 하지만 경쟁과 승패에만 몰두하다 보면 결국 기분이 상하는 일도 많습니다. 이 놀이는 아이들이 가진 승패에 대한 고정관념을 살짝 흔들어 줍니다. 보통은 더 많이 가져야 이기지만 이 놀이는 더 많이 줘야 이길 수 있습니다. 더불어 많이 준 사람은 이겨서 기분 좋고 더 많이 받은 사람은 더 많이 받아서 기분 좋은 참 착한 놀이입니다.

이 놀이는 더 많이 줘야 이기는 것이라는 것을 꼭 짚어 주세요. 그리고 더 많이 주겠다고 쉬지 않고 열심히 러브미를 날랐던 때의 기분을 떠올려 보게 해 주세요. 이겼든 졌든 주려고 애쓴 그 과정이 참 재밌었다는 것을 알게 됩니다. 단, 선생님이 훈화처럼 얘기한다면 효과가 줄어들 수 있습니다. 따라서 "러브미를 많이 가진 편이 이긴 건가요? 더 많이 가져다준 편이 이긴 건가요?" "이 놀이는 다른 놀이랑 어떤 점이 달랐나요?" 등과 같은 질문을 하고 스스로 생각해 보게 하세요.

코칭 둘 '러브미'로 위로가 되는 말, 들으면 행복한 말을 주고받을 기회를 주세요.

'러브미' 안에는 힘들었을 때 자신에게 위로가 되었던 친구의 말이나 들어서 기분이 좋았던 말을 적습니다. 배달된 '러브미'를 펼쳐서 서로에게 큰 소리로 읽어 주면서 어떤 생각이 들었는지를 말하게 합니다. 내가 적은 글은 아니지만 그 말을 듣는 것만으로도 위로가 되고 힘을 얻는 경험을 하게 됩니다. 어떤 말이 나와 내 친구들을 힘나게 하는지, 친구들은 어떤 말을 듣고 싶어 하는지 자연스럽게 알게 됩니다.

코칭 셋 러브미를 이용해 칭찬을 해 주고, 위로와 격려의 샤워를 시켜 주세요.

배달된 러브미를 서로에게 읽어 줄 때 아이들이 들어서 기분 좋은 말이 어떤 말인지 생각해 보는 시간을 가집니다. 또 "인사를 참 잘하는구나."라는 말은 평소 우리 반 친구 중 누가 들었는지 질문도 해 봅니다. 그러면 아이들은 평소 인사를 잘하는 친구를 찾아서 발표도 하고 칭찬도 해 줍니다. "넌 목소리가 커."라는 말을 적은 친구는 누구인지 물어보고 수업 시간에 발표를 크게 잘하는 친구들을 찾아보기도 합니다.

러브미에 적힌 글들을 다 읽고 나서 "친구들이 적은 말들 중에서 듣고 싶은 말이 있나요?"라고 물어봅니다. 듣고 싶은 말이 있다고 하면 모두가 그 친구에게 그 말을 해 주는 '위로와 격려의 샤워' 시간을 가질 수도 있습니다.

현장적용 Q&A

Q : 형님팀, 아우팀의 고학년 아이들이 서로에게 인사를 잘 할까요? 유치하다고 생각하고 설렁설렁할까 걱정입니다.

A : 이 놀이는 전래동화의 이야기를 빌려 만든 놀이입니다. 전래동화 속 주인공이 되었다는 설정은 놀이에 더 몰입하게 하는 요소입니다. 이야기 속 형님처럼 인사하고 아우처럼 인사하면서 놀이 속으로 한 발 더 들어가게 되는 거지요. 교사가 재밌는 동작을 시범으로 보여 주면 잘 따라 할 수 있습니다.
시간이 넉넉하다면 팀별로 직접 동작을 짜고 연습하게 합니다. 재밌고 유치한 동작을 하는 서로를 보면서 한바탕 크게 웃고 나면 놀이 분위기가 더 좋아집니다. 하지만 서로에게 비판적이고 호의적이지 않은 반 분위기 때문에 걱정이 된다면 바로 다음 단계로 넘어가셔도 됩니다. 의외의 재미와 효과를 볼 수도 있으므로 시도해 보시기를 권장합니다.

Q : 원활한 운영을 위해 기억해야 할 팁이 있을까요?

A : 공간적인 측면에서는 양 팀이 왔다 갔다 하면서 하는 놀이이므로 되도록 넓은 공간에서 하는 것이 좋습니다. 저학년은 진행 방향을 잘 따르지 못하는 경우가 많으므로 미리 이동하는 길을 따라 빨리 걷기 릴레이를 한 번 해 보고 시작하는 것도 좋습니다.

Q : 러브미를 8절 도화지로 하니까 구겨지거나 찢어지기도 합니다. 다른 방법은 없나요?

A : 저학년의 경우 힘 조절이 안되거나 급히 서두르다 보면 그런 일이 발생하기도 합니다. 이럴 때는 8절 마분지를 사용해도 됩니다. 안쪽에는 포스트잇을 붙여 글을 적으면 됩니다. 게임이 끝난 뒤에는 러브미를 게시판에 붙여서 환경구성으로 활용해도 좋습니다.

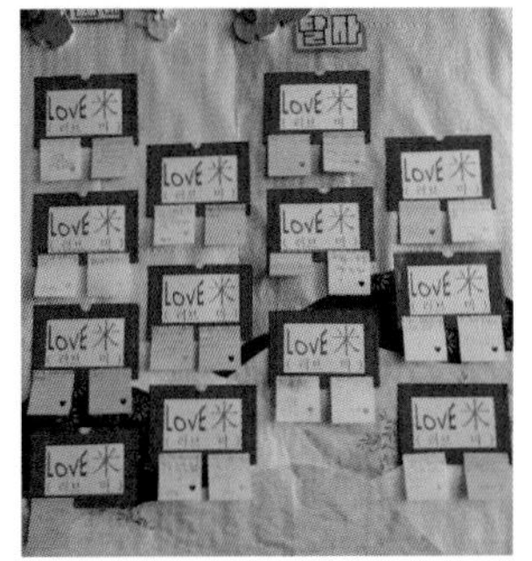

Q : 저학년의 경우 러브미를 자주 떨어뜨려 홍길동이 바쁜 것 같습니다. 어떻게 할까요?

A : 저학년은 러브미를 등에 서로 대고 가다가 자주 떨어뜨립니다. 이때 홍길동 역할을 맡은 아동은 매우 바쁠 수도 있습니다. 이럴 경우에는 홍길동을 더 많이 뽑으면 됩니다. 저학년은 '공을 등에 끼우고 달리기' 등을 먼저 해 보고 하는 것도 도움이 됩니다.

Q : 중간에 러브미를 떨어뜨린 것을 모르고 그냥 갔다가 나중에 알게 되면 어떻게 하나요?

A : 확인한 순간에 러브미가 떨어진 자리로 돌아가서 홍길동에게 도움을 요청하도록 하면 됩니다. 배달의 방법을 설명할 때 이런 경우를 실제 시범으로 보여 주면 효과적입니다.

Q : 규칙을 안 지키고 손으로 러브미를 막 잡고 간다거나 하면 어떻게 할까요?

A : 반칙한 사람이 있는 팀은 전체 10초 정지 후 다시 움직이게 합니다. 정지해 있는 동안 더 많이 나눠주고 싶은 마음에 반칙을 했을 것이라는 반칙한 아이의 선한 의도와 마음을 알아주고 격려해 주세요.

우리들의 성장스토리

우리가 쌀을 날랐던 게 아니고, 사랑을 날랐던 것 같다. 왜냐하면 겉에는 '러브미'라고 적혀 있지만 안에는 친구들이 좋아하는 말들이 적혀 있기 때문이다. 또 우리가 놀이를 할 때 서로 순서를 정하고 차근차근 출발해서 싸우지도 않고 사이좋게 했다. 그리고 우리 아우팀이 차근차근 질서 있게 잘했다고 형님팀이 많이 칭찬해 줘서 너무 신기하고 기뻤다.

누가 누가 이겼을까?

놀이가 끝나고 바구니에서 하나둘 배달된 러브미를 꺼냅니다. 긴장감 있게 양 팀에서 한 장씩 동시에 꺼내게 합니다. 어느 팀 러브미가 먼저 다 떨어질까 궁금합니다. 형님네 바구니가 먼저 텅 비었습니다. 그런데 양 쪽에서 동시에 환호성이 나옵니다.

어라? 왜 동시에 환호성이 나오지? 누가 이긴 거지?

아이들도 잠시 당황합니다. 러브미를 많이 가진 팀이 이긴 건가요? 아니면 러브미를 많이 배달한 팀이 이긴 건가요?

그제야 이 놀이의 목적을 떠올린 아이들이 더 많이 배달한 팀이 이긴 거라고, 바구니가 텅 빈 팀이 이긴 거라고 대답합니다. 늘 많이 가진 팀이 이겼던 기억 때문인지 러브미를 많이 가진 팀도 이겼다고 생각한 모양입니다.

진 팀에게 물었습니다. "친구들이 이렇게 많은 러브미를 배달해 줘서 러브미 부자가 되었네요. 지금 놀이에 져서 기분이 나쁜가요?" 이긴 팀에게도 묻습니다. "러브미를 더 많이 배달해 줘서 저 팀보다 가난한데 지금 기분이 나쁜가요?" 대답은 모두 '아니요' 입니다. 오히려 기분이 좋답니다. 이상하지만 참 예쁜 대답입니다. 내친김에 좀 더 가 봅니다.

“이 놀이에 승패가 있을까요? 조금이라도 더 많이 주겠다고 불편한 자세로 엄청 열심히 러브미를 나르던데 그때 기분은 어땠나요?” 대답을 굳이 듣지 않아도 아이들은 다 아는 표정입니다. 놀이 후 받은 소감문에는 힘들었지만 뿌듯하다, 졌는데 행복하다, 주는 게 이기는 거다 등 명언들이 쏟아져 나옵니다.

남보다 더 많이 가져야 한다. 더 많이 가진 사람이 이기는 것이다. 이런 생각들은 다 어디서 온 것일까요? 우리 아이들에게는 이런 생각들이 당연하지 않기를 기대해 봅니다.

둘째 주

행복하세~호!

#종이비행기 날리기 #나눔 #자기성찰

한눈에 보는 활동과정

① 종이 2장에 자신이 행복했던 때를 각각 1가지씩 쓴다.

② 모둠 안에서 한 사람씩 돌아가면서 자신이 적은 행복한 때에 대한 이야기를 나눈다.

③ 행복한 때가 적힌 부분이 보이지 않도록 종이 비행기를 접는다.

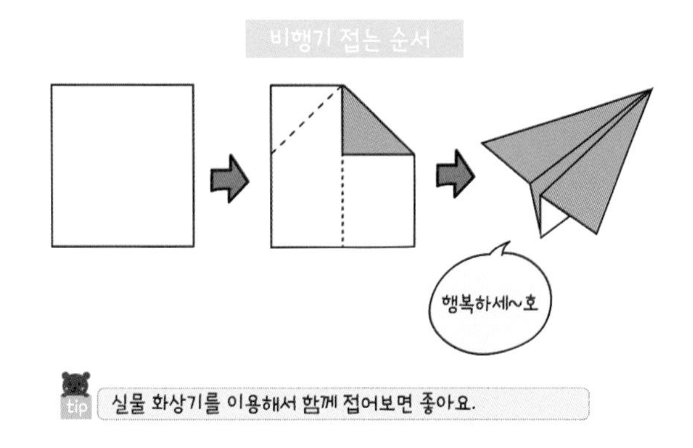

tip 실물 화상기를 이용해서 함께 접어보면 좋아요.

④ 행복하세~호(종이 비행기)를 음악이 끝날 때까지 날린다. 이때 주변에 떨어진 행복하세~호를 주워서 계속 날린다.

⑤ 음악이 끝나면 제자리에 앉아 가장 가까이에 있는 행복하세~호를 주워서 펼친 다음 읽는다.

⑥ 적힌 행복을 보고 행복해지면 자리로 돌아가고(행복의 나라) 다른 행복을 원하면 다시 접어두고 다른 것을 찾는다.

⑦ 자신이 획득한 행복이 무엇인지 반 전체가 릴레이 발표를 한다.

놀이진행하기

들어가기

- 선생님은 친구들과 놀러갈 때 행복합니다.
- 여러분도 행복해서 활짝 웃을 때가 있나요?
- 이번 시간은 각자가 생각하는 행복을 종이비행기에 써서 함께 날리고, 이야기 나누어 보겠습니다.

놀이하기

● 행복한 때를 쓰고, 모둠별로 나누기

- 행복한 때를 떠올려 봅시다.
- 선생님이 종이를 두 장을 나눠 줄 거예요. 이 종이 한 면에 각각 자신이 행복한 때를 한 가지씩 씁니다.
- 모둠별로 한 사람씩 돌아가면서 자신이 적은 행복한 때에 대해 이야기 나누어 보세요.

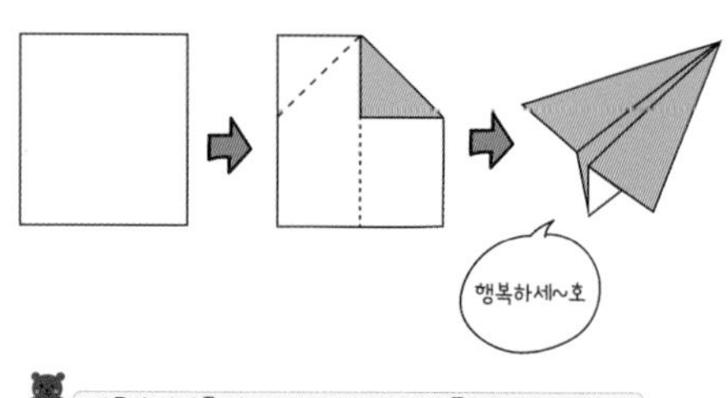

tip 실물 화상기를 이용해서 함께 접어보면 좋아요.

아이들과 약속해요!
안전을 위해 천장이나 허공을 향해 날리기

● '행복하세~호'를 접고 날리기

- 행복한 때가 적혀 있는 종이로 비행기를 접어 봅시다. 내가 적은 행복이 보이지 않게 접어 주세요. 이 비행기는 '행복하세~호'입니다.
- 행복을 가진 여러분이 있는 이 자리는 '행복의 나라'입니다~.
- 이제 이 행복하세~호를 어떻게 할 것 같나요? 여러분이 행복을 나누어 주는 신이 되었다 생각하고 우리 교실을 행복으로 가득하게 만들어 보겠습니다. 선생님이 그만이라고 외칠 때까지(또는 노래가 멈출 때까지) 주변에 떨어진 행복하세~호를 주워서 날리면 됩니다.
- 행복하세~호를 날릴 때 주의해야 할 사항은 무엇일까요?
- 행복하세~호로 다른 친구를 아프게 해서는 안 되겠지요? 천장이나 친구가 다치지 않는 곳으로 날립니다.

- 행복하세~호를 날릴 때 "행복하세요!"를 외칩니다. 연습을 해 봅시다.
- 모두 행복의 나라에서 일어섯! 행복하세~호 출발 준비! 출발!

● 행복 확인 및 나누기

- 지금 서 있는 곳에 그대로 앉아 보세요. 지금부터 행복을 확인해 보겠습니다. 먼저, 주변에 날아온 행복하세~호 중 나에게 가장 가까이 있는 것 한 개를 획득합니다.
- 획득한 행복하세~호를 펼쳐서 어떤 행복인지 확인하고, 그 행복이 이루어졌을 때를 상상해 보세요.

- 행복하다면 행복의 나라로 돌아갑니다.
- 혹시 획득한 행복이 이미 이루어진 것이거나 다른 행복을 원한다면, 친구에게 권하거나 다시 접어서 바닥에 두고 다른 행복을 찾아갑니다.
- 모든 친구들이 행복의 나라로 돌아가도록 합시다.

모든 아이들이 행복의 나라로 갈 수 있도록 도와주기

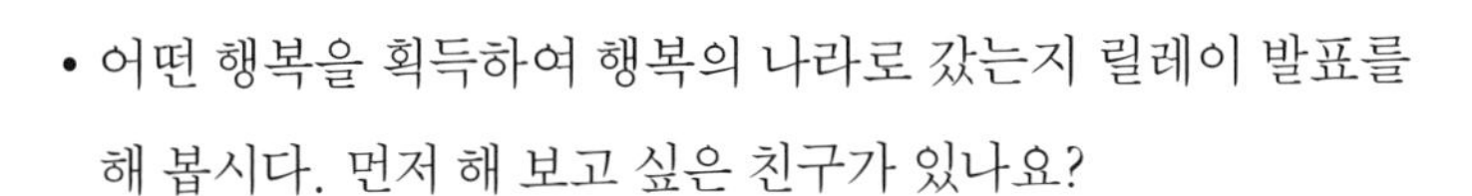

- 어떤 행복을 획득하여 행복의 나라로 갔는지 릴레이 발표를 해 봅시다. 먼저 해 보고 싶은 친구가 있나요?
- 그 행복이 이루어지면 어떨 것 같나요?

tip 발표할 때, 그 행복을 쓴 주인공도 함께 찾아봅니다.

마무리하기

● 활동 후 소감나누기

- 활동을 하며 행복에 대해 다르게 생각해 본 것이 있나요?

이런 질문도 해 보세요!

- 내가 가진 행복이 누구의 것인지 궁금한 친구들은 서로 알아보는 시간을 가져 보세요.
- (행복을 획득하지 못한 학생) 행복의 나라로 가지 못한 이유가 있나요? 어떤 행복을 원하나요?
- (남아 있는 행복 중에서 한 가지를 펼쳐서) 이 행복을 선물할 수 있다면 누구에게 주고 싶나요?

"여러분, 행복은 어디에 있는 것 같습니까? 오늘 선생님은 여러분이 행복을 가까이에서 얻고 활짝 웃는 모습을 보면서 덩달아 행복해졌어요. 행복은 전염되는 것인가 봅니다. 여러분 곁에 늘 있는 행복을 찾고 오늘도 행복한 하루가 되길 바라요."

놀이를 배움으로 up!

코칭 하나 가까이에 있는 행복을 떠올리게 해 주세요.

아이들에게 행복한 때를 써 보라고 하면 머뭇거리고 선뜻 쓰지 못하는 아이들이 많습니다. 우리 삶에서 분명 행복한 순간이 많은데 간과하고 넘어갈 때가 많은 듯합니다.

아이들도 기쁘고 만족스러운 행복한 순간보다 힘들고 아픈 일에 많은 관심을 두고 있었습니다. 학교가 지루하고, 수학수업이 있어서 최악의 날이라고 합니다. 사실 대부분의 아이들이 학교에 와서 많은 시간을 웃고 보내면서 말이죠.

우리 일상에서 가벼이 여기는 일들이 행복이 될 수도 있다는 것을 알 수 있도록 교사가 먼저 사소한 일상 경험을 사례로 들어 이야기하는 것이 중요합니다. "선생님은 치킨 먹으면서 TV를 볼 때 행복해. 그리고 가족들과 함께 여행을 갔을 때도……."

뭔가 큰 행복보다 주변에서 미소 지을 수 있었던 순간들을 찾아보라고 말해 주면 아이들이 소소한 행복을 잘 찾아내어 적습니다. 그러면서 자연스럽게 아이들은 자신의 가까이에 있는 소소하고 작은 행복들을 발견하게 되고, 더 감사하게 여기게 됩니다.

코칭 둘 교실을 넘어 행복을 나눌 수 있게 해 주세요!

이 활동에서 행복을 나누는 장면은 크게 세 곳입니다. 첫째, 자신의 행복을 종이에 쓰고 모둠 친구들과 나누는 장면입니다. 개개인마다 행복이 다르다는 것을 알게 되고, 그 행복을 서로 이야기 나누며 처음으로 행복을 나누게 됩니다. 둘째, '행복하세~호'를 날리고 자신이 마음에 드는 행복을 획득하는 장면입니다. 다른 친구의 행복을 통해 행복해지는 자신을 발견함으로써 두 번째로 행복을 나누게 됩니다. 셋째, '행복하세~호'를 한 개씩 획득하여 행복의 나라로 돌아가서 보면 여기저기 떨어져 있는 '행복하세~호'가 있습니다. 이 비행기에 다음과 같은 의미를 부여하면서 마지막으로 행복을 나누게 됩니다. 남은 행복은 다른 반 친구, 가족, 이웃, 사회적 약자, 전 세계의 어려운 사람들과도 나눌 수 있습니다. 아이들이 무심코 넘어간 행복이 누군가에게는 간절한 행복이 된다는 것을 알게 되면 행복의 소중함을 다시금 깨달을 수 있습니다.

현장적용 Q&A

Q : 비행기가 잘 날아가지 않아서 아이들이 재미없어 하는데 어떻게 하나요?

A : 저학년의 경우 잘 날아가지 않아도 날리는 것에 흥미를 느낍니다. 그러나 고학년의 경우 잘 날아가지 않으면 재미가 극소화됩니다. 잘 날아가는 비행기(오징어 비행기 접기 등)를 접는 방법은 온라인에 다양하게 나와 있습니다. 선생님이 비행기 접는 방법을 사전에 알려 주면 활동이 원활히 진행될 것 같

습니다. 또한 고학년이라면 대개 반에서 비행기를 잘 접는 아이가 있습니다. 그 아이의 도움을 받아도 좋습니다.

Q : 마음에 드는 행복이 별로 없다며 행복의 나라로 돌아가지 않는 아이들은 어떻게 하나요?

A : 떨어져 있는 행복 중에서 가장 근접한 것을 찾아보라고 하거나, 스스로 머릿속에 생각하고 있는 행복을 다른 종이에 적어 보라고 해도 좋습니다. 하지만 이것도 힘든 아이들은 그대로 수용해 주세요. 그리고 소감나누기 시간에 왜 고르지 못했는지 물어봐 주세요.

우리들의 성장스토리

행복은 혼자 가지는 것보다 친구들과 함께 나누는 것이 더 좋다는 것을 알았어요.

나에게는 행복이 아닌데 누군가에게는 행복이 될 수 있다는 것을 알고 놀랐어요. 그리고 언제든지 행복할 수 있다는 것도 알게 되었어요.

우리 모두에게 행복은 가까이 있다는 것과 모두 행복한 마음이 있다는 것을 알았어요.

행복은 공유할 수 있는 것이랍니다!

"기쁨을 나누면 두 배가 되고……."라는 말을 평소에 잘 느끼지 못하며 살았는데, 이 놀이를 하면서 실감했어요. 신나게 비행기를 날리고 행복을 찾아 자리로 돌아간 아이들은 자신이 찾은 행복을 보며 환한 미소를 띠고 있었어요. 그중 ○○이가 궁금한 것이 있다며 손을 들었어요. "선생님, '받아쓰기 100점 맞았을 때'라는 비행기를 골랐는데요. 이거 누가 썼는지 궁금해요."

○○이는 너무 마음에 드는 행복을 찾았다며 어떤 친구가 이 행복을 적었는지 꼭 알고 싶다고 했습니다. 그때 그 비행기의 주인이라며 손을 번쩍 든 △△이. "어? 그거 네가 가져갔네!" 하고 둘은 통하기라고 한 듯이 서로를 바라보며 활짝 웃었습니다. 놀이가 끝나고 너도나도 행복의 주인을 찾아주며 즐거워하던 아이들의 모습이 참 기억에 남습니다. 자신의 행복뿐만 아니라 다른 친구들의 행복에도 관심을 보이는 아이들, 비행기를 펼쳐 보는 것만으로도 행복이 이루어진 것 같다고 말하는 아이들 틈에서 마치 내가 행복을 선물한 것처럼 마음이 따뜻해졌습니다.

셋째 주

배려의 숫자놀이

#용기 #도움 요청 #작은 방 #소수자

한눈에 보는 활동과정

놀이 1 비밀의 숫자

① 마음속으로 1부터 7까지 숫자 중에서 1가지를 선택한다.

② 천천히 앞으로 숙이며 넘어지는 연습을 한다.

③ 신나는 음악에 맞춰 자유롭게 교실을 돌아다닌다.

④ 음악이 멈추면 선생님이 부르는 숫자에 해당하는 사람은 넘어진다.

tip 선생님은 모든 번호를 골고루 불러 줍니다.

⑤ 이때 다른 친구들은 넘어지는 친구를 잡아준다. 친구가 잡아주지 못해 무릎이 바닥에 닿은 사람은 아웃된다.

생존 아웃

놀이2 비밀의 역할

① 아웃된 사람은 '작은 방'으로 이동하고 다른 친구들의 활동을 지켜본다.
↳ 교실 한 귀퉁이를 '작은 방'으로 미리 정해두기

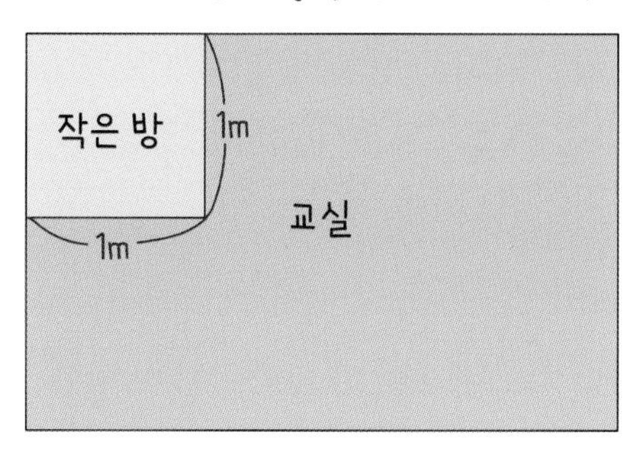

② 각 숫자에 해당하는 역할을 안내한다.

(1) 내가 맡은 역할은 친구들에게 비밀로 하기
(2) 처음 정했던 숫자 그대로 하기

③ 같은 방법으로 음악이 멈추면 숫자가 아닌 역할을 호명한다.

tip 선생님은 모든 역할을 골고루 불러 줍니다.

④ 모든 역할이 불려질 때까지 놀이를 반복한다.

놀이진행하기

들어가기

• 놀이를 통해 서로에게 도움을 주고받는 경험을 해 보겠습니다.

놀이하기

놀이 1. 비밀의 숫자

● 놀이 안내하기

• 마음속으로 숫자 1에서 7까지 중에 하나를 선택합니다. 한 번 정한 숫자는 활동이 끝날 때까지 바꿀 수 없습니다.

• 마음속으로 숫자를 정하였나요? 친구들에게 말해 줄 필요는 없습니다.

• 선생님이 틀어 주는 음악에 맞춰 교실의 넓은 곳을 신나게 걸어다닙니다. 그러다가 선생님이 특정한 숫자를 외치면 그 숫자에 해당하는 사람이 "으악!" 하고 큰 소리를 내면서(액션도 크게) 넘어집니다.

• 이때 주위에 있던 사람이 잡아 주어서 무릎이 땅에 닿지 않으면 살아 있을 수 있고, 아무도 잡아 주지 않거나 늦게 잡아 주면 아웃입니다. 아웃이 된 사람은 작은 방에서 바깥 세상을 눈으로만 볼 수 있어요.

tip 작은 방은 교실 한 귀퉁이에 미리 정해 둔다.

• 넘어질 때는 천천히, 너무 위험하지 않게 앞으로 숙이면서 넘어지는 걸로 합니다.

• 넘어지는 사람은 액션은 크게! 감탄사도 크게!

• 넘어지는 친구를 보면 양쪽 팔을 잡아서 넘어지지 않게 도와줍니다.

tip 액션이 큰 학생 한 명이 넘어지는 시범을 보입니다. 이때 선생님과 다른 학생 한 명이 넘어지는 학생을 양쪽에서 잡아 줍니다.

• 소리가 나는 곳이 어디인지 주의 깊게 들어주고, 친구들의 동작도 잘 살펴 주어야 합니다.

- 모두 다 함께 넘어지는 연습을 해 봅시다.

● 놀이하기

- 이제 연습이 모두 끝났으니 활동을 시작해 보겠습니다.
- 음악에 맞춰 교실을 돌아다니세요. 신나게!
- (음악을 멈추고) 숫자 3!

tip 선생님이 부른 숫자를 선택한 아이들은 소리를 내며 넘어지고, 주변의 아이들은 소리를 듣고 잡아 준다

- 무릎이 바닥에 닿은 친구들은 작은 방으로 이동합니다. 나머지 친구들은 같은 방법으로 활동을 계속합니다.

tip 모든 번호가 골고루 불릴 때까지 계속한다.

놀이 2. 비밀의 역할

● 놀이 안내하기

- 이제 작은 방에 몇 명이 모여 있는지 살펴봅시다. 이 사람들은 다시 세상으로 나와 주세요.
- 이번에는 숫자가 아니라 역할을 정해서 활동합니다.

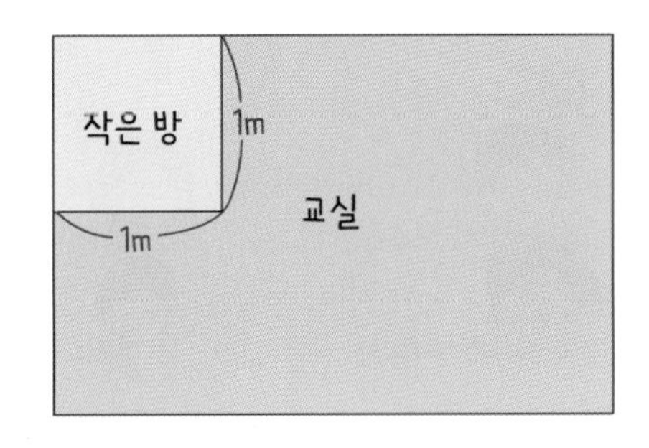

- 역할은 처음에 정한 숫자 그대로, 그 숫자에 해당하는 역할입니다.

  tip 1. 장애인 2. 노인 3. 외국인 노동자 4. 빈곤층 5. 유치원생 6. 임산부 7. 외톨이

  위의 역할을 칠판에 안내한다.

- 자신의 역할이 무엇인지 모두 확인하세요.
- 모두 준비되었으면 활동을 시작하겠습니다.

● 2단계 놀이하기

- 음악에 맞춰 교실을 돌아다닙니다.
- 음악이 멈추고 선생님이 역할을 호명하면, 그 역할에 해당하는 사람은 "으악!" 하고 큰 소리를 내면서 넘어집니다.

  tip 더 추가할 수 있는 사회적 배려 대상자: 북한이탈주민, 희귀병 환자, 다문화, 소년소녀가장 등 학년 수준에 따라 변경할 수 있습니다.

- "노인!" "아이!"

  tip 외치는 속도에 따라 다이나믹한 놀이가 될 수 있다.

- 무릎이 바닥에 닿은 친구들은 작은 방으로 이동합니다. 나머지 친구들은 같은 방법으로 활동을 계속합니다.

마무리하기

● 활동 후 소감나누기

- 우리 주변에는 도움이 필요한 사람들이 있어요. 오늘 '배려의 숫자놀이'를 하면서 도움을 주고받아 보았습니다. 이 놀이를 통해 여러분은 무엇을 배웠나요?
- 친구에게 도움을 요청하기 위해 '으악' 하고 소리지를 때 어떤 마음이었나요?

놀이를 통해 용기 내어 도움을 요청하고, 그 손을 잡아 주며 서로 돕는 모습이 참 보기가 좋았어요.
평소에도 오늘 놀이에서처럼 서로 도움을 주고받는 데 용기를 내길 바랍니다.

이런 질문도 해 보세요!

- 주위에서 '으악'이라고 했는데 도움을 주지 못한 친구는 어떤 마음이었어요?
  - 다음에 해 본다면 어떻게 해 보고 싶어요?
  - 선생님이 정해 준 일곱 가지 역할 외에 추가하고 싶은 역할과 그 까닭은 무엇인가요?

놀이를 배움으로 up!

코칭 하나 자신이 선택한 숫자와 역할은 '비밀'이라는 것을 강조해 주세요.

이 활동은 서로에 대해 미처 알지 못한 상황에서 도움을 요청하는 사람에 대한 관심과 도움을 준 사람에 대한 감사를 경험하는 활동입니다. 그런데 자신이 선택한 숫자나 역할이 노출되면 친한 친구끼리 몰려다니며 장난스럽게 놀이가 진행되어 의도했던 경험이 이루어지지 않습니다. 그러므로 아이들에게 "서로의 번호와 역할을 몰랐을 때 배움이 더 커집니다."라는 말을 한 후 낯선 곳에서 혼자 길을 걷는다는 마음으로 옆을 보지 않고 교실을 돌아다니라고 말해 주고 활동을 하도록 해 주세요.

코칭 둘 넘어지는 액션과 감탄사를 크게 표현하도록 연습시켜 주세요.

활동을 안내할 때 교사가 숫자나 역할을 부르면 "으악!"이라고 큰 소리를 내고 온몸을 움직이며 손을 크게 휘저은 후 넘어지게 합니다. 그 행동은 도움이 필요한 신호이기 때문에 활동에 들어가기 전에 연습도 하게 합니다. 그러나 어떤 아동은 고함소리도 작고 동작도 작게 하며 그대로 쓰러지기도 합니다. 이런 아동이 생길 경우 피드백 시간에 작은 방에 들어간 친구의 이야기를 들어보고 도와주지 못한 친구들의 마음이 어떠한지도 들어봅니다. 그러고 나서 "어떻게 하면 도움을 받을 수 있었을까?"라고 되물어 보면 "동작을 크게 해야 합니다." "으악! 소리를 지른 후 넘어져야 합니다."라고 이야기하는 것을 들을 수 있습니다. '다른 사람이 알아서 도와주겠지.'라고 생각하거나 못 알아준 사람들에게 섭섭해하기보다 도움을 받고 싶을 때는 도움을 요청하는 표현을 해야만 알 수 있다는 것을 이야기 나눕니다. 활동 중간에 흐름을 끊으며 "동작을 크게 하세요."라고 말하기보다는 피드백으로 연결하여 이야기를 나누다 보면 더 진지하게 받아들이는 아동들의 표정과 만날 수 있습니다.

코칭 셋 2단계 배려의 역할놀이로 연결하세요.

1단계는 마음속으로 숫자를 정해서 활동을 하고, 2단계에서는 역할을 정해 놀이를 합니다. 이때 역할을 사회적 배려 대상자나 소수자로 정해서 활동을 하면 도움을 주고받았을 때 마음의 변화를 직접적으로 느낄 수 있습니다. 도움을 받지 못했을 때나 도움을 받았을 때의 마음, 어떻게 하면 도움을 주고받을 수 있을지에 대한 생각들을 나누면서 함께 행복하게 살아갈 수 있는 방법을 배우게 될 것입니다.

코칭 넷 '작은 방'을 만들어 주세요.

이 놀이에서 '작은 방'은 놀이에서 소외되어 도움을 받지 못한 사람들의 마음을 느낄 수 있도록 한 공간입니다. 우리 사회에서 사회적 배려 대상자들에 대한 소외의 모습을 비유적으로 표현하기 위해 마련된 장치이기도 합니다. 그러므로 교실의 한 귀퉁이에 작은 공간을 마련하되, 다른 아이들이 활동하는 모습을 지켜볼 수 있도록 하여 소외된 사람들의 마음을 느껴 보도록 하는 것이 중요합니다.

그리고 놀이를 마치고 피드백 시간에 '작은 방'에 있었을 때의 마음을 이야기하도록 하여 사회적 배려 대상자들의 상황과 연결지어 생각해 볼 수 있도록 이야기하면 좋겠습니다.

코칭 다섯 노인을 도와주지 않아도 된다고 말할 때는 이렇게 연결해 보세요.

"우리 할아버지는 도움이 필요없어요."라고 이야기하는 경우도 있습니다. 아이들 중에는 경제적으로 어려운 사람들을 도와주어야 한다는 인식이 강한 것 같습니다. 그리고 초등학교 아이들의 조부모님의 경우 아직 경제 활동을 하시고 신체가 건강한 분들이 계셔서 이렇게 이야기할 수도 있습니다. 그런데 이 놀이에 등장하는 역할들은 '사회적으로 합의'된 배려 대상자들입니다. 즉, 특정 인물을 두고 활동을 하는 것이 아니라 일반적으로 도움이 필요한 역할을 선정한 것입니다. 그러니 아이들의 조부모님에 국한하지 말고, 일반 노인 분들에게 어떤 도움이 필요한지를 이야기해 보는 기회로 삼으면 좋겠습니다. 또한 이 놀이 상황을 생각해 보면, 역할이 무엇이든지 '으악' 소리를 내어 도움을 요청했습니다. 그러니 도움을 요청하는 사람을 보고 그냥 지나치지 않고 도와주어야 하는 상황이 생긴 것이지요. 주변의 누군가가 도움을 요청할 때 관심을 가지고 도움을 줄 수 있는 경험을 하는 놀이임을 해당 아이와 이야기 나누어 보는 것도 좋을 것 같습니다.

현장적용 Q&A

Q : 신나는 대중가요를 틀어 주었더니 아이들이 너무 신난 나머지 '으악' 소리를 못 듣고 춤을 추었어요. 음악을 꼭 틀어 주어야 하나요?

A : 신나는 음악을 트는 것은 놀이의 재미를 높이고자 하는 의도도 있지만, 무엇보다 어려움을 갖고 있는 사람들이 우리 생활 속에 있지만 우리는 자신이 하는 일, 즐기고 있는 것에 빠져 그들을 무심히 지나가는 상황을 비유적으로 표현하기 위한 것입니다. 그래서 너무 신난 나머지 '으악' 소리를 못 듣고 도움을 주지 못하는 상황이 전개된다면, 소감나누기 시간에 '으악' 소리를 못 들어서 친구에게 도움을

주지 못했던 때를 포착하는 질문을 하거나, 반대로 '으악' 소리를 냈는데 친구들이 듣지 못하고 계속 춤을 추고 있을 때에 대해 질문을 해 봅니다. 이를 통해 실제 생활에서 우리가 알지 못하는 사이에 도움을 요청하고 있는 사람을 무심코 지나쳤을 수 있다는 이야기를 나누어 볼 수 있는 좋은 기회가 되리라 생각됩니다.

Q : 아이들이 교실 바닥에 넘어지는 상황이 무척 위험해 보이는데 위험 요소를 감수하면서까지 놀이를 하려니 부담이 됩니다.

A : 교실 바닥에 넘어지는 것이 자칫 위험할 수 있습니다. 그러므로 교실의 공간을 확보하여 넘어질 때 부딪칠 만한 물건을 치우고 놀이를 시작하는 것이 중요합니다. 또한 놀이 시작 전에 넘어지는 연습, '으악' 소리를 내며 양손으로 큰 원을 그리고 앞으로 넘어지도록 해야 합니다. 그런데 실제 놀이를 해 보면 아이들은 넘어지는 행동 자체를 두려워합니다. 그래서 다칠 정도로 심하게 넘어지는 사례는 없었습니다. 그럼에도 불구하고 걱정이 되신다면, PVC 매트를 깔아 두고 활동을 하는 것이 도움이 될 것 같습니다.

Q : 2단계 역할에 '사회적 배려 대상자'로 해야 하는 까닭이 있나요?

A : 소감나누기 시간에 "왜 선생님이 두 번째 놀이에서 소수자를 대상으로 했을까요?"라고 물었더니, "우리가 다르다는 이유로 소수자를 많이 차별하는데, 이 놀이를 통해서 도움의 손길을 내밀어야 한다는 것을 알게 하기 위해서입니다."와 "우리 주변에 도움이 필요한 소수자들을 배려하고 도와주어야 하기 때문입니다."의 소감을 나눌 수 있었습니다. 아이들은 이 놀이를 통해 사회적 배려 대상자들의 어려움을 느껴 보고 그들을 도와줘야겠다는 마음이 자연스럽게 생길 수 있는 경험을 하게 되었습니다.

우리들의 성장스토리

친구들이 넘어질 때 내가 잡아 주니 정말 뿌듯했고, 실제로 다른 사람이 넘어지면 나도 정말 이렇게 꼭 잡아 주어야겠다는 생각이 들었다. 그리고 정말 재미있었고, 고마웠다.

내 역할은 '후배'였다. 숫자를 부를 때 한 번 넘어져서 아쉬웠다. 그리고 옆에서 연주가 넘어졌을 때 내가 잡아 줘서 뿌듯했다. 그리고 앞으로 도움을 요청할 때 도움을 주어야겠다고 생각했다.

나는 '2. 노인'이 되었을 때 기뻤다. 내가 '으악' 할 때 애들이 나를 잡아 줘서 기뻤다. 그리고 다른 사람이 도움이 필요할 때 도와줘야겠다는 생각이 들었다.

판단을 내려놓아야 도울 수 있어요.

2단계 놀이를 할 때 외톨이 아동인 ○○이가 쓰러지려는데 주변의 아이들이 팔짱을 끼고 주춤 뒤로 물러서는 것이 보였습니다. '넘어지겠구나.'라는 안타까운 마음으로 쳐다보는데, 제법 멀리 있었던 △△이가 큰 걸음으로 달려와 어깨를 잡아 주었습니다. 피드백 시간에 ○○이가 "친구들이 팔짱을 끼고 물러서면서 아무도 도와주지 않아 외롭고 쓸쓸했어요."라며 울음 섞인 목소리로 자신의 마음을 발표하자, 친구들은 고개를 떨구었습니다. "그때 도와줬던 △△이는 어떤 마음으로 그랬나요?"라고 물으니, "그대로 두면 넘어질 거 같아서 도와줬어요."라고 말했고, ○○이는 "△△이가 정말 고마웠어요."라는 말로 마음을 표현했습니다.

"'나랑 친하지 않으니까, 저 사람 이상하니까, 무서우니까, 나는 저런 사람 싫으니까, 누군가 다른 사람이 도와주겠지'라는 판단으로 우리가 모른 척하는 사람들이 주위에 많습니다. 그리고 그런 사람들이 ○○이처럼 도움을 받지 못하고 외롭게 쓰러지는 거겠지요. 진심으로 도와주려면 그런 판단을 내려놓고 손 내밀어 주는 것이 필요하답니다."라고 말해 주었습니다. 이 수업 이후 서로 도와주는 활동이 있을 때 "판단을 내려놓고 도움이 필요한 친구들은 도와주세요."라는 말을 하면 아이들이 ○○이 쪽으로 움직입니다. 나는 그 순간을 놓치지 않고, "고마워, 도와줘서."라고 표현합니다. 이제는 ○○이가 덜 외로워 보입니다.

넷째 주

당연하지

#끝장 칭찬 #눈맞춤
#무조건 인정 #구호

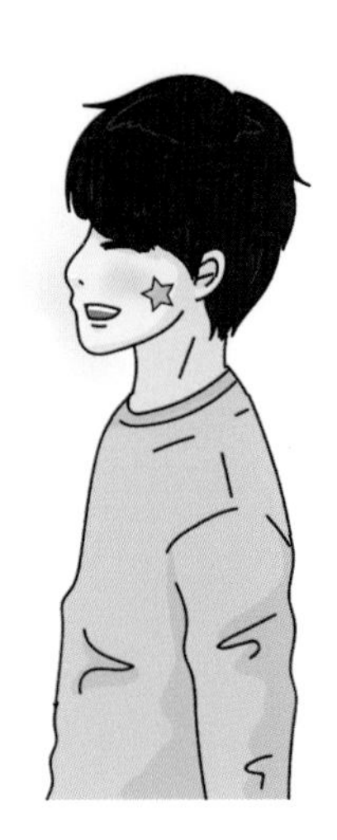

한눈에 보는 활동과정

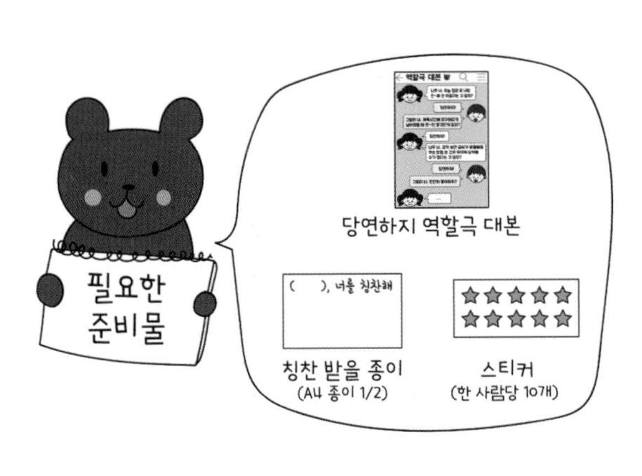

'당연하지' 대본으로 역할극을 하며 학생들이 시범을 보인다.

tip Youtube '당연하지' 놀이 영상을 참고해도 좋아요.

놀이 1 칭찬 써주기

① 칭찬 받을 종이의 빈 칸에 자신의 이름을 쓴다.

② 2명씩 만나 하이파이브를 하고 "만나서 반가워."라고 말한다.

③ 만난 짝과 가위바위보를 한다. 이긴 사람이 칭찬을 적어줄지 칭찬을 받을지 정하여, 칭찬을 적거나 받는다(10분).

② 칭찬 종이를 서로 교환한다.

④ 진 사람이 이긴 사람에게 스티커 1개를 붙여준다.

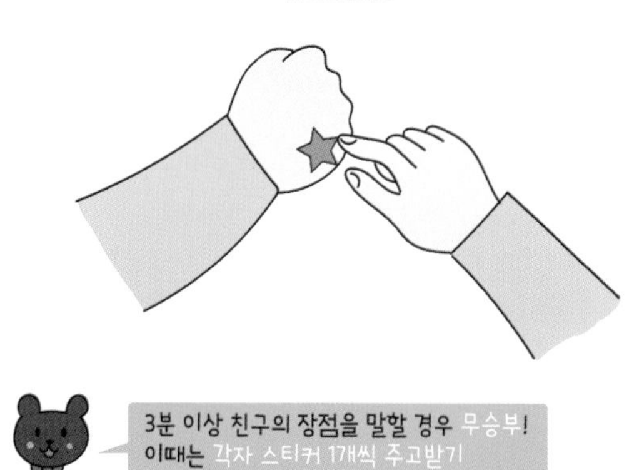

3분 이상 친구의 장점을 말할 경우 무승부! 이때는 각자 스티커 1개씩 주고받기

놀이 2 당연하지!

① 2명씩 만나 하이파이브를 한 후 가위바위보를 한다. 이긴 사람이 먼저 칭찬의 말을 들을지, 나중에 들을지 선택한다.

③ ①번의 가위바위보에서 정해진 순서에 따라 칭찬을 주고받으며 "당연하지!"를 말한다.

놀이진행하기

들어가기

- '당연하지' 놀이를 알고 있나요? 친구들의 역할극을 보면서 이 놀이를 하면서 친구들이 어떤 마음이 들지 생각해 봅시다.

● '당연하지' 놀이 역할극을 보고, 이야기 나누기

- 나무와 그림이는 놀이를 하면서 어떤 마음이 들었을까요?
- 친구와 재미있게 놀고 가까워지기 위해 놀이를 하는데, 이 놀이를 보면 상대를 비난하고 당황스럽게 만들어 재미를 얻으려고 하는 모습을 볼 수가 있네요.
- 어떻게 하면 서로를 배려하고, 뿌듯한 마음이 들도록 놀이를 할 수 있을까요?
- 오늘 우리가 할 놀이는 상대가 들으면 기분 좋은 말, 칭찬을 하면서 하는 놀이입니다. 먼저 칭찬 적어 주기 활동을 해 보겠습니다.

tip Youtube '당연하지' 놀이 영상을 참고해도 좋아요.

놀이하기

놀이 1. 칭찬 써주기

● 놀이 안내 및 놀이하기

- 선생님이 나눠 주는 종이에 자신의 이름을 적습니다.
- 지금부터 활동 방법을 안내할 거예요.

tip 선생님이 학생 한 명과 시범을 보여 줍니다.

① 칭찬 종이와 색깔 펜을 들고, 교실을 돌아다닙니다.
② 두 명씩 만나 하이파이브를 하고 '만나서 반가워.'라고 말합니다.
③ 가위바위보를 합니다.

- 여기서 잠깐! 이긴 사람은 선택권이 있습니다.
- 이긴 사람은 친구에게 칭찬의 말을 적어 줄지, 칭찬의 말을 받을지 결정을 합니다. 아래 멘트로 학생들의 이해를 돕습니다.

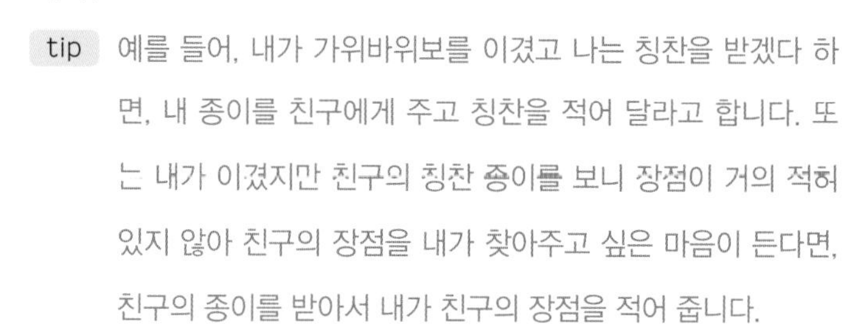

tip 예를 들어, 내가 가위바위보를 이겼고 나는 칭찬을 받겠다 하면, 내 종이를 친구에게 주고 칭찬을 적어 달라고 합니다. 또는 내가 이겼지만 친구의 칭찬 종이를 보니 장점이 거의 적혀 있지 않아 친구의 장점을 내가 찾아주고 싶은 마음이 든다면, 친구의 종이를 받아서 내가 친구의 장점을 적어 줍니다.

④ 칭찬은 구체적인 경험 사실을 바탕으로 적어 주면 좋아요. 예를 들면, "피구할 때 보니까 너는 공을 잘 피하더라."라고 적으면 됩니다.
⑤ 제한된 시간 안에 많은 친구를 만나면 다음 단계 활동에 유리해요.

- 이제 교실 돌아다니며 칭찬을 주고받아 봅시다.

놀이 2. 당연하지!

● 놀이 안내 및 놀이하기

• 이제 다음 단계 놀이의 방법을 안내합니다.

① 모두 자신의 칭찬 종이와 스티커를 들고, 두 명씩 짝을 만나 하이파이브를 합니다.
② 가위바위보를 하세요.
③ 가위바위보에서 이긴 사람은 먼저 칭찬의 말을 할지, 나중에 할지를 정합니다.

④ 순서를 정한 후에는 칭찬 종이를 서로 교환하세요.
⑤ 여러분은 상대의 '너를 칭찬해' 종이를 보고 말할 수도 있고, 자신이 평소에 이 친구를 보고 생각했던 칭찬거리를 말해도 됩니다.
⑥ 칭찬을 들었을 때 들은 사람은 아주 뻔뻔하게 '이 칭찬은 당연히 나를 위한 거지.'라고 생각하며 당당하게 "당연하지!"라고 말합니다.

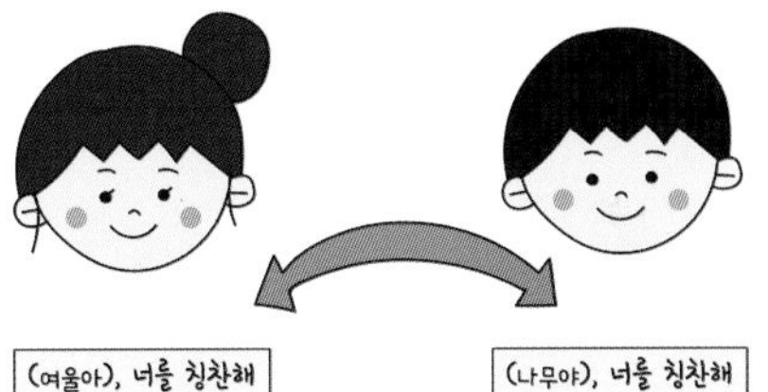

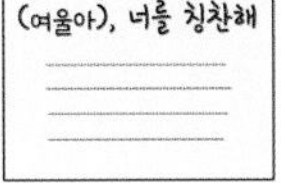

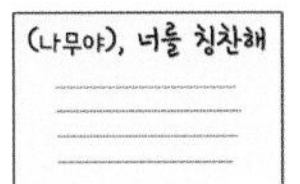

⑦ 서로 번갈아 칭찬을 주고받으며 "당연하지!"를 외치고, 승부가 가려지면 진 사람이 이긴 사람에게 스티커 한 장을 붙여 줍니다.
⑧ 다음의 경우에 패하게 됩니다.
–상대의 칭찬을 말하지 못하거나, 칭찬이 아닌 말을 할 때
–"당연하지!"를 말하면서 수줍어하거나, 당당하게 말을 하지 못할 때
⑨ 상대의 눈을 바라보면서 당당하게 "당연하지!"를 외쳐 주세요.
⑩ 두 명이 모두 장점을 너무 잘 찾아서 번갈아 10회 이상 계속해서 친구의 장점을 말했을 경우 무승부입니다. 무승부일 경우에는 각자 한 개씩 스티커를 나누어 가집니다.

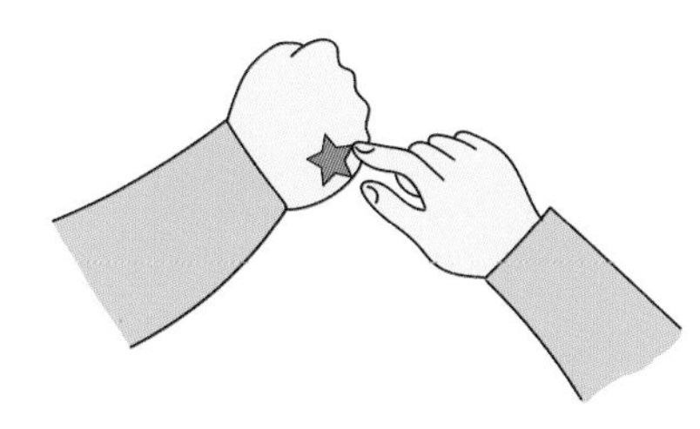

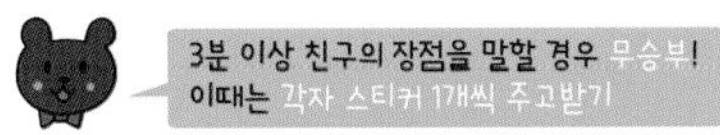

• 선생님이 시범을 보이겠습니다.

tip 선생님이 학생 한 명과 시범을 보이며 "당연하지!"를 연습한다.

• 이 놀이는 상대를 칭찬할 때 진실한 마음이 담긴 칭찬을 하는 것이 중요합니다. 여러분은 진실된 칭찬을 할 수 있겠지요? 이제 시작해 봅시다.

마무리하기

● 활동 후 소감나누기

- 친구들과 칭찬을 주고받으며 어떤 생각이나 느낌이 들었나요?
- 오늘 우리가 함께 한 '당연하지!' 놀이는 여러분에게 어떤 도움이 되었나요?

이 놀이에서 친구의 장점을 말하며 '하하호호' 웃는 여러분의 모습을 보며 선생님도 내내 흐뭇하고 행복했습니다.
선생님은 여러분이 평소에 친구의 단점을 찾아 말하며 재미있어하기보다는 장점을 찾아 주며 재미와 행복을 느끼는 경험을 많이 했으면 좋겠습니다.

이런 질문도 해 보세요!

- 가위바위보에서 이겼을 때 어떤 선택을 많이 하였나요?
- 이겼음에도 친구에게 칭찬을 적어 주면서 어떤 마음이 들었나요?

놀이를 배움으로 up!

코칭 하나 이 놀이를 하기 1주일 전 서로를 관찰해 보는 과제를 주면 좋아요.

이 놀이를 하기 전에 아이들이 서로 1주일 정도 친구들의 긍정적인 점을 관찰할 수 있는 과제를 주면 아이들은 그 과정에서 서로에 대해 더 많은 것을 알아 가게 됩니다. 또한 아이들은 친구를 관찰하는 활동 자체를 재미있어 합니다. 그렇게 관찰을 열심히 한 친구들은 놀이를 할 때 다른 친구들의 장점을 다양하고 쉽게 말할 수 있어 놀이가 더 재미있게 됩니다.

코칭 둘 가위바위보에서 이긴 사람이 칭찬을 줄지, 받을지 선택하게 해 주세요.

가위바위보에서 이겼을 때 칭찬을 적어 줄지 또는 받을지를 선택하게 하면 아이들은 상대의 칭찬 종이에 얼마나 적혀 있는지 살펴보고 주도적으로 결정을 하게 됩니다. 이때 아이들의 평소 행동의 양식이 드러나게 됩니다. 이겼음에도 배려를 해서 칭찬을 적어 주는 경험을 한 아이의 경우는 이 경험을 통해 배려와 나눔이 주는 가치를 깨닫게 됩니다. 또한 2단계 '당연하지' 활동을 할 때 칭찬 종이를 교환하게 되는데, 이때 배려와 나눔을 많이 한 아이의 경우 자신의 종이에 적힌 칭찬 글이 적기 때문에 상대보다 유리한 조건에서 놀이에 참여하게 됩니다. 즉, 배려와 나눔은 다시 자신에게 유리한 경험으로 돌아온다는 것을 경험하게 하는 기회가 될 수 있습니다. 반대로, 칭찬을 받기만 하고 나누어 주지 않은 아이들의 경우에는 2단계 활동에서 불리한 상황에 놓이게 되어 자신의 행동을 다시금 돌아볼 수 있게 됩니다. 그러므로 '소감나누기'를 할 때 이와 관련지어 아이들에게 질문을 하여 평소 아이들이 할 수 있는 작은 배려와 나눔이 결국에는 자신에게도 행복한 경험이 될 수 있음을 이야기하면 좋습니다.

코칭 셋 칭찬은 구체적으로 적고, 칭찬 개수가 적은 친구부터 먼저 챙겨 주도록 안내해 주세요.

'공부를 잘한다'보다는 '수학문제를 빨리 푼다'로, '착하다'보다는 '친구와 색연필을 같이 쓴다'와 같이 구체적으로 적어 주라는 안내를 합니다. 아이들은 생활 속 다양한 장면들을 기억해 내고 칭찬해 주는 과정에서 관심받고 있음을 느끼게 됩니다. 또 칭찬 종이에 이미 적혀 있는 내용과 다른 내용으로 칭찬을 적어 주고, 칭찬 개수가 적은 친구에게 먼저 관심을 가지고 챙겨 주라고도 안내합니다. 다양한 칭찬이 많이 적혀 있으면 나중에 게임할 때 서로에게 도움이 된다고 말해 주면 '칭찬 적어 주기' 활동에 적극적으로 참여하는 것을 볼 수 있습니다.

코칭 넷 '당연하지'를 외칠 때 상대의 눈을 보며 말하도록 해 주세요.

우리 아이들이 학교생활을 하면서 친구의 눈을 바라보며 대화를 주고받는 경험을 얼마나 할까요? 미국 심리학자 켈러먼와 루이스(유튜브 동영상)의 실험에서 처음 본 사람도 눈 맞춤을 하고 나면 서로에게 호감도가 상승한다고 하였습니다. 우연히 만난 친구와 눈을 맞추고 서로의 장점을 나누다 보면 좋은 관계를 맺는 데 도움이 될 수 있습니다.

현장적용 Q&A

Q : 게임에서 이기려고 칭찬을 장난처럼 마구 말하는 아이들이 있었어요. 이런 경우 어떻게 하면 좋을까요?

A : 아이들에게는 놀이의 승부가 중요하기 때문에 상대에게 맞는 칭찬이 아니라 장난처럼 마구 말하는 경우를 종종 볼 수 있습니다. 선생님께서 '당연하지' 놀이를 시범으로 보여 주실 때 이런 상황을 시범으로 보여 주고, 자신에게 맞지 않는 칭찬을 들었을 때 어떤 마음이었는지 상대에게 물어보며, 아이들과 이럴 경우에 어떻게 하면 좋을지 대화를 나눠 보면 좋습니다. 그리고 승패에 연연하기보다는 진심이 담긴 칭찬을 해 주는 경험을 하고, 그때의 감동을 느껴 볼 것을 제안하면 좋습니다. 그럼에도 불구하고 상대와 맞지 않는 칭찬을 하여 승리하고자 하는 아이가 있다면 그 아이를 있는 그대로 인정해 주는 것은 어떨까요? 다만, 인정을 해 주되 그 상황에서 상대가 느꼈을 마음을 아이 스스로 찾아보게 하는 질문을 통해 자신을 성찰해 볼 수 있는 기회를 줄 수 있을 것 같습니다.

Q : 칭찬 종이에 다른 친구가 쓰지 않은 다른 칭찬을 쓰라고 했는데도 불구하고, 어떤 아이의 칭찬 종이에 한 가지 칭찬만 가득 적혀 있었어요. 이럴 경우 그 아이가 상처받지 않을까요?

A : 이럴 경우, 아이가 '나는 이것 빼고는 칭찬거리가 없나?' 하고 마음 상해할까 봐 걱정이 되시죠? 그런데 어떻게 생각해 보면 그 친구에게 그 장점은 특별히 눈에 띄는 강점일 수 있습니다. 그래서 다른 장점들이 다른 친구들의 눈에 들어오지 않았을 수 있어요. 이런 이야기를 아이들과 함께 한 후 선생님

께서 그 친구의 평소 생활 장면에서 발견한 다른 장점을 이야기해 주는 것도 좋을 것 같습니다.

Q : '당연하지!' 놀이 후 개인별로 다른 수의 스티커를 가지고 있는데 그 결과와 연결된 다른 활동이 있을까요?

A : 추가 활동으로 다음에 기록된 '당연하지 왕' 선발을 제안합니다. 이 활동은 다른 친구들에게 장점을 많이 찾아준 사람에게 '배려와 나눔'의 가치를 담아 이 놀이와 어울리는 보상을 해 줄 수 있는 장점이 있습니다. 하지만 교실의 여건과 놀이 진행 과정에서 모은 스티커의 개수가 같은 사람이 많이 나와 왕을 선발하는 데 시간이 많이 걸릴 수도 있고, 시간이 여의치 않아 이 과정 자체를 하지 못할 수도 있습니다. 그래서 교실의 상황에 맞게 선생님께서 적절히 활용하시면 좋을 것 같습니다.

〈'당연하지 왕' 선발하기〉

① 모두 자기 자리로 돌아가 앉아 주세요.
② 지금부터 '당연하지 왕'을 선발해 보겠습니다.
③ 여러분은 몇 개의 스티커를 가지고 있나요? 가장 많은 스티커를 받은 두 명 앞으로 나와 주세요.
④ 이 두 명이 우리가 보는 앞에서 '당연하지' 놀이를 해서 승부를 가려 볼게요. 준비되었나요? (선발된 학생 두 명이 '당연하지!' 놀이하기)
⑤ '당연하지 왕'이 선발되었습니다. 우리에게 많은 칭찬을 해 주어서 당연하지 왕이 된 친구에게 우리가 칭찬 샤워를 해 줄 차례입니다. 붙임 종이에 이 친구의 칭찬할 점을 구체적으로 적어서 친구에게 붙여 줍시다.

Q : 무승부로 인정하는 칭찬 횟수는 어느 정도가 적당할까요?

A : 무승부로 인정하는 칭찬 횟수는 교실의 상황에 따라 융통성 있게 제한할 수 있을 것 같습니다. 이 놀이에서 제한한 10회는 대규모 학급(20명 이상)에서 아이 한 명이 소수의 친구라도 그 친구를 관찰하고 장점을 최대한 많이 찾아보는 경험을 제공함으로써 아이들에게 배려와 나눔을 실천할 수 있도록 하기 위함입니다. 그래서 아이들이 상대를 더 깊이 보고 더 많이 고민하면서 칭찬을 하는 데 도움이 될 수 있을 것 같습니다. 반면, 5회로 제한했을 때는 아이 한 명이 많은 상대를 만날 수 있어 더 활발하게 친구들을 만나러 다니고, 평소에 잘 어울리지 못하는 친구도 자연스럽게 만날 수 있는 기회를 제공할 수 있어 좋았습니다.

Q : 남학생과 여학생이 서로를 칭찬할 때 눈 맞춤을 어색해하고, '당연하지!' 동작을 할 때에도 소극적으로 하며, 동작하기를 망설이는 아이들이 많아요. 적극적으로 하게 하려면 어떻게 해야 할까요?

A : 아이들은 어색해할 수 있습니다. 그래서 활동을 하기 전에 친구와 대화를 주고받을 때 친구의 눈을 바라보며 칭찬하는 것의 중요성을 지도하는 것이 필요합니다. 그리고 교사가 '당연하지!'를 외칠 때 조금 과장되게 시범을 보여 주는 것도 좋습니다. 다 함께 몸동작을 연습해 보는 것도 좋을 것 같습니다.

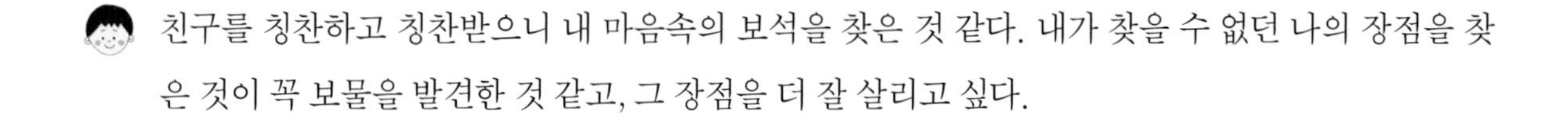
우리들의 **성장스토리**

친구를 칭찬하고 칭찬받으니 내 마음속의 보석을 찾은 것 같다. 내가 찾을 수 없던 나의 장점을 찾은 것이 꼭 보물을 발견한 것 같고, 그 장점을 더 잘 살리고 싶다.

두 번째 가위바위보를 했는데 그때 졌어도 이겼어도 기분이 좋았다. 왜냐하면 질 때는 친구가 좋아하는 모습을 보니 더 적어 주고 싶고, 이길 때는 친구들이 내 장점을 적어 주어 고마웠다. 그러고 나서 친구들이 나에게 말로 부드럽게 칭찬을 해 주니 너무 고마웠다. 칭찬을 다 다르게 해 주니 그것도 고마웠다. 이 게임은 한 사람 한 사람 칭찬을 주고받아서 기쁘게 게임을 한 것 같다.

솔직히 당연하지 게임은 단지 게임일 뿐 아무것도 아닐 것 같았다. 하지만 칭찬을 주고받았을 때 그 기분은 뭐라 표현할 수가 없었다. 친구들이 적어 주고 읽어 주고 할 때 칭찬 샤워를 받은 것 같았다. 또 칭찬을 줄 때는 기분이 새로웠다. 친구의 장점을 줄 때 친구의 미소가 잔잔히 피어올랐는데, 그땐 나도 히히 웃고 있었다.

칭찬의 힘! 행복한 표정을 숨길 수가 없어요.

놀이와 게임은 적당한 경쟁이 있어야 몰입도가 높아지고 참여도가 높아집니다. 그러나 '당연하지!' 게임은 승부욕이 넘치는 아이들조차도 승부와 상관없이 표정이 밝아짐을 볼 수 있었습니다. 그리고 아무리 재미있는 동영상을 보여 주어도 활짝 웃는 모습은 기대하기 어려운 시크한 6학년 아이들이 보여 주는 함박웃음과 미소가 신기하기만 하였습니다. 칭찬을 하는 사람도 받는 사람도 행복하게 만드는 마법 같은 교실 놀이입니다.

교우 관계를 넓힐 수 있는 놀이예요.

모범적이지만 친구들과 갈등이 생겼을 때 혼자서 속으로 끙끙대며 힘들어하는 한 아이는 자신과 달리 직설적으로 이야기하고 장난끼가 많은 친구를 만나게 되었습니다. 옅은 미소였지만 미소를 지으며 활동을 하고 있어 안심이 되었습니다. 역시나 활동 후 "친하지 않고 서먹서먹하던 친구에게 다가가 칭찬을 계속하다 보니 무척 가까워진 것 같아 기뻤다."는 소감문을 썼습니다. 먼저 다가가 친구에게 칭찬하는 그 아이의 밝은 표정을 보니 학급에서 친구가 많지 않은 아이들이 다른 친구에게 먼저 다가갈 수 있는 기회를 만들어 주는 놀이라는 생각을 했습니다.

[활동지 11-1]

칭찬 종이

(　　　　　), 너를 칭찬해!

12월

감사

첫째 주

대장을 보호하라

#경호원 #감사 #협력
#창과 방패 #원

한눈에 보는 활동과정

놀이 1 창과 방패

① 마음속으로 창에 해당하는 친구1명, 보호하고 싶은 친구(보호 친구) 1명을 정한다.

② 나는 방패가 되어 창인 친구와 보호 친구 사이를 걸어다닌다. 창인 친구나 보호 친구가 움직이면 들키지 않게 함께 움직여 보호한다.

③ 정지 호각 소리에 맞춰 제자리에 서서 두 팔을 뻗는다. 한 손으로는 창 친구를, 다른 한 손으로는 보호 친구를 가리켜 일자가 되면 성공이다.

④ 창인 친구, 보호 친구를 다시 정해서 한 번 더 ①~③번 활동을 한다.

놀이 2 대장을 보호하라!

① 4명이 1모둠을 만들어 모둠 안에서 번호(역할)를 부여한다.
(1번 : 저격수, 2번 : 대장, 3,4번 : 경호원)

② 저격수를 빼고 남은 3명(대장, 경호원들)은 손을 잡고 원을 만든다.

③ 저격수는 3걸음(1m) 정도 떨어져 있다가 신호를 불면 출발한다.

④ 저격수는 우리 팀 대장을 손으로 살짝 터치한다. (1분 동안 활동하기)

tip 역할을 바꿔가며 모두 대장을 경험할 수 있도록 해요.

⑤ 8명이 한 팀이 되어 저격수 1명, 대장 1명을 정해 활동한다. (1분)

놀이진행하기

들어가기

- 생활하면서 아무도 날 도와주지 않는 것 같고 내 마음을 모르는 것 같아서 외로울 때 단 한 명이라도 나를 믿고 도와주는 사람이 있다면 견뎌 낼 수 있다고 합니다.
- 놀이를 통해 그 마음을 경험해 보도록 하겠습니다.

놀이하기

놀이 1. 창과 방패

● '창 친구'와 '보호 친구' 정하기

- 지금부터 마음속으로만 창에 해당하는 친구와 보호해 주고 싶은 친구를 한 명씩 정할 겁니다.
- 보호하고 싶은 친구는 선택에 이유가 있을 수 있지만, 창에 해당하는 친구는 고르는 데 별 이유가 없이 놀이를 위해 정하는 겁니다. 활동을 마치고 나서 친구를 놀려 속상하게 하는 일은 없도록 해 주면 좋겠습니다. 약속해 줄 수 있나요?
- 그럼 주변을 둘러보며 마음속으로 정해 봅시다.
- 나는 방패가 됩니다. 창 친구로부터 보호하고 싶은 친구의 앞쪽을 막아 주는 겁니다.

● 시범 보이기

- 네 명의 친구 앞으로 나와 주세요.

① 나는 방패이니까 창 친구와 보호하고 싶은 친구 사이에 서 있도록 합니다.
② 이때 보호받는 친구가 눈치 채지 못하게 몇 걸음 떨어져서 보호해 주도록 합니다. 창 친구가 움직이면 방패는 같이 움직여야 합니다. 보호해 주고 싶은 친구가 움직이면 역시 같이 움직여야 합니다. 뛰지 않고 걸으면서 창으로부터 지켜 주세요.

● 활동하기

- 선생님이 호각을 불면 시작하고, 다시 호각을 불면 멈춰 섭니다(2분 정도).

> ① 모두 움직이지 않고 제자리에 서 주세요.
> ② 팔을 뻗어 한 손으로는 창 친구를, 다른 한 손으로는 보호 친구를 가리켜 보세요.
> ③ 양팔을 뻗어 일자가 되면 성공입니다.
> ④ 성공한 친구들에게 박수를 보내 줍시다.

- 한 번 더 활동을 해 보겠습니다.

● 소감나누기

- 활동을 하고 나서 어떤 생각이 드나요?

놀이 2. 대장을 보호하라!

● 역할 정하기

- 네 명이 한 모둠을 만듭니다.
- 모둠 안에서 번호를 정합니다. 1번은 저격수, 2번은 대장, 3번과 4번은 경호원의 역할이 됩니다.
- 대장은 조끼를 입습니다.

● 시범 보이기

• 네 명의 친구가 앞으로 나와 봅니다.

① 저격수를 빼고 남은 세 명은 손을 잡고 원을 만들어 대장을 보호하도록 합니다.

② 저격수는 원에서 세 걸음 정도(1m) 떨어집니다.

③ 선생님이 호각을 불면 저격수는 대장의 어깨나 등을 터치하려고 하고, 경호원은 몸을 움직여 대장을 지켜주면 됩니다. 이때 다른 팀의 대장은 공격할 수 없고, 우리 팀 대장을 손으로 살짝 치면 공격 성공이 됩니다. 발을 사용해서는 안 되고, 몸으로만 막아 주면 됩니다. 잡은 손을 놓치더라도 빨리 다시 원을 만들어 대장이 보호받는다는 느낌을 받을 수 있도록 해 줍니다.

• 공격과 보호 시간은 1분입니다. 저격수가 공격에 성공한 팀은 자리에 앉아 주세요.

● 활동하기

• 호각소리와 함께 시작합니다(1분 정도).

• 어느 모둠의 대장이 보호되었나요?

• 이번에는 2번이 저격수가 되고, 3번이 대장, 4번과 1번이 경호원이 됩니다.

tip 저격수가 공격을 성공한 모둠은 자리에 앉습니다.

tip 모두가 대장이 되는 경험을 하도록 합니다.

• 이번에는 8명이 한 팀이 되어 해 보겠습니다(저격수 1명, 대장 1명).

마무리하기

● 활동 후 소감나누기

• 여러 가지 방법으로 친구를 보호해 주는 활동을 해 본 소감을 말해 봅시다.

–저격수/대장 활동을 하면서 느낀 점은 무엇입니까?

–자신이 도와주고 보호해 주고 싶은 사람이 있다면 어떤 사람입니까?

여러분의 건강한 몸과 마음은 주위 사람들의 보호가 있어 가능했다는 것을 알게 된 뜻깊은 시간이었네요. 그리고 비록 어리지만 누군가를 보호할 수 있는 힘이 있다는 것도 알게 된 것 같아요. 서로를 보호하고 지켜주려고 노력하는 모습에서 마음이 연결되고 신뢰가 싹트는 것 같아 선생님도 흐뭇하고 기뻤습니다.

이런 질문도 해 보세요!

• 살아오면서 받았던 보호 중에서 가장 기억에 남는 것은 무엇입니까?

놀이를 배움으로 up!

코칭 하나 모두가 대장 경험을 할 수 있도록 해 주세요.

누군가에게 최선을 다한 보호를 받아 보면 어떤 마음이 들까요? 온몸으로 맞서고 땀을 흘리며 나를 지키려 애쓰는 친구의 모습을 보면 비록 저격수에게 터치를 당해도 최선을 다해 준 친구에게 깊은 감사를 느끼게 됩니다. 그 고마움을 경험한 아이는 자신 또한 그렇게 누군가를 도와주고 싶다는 마음으로 연결됩니다. 그래서 이 놀이에서는 모두가 대장 경험을 하는 것이 핵심입니다.

코칭 둘 아이들 마음을 연결해 주세요.

놀이가 끝나고 피드백을 나누다 보면 보호받지 못해 섭섭했다는 친구가 나오기도 하고, 보호해 주지 못해 미안하다는 친구가 나오기도 합니다. 이럴 때 두 아이의 마음을 공감해 주고 상대방은 어떤 마음인지 물어보며 두 아이의 마음을 연결해 줍니다. "보호해 주지 못해 미안했네요. 그러면 그때 대장의 마음은 어땠는지 알아볼까요?" "비록 보호를 성공하지 못했지만 ○○가 최선을 다해 지켜 줬어요. 그때 정말 고마웠어요."라고 말하는 모습을 보게 됩니다. 미안함과 고마움을 마음속에 담아 두지 않고 표현하게 함으로써 마음이 연결되고 더 친밀해짐을 느끼게 됩니다.

코칭 셋 피드백 질문을 자기 생활과 연결해 보세요.

'대장을 보호하라'는 움직임이 많아 땀을 뻘뻘 흘리며 집중하는 놀이입니다. 신나게 놀고 난 후 즐거움에만 그치지 않고 배움과 성장을 돕고 싶다면 다음과 같은 질문을 순서대로 해 보세요.

① 오늘 활동을 통해 느낀 점과 알게 된 점을 말해 봅시다.
② 저격수/대장 활동을 하면서 느낀 점은 무엇입니까?
③ 살아오면서 받았던 보호 중에 가장 기억에 남는 것은 무엇입니까?
④ 살아오면서 가장 보호받고 싶었던 순간은 언제였습니까?
⑤ 자신이 도와주고 보호해 주고 싶은 사람이 있다면 어떤 사람입니까?

질문을 통해 당연하게 생각했던 가족과 친구에 대해 고마운 마음을 가지며, 자신도 누군가에게 도움을 줄 수 있는 존재라는 것을 알고 실천하려는 마음이 생기게 될 것입니다. 또 가장 보호받고 싶었을 때 보호받지 못했던 아픔을 떠올리며 서로를 위로하고 공감해 주는 시간으로 만들 수도 있습니다.

현장적용 Q&A

Q : 창 친구, 보호 친구를 정할 때 어떻게 안내하면 좋을까요?

A : 보호하고 싶은 친구는 이유와 의미가 있겠지만, 창 친구는 놀이활동을 위해 정하는 의미 없는 역할이라는 걸 꼭 강조해야 합니다. 나중에 두 팔을 뻗어 창 친구와 보호 친구를 가리키지만 누가 어느 역할인지 명확하게 드러나지 않습니다. 그리고 창 친구와 보호 친구가 누구인지 왜 보호하고 싶은지를 발표하지 않아야 마음 편하게 할 수 있습니다. 소감나누기는 이 활동을 하고 나서의 생각이나 마음을 중심으로 말하면 됩니다.

Q : 학급 전체가 함께 대장 활동을 할 수 있을까요?

A : 시간적 여유가 있으면 학급 전체가 하는 '대장을 보호하라' 활동도 할 수 있습니다. 학급전체가 할 때는 저격수 두 명, 대장 한 명으로 구성합니다. 대장은 원 안과 밖을 이동할 수 있고 저격수 팀도 마찬가지입니다. 그러나 원 밖으로 나갔을 때 경호원 팀이 열까지 헤아리기 전에 다시 원 안으로 들어와야 합니다. 경호원 팀은 최선을 다해서 저격수가 대장을 터치하지 못하도록 지켜 주되, 발을 사용하거나 밀쳐서는 안 된다고 꼭 말해 줍니다. 경호원 팀과 저격수 팀이 작전 회의 시간을 갖게 하는 것도 놀이의 역동을 만들 수 있는 좋은 방법입니다.

Q : 학급 전체가 활동할 때 저격수와 대장은 어떤 아동으로 정하는 게 도움이 될까요?

A : 보통은 희망을 받아서 활동을 하는데, 주로 운동신경이 좋고 성취욕이 높은 아동이 저격수를 하게 되어 대장이 쉽게 터치아웃되어 버립니다. 그래서 두 명의 저격수를 선정할 때는 운동신경이 좋은 아동보다 중간 정도의 아동이 좋습니다. 대장은 평소 친구들과 어울림이 적은 아동으로 선정할 경우 나를

보호하려는 학급 친구들의 모습을 보며 남다른 감동을 느낄 수도 있습니다. 대체로 저격수와 대장의 운동신경이 차이가 적을수록 역동적인 놀이가 됩니다.

Q : 움직임이 많은 놀이활동이라 안전이 걱정이 됩니다. 안전하게 즐길 수 있는 방법이 있을까요?

A : 부딪침이 적은 넓은 장소(강당)와 교사가 안전관리를 할 수 있는 활동 인원 조절이 필요합니다. 교사가 위기 상황에 대처할 수 있도록 두 모둠씩 나누어 활동하면 좋습니다. 교실에서 활동할 경우에는 책상을 'ㄷ' 자로 배치하고 두 모둠은 활동을 하고 다른 아동들은 책상 위에 앉아서 보도록 합니다. 그러나 무엇보다 활동 시작 전에 발로 차거나 주먹을 사용해서는 안 된다는 것을 강조해서 안내해야 합니다.

Q : 4인 1조를 할 때 짝이 안 맞아서 선생님이 한 모둠에 들어갔더니 1분 시간 재기가 쉽지 않았습니다. 시간 제한이 중요한가요?

A : 규칙을 정해서 하는 놀이이므로 약간의 차이는 있어도 비슷한 시간 양으로 운영하는 것은 필요합니다. 그러나 놀이집단상담에서 교사는 진행자와 관찰자 역할을 수행해야 하므로 집단원으로 들어가지 않는 것이 좋습니다. 5명 1조가 되어도 진행할 수 있으니 모둠 인원을 늘리는 것으로 바꾸어 보세요.

우리들의 성장스토리

예전에 나는 보호를 받기만 하였는데 이 활동을 한 후 '나도 누군가를 보호해 줄 수 있구나.'라는 생각이 들었고, 이제부터는 작은 것도 정성껏 보호해야겠다고 생각하였다.

난 이 활동을 하고 나서 생각이 많아졌다. 남을 지켜 주는 일이 얼마나 멋진 일인지 알게 되었다. 보호하려는 힘이 강하면 공격하는 힘이 약해진다고 했던 ○○이의 말이 인상 깊었다. 자기 일은 아니지만 그걸 위로해 주고 같이 슬퍼하고 내가 아닌 친구 입장이 되어서 보호한다면 그 친구에게 정말 도움이 될 거 같다. 대장이 되었을 때는 친구들이 정말 고마웠다. 부딪치면서까지 나를 보호해 주려는 모습을 보니 정말 대단하다. 나도 이제부터는 친구들을 잘 위로하고 힘든 일이 있으면 같이 이야기해 주는 그런 친구가 되고, 내 일은 아니지만 아픔을 같이 나누는 사람이 되도록 노력하겠다.

나를 지킬 때 현준이와 우철이가 넘어지면서까지 지켜줬는데, 이런 지킴이가 있다면 정말 좋을 거 같다. 나는 한 번씩 부모님과의 싸움으로 힘들어하는 유진이에게 "화이팅!"이라고 말 한 마디 안 해 준 것이 아쉬워서 유진이를 지켜 주고 싶다. 또 우리 오빠도 지켜 주고 싶다. 왜냐하면 오빠도 도움을 받고 싶었을 때가 있었을 텐데 별로 도움을 주지 못해서 미안한 마음이 들기 때문이다. 그리고 우리 반 모두에게 한 번씩 도움을 주거나 지켜 주고 싶다. 친구들도 힘들었던 일, 고민되었던 일, 도움이 필요했을 때가 있었을 텐데, 내가 들어주면 그런 고민이 날아갈 것 같다.

공감과 소통이 함께 해요.

보호받고 싶었던 순간이 있었는지 이야기를 나누는 과정에서 민규가 "지난번 학교에서 모둠 친구들이 날 왕따시켰던 적이 있었는데, 그때 보호받고 싶었어요."라고 말했습니다. "그때 친구들이 어떻게 해 주길 바랐어요?"라고 물으니, "그러지 마! 라고 주위 친구들이 말해 주길 바랐어요."라고 씁쓸히 답합니다.

"그랬구나. 누군가가 강하게 막아만 줘도 공격하는 사람은 힘이 떨어질 수 있는데, 주위에서 가만히 있어서 정말 서운했겠어요." 공감으로 민규의 얼굴이 밝아지는 것이 보였습니다.

그 말을 듣고 재훈이가 번쩍 손을 들었습니다. "몇 년 전 엄마 아빠가 심하게 싸워서 비명소리도 나고 물건도 부서지는 소리가 났었어요. 그때 정말 보호받고 싶었어요."라고 말했습니다. "재훈이가 그런 기억이 있었네요. 어른들의 싸움을 말릴 수는 없지만 친구들이 어떻게 해 주면 보호받는다는 마음이 들까요?" "위로해 주고 공감해 주면 좋겠어요." 재훈이의 말을 듣고 여기저기서 "괜찮아. 힘내!" "나도 그랬던 적 있어." 라고 말하며 공감과 위로를 건냈습니다. 재훈이의 얼굴에 꽃이 피듯 미소가 피었습니다.

지나간 일들이 남긴 아픈 감정이 공감과 위로를 만나니 새 살이 돋는 것 같았습니다. 건강해지는 기분입니다.

 **저도 누군가를 보호해 주고 싶어요.**

누군가를 지켜 줄 수 있다면 지켜 주고 싶은 사람이 있는지 묻는 질문에서 '아침 감정 말하기'에서 오빠를 단골로 말하는 은정이가 "저는 오빠를 지켜 주고 싶습니다. 왜냐하면 항상 우리 오빠는 싫은 척하면서 저를 도와주기 때문에 저도 오빠를 지켜 주고 싶습니다."라고 말했습니다.

그 말에 생각났는지 동수가 "저는 시험 스트레스로 힘들어하는 친구에게 감정카드와 바람카드로 위로해 주고 싶습니다."라고 말했습니다.

마지막으로 한 명만 더 들어보자고 했더니, 채은이가 "저는…… 친구가 없어 외로운 친구에게 안녕 하며 인사를 해 주고 싶어요."라고 말하며 수줍게 미소 짓습니다. 누구를 말하는지 알기에 그 미소가 내 마음에 닿았습니다. 그 미소에 나도 모르게 미소가 나왔습니다. 그날 이후였을까요? 채은이는 외로운 그 친구를 수호천사처럼 도와주며 나에게 잔잔한 감동을 주었습니다.

둘째 주

이곳이 천국!

#카나페 #파티 #반전 #감사

한눈에 보는 **활동과정**

① 손을 씻고 재료를 준비하고, 사진을 보며 카나페에 대해 알아본다.

tip 카나페 사진, 카나페를 만들 동안 배경으로 깔릴 음악, '천국과 지옥' 동화를 준비하면 더 좋아요.

② 1인당 4~5개의 카나페를 만든다.

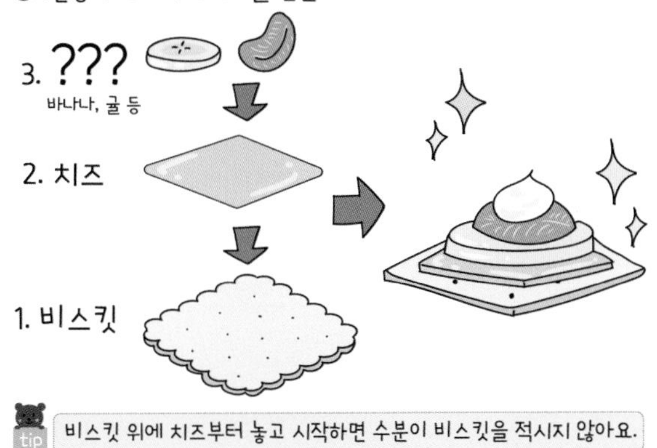

tip 비스킷 위에 치즈부터 놓고 시작하면 수분이 비스킷을 적시지 않아요.

③ 카나페가 모두 완성되면 사진을 찍은 후 다 함께 먹는다고 알린다.

④ 이곳이 천국임을 선포한다.

⑤ 천국에서처럼 팔꿈치를 펴고 친구의 입에 카나페를 먹여준다.

놀이진행하기

들어가기

- 모두 손은 깨끗하게 씻고 왔나요?
- 준비한 재료를 살펴보겠습니다. (4인 모둠 기준) 바나나 1개, 치즈 2장, 귤 2개, 과일통조림 1숟가락, 빵칼이나 키위칼 2개, 비닐장갑, 비닐식탁보 1장, 큰 접시 5~6개(개인접시, 음식재료용, 도마 대용), 카나페용 과자 1인당 5개 이상, 물 또는 음료수
- 오늘 준비한 재료로 무엇을 만들 수 있을까요?
- (카나페 사진을 보여 주며) 오늘 만들 요리는 '카나페'입니다. 카나페는 한입에 먹을 수 있도록 작게 만드는 파티 음식입니다.

놀이하기

tip 카나페 사진, 카나페를 만들 동안 배경으로 깔릴 음악, '천국과 지옥' 동화를 준비하면 더 좋아요.

● 카나페 만들기

- 준비한 재료와 도구를 이용하여 카나페를 만들어 봅시다. 비스킷 위에 다른 재료를 작게 잘라서 올려놓으면 됩니다.

- 한 사람이 네 개 이상 만들어야 합니다.

  tip 나중에 나눠 먹는다는 건 아직 비밀인데, 모둠원 주고 나면 모자랄 수도 있어요.

- 카나페가 모두 완성되면 사진을 찍은 후 다 함께 먹을 수 있도록 만드는 도중에 먹지 않도록 합니다.

● 이곳이 천국임을 선포하기

- 어떤 사람이 죽어서 저승에 갔는데 팔꿈치를 구부릴 수 없었다는 이야기 들어본 적 있죠? 천국과 지옥의 조건이 똑같았는데 천국에서는 모든 사람이 행복해하며 즐겁게 살아가고, 지옥에서는 사람들이 먹지 못해서 괴로워하고 있었던 이유가 무엇일까요?
- 똑같은 조건이지만 마음을 어떻게 먹느냐에 따라 천국이 되기도 하고 지옥이 되기도 합니다. 우리가 함께 보낸 시간들은 천국이었나요? 지옥이었나요? 지난 시간들이 어떻게 기억되었든 오늘 활동을 하고 나면 좋은 추억으로 남기를 바랍니다.

  tip 그동안 함께 하며 찍었던 사진을 보여 주면 더 좋습니다.
- 지금부터 이곳은 천국입니다. 지금부터 모든 친구들이 팔꿈치를 구부릴 수가 없습니다. 우리가 만든 카나페를 먹으려면 어떻게 해야 할까요?

● 천국에서처럼 카나페 나누어 먹기

- 먼저 짝에게 내가 만든 카나페를 먹여 줍시다. 카나페를 주고받을 때 마음을 표현하는 말도 함께 주고받도록 합니다. 함께한 시간 동안 고마웠던 일이나 미안한 일이 있었다면 감사의 표현, 사과의 표현을 하고 카나페를 입에 넣어 줍니다. 예를 들면, (앞자리 학생의 카나페 하나를 집어서 옆에 있는 친구에게 팔꿈치를 편 채로 먹여 주며) "◯◯야, 지난번에 선생님이 어깨가 아팠는데 네가 무거운 짐을 대신 들어 줬잖아. 정말 고마웠어." (실제로 먹지는 않고 먹여 주는 시늉만 합니다.)
- 두 번째로 모둠 친구들과 카나페를 나누어 봅시다.
- 다음에는 걸어가다가 먼저 눈이 마주친 친구에게 카나페를 먹여 주도록 합니다. 친구에게 하고 싶었던 말과 함께 나누는 거 잊지 마세요.
- 마지막으로 내가 카나페를 주고 싶은 친구에게 자유롭게 먹여 주세요.

마무리하기

- 평소 하던 요리 실습과 오늘 카나페 활동이 어떻게 달랐는지 이야기해 봅시다.
  "제가 만든 건 모양이 엉망인데도 친구가 먹고 맛있다고 해서 기뻤습니다." "평소에 미안했던 친구에게 사과하니 마음이 가벼워졌어요."

다른 사람에게 카나페를 나누어 주라고 했을 때 황당해하던 친구들 얼굴이 점점 밝아지는 것을 보고 선생님도 기분이 좋았어요. 서로에게 "고맙다, 미안하다." 이야기할 수 있는 이곳이 바로 천국인 것 같습니다.

이런 질문도 해 보세요!

- 정성껏 만든 음식을 다른 사람에게 주라고 할 때 어떤 기분이었나요?
  "처음에는 주려고 하니 당황스럽고 아까워서 싫었는데 내가 만든 음식을 먹고 즐거워하는 친구의 모습을 보면서 저도 즐거웠습니다." "친구가 정성껏 만든 카나페를 먹을 수 있어서 행복했습니다."

놀이를 배움으로 up!

코칭 하나 친구와 마음을 나눌 수 있도록 카나페를 선물하는 반전!

이 활동은 요리 수업이 목적이 아니라 요리를 활용한 마음 나누기 시간이라는 것에 초점이 있습니다. 그래서 '천국과 지옥' 이야기를 통해 나누고 감사하는 학급 분위기를 만드는 것이 중요합니다. 1년간 아이들의 추억이 담긴 사진을 동영상으로 만들어 추억을 되새김하며 마음을 뭉클하게 만드는 것도 분위기 형성에 도움이 됩니다.

✌ 코칭 둘 긍정적인 표현을 꼭 하게 하세요.

친구에게 카나페를 줄 때 감사나 사과의 표현을 하게 합니다. "지난번에 네가 ~해 줘서 정말 고마웠어." "네 지우개를 허락 없이 쓴 거 미안했어." 등과 같은 말을 먼저 한 후 카나페를 친구 입에 넣어 주는 것입니다. 활동을 안내할 때 교사가 먼저 학급의 아동에게 감사나 사과의 표현을 하는 시범을 보인 후 하게 하면 더 진지하게 활동하게 됩니다. 이때 카나페를 받는 아동은 "고마워!"라고 답하도록 안내합니다. 이런 대화들이 바탕이 되면 카나페 만들기를 통한 존중과 소통이 더 활발해질 수 있습니다.

현장적용 Q&A

Q : 즐겁고 의미 있는 활동도 좋지만 카나페가 맛이 없으면 분위기가 어색해질 것 같아요. 맛있는 카나페를 만드는 비법이 있나요?

A : 카나페는 웬만하면 맛있으니 너무 걱정하지 않으셔도 됩니다. 과자와 치즈 정도의 기본 재료만 지정하고 학생들이 자유롭게 카나페를 만들 수 있는 재료를 준비해 오면 색다르고 기발한 카나페가 탄생해서 즐거움을 더할 수도 있답니다. 굳이 팁을 드리자면, 과자의 크기가 너무 크면 먹는 것이 부담스럽고 너무 작으면 실망스러우므로 한입에 먹을 수 있는 담백한 비스킷 종류(예: 아이비, 참크래커 등)를 선택합니다. 비스킷 위에 치즈부터 놓고 시작하면 수분이 비스킷에 스며들지 않아 좋아요. 또한 비닐식탁보를 깔면 식재료도 놓을 수 있고, 나중에 정리하기도 쉽습니다. 마지막으로 센스 있는 선생님이 되기 위해서 카나페를 만들고 나누어 먹는 동안 화기애애한 분위기를 만들어 줄 음악을 준비해 보면 어떨까요?

Q : 학급의 외톨이 아동은 아무도 주려고 하지 않을까 봐 걱정입니다. 모두가 어우러지는 활동이 되기 위한 팁이 있을까요?

A : 외톨이 아동이 있는 학급이라면 선생님은 고민이 많아집니다. 나누고 함께하는 기쁨을 이야기해도 꺼리는 아동과는 의도적으로 피하는 것을 보게 됩니다. 그래서 짝에게 한 개→모둠친구(어깨짝)에게 한 개→일어나서 다니다가 눈이 마주친 친구에게 한 개→꼭 주고 싶은 다른 모둠 친구 한 개 순서로 선생님이 나누어 진행합니다. 많은 아이들로부터 카나페를 받지는 못해도 외톨이 아동은 활동에 참여하는 기쁨은 누릴 수 있습니다. 카나페를 줄 때 진심을 담아 감사나 사과의 표현을 하게 하고 카나페를 받을 때는 무조건 고맙다고 말하고 받는 것을 규칙으로 정하면 도움이 됩니다.

Q : 너무 많아서 나중에는 먹기 싫어하는데요.

A : 카나페를 많이 준비하게 되면 먹기 싫어져 다른 친구들에게 억지로 주게 될 수도 있습니다. 그렇게 되면 마음을 나누는 마무리 활동이 되기 어려워집니다. 다섯 개 정도만 만들 수 있게 재료를 준비하면 함께 먹고 나누기에 적당한 양이 됩니다. 그리고 손보다 젓가락이나 비닐장갑을 끼고 카나페를 주게 하면 거부감을 줄이는 데 도움이 됩니다. 그래도 남는 것이 걱정된다면 뚜껑이 있는 빈 그릇을 준비하게 해서 다 먹지 못한 것은 그 그릇에 예쁘게 담아 가도록 하면 됩니다.

우리들의 성장스토리

오늘 카나페 만들기를 하였다. 다 만들고 선생님이 자신이 만든 것은 자신이 못 먹는다고 하셔서 깜짝 놀랐고, 여기가 천국보다 더욱 좋은 곳이 된 것 같아 기분이 좋았다.

내가 만든 카나페를 친구들한테 주러 다녔는데 내가 만든 게 맛없게 생겨서 친구들에게 주지 말까 하고 생각도 했지만 친구들이 잘 먹어 줘서 기뻤다. 사실 내가 먹는 줄 알고 모습보다 양으로만 만들어서 친구들에게 미안했다. 친구에게 준다는 걸 알고 있었으면 더 잘 만들었을 텐데 하고 생각하기도 했지만 친구들이 웃으면서 맛있게 먹어 준 것에 제일 고마웠다.

내가 만든 카나페를 내가 먹었다면 맛있거나 맛없음이 확실하였을 텐데, 친구들이 주니까 다 맛있는 것 같다. 원래는 친구와 싸웠는데 카나페를 주니까 미안하다고 말하기가 쉬워진 것 같다.

처음에 그냥 아무 생각 없이 만들고 난 후 선생님께서 친구에게 먹여 주라고 하셔서 놀라기도 했고 당황스러웠다. 나는 1학기 동안 나를 잘 도와주었던 ○○, △△, □□에게 주었다. 그리고 친구들이 정성스럽게 만들어 준 카나페를 먹으니 맛있고 나한테 주니 고마웠다. 이런 갑작스러운 반전이 언제든지 또 일어날 수 있으니 모든 일을 정성스럽게 해야겠다는 생각이 들었다.

아쉬웠던 한 해, 마무리는 아름답게……

좌충우돌 정신없는 사고로 가득 찬, 실패한 것 같은 한 해였습니다. 말썽꾸러기 녀석들 덕분에 재미있고 의미 있을 것 같아 기대하며 적용했던 몇 가지 활동은 실패로 돌아갔습니다. 무리해서 적용했다가 음식을 흘려서 학급이 엉망이 되지나 않을까, 긍정적인 표현 대신 다툼으로 끝나지나 않을까 한참 망설인 끝에 방학식 하루 전 날 시도해 보았습니다. 음식을 만든다고 하니 산만하던 학생조차 집중하는 모습을 볼 수 있었습니다. 서로 먹여 줄 때도 의외로 흘리지 않도록 조심조심 활동하는 모습에 깜짝 놀랐습니다. 결코 그러지 않을 것 같던 학생들까지 감사와 사과의 말을 주고받는 것을 보며 긍정적인 말이 사람의 마음을 얼마나 행복하게 만드는지 확인하고 성공적으로 마무리할 수 있었습니다.

셋째 주

마법의 선물

#몸짓 #알쏭달쏭 #감사 #관심

한눈에 보는 활동과정

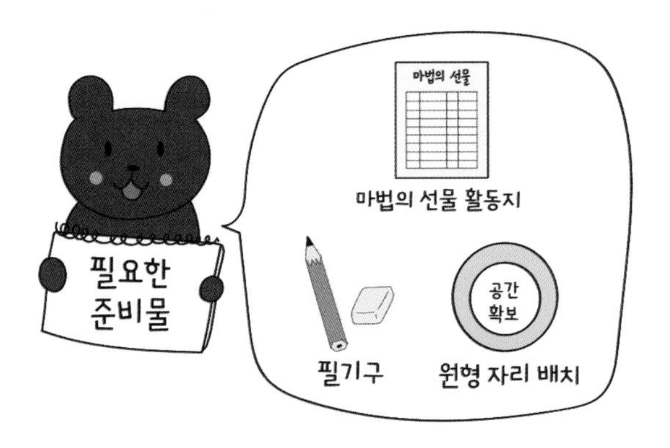

① 선생님이 학생들에게 주고 싶은 선물을 몸짓으로 나타내고 어떤 선물일지 짐작하도록 한다.

tip 선생님은 시범을 보일 때 몸 동작을 크게 표현합니다.

② 몸풀기로 '상상의 공 던지고 받기'를 한다.

③ 자신의 왼쪽에 있는 친구에게 주고 싶은 선물을 생각한다.

tip 선물을 생각하는 시간은 2~3분 정도면 충분해요.

④ 주고 싶은 선물을 몸으로 표현한다.

⑤ 선물을 2번 표현한 다음 양손으로 선물을 주고받는 동작을 한다. 선물을 받는 사람은 양손으로 받으며 감사의 인사를 한다.

⑥ 선물을 받은 사람과 관찰한 사람들은 짐작되는 선물을 활동지에 적는다. (인상적인 선물을 표현한 친구 이름 옆에 ★표 해두기)

마법의 선물

번호	이름	선물	번호	이름	선물
1	김고미	휴대폰			
2	최나무★	강아지			
3	최다은	만화책			

⑦ 선물 주고받기가 끝나고 나면 선물을 준 사람이 한 번 더 몸으로 표현을 하고 선물과 그 선물을 준 이유를 말한다. 선물 받은 사람은 짐작한 선물을 말하고 다른 사람들도 짐작한 것을 확인한다.

놀이진행하기

들어가기

- 선물을 주고받은 경험을 떠올리며 그동안 함께한 친구에게 마법의 선물을 전하는 활동을 하겠습니다.
- 왜 마법의 선물인지 잘 생각해 보며 놀이를 해 봅시다.

놀이하기

● 선생님의 선물 맞추기

- 선생님의 몸짓을 보고 어떤 선물인지 짐작해 보세요.
- 무슨 선물일까요?
- 이 선물을 주고 싶은 이유가 무엇일까요?

tip 교사는 시범 보일 때 크게 표현해 주세요.

tip 선생님은 시범을 보일 때 몸 동작을 크게 표현합니다.

● 몸 풀기로 상상의 공 던지고 받기

- 오늘 활동하기 전에 몸풀기로 '상상의 공'을 던지고 받아 보겠습니다. 진짜 공을 던지고 받는것처럼 표현해 봅시다.
- 공을 던질 때는 친구 이름을 부르며 "○○아, 공 받아."라고 합니다.
- 받은 사람은 다른 친구 이름을 부르며 던집니다. 시작해 볼까요?

● 친구에게 줄 선물 생각하기

- 진짜 공을 주고받는 것처럼 몸으로 잘 표현했습니다. 실제 눈에는 보이지 않았지만 선생님에게 공을 선물로 받으면 기분이 어떨까요?
- 모두 왼쪽에 앉아 있는 친구를 한 번 볼까요? 1년 동안 함께 공부한 친구에게 어떤 선물이 필요한지, 또 친구가 받아서 좋아할 선물을 생각해 봅니다.

tip 어떤 선물을 줄지 생각할 시간을 충분히 주세요.

tip 선물을 생각하는 시간은 2~3분 정도면 충분해요.

● 선물을 몸으로 표현하기

• 여러분이 생각한 선물을 친구에게 몸으로 표현해 보겠습니다.

① 먼저 두 사람은 서로 마주 봅니다.
② 선물을 주는 사람은 몸으로만 표현을 합니다. 이때 상대가 짐작할 수 있도록 몸짓을 크고 정확하게 두 번 표현합니다.
③ 선물을 받는 사람은 질문을 하거나 말을 하지 않습니다.

● 선물을 주고받을 때 감사 표현하기

• 몸으로 두 번 표현하고 나서 양손으로 선물을 주는 표현을 하고 받는 사람도 두 손으로 받으며 감사의 인사를 합니다.

마법의 선물

번호	이름	선물	번호	이름	선물
1	김고미	휴대폰			
2	최나무★	강아지			
3	최다은	만화책			

● 짐작되는 선물을 활동지에 쓰기

• 선물을 받은 사람과 관찰한 사람들은 짐작되는 선물을 활동지에 적습니다. 인상적인 선물이나 몸으로 잘 표현한 친구가 있으면 그 친구 이름 옆에 ★표를 합니다.
• 그럼 앞에 있는 두 사람부터 일어나서 선물을 주고받고 다른 사람들은 짐작하여 봅시다.
• 선물을 준 사람은 그대로 서 있고 그다음 사람이 일어나서 선물을 주고받습니다.

● 선물 발표하기

• 선물을 하나씩 다 받았나요? 지금부터 선물을 공개하는 시간을 가지겠습니다.

① 선물 주고받기를 가장 먼저 했던 두 사람이 일어납니다.
② 선물을 준 사람이 선물을 한 번 더 몸으로 표현하고 "제가 준 선물은 책입니다. 그 이유는 평소에 친구가 책을 많이 읽는 것 같아서입니다."라고 선물과 이유를 말합니다.
③ 선물을 받은 사람은 "제가 짐작했던 선물도 책입니다."라고 말하고 다른 사람들도 자신이 짐작한 것을 확인해 봅니다.

- 차례대로 일어나서 자신이 준 선물을 발표해 볼까요?

tip 시간이 부족하면 선물을 주는 사람이 한 번 더 몸으로 표현하는 것을 생략하고 바로 자신이 준 선물과 이유만 말해도 됩니다.

마무리하기

● 활동 후 소감나누기

- 눈에 보이지는 않았지만 선물을 받았을 때 어떤 생각이 들었나요?
- 오늘 선물들 중에서 가장 인상적인 선물은 어떤 선물이었나요?

이런 질문도 해 보세요!

- 이 활동의 이름을 왜 '마법의 선물'이라고 했을까요?

오늘 선물을 주고받으며 서로를 생각해 주는 친구들의 마음을 알았습니다. 그 마음을 알고 나니 진짜 선물을 받은 것처럼 행복하고 기쁜 시간이었습니다. 친구나 가족을 생각하며 작은 선물도 좋고 따뜻한 말 한 마디도 좋습니다. 조금씩 서로를 생각하는 마음을 표현하며 서로의 진심을 알아 가는 행복한 교실이 되었으면 좋겠습니다.

놀이를 배움으로 up!

코칭 하나 정답을 맞추는 것보다 주고받을 때의 마음에 집중하게 하세요.

몸짓 동작으로 선물을 표현하다 보니 동작이 작거나 단순하면 어떤 선물인지 짐작하기가 어려워 자꾸 말을 하는 아이들도 있고, 정답을 맞추는 것에만 집중하는 아이들도 있습니다. 이때 교사는 "이것은 수학 문제가 아니기 때문에 선물의 정답이 맞고 틀리고는 중요하지 않답니다. 보는 친구들은 몸짓을 보고 어떤 선물인지 짐작해 보면 좋겠습니다. 그리고 친구들이 선물을 줄 때와 받을 때 어떤 마음인지도 함께 느껴 보세요."라고 말해 주세요.

코칭 둘 왜 그 선물인지 이유를 발표하는 시간을 가지세요.

선물을 발표하는 시간을 가져서 왜 그 선물을 생각했는지에 대한 이유를 충분히 말할 수 있도록 시간을 가지면 의외의 감동을 느끼게 된답니다. "지난번 요리 실습 때 ○○이가 삶은 계란을 좋아하는데 엄마가 한 개 이상은 못 먹게 한다고 해서 삶은 계란을 줬어요." "○○이가 평소 그림 그리는 걸 너무 좋아하던데 색연필 몇 개가 다 써 가는 것 같아서 색연필을 줬어요." "아까 ○○이가 배고프다고 해서 갓 끓인 라면을 선물했어요."와 같은 말을 들으면 선물을 받은 친구는 자신에게 관심을 가져 준 친구에 대한 고마움으로 눈이 빛나는 것을 보게 됩니다. 그리고 선물을 준 이유가 진심으로 친구를 위한 것일 때 '평범한 물건'이 '감동의 선물'이 되기도 한답니다. 간혹 선물을 받고 불만스러워하는 아이가 있다면 그 아이의 마음도 수용해 주시고 비슷한 선물을 받고 다르게 생각하는 친구가 없는지 물어봐 주시면 좋겠습니다. 다른 관점도 있을 수 있다는 걸 알게 되면 그 아이의 마음도 달라질 수 있답니다.

코칭 셋 몸짓 표현에 대한 긴장감을 풀어 주세요.

표현이 서툴러 전달의 어려움이 있을 때는 선생님이 도와주셔도 됩니다. 우선 교사가 크게 표현해서 시범을 보여 주는 것도 하나의 방법입니다. 예를 들어, 축구공을 표현하려면 축구공처럼 동그라미로 표현하고 나서 땅에 놓고 발로 차는 흉내를 내면 훨씬 더 맞추기가 쉽답니다.

두 번째는 몸 풀기 놀이로 '상상의 공 전달하기'나 '○○아, 뭐 하니?'로 몸짓 표현하기를 해 봅니다. '상상의 공 전달하기'는 상상의 공을 표현하고 나서 교사가 학생 이름을 부르면서 상상의 공을 던집니다. 그러면 받은 친구는 다른 친구의 이름을 부르면서 던지는 등 학급 전체 학생들이 한 번씩 상상의 공을 던지는 활동을 합니다. 그중에서 재미있고 실감나게 표현하는 학생은 칭찬을 해 주고 다른 학생들이 그 학생의 동작을 따라 해 봅니다.

'○○아, 뭐 하니?'는 교사가 학생 한명의 이름을 부르면서 '○○아, 뭐 하니?'라고 말합니다. 이름을 불린 학생은 잠자는 모습을 표현하거나 책 읽는 모습 등 자신이 하고 싶은 것을 표현합니다. 그러면 다른 학생들도 그 학생의 동작을 그대로 따라서 표현합니다. 이런 식으로 전체 학생 또는 몇 명 학생의 이름을 부르면서 몸짓 표현으로 긴장감을 풀어 주면 좋습니다.

현장적용 Q&A

Q : 저학년 학생들이 선물을 잘 표현할 수 있을까요?

A : 저학년 학생들의 경우에는 주고 싶은 선물을 그림으로 그리는 활동을 먼저 하고 난 뒤 몸짓 표현을 하면 좋습니다. 그리고 평소에 어떤 선물이 받고 싶었는지 몸짓으로 표현하고 친구들이 맞추는 놀이를 하면서 자연스럽게 사물을 몸짓으로 표현하도록 합니다.

Q : 몸짓 활동이라서 장난스럽게 표현하거나 집중을 잘 하지 않는 학생들도 있는데 이런 경우 어떻게 해야 하나요?

A : 몸짓 표현을 장난스럽게 하는 아이, 부끄러워서 어떤 선물인지 잘 알 수 없게 표현하는 학생들도 있습니다. 이런 경우 선물을 받는 친구들이 난감해하고 심지어 마음이 상하기까지 하지요. 활동을 시작할 때 옆 친구에게 필요한 것이 무엇인지, 받아서 정말 기분 좋은 선물은 무엇인지 등 주고 싶은 선물을 생각하는 시간을 충분히 가지면 좋습니다. 그리고 선물을 두 손으로 주고 두 손으로 받아 "고마워."라는 말을 하면 진지한 태도를 가지는 데 도움이 된답니다. 그리고 이 활동은 말로 하지 않고 몸짓으로 표현하기 때문에 반 전체 선물을 표현하는 데 오랜 시간 집중하기가 어려울 수 있습니다. 그

래서 학습지를 활용하여 선물을 받은 친구 이름을 쓰고 자신이 짐작한 선물을 적도록 하면 좀 더 집중해서 지켜본답니다. 또 인상적인 선물은 ★ 등으로 표시해서 '인상적인 선물 베스트'를 뽑아 적게 하고 시상하는 것도 좋은 방법입니다. 여기서 인상적인 선물이란 마음에 감동을 줄 뿐 아니라 선물을 받은 친구가 이해할 수 있도록 잘 표현된 선물이어야 한다는 것을 말해 주면 좋습니다.

Q : "키 작은 친구에게 키 크라고 우유를 주었다."는 말에 좀 당황했습니다. 혹 선물 받고 기분 나쁘면 어떻게 하지요?

A : 우유를 받은 친구들이 여러 명일 때 그 친구들에게 마음이 어떤지를 물어보세요. 기분이 안 좋았다고 하는 친구도 있지만, "나를 위해서 줘서 괜찮다."라고 말하는 친구도 있고, "내가 우유를 좋아하기 때문에 괜찮다."라고 말하는 친구도 있습니다. 특히 옆 친구가 장난이 아닌 진심으로 표현하고 위하는 마음으로 전했을 때는 감사한 마음이 생기기도 합니다. 여러 명의 이야기를 들으며 같은 선물이라도 다르게 생각할 수 있고, 어떤 태도로 선물하느냐에 따라 받는 사람의 마음이 달라진다는 것에 대해 이야기 나누면 됩니다. 그러나 좀 더 갈등 없이 진행하고 싶으시다면 몸무게가 많이 나가거나 작은 아이 등 외모와 관련된 선물은 제외하는 것으로 사전에 정하고 시작하시는 것도 좋은 방법이 됩니다.

우리들의 성장스토리

비싼 선물은 아니어도 자신의 마음과 기쁨이 있으면 상대를 행복하게 해 준다는 게 신기했습니다.

우리 반 친구들이 서로 말은 안 해도 서로를 잘 아는 것 같았습니다.

친구가 나를 생각해 주는 것 같아 고마웠습니다.

평소에는 눈에 보이고 만질 수 있는 것을 받았는데 눈에 보이지 않는 특별한 선물을 받아서 행복하고 기뻤습니다.

마법의 선물이 주는 마법 같은 감동

6학년 아이들과 1학기 마무리 활동으로 '마법의 선물' 놀이를 했습니다. 내일이 여름방학식이라 아이들은 벌써 들뜬 마음에 오전 수업시간에 집중을 잘 못했습니다. 게다가 6교시인지라, 모두가 지쳐 있는 교실에서 마법은 일어나지 않고 대신 화만 내는 건 아닌지 걱정을 하며 놀이를 시작했습니다. 예상대로 몇몇 아이들은 선물을 몸으로 표현할 때 저학년 아이들처럼 손으로 네모만 그리거나 대충 동그라미만 그려서 받는 아이들이 어떤 선물인지 짐작하기가 어려웠습니다.

몸이 아파서 자주 결석을 하는 ○○가 내일이 방학식이라 오늘 학교에 와서 놀이에 참여하였습니다. ○

○에게 선물을 받는 아이는 평소 친구들과 사이가 안 좋은 △△였습니다. 차례가 되었을 때, ○○은 네모만 크게 그리고 나서 자리에 앉았습니다. 짐작으로 공책 아니면 책이라고 생각했습니다. 다른 아이들도 짐작을 못하는 표정이었습니다. 자신이 받은 선물이 도저히 짐작이 안 된 결국 참지 못하고 "뭔지 하나도 모르겠다."라고 말하자, 친구들이 "야, 너 과자 좋아하잖아. 맨날 친구들 과자 뺏어 먹으니까."라고 말했습니다. 아~ 과자였구나!

선물을 공개하는 시간이 되자 ○○는 "제가 준비한 선물은 과자입니다. 교실에서 생일파티를 할 때마다 △△이가 친구들이 가지고 온 과자를 마음대로 집어먹어서 친구들이 싫어하는 것 같아서 과자를 선물로 주고 싶습니다."라고 말했습니다. "△△이가 친구들의 과자를 뺏어 먹지 않으면 어떤 점이 좋아질 것 같니?"라고 ○○에게 물었더니, "그러면 친구들도 △△이를 싫어하지 않을 것 같고 앞으로 친구들과도 친하게 잘 지낼 것 같습니다."라고 말했습니다.

가끔씩 출석을 하는 아이에게도 친구가 반 아이들이 싫어하는 행동을 하지 않고 친구들과 잘 지내기를 바라는 마음이 있었고, 그것이 선물에 담겨 있었습니다. 이 이야기를 들은 △△의 표정이 조금은 머쓱해지면서 얕은 미소를 보였습니다. 조금 전에 과자를 받았을 때보다 그 선물을 주는 친구의 바람을 알게 되어 기분이 더 좋아진 것 같았습니다.

선물은 주는 사람이나 받는 사람이 행복해야 하는데, 마법의 선물이 몸으로 표현하는 활동이라 선물을 주는 사람이 대충 표현해 버리면 오히려 받는 친구가 속상하거나, '나한테 왜 저런 선물을 주지?' 하면서 서러워하는 아이가 생기기도 합니다. 그런데 신기하게도 그 선물을 주는 이유를 들으면 '친구가 언제 그런 걸 봤지? 나를 이렇게 생각해 주는구나.' 등 선물에 담긴 의미를 느끼면서 아이들의 표정이 마법처럼 점점 밝아집니다. 친구가 실내화를 자주 벗는 걸 보고 실내화가 작아서 그런 줄 알고 실내화를 선물로 주는 아이, 수영선수인 친구에게 목 마를까 봐 물을 주는 아이, 달걀을 좋아해서 삶은 달걀을 선물하는 아이. 마법의 선물 활동에서 주고받는 선물에는 '친구의 마음'이라는 선물이 더해져서 그 어떤 선물보다 행복하고 감동이 있는 선물이 되었습니다.

오늘 우리 교실에는 친구가 나를 생각하는 마음이 서로 전해져서 행복이라는 마법의 선물이 가득했던 것 같습니다. 눈에 보이는 선물보다 더 중요한 것은 그 안에 담긴 친구의 마음이라는 것을 깨닫고 서로에 대한 소중함과 감사로 교실 안이 물들어 갔습니다.

[활동지 12-1]

마법의 선물

(　　)학년 (　　)반 (　　)번　이름(　　　　　　)

번호	이름	선물	번호	이름	선물
1			16		
2			17		
3			18		
4			19		
5			20		
6			21		
7			22		
8			23		
9			24		
10			25		
11			26		
12			27		
13			28		
14			29		
15			30		

가장 인상 깊은 선물과 그 이유	
활동 후 느낀 점	
왜 놀이 이름이 '마법의 선물'일까요?	

넷째 주

선물 낳는 박씨

#선물 #고마움 #나눔 #스티커

한눈에 보는 활동과정

① 자신이 받고 싶은 선물을 포스트잇 1장에 1개씩 총 3개를 적는다.

tip 꼭 물건이 아니라 다양한 상황이나 바람도 좋아요.
(예) 시험100점, 로또1등, 엄마의 사랑, 행복한 나 자신 등

② 모둠원끼리 돌아가며 자신이 받고 싶은 선물과 그 이유를 말한다. 모두 이야기하고 나면 활동지에 선물을 붙인다.

③ 흥부전에 나오는 제비가 되어 박씨(스티커 10개)를 전해 주기 위해 자유로이 다니며 친구와 만난다.

④ 만난 친구와 가위바위보를 해서 진 사람이 이긴 사람에게 박씨를 붙여 준다. (손등 또는 이마)

tip
〈다양한 친구를 만나게 하는 방법〉
(1) 눈 마주치는 친구와 무조건 가위바위보 하기
(2) 남/여 다른 색깔의 스티커를 제공하고 남/여 골고루 만나기

⑤ 5분 정도 시간이 지난 후, 각자의 자리로 돌아간다. 받은 박씨들은 짝끼리 서로 떼어서 짝지의 학습지에 붙여 준다.

⑥ 모둠에서 박씨를 가장 많이 모은 친구에게 나의 선물 3가지 중 1개를 선물로 준다. 선물을 주는 이유를 말하며 진지하게 두 손으로 준다.

⑦ 남은 선물 2가지 중 1개를 짝과 서로 교환한다. (친구에게서 받은 선물은 줄 수 없다.)

⑧ 마지막 남아 있는 나의 선물을 잠시 바라보고, 1년 동안 생활하면서 가장 고마웠던(미안했던, 필요할 것 같은) 친구에게 전해 준다. 선물을 받은 친구는 진심으로 감사의 말을 한다.

⑨ 활동에 대한 소감을 다 함께 나눈다.

놀이진행하기

들어가기

- 홍부와 놀부 이야기를 알고 있나요? 홍부가 부자가 될 수 있었던 것은 누구 덕분이었을까요?
- 여러분이 제비가 되어 선물을 전해 주는 시간을 가질 겁니다.

놀이하기

● 받고 싶은 선물 세 가지 적기

- 각자 포스트잇(3장)과 박씨 스티커(10개)를 받습니다.
- 이루어졌으면 하는 소원이나 받고 싶은 선물이 있나요? 세 가지를 생각해서 포스트잇 한 장에 하나씩 적어 보세요. 그림으로 그려도 좋습니다.

tip 물건, 소원, 바람, 상상 등 어떤 것이든 좋습니다(예: 아파트, 시험 100점, 로또 1등, 가족 건강, 엄마의 사랑, 건축가 등).

● 받고 싶은 선물 이유 나누기

- 모둠 친구들과 자신이 받고 싶은 선물의 이유를 돌아가며 말해 보세요.
- 선물에 대해 서로 이야기 나누니 어때요?

● 박씨(스티커) 주고받기

- 지금부터 여러분은 홍부전에 나오는 제비가 되어 봅시다. 가진 스티커는 박씨라고 생각하고요. 박씨 모으는 활동을 해 보도록 하겠습니다.

① 자유롭게 다니며 친구를 만납니다.
② 친구와 만날 때는 "○○야, 반가워"라고 말하며 악수 또는 하이파이브를 하며 인사합니다.
③ 친구와 가위바위보를 해서 진 친구가 이긴 친구의 손등(볼, 팔 등)에 박씨를 붙여 줍니다.

tip 친구를 골고루 만나게 하기 위해 눈을 마주치는 친구와 무조건 가위바위보를 하게 안내해 주세요. 남자와 여자에게 다른 색깔 스티커를 주어 남녀 골고루 만나기 등을 당부하면 좋아요.

- 5분 정도 시간이 흐른 후 이제 각자의 자리에 돌아갑니다.
- 받은 박씨들을 스스로 떼지 말고 짝과 서로 떼어서 활동지에 붙여 주세요.
- 모둠 친구들이 박씨를 얼마나 모았나 살펴봅시다.

● 선물 주고받기

- 모둠에서 박씨를 가장 적게 모은 사람 손들어 보세요.
- 기분이 어떤가요?
- 하지만 친구에게 박씨를 가장 많이 나눠 준 부지런한 제비라고 여기면 기분이 어떨까요?
- 모둠에서 박씨를 가장 많이 모은 사람 손들어 보세요?
- 기분이 어떤가요?
- 박씨를 나눠 준 친구에게 감사의 인사를 해 봅시다.
- 모둠원들은 박씨를 가장 많이 모은 친구에게 자신의 선물 중 하나를 주는데, 왜 주는지 이유를 설명하면서 진지하게 두 손으로 줍니다.
- 선생님이 먼저 해 볼게요. "○○야, 선생님은 키가 크고 싶어서 키 168cm 선물을 썼는데 이것을 너에게 줄게. 너도 키가 크고 싶을 거 같아서……. 이 선물이 너에게 도움이 되면 좋겠어."

tip 선물을 주는 이유를 말하며 진지하게 두 손으로 줍니다.

- 선물 두 개가 남았죠? 남은 선물 중 하나를 이번에는 스티커를 떼어 준 짝과 서로 교환합니다.
- 이때 친구에게 받은 선물은 다시 줄 수 없습니다. 자신이 적은 선물 중에서만 줄 수 있습니다.

- 마지막 선물이 하나 남아 있죠? 여러분에게 가장 소중한 선물이 남았을 것 같네요. 잠시 선물을 바라봅시다.
- 아쉬움이 많겠지만 오늘 활동에서 자신의 선물은 박씨와 같아서 들고 있으면 씨앗일 뿐이지만 필요한 사람에게 나눠 줄 때 더 의미가 있을 것입니다.
- 여러분이 가지고 있는 마지막 선물은 1년 동안 생활하면서 가장 고마웠던 친구, 미안했던 친구, 필요할 것 같은 친구를 생각해 보고 그 사람에게 전해 줍니다.
  그리고 받은 친구는 진심으로 감사의 말을 합니다.

마무리하기

● 활동 후 소감나누기

- 여러분의 소중한 선물을 나누어 주었을 때 어떤 기분이 들었나요?
- 친구에게 소중했던 선물을 받았을 땐 어떤 기분이 들었나요?
- 오늘 '선물 낳는 박씨' 활동을 하면서 어떤 느낌이나 생각이 들었나요?

이런 질문도 해 보세요!

- 끝까지 주고 싶지 않은 선물이 있었다면 그 까닭이 뭔가요?
- 주고 싶지는 않았지만 선물을 주게 된 계기가 있나요?

비록 종이지만 여러분의 마음이 담긴 선물이었기에 더 의미가 있고 소중했지요? 여러분이 정말 갖고 싶었던 선물을 친구에게 나눠 주는 모습을 보며 선생님 마음도 흐뭇하고 따뜻해지는 것 같아요. 앞으로도 친구들과 서로 작은 것도 나눌 줄 알고 고마움도 표현하는 멋진 친구들이 되었으면 합니다.

놀이를 배움으로 up!

코칭 하나 자신의 선물을 주고 싶지 않다는 친구는 허용(인정)해 주세요.

대부분 선물을 주고받지만 끝까지 선물을 내어 놓지 않는 친구가 있기도 합니다. 자신이 소중하게 생각하는 선물을 주고 싶지 않는 것은 어쩌면 당연합니다. 교사는 그런 아이의 마음을 인정하고 공감해 주면서

"그 선물이 너에게 정말 중요(소중)하구나."라고 인정해 주시면 됩니다. 그런 다음 그 아이가 다른 아이들의 주고받는 모습을 관찰할 수 있는 시간을 준 후 다시 한 번 권해 보는 것도 좋습니다. "네가 그 선물을 정말 소중하게 생각하는 마음이 선생님도 느껴지는구나. 왜 그런지 곰곰이 생각해 보고 혹시 우리 반에 너처럼 그 선물이 꼭 필요하다고 생각되는 친구가 있다면 언제든지 전해 줘도 좋아." 등으로 그 아이에게 선택할 수 있는 여지와 기회를 열어 주는 것도 필요합니다.

코칭 둘 선물을 줄 때 선생님이 먼저 시범을 보여 주세요.

이 활동은 단순히 선물을 전달하기보다 그 선물에 담긴 자신의 의미도 매우 중요한 부분입니다. 그 선물이 자신에게 왜 소중한지를 이야기하고, 그럼에도 불구하고 친구에게 그 선물을 주는 마음을 전달하는 교사의 시범 보이기가 중요합니다.

"○○야, 선생님은 방학 때 세계여행을 너무 가고 싶었어. 하지만 ○○야, 너의 꿈이 외교관이던데, 네가 가지면 네 꿈을 이루는 데 더 소중히 쓸 거 같아. 세계 여러 나라의 문화를 배워서 멋진 외교관이 되도록 이걸 너에게 선물할게."라고 말하며 두 손으로 전하면 감동이 되겠지요.

코칭 셋 만날 때, 헤어질 때 꼭 하이파이브를 해 보세요.

가위바위보를 하며 스티커를 붙여 주는 활동은 '선물 낳는 박씨'에서 중요한 역할을 합니다. 같은 반이지만 인사도 제대로 하지 않은 친구들과 자연스러운 스킨십과 눈 맞춤을 할 수 있기 때문입니다. 그리고 친구에게 받은 스티커 하나가 새로운 관계를 형성하는 작은 씨앗이 되기도 한답니다. 이런 활동을 통해 다음에 이어지는 선물 주고받는 활동에서 친구들에게 자연스럽고 친근감 있게 활동할 수 있답니다.

현장적용 Q&A

Q : 선물을 줄 때 받은 선물을 다시 줘도 되나요?

A : 규칙으로 미리 알려서 줄 수 없도록 합니다. 학생들 중에 자신이 받은 선물 중에서 마음에 들지 않거나 필요가 없다고 생각해서 받은 선물을 다시 짝이나 다른 친구에게 주려고 합니다. 이럴 때는 선물을 주는 친구의 마음이 상할 수도 있으므로 받은 선물을 주지 않기로 약속이나 규칙으로 정해 주면 좋습니다. 자신의 소중한 것을 주는 경험을 하기 위한 것이므로 선물을 줄 때 선물의 의미를 설명하고 주도록 합니다.

Q : 선물을 표현할 때 그림이나 글로 적어도 되나요?

A : 받고 싶은 선물은 그림이나 글 모두 됩니다. 그림으로 표현하기 어려운 선물은 글로만 써도 좋습니니

다. 저학년의 경우 그림으로 그리면 오히려 선물을 받은 학생들이 선물이 무엇인지 모르는 경우도 있답니다. 그래서 그림으로 그리고 나서 선물 이름을 적어 주는 것이 좋습니다.

Q : 선물을 떠올리는 데 어려움은 없나요?

A : 선물이라고 하면 물건으로만 생각하는데, 이루고 싶은 소원이라고 설명해 주면 이해가 쉬워요. 핸드폰 같은 물건도 되지만 '시험 100점' '가족의 건강' '엄마의 사랑' 등 예를 들어 주거나 다양한 상황이나 바람도 된다고 하는 등 선물의 폭을 넓혀 주면 아이들의 다양한 마음을 엿볼 수 있어서 좋습니다.

우리들의 성장스토리

친구가 소중한 것을 주고 나도 주었는데, 서로 소중한 걸 주니 좋았다.
나는 친구들을 사랑한다. 그리고 친구들이 나를 싫어하지 않는다는 것을 알았다.

"친구가 얼마나 소중한지…… 진정한 선물이 무엇인지 깨달았다."

○○이는 친구들에게 평소 짜증을 많이 내고 자기 멋대로 행동하여 친구들이 별로 좋아하지 않는 아이입니다. 그런 자신의 모습을 인지하고 고치려고 애를 쓰는 아이입니다. 나눠 주는 마지막 단계에서 '1학기 동안 가장 고마웠던 친구에게 선물 전해 주기' 활동을 할 때 "선생님! 제가 갖고 있는 것을 다른 친구들한테 다 나누어 줘도 되나요?"라고 물으며, 다른 아이들이 선물을 주기 싫어할 때 신나게 다른 친구들에게 나누어 줘서 너무 예뻤습니다. "내가 친구를 얼마나 소중히 여기는지 깨달았어요. 나는 선물을 받지 못했지만 이렇게 좋은 친구가 있다는 게 더 좋고, 선물보다 친구와 가족, 선생님이 더 소중하다는 것을 깨달았어요."라고 소감을 나누어 가슴이 뭉클해졌습니다.

"죽은 사람을 살리는 선물을 꼭 받고 싶어요."

아홉 살인 △△는 다섯 살 때 아버지께서 사고로 돌아가셨습니다. △△의 기억 속에는 늘 그리운 아버지였지만, 친구들 앞에서는 한 번도 표현하지 못한 말이 바로 아버지입니다. 받고 싶은 선물 목록에 아무것도 쓰지 못하고 있는 △△에게 다가가서 "받고 싶은 선물이나 소원을 고르는 것이 힘드니?"라고 물어보니, 조심스럽게 "죽은 사람을 살리는 선물을 적어도 되나요?"라고 말하였습니다. 나는 △△이가 말한 그 선물의 의미가 무엇인지 금방 알 수 있었고, 꼭 안아 주면서 "물론 되지. 그 선물이 이루어지든 이루어지지 못하든 간에 간절히 원한다면 다른 모습으로 이루어질 수도 있을 거야."라고 이루어질 수 없지만 희망을 주고 싶었습니다. △△는 그 선물을 적고 마음에 간직하며 그 한 시간을 행복해하는 모습을 볼 수 있었고, △△이의 마음이 나에게도 그대로 전해져서 마음이 찡했습니다.

[활동지 12-2]

선물 낳는 박씨

( )학년 ( )반 ( )번 이름( )

갖고 싶은 선물			
받은 박씨			
받은 선물			
오늘 활동의 점수를 표시해 보세요	☆ ☆ ☆ ☆ ☆		
활동하고 느낀 점			

저자 소개

초등상담나무

2003년, 학교현장에서 아이들의 생활지도에 어려움을 겪은 선생님들이 함께 모여 상담을 공부하는 모임으로 시작하였습니다. 2009년에는 그동안 함께 고민하고 연구한 내용을 많은 선생님들과 나누자는 취지로 '초등상담나무' 연구회를 시작하였습니다.

초등상담나무는 전문적인 교사학습공동체로 교육현장에서 아이들의 생활교육에 필요한 다양한 도구와 자료를 상담적 마인드를 바탕으로 연구 · 개발하여 아낌없이 나눔으로써 행복한 교실 · 가정 · 사회를 이루는 데 기여하고자 노력하고 있습니다.

〈연구 · 개발된 책과 자료〉

배우고 바로 쓰는 초등학급상담(아이스크림 원격연수, 2016)

행복한 교사 공감대화카드(카운피아 원격연수, 2016)

공감대화카드(학지사, 2013)

마음을 여는 초등학급상담(우리교육, 2011)

쉽게 배우고 적용하는 RT상담카드(한국심리상담연구소, 2007)

고현정(Go Hyunjung) • 부산 연신초등학교

강훈진(Kang Hunjin) • 부산 연동초등학교

곽주희(Kwak Juhee) • 부산 오륙도초등학교

권헌숙(Kwon Hunsook) • 대구 중앙초등학교

김남희(Kim Namhee) • 대구 구암초등학교

김명숙(Kim Myungsook) • 부산 교동초등학교

김명신(Kim Myungshin) • 양산 황산초등학교

김보미(Kim Bomi) • 사천 곤양초등학교

김보행(Kim Bohaeng) • 김해 대창초등학교

김여울(Kim Yeoul) • 양산 증산초등학교

김은경(Kim Eunkyung) • 포항 유강초등학교

김은희(Kim Eunhee) • 포항 흥해남산초등학교

김인경(Kim Inkyung) • 포항 양덕초등학교

김주은(Kim Jueun) • 부산 남명초등학교

김현주(Kim Hyonjoo) • 부산 내리초등학교

성지연(Sung Jiyeon) • 부산 연제초등학교

손미영(Son Miyoung) • 부산 좌성초등학교

우현주(Woo Hyunju) • 대구 유가초등학교

우화선(Woo Hwasun) • 부산 기장초등학교

윤형주(Yoon Hyeongju) • 포항 양학초등학교

이동훈(Lee Donghoon) • 부산 초읍초등학교

이석경(Lee Seokkyung) • 부산 대연초등학교

이재희(Lee Jaehee) • 양산 증산초등학교

이지은(Lee Jieun) • 양산 좌삼초등학교

정선진(Jeong Seonjin) • 부산 안남초등학교

최다은(Choi Daeun) • 김해 어방초등학교

최명혜(Choi Myeonghye) • 초등상담나무

최정원(Choi Jeongwon) • 김해 장유초등학교

하희은(Ha Heeeun) • 포항 원동초등학교

본문 그림

김보미

본문 그림 채색

정선진, 최다은, 이지은, 김보행, 김주은

본문 그림 구상

김보미, 정선진, 최다은, 이지은, 김보행, 최정원, 김주은, 김여울

놀며 자라는
놀이집단상담

2018년 2월 28일 1판 1쇄 발행
2024년 1월 25일 1판 5쇄 발행

지은이 • 초등상담나무
펴낸이 • 김 진 환
펴낸곳 • (주) 학지사
04031 서울특별시 마포구 양화로 15길 20 마인드윌드빌딩 5층
대표전화 • 02) 330-5114 팩스 • 02) 324-2345
등록번호 • 제313-2006-000265호
홈페이지 • http://www.hakjisa.co.kr
인스타그램 • https://www.instagram.com/hakjisabook

ISBN 978-89-997-1493-1 93370

정가 **22,000원**